▶ 土木工程施工与管理前沿丛书

工程项目生态评价理论与方法

周 红 著

中国建筑工业出版社

图书在版编目（CIP）数据

工程项目生态评价理论与方法/周红著. —北京：中国建筑工业出版社，2016.6
（土木工程施工与管理前沿丛书）
ISBN 978-7-112-19457-5

Ⅰ.①工… Ⅱ.①周… Ⅲ.①基本建设项目-环境生态评价-研究 Ⅳ.①F284

中国版本图书馆CIP数据核字（2016）第107094号

本书吸收并借鉴了能值研究领域的最新研究成果，以可持续发展理论、系统生态学理论为基础，从“工程生态”的视角出发，立足于我国工程建设的实际需要和可持续发展，将能值理论和能值分析方法引入工程项目管理领域，提出了工程项目生态系统和“工程生态学”概念，探讨了工程生态系统的概念和原理，创新了工程项目评价方法体系，提出了工程项目生态评价理论，并对零能耗建筑、宁沪高速公路和三峡工程进行了案例实证。本书为我国大型工程项目的科学评价与决策提供了一个量化的理论、方法体系，有助于合理度量大型工程项目带来的环境影响和社会影响，从而防止工程决策的主观随意性，促进大型工程的可持续发展。

责任编辑：赵晓菲　朱晓瑜
责任校对：李美娜　党　蕾

土木工程施工与管理前沿丛书
工程项目生态评价理论与方法
周　红　著
*
中国建筑工业出版社出版、发行（北京西郊百万庄）
各地新华书店、建筑书店经销
霸州市顺浩图文科技发展有限公司制版
廊坊市海涛印刷有限公司印刷
*
开本：787×1092毫米　1/16　印张：18¼　字数：388千字
2016年5月第一版　2016年5月第一次印刷
定价：**45.00**元
ISBN 978-7-112-19457-5
（28725）

前　言

本书可以说历经十年之久，开始于博士论文工作。博士选题时，成虎老师关注到工程项目可持续发展问题是可持续发展战略的一部分。在当时国家大剧院和2008年奥体工程方案征集的背景下，感受到大型公共工程是城市/区域的骨骼和经脉，不断改变和变异着城市的空间构型，对城市/区域的可持续发展造成深远的影响。我国近20年的工程建设，在取得重大成就的同时，也对环境带来了诸多负面影响，甚至是破坏。近十年来，随着公众参与意识的增强，最引人注目的是厦门PX化工项目的环境公众参与事件。大型公共工程或者投资项目在可行性研究阶段的决策评价出现问题，不仅会引发环境问题，还会引发重大的社会冲突。这些工程，可行性研究、环境评价、社会风险稳定性评估，都是通过了层层审批和专家论证。出现这些问题，要追溯到工程项目评价上，我国的或者说国际的工程评价理论和方法有没有办法解决我国工程项目决策阶段的“人治”问题及“主观”问题？工程平均寿命不到30年，有没有办法实现我国大型工程的可持续发展？减少不必要的社会财富、资源浪费？因此，开始了对工程项目评价理论与方法的反思。

在大量的阅读中，发现了工程技术方法，不适用于大型工程和建设项目的评价。工程技术方法和系统工程方法的区别在于，工程技术方法在局部能够代替整体基本性质的时候可以体现整体的性质，然而大型工程对象却与工程所处的环境和社会相联系，相互影响、相互作用，这种相互联系，应该是系统工程方法，而不是其他。已故院士王如松的城市生态学的研究和伟大的科学家钱学森对城市复合生态系统的论述，为我打开了思路：工程项目作为一个人工构造物，是否也可以用生态学、系统生态学和应用生态学的理论与方法？在这种思路下，我找到了生态经济学的生态足迹方法和能值分析方法。从系统论和系统工程方法，从可持续发展理论出发，通过对我国工程项目评价理论和实践所存在问题的思考，首先要建立工程项目生态系统，认识“工程生态”本质，进而采用生态系统的规则和方法进行评价，变综合评价为生态评价。

在博士研究期间，对生态学在工程中的应用是初步的思考，作为一个博士研究生，引入一个完全不同性质的方法，带着忐忑。毕业之后，继续做能值分析的工作，但是生态学方法的研究甚至在学生面前也会受到质疑。关于工程项目生态评价研究一直是曲曲折折，我就像一个蝉，在漫漫黑暗的土里，等待一刹那的光明。时间一晃到了2012年，我要感谢国家基金委和评委老师的支持，我终于有机会有信心继续做能值方法在工程评价领域的研究。因此，有了零能耗建筑的能值分析、长江三峡工程的能值分析、能值分析在房地产业中的应用研究。随着时间的流逝，我国能值方法的研究日渐增多，国际能值研究会与我国学者展开频繁的交流与合作。这些学术界的变化，说明对工程的认识，正在回到人类活动所赖以可持续的本源，开始认识到人工构造物必须与自然相融合。那么，工程的一切活动，都需要遵循自然的法则。

本书是作者对于可持续发展理论在工程评价领域中研究成果的总结，试着从生态学的角度找到工程项目评价的更加可靠的方法，也是“工程生态学”的初步研究。本书的完成要感谢很多人，首先感谢博士导师成虎教授的指导；其次，感谢我的同行和朋友给我一如既往的理解和支持！感谢我的学生杨望舒、李红卫、曾祎瑾、沈强、吴松榕、丁敏，感谢他们的积极努力，对我的研究工作不仅是帮助而且是信心的支持！最后，特别感谢国家基金委和评委专家对我研究工作的默默支持与认可。本书是国家基金课题“基于能值分析的重大工程项目集成生态评价研究”（G71271180）研究成果之一。

本文的研究只是一点大胆的尝试和探索，大型工程可持续发展问题是复杂大系统问题，工程项目评价也有方方面面的问题，需要进一步深入，例如，在工程项目生态系统组成上的研究，也就是行为主体的研究，以及如何保证大型公共工程可持续能力共生环境的研究等，以及信息技术在工程项目评价中的应用。笔者相信，随着工程项目可持续发展研究逐步深入，这些问题会得到完美的解决。

最后，作者认识有限，还需要不断地淬炼，对工程生态本质的认识还不够，所以从研究内容的完整性和逻辑性上难免有所疏漏。恳请老师、专家批评指正。

目　录

第一篇　工程项目生态评价理论

第二篇　能值方法工程案例

第三篇　工程可持续发展能力

第一篇　工程项目生态评价理论

第1章 绪 论

大型工程项目的建设与城市/区域的社会、经济、环境的可持续发展息息相关。大型工程项目一般都是政府投资的公共工程，是城市和区域系统的基础要素。任何一个公共工程的建设最显著的特点就是要实现社会福利的最大化。我们放眼世界，古今中外有众多的大型建设工程：古代有古罗马的巨型建筑、古埃及的金字塔、宏伟的都江堰水利工程、京杭大运河；现代有英法海底隧道、阿斯旺水坝、三峡工程。任何一个大型建设工程都改变人类的生存环境和社会经济生活。因此工程项目的建设不只是一个个简单的、孤立的工程问题，还是一个城市/区域的可持续发展的大系统问题。大型工程建设对项目所在区域资源、能源的消耗，环境（包括自然环境和社会环境）的改变，经济的发展以及科学技术等的进步，有深刻而广泛的影响。

从发达国家建设工程的发展规律来看，基础设施的“持续能力（Capacity of Continuance)”建设和“可持续的运营、维护基础设施（Sustainable operation & maintenance)”是城市化后期的国家所面临的共同问题。从国内情况来看，一方面，目前大型建设项目实施过程中出现“伪可持续发展”的倾向和后果；另一方面，随着城市化进程的逐步深入，我国的基础设施（包括投入使用和未投入使用的）必然也面临发达国家目前的问题。

最近的一项统计数据显示，我国房屋建筑寿命世界最短，以北京为例，平均下来还不到30年，仅为设计寿命的一半（50～70年)。在深圳，高层建筑的平均寿命仅为20年。在绝大多数情况下，并不是房屋质量欠佳，而是由于多方面的原因，不得不提前“退役”。主要原因有如下几点：

（1）规划调整导致“提前拆除”；

（2）交通压力下，城市道路交通建设使众多建筑中年殒命；

（3）开发商推波助澜。开发商在我国各地掀起的“房地产热”，使我国一些尚在使用年限之内的建筑提前拆除。然而，事实上，建筑提前拆除无人受益。工程的不可持续性只能导致人力、财力、物力的巨大浪费。

综上所述，工程可持续发展问题，成为工程建设的新视点。本书所讨论的对象为大型工程项目，包括投资项目、公共建筑和基础设施，从而不失一般性。

1.1 我国工程建设基本情况

自从1980年改革开放以来，我国的固定资产投资一直在增长，而且从2001年开始超过了 GDP 增长速度。2001 年、2002 年、2003 年分别比上一年增长 10.4%、19.2%、29.4%……，截至 2013 年，比 2012 年增长 17.4%。参见图 1-1。

1995 年以来，我国的房地产业迅速发展，施工面积也一路攀升，年度投资从 1995 年的 4736.69 亿元到 2012 年的 64412.79 亿元，而投资额度的变化可以是 2009 年 36428.23 亿元、2010 年 45027.01 亿元、2011 年 57824.43 亿元，投资额以 23.6%以上的速度增加。商品房年度竣工面积从 1995 年的 11951.29 万 m^2 到 2012 年 79043.20 万 m^2，从 1995～1999 年经历了一个复苏期后，2000 年平均以 15%以上的速度增长。2050 年我国城镇化率达到 70%，今后五年我国住房保障民生工程 3600 万套。

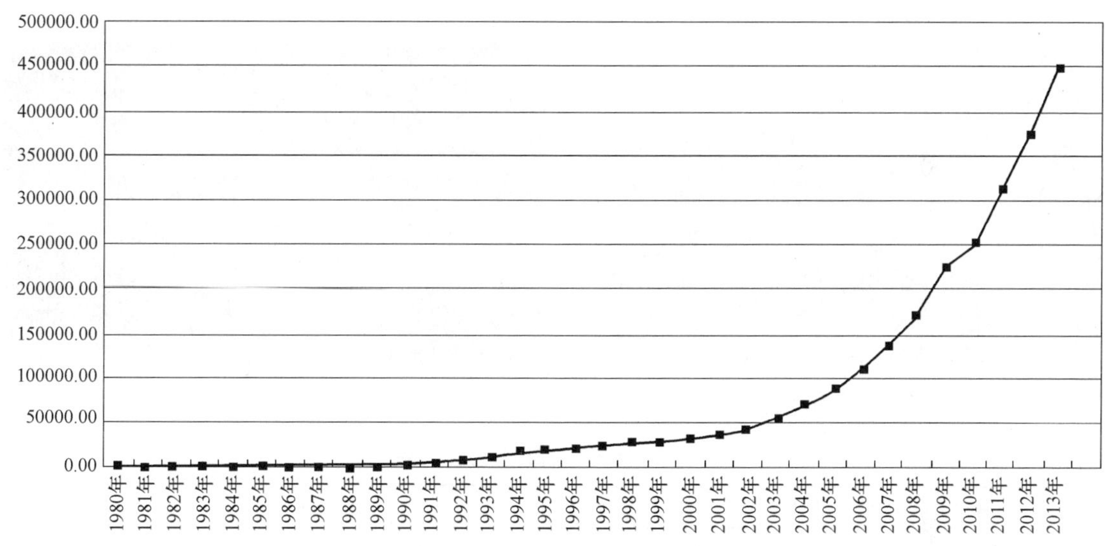

图 1-1 我国 1980～2013 年固定资产总投资

近 30 年来我国建设工程涌现了许多杰出的工程项目，例如长江三峡工程、杭州湾大桥工程、港珠澳大桥、青藏铁路等具有世界级难度的大型工程项目（图 1-2～图 1-5）。我国的高速铁路工程迅速改变了中国的区域经济地理，全国共有 67 个城市轨道交通近期建设规划获批。其中，20 个城市在规划期内调整、扩大了建设规模。预计至 2020 年，我国城市轨道交通累计营业里程将达到 7395 公里，以每公里 5 亿元造价计算，保守估计需要 3 万亿的财政投入。我国约有 229 个城市有发展轨道交通的潜力，2050 年规划的线路将增加到 289 条，总里程数将达到 11700 公里。“十三五”规划，我国继续推进城市管廊和海绵城市建设，其中海绵城市建设在可持续发展管理的理念下，综合解决我国城市水生态和雨洪管理的系统性问题。

工程建设在经济方面直接影响国家和地区的财政、税收、金融等；在社会方面影响当地人民既有的生活方式，增加就业；在环境方面甚至会影响项目所在区域的气候和地形地貌等。表 1-1 可以看出大型公共工程对经济、社会、环境的影响。

图 1-2 港珠澳大桥

图 1-3 青藏铁路

图 1-4 杭州湾大桥

图 1-5 水立方

几个当代典型的大型公共工程　　表 1-1

项目名称	工程类别	工程概况
三峡工程	水利工程	动态投资 2039 亿元，总工期 18 年
青藏铁路	交通工程	全长 1118 公里，计划总投资 262 亿元，总工期为 6 年
南水北调	水利工程	2050 年调水总规模 448 亿 m^3，估算投资 4860 亿元，规划期 50 年
西气东输	能源工程	管道全长 4200m，估算总投资 1643 亿元，工期 2 年
西电东送	能源工程	“十五”开工约 5800 万 kW，2001～2010 年总投资超 5265 亿元，工期约 10 年
港珠澳大桥	交通工程	2009 年年底开工建设，一期计划于 2017 年年底完成，大桥投资超 1000 多亿元，约需 8 年建成

1.1.1 重大工程建设中存在的实际问题

项目对资源的占用、对各地财政造成的压力以及一些重点工程追求规模造型的与众不同、超前建设等，引起公众、专业人士和政府的重视。大型公共项目的建设不是为当代人服务，还将服务于后代，需要满足代际公平性。大型公共工程建设不是满足个人或是当代人的喜好，而是要对当代和后代负责。

我国大型公共工程建设存在盲目求新、求大、求奇、超前的倾向。在大型工程领域中会引发社会争议，甚至社会冲突。更有甚者，会导致国家资产的流失，生态环境的破坏。例如，厦门PX化工项目引发了首例的我国环境领域的公众参与事件，开启了大型投资项目公众参与的先河，后来被誉为我国公民环境参与的标杆。再例如，云南漫弯水电站，发展经济的同时，带来了意想不到的库区原有社区组织基本瓦解，当地的社会原有生活方式和生产方式的解体，吸毒、偷盗、打架斗殴事件频繁发生，从而引发了我国重点工程社会稳定风险评估的推行。于2012年8月16日，国家发展改革委颁布了《国家发展改革委重大固定资产投资项目社会稳定风险评估暂行办法》（发改投资［2012］2492号）。

与国内的情况相反，国外有很多具有长远规划的工程，可以为我国的工程实践提供很好的参照。如德国的汉诺威会展中心，1947年建成后，不断地发展，持续地为当地创造物资和精神财富。相比之下，欧美工程的寿命则长得多：美国房产寿命约为80年；瑞士、挪威等约为70～90年；英国在西方发达国家中居冠——达132年，真正成为了“百年老屋”。就拿德国人在青岛修建的下水道来说，也是工程为下一代负责的很好的例证。青岛的城市下水道是德国人殖民时期修建的，德国的工程考虑到青岛未来的城市发展，所修建的下水道是按照100年的标准修建的。

1.1.2 工程项目评价面临的瓶颈

我国工程建设取得辉煌成就的同时，也面临着政绩工程、面子工程的困扰，这些工程的建设甚至影响了政府形象，引发了社会冲突，导致政府公信力下降，破坏了城市面貌，成为城市景观的毒瘤。这10年来，关于工程可持续发展的议题一直是工程研究和实践的热点问题。上述工程建设中的一个核心症结在于，我国工程项目的评价与决策一直是为了评价和决策，可行性研究服从于结论的要求。现行的项目综合评价，由于技术、经济、环境评价中分别采用相应量纲的定量方法，造成各个部分相互脱节，缺乏有效的刚性，主观人为因素无法有效地控制；加之，重大工程的环境代价和社会代价不能有效的定量评估，导致项目评价结果夸大经济效益。要想杜绝为结论找理由、找依据的工程项目评价，把工程项目的前期论证工作做到实处，把工程项目评价变成科学的工作，需要找到一个方法，建立一套理论，把工程项目评价的指标定量化，从而控制人为因素的干扰。

纵观工程评价的研究与实践，从单一的经济评价到环境评价、社会评价，社会评价包含在环境评价中的阶段，环境评价由于工作量大，社会评价基本上是定性评价；由于一些工程所引发的社会稳定风险评估在实际实施中由各级维护稳定工作领导小组办公室（简称“维稳办”）审批，审核力度尚且薄弱。因此，可以说近十年来的工程评价，尽管在内容上有所扩大，开始关注社会问题，但是仍需进一步努力改善。究其原因，工程项目评价缺乏沟通工程、经济、环境、社会系统的统一尺度，难以实现各个部分的量纲统一化，是长期存在的瓶颈。因此，引发了本项研究的思考：能否找到一个统一的尺度，沟通工程、经济、环境和社会系统庞杂量纲，实现工程项目评价的定量化，控制人为因素的干扰呢？有没有工具可以展现重大工程建设未来的后果？

2011 年耿涌在《自然》杂志发表关于可持续发展评价方法的通讯文章，文中指出，能值为环境、资源、人类劳务、信息和发展决策的分析评价提供了新尺度。工程项目的科学评价首先需要探究重大工程项目这个复杂大系统的基本规律，研究和开发“生态-中心”（eco-centric）方法（Bakshi Fiksel，2003）。工程系统独立与经济系统之外，并与其他三个系统统一于最大的生态系统——生物圈，工程项目与经济、环境和社会组成的工程项目生态系统需要满足生态系统的演化规律（周红，2006；David K. Gattiea，2007）。

在我国一方面继续推进城市基础设施建设，一方面在不断面临“常州毒地”环境污染事件的现实背景下，回到工程的生态本源，采用系统思想与能值分析方法，建立以能值为统一尺度的工程项目生态评价理论与方法，对我国重大工程项目的科学决策和现有重大工程的完善具有理论意义和应用价值。并且，把系统生态学理论与方法应用到工程管理领域，拓展了应用领域，丰富了工程项目管理理论，具有学科意义。

1.2 大型建设项目外部影响

大型工程项目主要就是城市、区域的基础设施项目。基础设施项目可以分为两大类：一类是经济性的，如经济性基础设施包括交通运输、能源、邮电、通信等设施，一类是社会性的，包括教育、科研、卫生等设施。这两类的建设项目都有强烈的外部效应和非排他效应。非排他性是公共工程的本质特性，表明工程建设是为了某区域或某类群体服务，不是针对某个单个的个体。而外部性则是说公共工程建设的规模和质量直接影响到市的整体布局和发展，这种外部性表现在经济、社会、环境等方面。项目与可持续发展的关系首先表现在对项目的外部性的认识上，即它与经济、环境和社会大系统的关系。

（1）与环境的关系。

研究建设项目对环境的影响的成果集中表现在建设项目环境影响评价（EIA），这是为了处理建设项目对环境影响的有效措施。环境影响评价制度是减少环境污染和防止生态破坏的法律措施，最早由美国的《环境政策法》（1969 年）提出后为许多其他国家采用。我国在 1979 年的《环境保护法（试行）》中首次规定了这项制度，后来在其他有关法律法规和 1989 年 12 月颁布的《环境保护法》中重申了该项制度。

（2）与经济的关系。

随着经济的发展和科技的进步，交通工程的经济外部性首先被认识。根据经济地理的研究，交通工程强烈地改变了区域的空间构型，对区域经济的发展具有改天换地的作用。熊彼得（Schum Peter，1947）认为：大型工程项目在空间上有具体的位置，并且内在地具有改天换地的性质。1867年，亚当·斯密在《国富论》中指出：运输进步之基本功能为可扩大市场，并激励劳动之分工与提高生产力。交通工程的可持续发展问题人们研究的较多，例如Francisco Maldonado—Fortunet在其博士论文中建立了高速公路项目的可持续发展准则；杨浩（2001）发表了交通工程可持续发展指标体系框架。

近年来，国内外越来越认识到公共项目具有显著宏观经济贡献特征，如讨论高速公路如何改变区域经济发展的空间构型。国内外的研究成果均表明大型建设项目对国民经济的宏观贡献与国民经济的联动作用。西方研究公共投资效应的相关文献将公共投资效应分为需求效应、供给效应，在需求效应影响下，公共基础产业（设施）投资能显著促进一国尤其是发展中国家的经济增长与经济效益的提高。Ahved和Miller（2000）研究了政府的不同支出项目占GDP的比重对投资占国内生产总值比重的影响。大量有关基础设施的研究将注意力集中于在国家、行业和区域的不同水平上，衡量公共投资对经济增长的影响。

1）Aschauer（1989）和Munnell（1990）的研究认为在20世纪70年代美国生产率的降低和经济的表现欠佳是由于公共投资减少而引起的。Aschauer的研究结果表明非军事公共投资对产出和生产率都有非常显著的影响，其效果3倍于私人资本投资。“核心”基础设施，包括街道、公路、机场、地铁、排水和给水系统等对经济影响的作用就更为强烈。

2）Kessides和Ingram（1995）重点检验了在发展中国家基础设施对经济发展的影响。他们的研究发现，在发展中国家中，基础设施建设投资占到国家投资比例很大，平均基础设施建设投资占到国家总投资的20%。

3）除了对经济增长的贡献外，基础设施建设在社会和环境的可持续发展中扮演重要角色。他们的研究表明，基础设施状况的提高具有每年为这些发展中国家增加500亿美元实际收入和减少123亿美元财政支出的潜在能力。Rebert·Krol（1998）认为在发展中国家潜在的基础设施投资回报率高于发达国家。

4）此外，许多已有的研究还认为基础设施建设投资是在经济不景气阶段刺激经济增长的一个重要的机会和手段（Kessides，1996；Shen & Zhang，1996）。

在如何评价这种宏观贡献方面已经取得一定进展。刘义强建立了宏观经济评价指标体系，它划分为宏观经济业绩指标、宏观经济结构指标、宏观经济效益指标、政府财政状况指标等；在此基础上，刘则杨补充了宏观经济可持续发展指标等。对于大中型建设项目立项评估指标体系模式，谢颖认为应当遵循宏观经济效益分析和微观效益分析相结合，并以宏观经济效益为主。在基础设施项目对区域及整个国民经济的影响贡献的评价方面，蒋水心建议采用“经济贡献率”和“综合贡献率”两个指标；在有通信工程建设的投资效果可以用“国民经济总效果”、通信部门对其他投资总经济效果、投资效果系数等指标；施圣荣分析了建设投资项目与国民经济的关系，提出投资项目评价指标应该包括产业结构、资源耗费、环境等内容。

(3) 与社会的关系。

大型建设项目的社会效应近年来被国内外学者所重视。保罗·K·盖勒特和芭芭拉·D·林奇探讨了大型公共工程社会效应，这是一篇探讨三峡工程社会效应较为深刻的文献。大型工程项目引起“创造性破坏”，也就是说它们迅速而剧烈地改变景观，不仅迁移了山头、河流、动植物种群，还迁移了人以及人的社区。大型项目开发在取消旧的机会和空间的同时，可能创造出新的经济机会和社会空间；大型项目引起的景观改变可以生成新的文化形式，造成社会—自然的相互作用。

世界银行（WB，简称“世行”）在1984年就首次要求“社会性评估”应成为世行进行项目可行性研究工作的一部分，在项目评价阶段，与经济、技术和机构评价共同进行。1985年出版的《把人放在首位》，介绍了社会分析在农业、农村发展项目设计中的应用。自1973年，阿拉斯加输油管道项目建设方在《美国环境保护法》（NEPA）的要求下编写对英纽特文化（Inuit）的影响报告以来，社会影响评价日益受到重视。世界银行于1997年成立社会发展部门，强化了项目社会评价（Social assessment，SA）的作用。项目评价已从单一的经济评价，发展到经济、技术、环境和社会等方面的评价，但仍以经济、技术评价为基础。而世界大坝委员会（WCD）项目决策考虑次序为：社会评价、生态环境评价、经济与财务评价、管理评价、技术评价。社会评价将在项目评价体系与决策中扮演越来越重要的角色，已经成为与财务评价、国民经济评价、环境影响评价相并列的一种独立的投资项目评价方法。2001年底国家计委在全国范围推荐使用《投资项目可行性研究指南》，首次将社会评价列为投资项目评价的重要组成部分。保罗·K·盖勒特和芭芭拉·D·林奇（2004）探讨了三峡工程引发的社会迁移，以及由此带来的社会文化变迁。由于三峡工程、南水北调、退田还湖工程的实施带来了该区域存在血吸虫病流行的潜在危险，杨永峰（2009）提出三峡工程的评价体系要考虑影响人体健康的社会指标。项目社会影响评价在我国的发展尚处于起步阶段，但已经开始受到各级政府的重视，如2010年甘肃省把社会影响评价作为重大项目立项的必要条件。此外我国也已经有了一些重大工程社会影响后评价的实践，如西气东输、退耕还林、山西澳洲金矿等。

1.2.1 项目评价理论进展

随着对工程的认识不断深入，项目评价已从技术—经济范式的评价，发展到现行的技术、经济、环境和社会的综合评价。在工程建设中，环境评价已经成为独立体系，有专门的机构和专门的资质认证和内容。近年来，国内的环境影响评价事实上承担了社会评价的工作，如“环评中的社会影响评价研究”（蒋宏国，2008），而在环境影响评价和社会影响评价内容上存在重叠（肖艳 2005）。国际上也经历了环境社会影响评价（ESIA）阶段，如美国国家环境政策法令（NEPA，1969），以及日本国际协力机构（JICA）的《考虑环境与社会影响指导大纲》（2004）。社会评价退缩为环评的构成，内容在评价质量和影响效力上都相对不甚理想（Momtaz，2005）。

然而，长期以来我国建设项目的可行性研究和投资决策往往重视单个建设项目本身投资收益方面的问题，项目评估通常是以实现最大经济效益为目标。项目评估主要研究以下几个方面的内容：必要性评估、条件评估、技术评估、投资环境评估、投资项目财务评估、国民经济效益评估、社会效果评估、项目建设综合评估等。项目建设综合评估虽然也有了一些建设条件、社会效果的评估，但仍然是围绕技术的可行性、经济投资的合理性开展的。对项目的条件评估仅处于对项目所必需改造和直接影响的部分自然条件进行评估。对社会效果的评估亦侧重于项目某一时期（如项目的新建成期）对某一较小区域的影响；而不是从系统角度考虑区域的自然、社会、经济、生态等多方面对项目建立实施的影响，以及项目实施对区域条件改变的影响。尤其是项目后期的更新、维护以及处置的“可更新性”、“可维护性”等可持续能力的评估没有涉及。

加之，对社会和生态环境影响分析一般是单方面的静态分析，分析方法多以定性分析为主，缺乏对建设项目的经济、生态环境、社会影响诸要素系统性的分析和评价体系和量化分析模型研究，不利于具有不同效益特点的多建设方案择优，影响了政府对建设项目对社会的综合评价，也影响了相关政策和规划的科学制定。

随着可持续发展研究的深入和发达国家面临大量的基础设施运营和维护成本问题的出现，工程可持续能力（Capacity of Continuance）成为新的热点问题。工程项目的评价应该与区域作为一个整体的大系统来进行综合评价，并以可持续发展作为测度（冯为民，2004）。钱学森早在1990年指出城市经济系统、环境系统和社会系统之间的复杂系统关系，魏连雨等（2001）认为交通工程基础设施应该和城市规模发展相协调。在生态学视角下，重大工程项目是城市生态系统的一部分，申请人（2006）提出了“工程生态系统”的概念。David K • Gattiea（2007）对比了机械的和系统的世界观，指出应用亚里士多德四个因素和工程设计的关系，探讨了“工程生态”的概念、生态网络分析（ENA）、生态模型。这表明学术界开始采用系统方法审视工程本质。

1.2.2 项目评价方法进展

在对大型建设项目的各方面属性充分认识的同时，定量和定性的评价研究也逐步深入。现行的项目综合评价的各个部分，分别发展了不同的定性、定量指标和方法，并不断向定量评价方向发展。项目综合评价的瓶颈问题是异质性数据的量纲统一化。

（1）环境评价的定量方法中占主要地位的环境价值法，是采取了货币化方法，如直接市场法、替代市场法和意愿调查评估法；而技术评价的定量方法多采用热力学指标，在实际操作中通过对方案的技术评定来落实。

（2）在经济评价方面，由于重大工程的建设与运营消耗了大量的资源和能源，传统的成本估值理论受到质疑：土地的价格仅仅考虑了使用价值，土地的绝对价值如何计算？建筑材料等资源价值的计算是根据效益回归分析法，追求经济产出，只能反映某个阶段的相对价值，而建筑产品寿命期绝对价值如何评估？

（3）最难量化的是社会影响评价指标，目前国际上普遍推行的是以社会学和人类学视角的评价方法，王雪青等认为社会评价指标的定量计算是个难以解决的问题。

近年来，能值分析方法越来越受到学术界的重视，尤其是中国学者。能值分析方法（H. T. Odum，1996）的优点在于能够模拟环境、社会、经济系统的物资能量和信息流动，弥补了货币标准不能衡量自然界对经济发展贡献的缺陷。近年来，能值分析方法逐步分别应用于各个方面的评价。阮平南等（2005）把能值分析方法应用于区域劳动力转移，这为解决工程社会影响的定量计算提供了借鉴。本书作者（2006）建立了工程可持续能力的能值计算模型，并对宁沪高速公路扩建项目进行了实证研究；进而采用能值计算了住宅建筑产品的生态成本（2011）。Jing-Ming Ren（2010）采用能值分析方法进行了造纸业的战略环境评价。ShaSha，MarkkuHurme（2012）采用能值分析方法对生物质热电联产和煤炭热电联产项目生产过程进行了技术评价，得出了生物质热电联产技术方案能值效率是后者的3.3倍。R. M. Pulselli（2008）采用能值分析方法研究并评价了混凝土和水泥在建造过程中的传输；分析了建筑外墙采用不同建筑材料和构造，在不同地理和气候条件下（北欧柏林\地中海巴塞罗纳\意大利巴勒莫）建筑环境的成本效益评价，得出能量分析方法（Energy Analysis）和能值评价（Emergy Evaluation）形式不同，结论一致，并互相补充。钱锋（2008）把能值用于建筑环境效率的能效分析，并以北京大学体育馆为例，替代了热力学单位。系统生态学的能值理论提供了资源和能源绝对价值度量的依据（王伟东，2005）。可以看出，能值分析方法分别在工程、环境、社会、经济方面有所尝试和发展。

1.2.3 信息技术在工程项目评价中应用

工程项目评价中信息技术的应用发展缓慢，近年来人们尝试开发模糊综合评价系统、专家系统，但缺乏实践应用。重大工程项目系统模拟与计算依赖于工程信息技术和外部空间技术两方面的发展作为支撑。这也是工程项目评价研究停滞不前、缺乏刚性的一个重要原因。

目前GIS技术已经广泛应用于土地、住区、流域、城市等生态、社会、经济系统的分析。Robin Matthews（2006）提出了土地利用变化的Agent技术模型，得到国际上广泛关注和发展。Multi-Agent技术具有知识传递、交互性、自主性、对环境的反应和作用特点，为模拟自然和社会经济系统的交互提供了实现途径。Agent-based Model通过设置Agent能够生成和模拟生物发电基础设施的演化。Chun-Lin Lee（2008）用能值一生命周期方法分析方法结合GIS平台的建模工具，建立了土地利用变化的空间系统模型，模拟了基隆市土地利用变化的自然环境和社会一经济系统的新陈代谢。但他表示，目前这个空间系统模型还不具有普遍意义。Shu-Li Huang（2009）

采用能值分析方法和GIS技术模拟台北市的城市化过程和城市新陈代谢，直观展现台北市的社会经济系统演化，评价台北市城市扩张对环境的影响。杨永峰等（2009）应用GIS和RS等技术，监测分析三峡工程、南水北调和退田还湖工程所带来的生态环境变化。

近年来建筑信息模型技术（Building information modeling，BIM）的发展提供了提取工程本体信息的工具。美国海岸警备队USCG运用BIM tools和GIS技术集成进行海岸基地的设施管理，实现了物资、设备信息及时更新和动态跟踪（Eastman，2008）。这说明BIM技术和GIS技术的集成已经实现。而国内关于BIM技术在项目评价应用的研究还停留在“视角”层面（王广斌，2010）。

1.2.4　工程项目评价的思考

现有研究表明，对工程的认识已经开始从约简方法（Newtonian reductionism）转向系统方法（Bertalanffy holism ），并提出了“工程生态”，工程项目综合评价中开始关注环境、社会、经济指标的定量化；GIS技术在工程的环境和社会影响的模拟和监控中有所应用。纵观我国甚至国家工程项目评价理论与方法的研究，近10年来的认识在工程项目可持续发展和综合评价的定量化、模型化、计算机化的道路上举步维艰，成果有限。具体来说，对于工程项目评价存在以下现实问题：

（1）“工程生态”尚无实质内容，基于能值分析的工程项目评价亟待研究。目前的研究与实践仍然停留在综合评价的层面，没有摒弃机械的约简方法，局限于各个方面的割裂的研究，尚未提出和建立系统的、统一的、有机的工程项目评价体系。

（2）环境系统和社会系统的边界混淆不清，我国社会评价的定量化有待研究。现有的环境评价中包含了社会评价，社会和环境的范围尚未在广义环境和狭义环境中清晰起来。社会稳定风险评估以社会风险管理的角度来进行稳定风险评估，在具体的指标上与社会评价有所重叠，但是目的是根本不同的。纵观国内外的社会评价研究均未对社会要素能值做进一步的细化，因而社会影响量化无从谈起。

（3）资源和能源绝对价值度量尚未实现。现有工程经济评价仍然是货币化标准的相对价值度量，基于能值理论和能值尺度的经济评价尚需深化。

（4）信息技术在工程项目评价中的研究与应用亟待加强。在信息技术高速发展的时代，尽管目前的研究成果已经开始了信息技术在工程项目评价中进行辅助决策，但是由于技术瓶颈，信息技术工具在工程项目评价中所起的作用和相关的技术实现亟待研究。

1.3　本书的主要内容与结构

1.3.1　本研究的主要内容

本书以可持续发展理论、系统论、工程项目管理理论和能值理论为基础，将生态经济学的能值分析方法引入工程项目评价领域，建立工程生态评价的基本理论框架，提出了工程生态评价方法。同时，提出并设计了集成评价技术体系，为实现工程项目全寿命周期的空间表达和动态演化提供了技术思路和未来探讨的方向。全书主要内容为三个篇章：

（1）第一篇为工程项目生态评价理论，又分为五章。

第一章，绪论。主要介绍研究背景，研究意义，工程项目评价领域的基本概况和全书的章节安排。

第二章，工程项目生态系统概念与原理分析。作为“工程生态学”的一个初步框架，从“工程生态”的视角，定义大型复杂工程系统。从“工程生态”的要求出发，重新定义和解析工程评价的体系，并依据能值理论和最大功率原则揭示重大工程项目复杂系统的生态特性和演化机理。

第三章，大型公共工程共生理论分析。捕食、竞争和共生是自然生态系统的三种基本生物关系。大型公共工程是满足共生规律的工程项目生态系统的一个共生子系统。

第四章，工程项目生态评价方法。可持续评价方法和应用生态学的引入，能值分析方法和生态足迹方法，能值一生态足迹方法。

第五章，信息技术在工程评价中的应用。介绍了 GIS 技术和多智能体技术，并探讨了信息技术与工程生态评价中的技术方案。

（2）第二篇，能值方法工程案例。主要包括：

第六章，零能耗建筑能值评价，定义了零能耗建筑，并用厦门大学 SD 零能耗建筑进行能值评价。

第七章，房地产业能值评价，把能值分析方法应用于房地产业，采用厦门市房地产业为实证分析对象。

第八章，三峡工程能值评价，三峡工程对社会、经济和环境影响巨大，本书将能值分析结果和三峡工程的经济评价做了对比分析。

（3）第三篇，工程可持续发展能力，包括四章：

第九章，工程项目可持续能力指标体系。指标体系为评价研究对象的可持续发展提供了比较的标准。

第十章，大型公共工程贡献能力指标体系。贡献能力是大型公共工程与其他工程项目不同之处。

第十一章，大型公共工程发展能力指标体系。根据清洁生产和循环经济理论，本章建立了大型公共工程发展能力指标体系。

第十二章，沪宁高速可持续能力实证研究。沪宁高速公路工程是沪宁地区典型的大型公共工程。1986 年的可行性研究报告并没有对沪宁高速公路的环境进行详细的考虑，选取这样一个工程验证理论与方法的正确性是有意义的。本章对沪宁高速公路进行了新的评价。

1.3.2　主要的逻辑结构

全文结构安排和研究主要路线如图 1-6 所示。

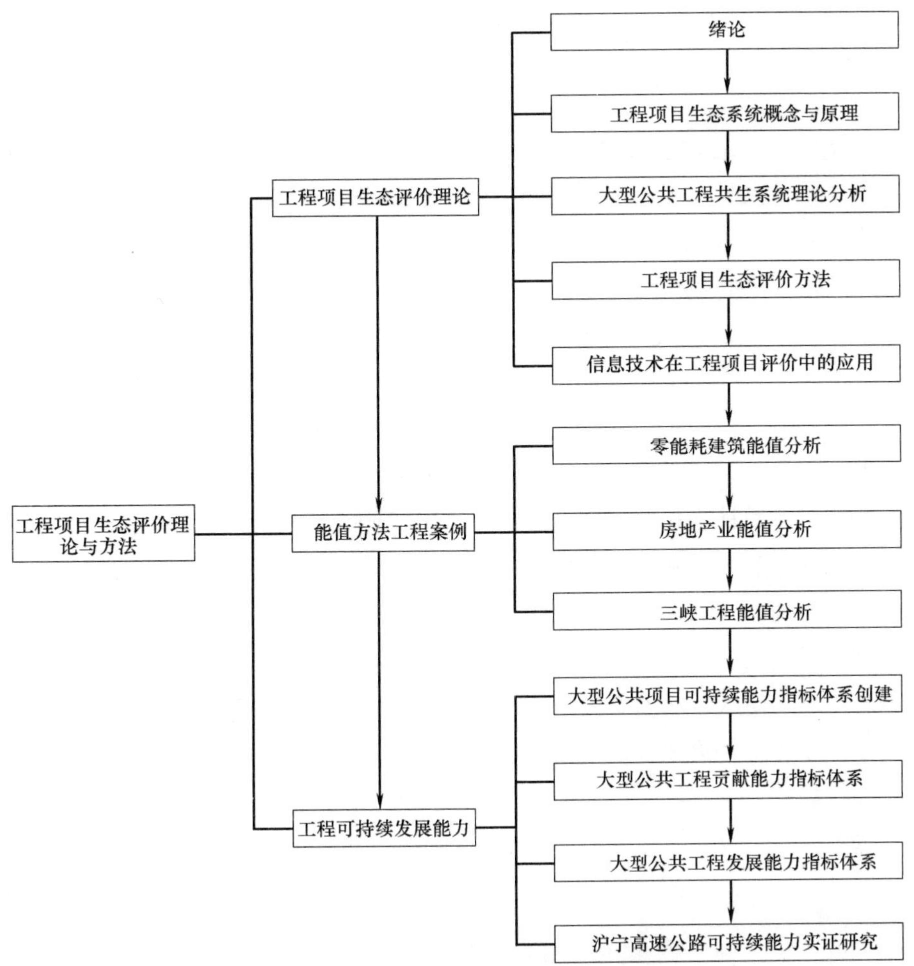

图 1-6　全文结构安排和研究路线

第 2 章　工程项目生态系统概念与原理

本书的研究对象是大型公共工程，公共工程由于它的公共属性，应当具有特殊的性质和新的内涵。大型公共工程应当与环境、经济、社会共同遵循可持续发展。大型工程问题属于系统工程问题。工程项目的物质属性，要求我们树立工程项目可持续发展生态观。因此从生态学的角度研究工程项目是个全新的尝试。本章探讨了工程项目生态系统的概念、组成、层次、功能以及它的演化规律。

2.1　大型公共工程

建设工程和人类社会的发展息息相关。在我国历史上和现代社会，大型公共工程都层出不穷。历史上堪称可持续发展的公共工程莫过于都江堰水利工程，最古老的高速公路——秦直道；最早的立交桥——阿房宫的复道；最长的运河——京杭大运河（图 2-1）。都江堰水利工程（图 2-2）堪称中国公共工程建设的典范，历经 2400 年的历史仍然造福一方，使成都平原沃野千里，四川盆地成为天府之国。京杭大运河沟通南北商旅往来，带来流经之地的运输通畅、经济繁荣、文化融合。

图 2-1　京杭大运河

图 2-2　都江堰水利工程

现代的大型公共工程，例如城市地铁、城际高速公路、西气东输工程、三峡工程、南水北调工程、杭州湾跨海大桥等等，都不断地改造自然，为城市、区域、国家的发展创造条件、提供支撑。

2.1.1　大型工程

现存的有代表性的对“大型工程”的定义一般是定性的。

（1）重大建设项目是指对区域性经济与社会发展能够产生较大影响的建设项目，这类项目普遍具有以下特点：建设周期长，项目投资规模大，常常需要几年甚至十几年的时间，花费几千万甚至上亿元的资金；项目风险大、不可逆转；项目的社会影响深远，对企业或国民经济（或区域经济）发展具有重大作用；涉及面广，需要各方面协作配合、综合平衡。

（2）大型工程项目是有目的、迅速深刻地以非常显著的方式改变景观的工程项目，它需要资本和国家权力的协力运作。大型工程项目使用重型设备和各种（通常是从北半球国家进口而来的）高精尖技术，并且需要国际金融资本协调流动（Strass Manadwells，1988）。国际建筑公司、私营和公营的国际金融机构以及公共工程管理部门构成跨国认知社会，这类认知社会动用相当大的权力来支持大型工程项目，这种情况在发展中国家尤为显著（Goldman，2001；Haas，1989）。他进而把大型工程项目划分为以下四种类型：

1）基础设施型（例如港口、公路、城市供水系统和排污系统）；

2）开采型（例如矿产、石油、天然气）；

3）生产型（例如工业园区、出口加工区、制造业园区）；

4）消费型（例如大型旅游设施、大型商场、主题公园、房地产开发）。

（3）大型项目对于政府和国家以及国际经济单元提高国家的基础设施将成为一个重要的战略。大型项目被定义为具有下列特征的项目：

1）来自私人和公共渠道的巨大融资；

2）在项目设计和工程建造阶段以及到项目结果能使用时，有重大的政治、经济和环境考虑；

3）来自政治、干涉者、金融、经济和用户圈子的知识丰富的干系人不间断地参与；

4）重大的系统计划和控制挑战；

5）干系人可能的非常强烈的审查，包括媒体和当地社团的利益；处理可能的水、能源和运输资源短缺的重大项目。

我国关于建设规模的规定，均依据《关于基本建设项目和大中型划分标准的规定》（国家计委、国家建委、财政部［1978］234 号文）和《关于补充、修订部分基本建设项目大中型划分标准的通知》（国家计委计基［1979］725 号文）规定基本建设项目的大中型标准。目前大中型项目标准未变，但国家计委审批限额有所调整，根据国务院转批国家计委《关于改进计划体制若干暂行规定》和《国务院关于放宽固定资产投资审批权限和简化审批手续的通知》（国务院发［1987］23 号文件），按总投资金额划分的大中型项目，国家计委审批限额由 1000 万元以上提高到：能源、交通、原材料工业项目 5000 万元以上，其他项目 3000 万元以上。

2.1.2 公共工程

按照现代财政理论，社会产品被分为公共物品和私人物品。工程建设项目按照产品消费的非排他性，可以分为公共工程和非公共工程。对于公共工程的划分基本上是一致的。

大型公共工程是构成城市与区域系统的基础要素，我国的公共工程是指政府直接或间接投资的固定资产投资，一般可分为经济性和社会性两部分，一部分是国民经济发展的基础产业项目，如能源、交通、邮电、通信等；另一部分是能给公共带来广泛利益的公共设施，如文教卫生、环境保护、公共安全等设施。

按照公共工程服务的区域，可以分为城市公共工程和城际公共工程、区际公共工程；按照公共工程的作用又可以分为基础设施和公益性设施。随着投融资体制的改革和市场条件的不断变化，一些具有竞争性和经营性的公共工程逐渐由非公共部门投资建设。但是这些工程的管理者最终还是政府，消费者最终仍然是公民，所以建设主体的改变，并不改变公共工程的公共产品属性和要求。

因此，公共工程项目可以表示为图 2-3 所示。

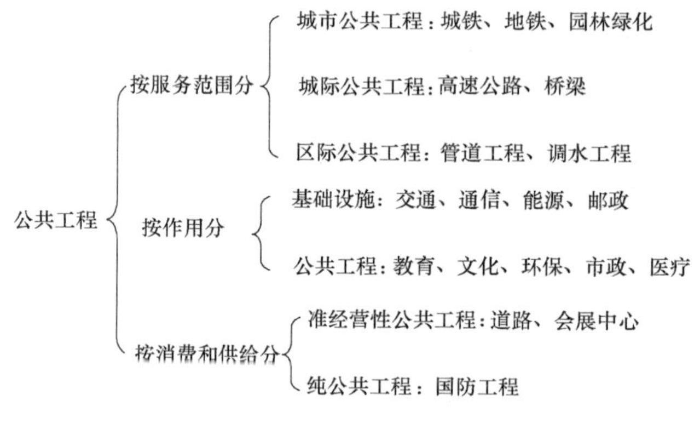

图 2-3　公共工程分类

随着现代财政理论的发展，公共财政对公共物品又进行了非常细致的划分。除了诸如国防、公安、司法等完全具有生产的非竞争性、消费的非排他性两个特征而被划为“纯公共品”外，现实中的“纯公共品”非常少，大多数是指包含上述两个特性之一的准公共产品，兼有公共产品和私人产品的混合性。对这类产品，政府不必全额承担其社会供给，而是根据产品社会效益等具体特点，采取灵活多变的混合供给方式，有些甚至可以由市场提供。

2.1.3　大型公共工程的性质

我们所讨论的大型公共工程包括市际和区际公共工程：水利工程、交通工程等等。这些公共工程由于其体量大、工期长、投资巨大、服务影响面广、使用周期长。它需要随着城市发展和需求的改变能够不断地更新和发展。单体项目建设会影响到周围的项目建设，改善项目影响区域的基础设施水平，为城市的后续发展铺平道路。大型公共工程项目一经建成，就成为城市的一部分，影响城市的各项功能，如大型体育场馆的建设，直接提升城市文化设施水平。可持续发展的项目可以成为城市景观和文化的一部分，随着城市化进程，可以不断地完善和方便地更新，到了拆除阶段，能够容易地拆除并回收利用。不能持续的大型公共工程项目，没有到服务年限就提前拆除报废，造成巨大的物质浪费。因其是永久性工程，具有不可逆转性，会给城市的发展带来障碍，甚至造成通常的“城市病症”。

大型公共工程因为具有公共产品的性质，消费具有非排他性；生产具有非竞争性；耗资大，生产成本高，风险大；外部经济性强。所以无论何时，政府都有必要对城市公共建设进行投资或干预，通常是由城市政府投资和管理；或者其他投资，但由政府提供补助或干预。无论资金是社会（民间）的还是政府的，公共工程的公益性质是不变的，最终的业主还是政府，使用者还是每一个公民。政府需要履行对项目建设规模和技术标准，对项目运营的制度和规范的监督管理职责。

公共产品与非公共产品的特征见表 2-1。

两类工程项目的特性　　　　**表 2-1**

工程项目种类	权益特性	投资主体
公共产品	所有权主体抽象，使用者只有使用权	政府（最终的投资主体）
非公共产品	使用者可拥有所有权，产品由市场定价	企业、个人等民间资本

由此可见，大型公共工程具有如下本质的特点：

（1）建设产品的所有权公有性；

（2）使用权的公用性；

（3）效益的公益性；

（4）工程的最终业主是政府；

（5）建设规模和社会、经济、环境影响巨大。

公共工程的以上五个本质特点是其不同于其他工程项目，从而具有不同时间和空间域的原因所在。大型公共工程的时空演替和进化影响到整个工程项目、城市、区域的生态系统的进化和平衡，大型公共工程必须与其所在的外部环境共生。

2.2　建设项目与城市/区域可持续发展的关系

全面认识工程项目可持续发展问题，必须考虑它的外部环境——城市生态系统。人类社会发展到一定阶段的产物是城市，它是以非农业人口为主体的自然一社会一经济复合人工生态系统。从系统论角度，我国学者钱学森认为：“所谓城市，就是一个以人为主体，以空间利用和自然环境利用为特点、以积聚经济效益、社会效益为目的，集约人口、经济、科学、技术和文化的空间地域大系统。”城市生态系统是多层次的、以人为中心的人工复杂系统。一般可以将城市生态系统划分为三个层次的子系统：

（1）自然系统。包括大气、土地、植被、噪声、水、三废、能源、矿产等构成的子系统；

（2）经济系统。包括税收、财政、产业、GDP、投资与消费等构成的子系统；

（3）社会系统。包括人口、文化、教育、就业、公共设施、基础设施、医疗卫生、管理、居住条件、科学技术等构成的子系统。

在以上各层次的子系统内部，都有自己的能量流、物质流和信息流。而各层次之间又相互联系，构成一个不可分割的整体，组成一个特殊的生态系统。为了使城市不断地发展，城市各个子系统之间应当不断地互相推动，正如张旭所证明的，城市的三个子系统之间是互利共生的关系。

在任何一个城市共生系统中，公共工程项目生态系统是整个城市物资流、能量流、信息流的通道。它改变了城市的空间构型，构造了城市的垂直和水平空间（例如建筑物和交通线），组成了城市生态系统的基本单元。大型公共工程，如城市交通工程和城际交通工程把城市与城市联系起来，沟通城市之间的工作流和物资流；通信工程极大地缩短了城市之间的时空距离，使城市内部和城市之间的信息流更加通畅。正如前文所述，没有公共工程，城市就失去了骨骼和经络，没有完成城市功能的框架。公共工程的功能和数量是衡量和划分具体城市发展水平的标志之一。城市人口的增加，导致对公共工程服务能力的需求，但是由于城市生态系统的资源、能源、资金所限，公共工程的建设不能是无限制的。研究表明，城市规模的不同，基本建设投资对城市经济增长的拉动作用也不一样。同时交通基础设施应该和城市的规模和发展相协调。

事实表明，大型公共工程（包括基础设施和公共设施）的建设应该与城市可持续发展相协调，也应当能够可持续发展。举例来说，珠江三角洲有 5 个城市澳门、香港、珠海、广州、深圳，一共有五大国际机场。由于国际航班将只在它们中间的一个机场降落，大部分国内航班也只希望在这个机场与国际航班接轨，其结果必有 4 个机场不能充分利用，造成开发建设项目投资效益低下，也破坏城市财政和金融运行的良性循环，劳民伤财。就拿珠海机场为例，珠海机场总投资 60 亿元，但是由于没有考虑到珠江三角洲国际机场的密度和服务能力，加之珠海机场的建设，盲目地求新求大，导致造价过高，服务能力过剩。据统计，珠海机场每年亏损 7000 万元。这是大型公共工程建设不可持续的典型表现。

另一方面，城市基础设施等公共物品供给不足，也会导致城市生态系统的共生关系受到影响和破坏，制约城市的可持续发展。基础设施作为城市系统重要的人工环境，可持续发展与否与城市基础设施密切相关。长期以来，我国城市发展的战略思想是生产轻消费，基础设施滞后已成为城市发展的严重制约因素。

联合国推荐的发展中国家城市市政设施投资比例，应占国内生产总值的 3%～5%，占固定资产投资的 9%～15%，然而我国城市基础设施投资比例一直都很低，从新中国成立后到 20 世纪 90 年代初期，城市基础公用设施投资占国内生产总值的比例只有 0.36%左右，仅为联合国推荐指标的 1/14～1/8；占国家固定资产投资的比例为

2.18%，仅为联合国推荐指标的1/7～1/4（段小梅，2002）。

因此，大型公共工程与城市可持续发展是密切相关的。研究城市的可持续发展必须研究大型公共工程的可持续发展问题。同时，大型公共工程系统作为城市工程项目生态系统的一个组成部分，对城市共生系统来说是个共生单元，是工程项目生态系统的一个组成部分；对项目自身来说又是一个相对独立的共生系统。这里共生关系是大型公共工程项目与整个城市、工程项目生态系统之间的相互关系，是公共工程项目可持续发展的理想状态。在这个意义上，本文把共生系统与生态系统等价。

2.3　大型公共工程的新内涵

2.3.1　现代工程项目管理的哲学层次

建设项目的可持续发展与城市、地区可持续发展的特征不同。现代社会建设项目特别是大型或特大型公共项目是城市建设和区域经济可持续发展的支撑，是城市或区域可持续发展复杂共生系统中的构成要素，是城市的骨骼和经脉，是社会、经济、科学和环境大系统的一部分，它必须具备可持续发展的能力，对大型公共项目的可持续发展能力的评价应作为建设项目评价的重要内容和决策依据之一。从城市和区域的共生系统的和谐共生来看，大型公共工程项目必须有新的内涵：

（1）自身的更新能力和为社会持续服务的能力，方便结构和设备的更新，能长期与社会经济一体化。

（2）对社会、文化的可持续发展的贡献，可以长期提供服务，体现当地的人文风貌。

（3）针对大型工程项目的全生命周期，注重工程项目规划、设计、施工、运行一体化。

（4）体现社会、环境和历史对工程项目的要求。

（5）其建设工程项目经济、技术（包括结构、设备、建材）、管理、法律的综合。

工程项目的这种新内涵，要求项目参与方，包括业主、设计单位、施工单位等都应当转变项目的目标层次，从现实性思维、理性思维到哲学思维上来。也就是从传统的三大目标（功能、时间、费用）现实性思维层次转到理性思维层次（各方面满意），再从理性思维层次提升到哲学思维层次（与环境协调—可持续发展）上来。如图2-4所示。

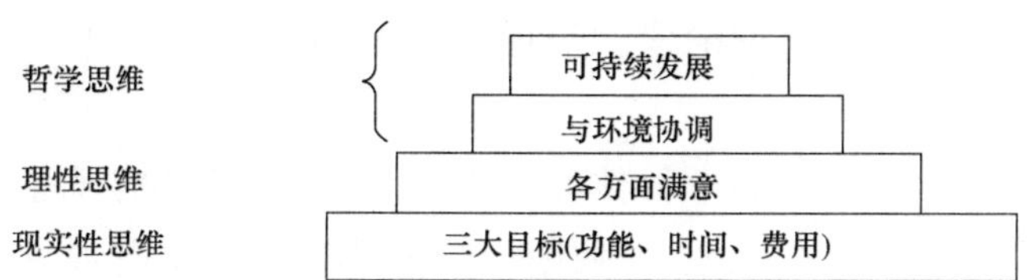

图2-4　目标层次和思维方式

2.3.2 大型公共工程基本属性

从可持续发展的定义出发，大型公共工程项目也应当满足三大基本属性，即时空性、和谐性、循环性；体现五大关系：人地关系、人际关系、代际关系、区际关系、国际关系的要求；大型公共工程项目的效益也要是三大效益：社会、经济、生态效益的协调。大型公共工程项目的建成体现生态、物质、精神文明三大文明的要求。目前，研究生态建筑、绿色建筑的比较多，对于大型公共工程的可持续发展问题研究较少。

大型工程项目使影响区域内的人类生活发生改变。如高速公路的建设，从施工期到运营期都会改变影响区域的人口构成、交通方式、消费结构等；又如三峡工程，大量的库区移民的迁移、工程建设使劳动力和物资涌入三峡库区，不仅原有的生活方式、生产方式发生了根本的变化，而且大型工程项目的物质流影响到区域的物质流的流向和强度。因此，对于大型公共工程所处的城市/区域外部环境和工程项目大系统来说，大型公共工程作为一个子系统，或者说其中的一个物种、一个种群、一个群落，应该满足与其他组成的共生关系。如果公共工程与外部大系统是“寄生”关系，就会导致“宿主”的死亡。

2.4 生态学的引入和相关研究

2.4.1 生态学及其发展历程

“生态”一词是目前常用的名词，例如“生态城市”、“生态住区”、“生态建筑”等。生态一词是由希腊文衍生而来，原意是“研究住所”。H. T. Odum（1956）提出的定义是：生态学是研究生态系统结构和功能的科学。他的著名著作《生态学基础》（H. T. Odum1953，1959，1971）以生态系统为中心。从现实意义来说，生态学是研究生物和人类与其生存环境之间相互关系的科学，研究自然生态系统和人工生态系统结构和功能的科学。

生态学一般分为两大类，一是理论生态学，二是应用生态学。理论生态学是研究生命系统、环境系统和社会系统相互作用的基本规律，建立关系模型，并据此预测系统的未来发展变化。应用生态学则是将理论应用于各种实践中。

生态学理论的形成和发展经历了漫长的历史过程，主要分为四个时期：（1）生态学知识积累时期；（2）生态学理论建立时期；（3）生态学理论大发展时期；（4）现代生态学理论时期。

随着不断的发展，生态学的学科体系和分支领域明确形成了个体、群体、生态系统以及数学生态学的理论方法体系。现代生态学的研究已在宏观方向上扩展到生态系统、景观与全球生态研究。现代生态学时期（20 世纪 60 年代至今）的研究重心是历史的系统方法，主要表现就是生态系统生态学和系统生态学的产生和研究。从 1964 年发展到今天，生态系统生态学研究生态系统的结构和功能、生态系统的动态管理、海洋和淡水生态系统等方面。在生态系统水平上，能量流动、物质循环研究取得了丰硕的成果；景观生态学的形成与发展更加引人注目。特别值得一提的是，在生态系统整体性研究中，由于系统结构与功能的复杂性，产生了系统生态学。1983 年 H. T. Odum 的《系统生态学引论》的问世标志系统生态学的形成和发展，其内容包括系统测量、系统分析、系统描述、系统模拟和系统最优化。H. T. Odum 对生态系统的能量学进行了系统的研究，包括能量系统、能质、能量转化率以及信息等。1996 年出版了世界上第一部能值专著《环境账户：能值与环境决策》（*Environmental Accounting*：*Emergy and Environment Decision Making*）。这对于本文的研究提供了思想借鉴。

经济发展与人口、资源、环境的矛盾已非常尖锐。如何实施可持续发展成为人类面临的最大挑战之一。生态学的外延和内涵都有了变化，生态学的研究内容和任务已扩展到人类社会，渗入人类的经济活动中，已经成为解决环境保护、经济发展、社会进步的理论依据和出路。

2.4.2　应用生态学的产生和发展

从 20 世纪开始由于人口增长、工业发展，城市化速度加快，人类面临着许多新的问题和挑战，尤其是来自资源和环境的挑战。对于这个问题的观点主要有两个派别："喜鹊"和"乌鸦"。对环境问题乐观的喜鹊们认为"人们能够享受公园的树荫和圣诞节的烧鹅"；环境悲观学派的"乌鸦"认为资源迅速耗竭是"增长的极限"。为此，人们把生态学的理论运用于地学、经济学、城市建设等各个部门，应用生态学的分支学科就应运而生。人口生态学、经济生态学、文化生态学等相继出现并逐渐成熟，在社会发展中起到越来越重大的作用。

应用生态学的研究可以分为三类：产业生态学、管理生态学、效益生态学。其中，产业生态学包括农业生态学、森林生态学、草地生态学、工业生态学与清洁生产、旅游生态学等；管理生态学主要研究某些特殊生态系统的管理理论、方法和策略，以及受损生态系统的修复理论和技术，保护生态系统的平衡发展；效益生态学主要研究生态效益和经济效益的关系，它在生态效益不受损害的情况下，以追求长期的、持续的发展为特征。

2.4.3　自然生态系统

2.4.3.1　基本概念

生态系统就是在一定空间中的所有生物一起生活环境形成的统一体。

生态系统的结构包括物种结构、营养结构和空间结构。(1) 物种结构。一般来说，生态系统中的物种结构主要是群落中的优势种类，以生态功能上的主要种类或类群作为研究对象。(2) 营养结构。由于生态系统是个功能单位，强调的是系统中的物质循环和能量流动。生态系统中“捕食”关系，构成了层级营养结构。(3) 空间结构。生态系统的空间结构实际上就是群落的空间格局状况，包括群落的垂直结构和水平结构。

生态系统的组成包括生物部分和非生物部分。非生物部分就是无生命的自然环境。生物部分是指生产者、消费者、分解者（还原者）。通过生态学的研究，分解者在生态系统的物质循环、能量流动中的地位对维持生态系统的生态平衡非常重要。这对于现代工程项目全生命周期管理起到借鉴作用，也是工程的更新处置阶段在环境管理中地位越来越重要的原因。

2.4.3.2 基本类型

根据不同的标准，生态系统可以划分为不同的类型。生态系统按生态类型可分为淡水生态系统、海洋生态系统和陆地生态系统。其中陆地生态系统按照生态环境特点和植物群落类型分为荒漠系、冻原生态系统、草原生态系统（湿草原、干草原、热带草原等）、森林生态系统（针叶林、阔叶林、热带雨林等）；而按照人类对生态系统的影响程度可分为自然生态系统、半自然生态系统（例如农业生态系统）和人工生态系统。

其中人工生态系统是以人类活动为中心，由自然环境、社会环境和人类三部分组成，三者相互联系、相互影响，构成一个复杂的网络系统。人工生态系统中，人类经济、社会活动和人类自身的再生产是影响系统变化的决定因素。人工生态系统是一个不独立和不完全的生态系统。系统内部的生产者——有机体的产量远不能满足消费有机体（人类）的需要，因而必须从外部系统输入大量能量和物质，并向外部系统输出大量生产和消费过程中排除的废物。

在人工生态系统内部，其空间内垂直和水平方向上，主要分布着建筑物、道路等。营养级的层次和关系是由人为的能量（电能、化石燃料能）、物质（肥料、灌溉）的输入和传送过程组成。人工生态系统中的能量、物质、信息的流动强度和其总量大大超过自然生态系统。城市生态系统是最典型的人工生态系统。

2.4.3.3 生态系统层次

一个复杂的生态系统可以分为若干个小的生态系统，这些小的生态系统就是生态系统的层级结构。生态系统最基本的单位是单个生物体；生物类群称为物种；一个生物物种在一定范围内的个体总和称为种群，即在一定的自然区域中许多不同种生物的总和。在生态学中，“种群”、“群落”、“生态系统”还没有完整的定义，人们很难清晰地分出“种群”结束和开始的概念，对于“群落”、“生态系统”也是如此。所以既可以称之为生态系统下的层次，又可以简单地称之为各个子系统。

与生态系统相似，工程项目生态系统也有类似的层次结构。这种层次结构是相对的概念，有利于整个系统的分析和理解。

2.5　工程项目生态系统

2.5.1　工程项目系统的生态问题

工程项目从生态学的视角来看就是一个大的生态系统。这些问题的生态学实质表现在以下几点。

（1）工程项目中的物质流动基本上是线性的，物流链只是从建筑材料供应商到承包商、运营企业等。不考虑建筑材料的重复利用、再生以及固体废弃物和工程拆除后建筑垃圾的流向。就拿建筑材料生产和供应来说，不仅在工程建设环节的建筑材料的节省没有考虑到，而且建筑材料生产的清洁性、建筑材料的循环性都没有包括在工程建设所需要考虑的范围之内。

因此，从生态系统物质循环上来说，这种不考虑环境生态问题的工程建设从生命周期开始到结束，就在不断地消耗环境资源，不断地输出“三废”污染环境。

但是在自然生态系统中，一个环节的代谢废物是另一个环节的原料。物质可以得到分层多级的利用，形成闭环式的物质循环。

（2）工程建设需要消耗大量的能源。工程建设和运营所需要的燃料和动力是成本重要组成部分，尤其在工程投入运营之后。工程建设中消耗的能源中，新能源和绿色能源的比例很小。虽然人们在开发可再生利用的能源，但是目前还是以矿物能源等不可再生能源为主。煤炭和石油等燃料消耗了大量的氧气，又把二氧化碳等废气排放到大气环境中。能源消耗量和能源使用上的浪费使环境问题更加严重。

（3）利益多重性和共同行为准则缺乏，使工程项目成员缺乏自觉的相互合作，各自为政，导致总体目标失效，工程项目不可持续。

工程项目系统中行为者具有多样性，有业主、建筑咨询公司、设计院、承包商、供应商等，他们共同组成了工程项目组织。工程项目组织是一次性的、暂时的、临时组合性的组织，每个项目成员通常有两个角色，既是本项目组织成员，又是原所属企业部门的一个成员。组织成员角色的双重性使得这些成员在工作时既要照顾项目的利益，同时又要兼顾原企业或部门的利益，在项目结束后，所有的成员最终的归宿仍然是企业或部门。在项目利益和部门利益发生冲突时，他们首先的选择是放弃项目利益，更倾向归属稳定的企业组织。

项目组织内部各参加者之间主要是通过合同建立起来的关系，没有严格的行政隶属关系。合同作为项目组织的纽带，是各参加者的最高行为准则，但项目相关的合同有几十份、几百份，通常一份合同仅对两个签约者（如业主与某一承包商）之间有约束力，缺少一个统一的有约束力的行为准则。

（4）工程建设缺乏城市、区域的统筹规划，片面强调经济利益。考虑城市、区域等局部利益和个人功利主义的现象仍然存在。工程建设的规划设计破坏项目所在区域原有的韵味和景观特征，造成工程项目与环境之间的不协调、与社会历史文化之间的不相融。从而造成环境生态系统的劣化，社会生态系统特定生活方式及其代表的特定文化的改变和灭失。

（5）工程项目生态系统中组成比例常常失调。现有的工程项目系统中，处理者（分解者）不受重视。固体废弃物回收公司、资源再生公司等环保产业没有得到充分重视和扶持。生态系统中物质循环和能量流动中断。研究表明，自然生态系统中分解者的还原功能是生态系统保持生态平衡的保证。

2.5.2 工程项目生态系统概念

工程项目生态系统是一种类比的概念，工程项目从生态学的视角来看就是一个大的生态系统。本文的研究对象是城市生态系统的公共工程系统。通过应用生态学的分支学科城市生态学的研究，我们知道城市是个大的人工生态系统，并能够从历史、结构、功能三方面进行生态学的描述。在以人类活动为中心的城市、区域的生态系统中，以公共工程为主体构成了工程项目生态系统，包括环境、经济、社会和工程项目及其他的项目组织。

按照社会经济技术的发展过程，工程项目生态系统越来越复杂、越来越完善。由于人对能源的需求，产生管道工程；出行需求产生交通工程；供水需求产生水利工程；动力需求产生电力工程；相互联系需求产生通信工程；废物处理产生垃圾处理场、污水处理设施；对娱乐的需求产生公共设施；对教育需求产生学校、图书馆；对保健需求产生医院保健院等，它们共同构成公共工程的生态系统。公共工程为主体构成的工程项目生态系统是城市功能的生命线，同时也是城市生态系统（区域）的一个子系统。同自然生态系统一样，公共工程项目生态系统有着类似的层级结构，垂直与水平的空间分布；物质循环、能量流动、信息传输，并且依赖生物圈提供资源和服务。

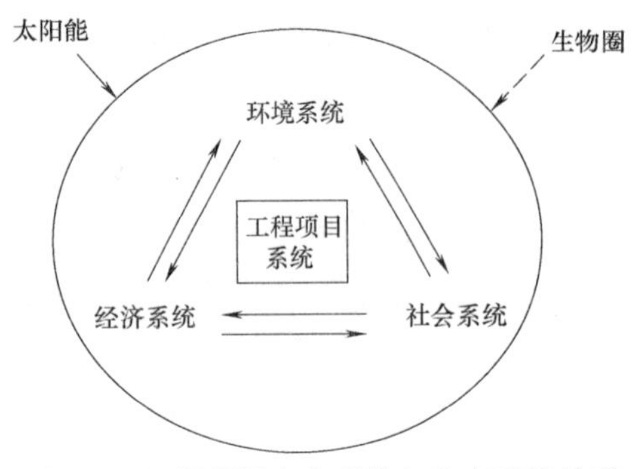

图 2-5　工程项目生态系统与生态系统关系

工程项目生态系统与生态系统的关系如图 2-5 所示。

一般认为，经济、社会、环境在人类社会进程中的重要程度是不同的。可持续发展问题的研究对于三者的权重也是争论不休。发达国家（美国）从工业化到后工业化的经验教训总结出，经济、环境、社会三者的地位是相同的，因此 EIA 的评价指标体系权重是相等的，甚至认为环境：经济：社会的权重为 4：3：3。也有研究人员认为经济嵌入社会和环境系统，社会和经济系统都依赖于环境系统。但是共同点都是把经济、环境、社会系统孤立起来。第二种认识下，表现为经济、社会和环境系统相互嵌套。以上两种认识实质就是把三者孤立起来。工程系统被看作是经济系统的一分子，三者的孤立就是把工程、经济、环境、社会系统孤立起来。事实上，从图 2-5 中可以看到，环境、经济、社会是相互联系的系统，共存于生物圈中。系统不断地与外部环境进行物质、能量和信息的交换。

工程评价的最基本的认识就是把它仅仅看成满足功能需要的建筑产品，工程与环境、经济、社会相对孤立，这是第一个阶段，孤立阶段。随着对工程活动认识的深入，把工程系统概括为经济系统的一部分，即第二个阶段——包含阶段。经济系统嵌套于社会、环境系统，所以工程评价的第三个阶段是嵌套阶段。第四个阶段，经济、社会、环境系统的融合，工程系统随经济系统融合于环境、社会系统。工程可持续发展阶段就是第五个阶段——统一阶段。工程的建设与运营是经济活动的一部分，工程本身是环境的组成部分，并为社会生活提供平台。工程项目的可持续发展就是工程系统、经济系统、社会系统、环境系统四者的对立与统一。工程、社会、环境和经济系统都是生物圈这个总的生态系统中的子系统，并且是按照生态系统的最理想的生态关系——共生关系结合起来的共生系统。工程项目和经济、环境、社会系统相互交互，进行物质、能量交换，并反馈输出，统一于“能量”这一最基本的概念和标度。

经济-环境-社会-工程生态系统认识的演变见图 2-6。

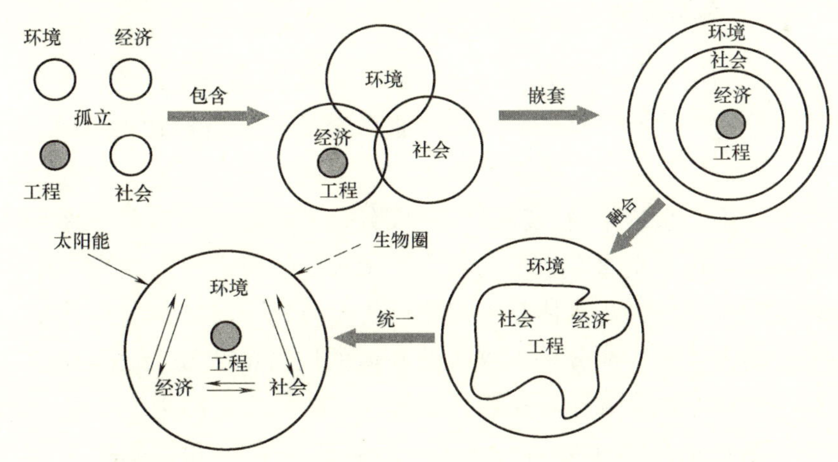

图 2-6　经济-环境-社会-工程生态系统认识演变

2.5.3　工程项目生态系统层次

对应于生态系统，工程项目生态系统也分为生物部分和非生物部分。生物部分是行为主体——人；非生物部分就是工程项目。从包含的范围来看，工程项目生态系统有狭义和广义之分。狭义的工程项目生态系统仅仅指的是工程实体构成的系统；广义的工程项目生态系统还包括了行为主体。工程项目生态系统的行为主体是参与工程建设从原材料开采到废弃物处置的所有参与者；非生物部分就是项目及其环境成分。对应于生态系统，工程项目生态系统的层次结构见表 2-2。

生态系统与项目生态系统的层次　　表 2-2

层次	名称	定义	项目生态系统
1	生物体	单个生物	单个工程
2	物种	生物类群	同类工程
3	种群	任一生物物种个体组成的群体	同类工程群体
4	群落	一定区域不同物种种群的总和	不同工程总和
5	生态系统	一定区域内群落及其生存环境的总和	一定区域工程及其所在环境的总和
6	生物圈	地球上所有生态系统总和	地球上所有生态系统总和

本书的研究对象是公共工程，这是工程项目生态系统的一个重要的子系统，包括交通工程、管道工程、水利工程、通信工程以及公共设施等。对应于上述层次结构，以交通工程这个工程种类为例，一个地区所有交通工程是一个生态系统的种群，包括公路、铁路、航空（机场）、港口及其环境；每种运输和出行方式就是一个物种；在每个种群中，例如高速公路就是一个种群，一定区域的高速公路就形成一个存在竞争和共生关系的种群；一个区域的空港，例如珠江三角洲五大城市的机场的竞争关系就形成了航空这一种群的竞争和共生关系。

2.5.4　工程项目生态系统结构

自然生态系统的结构包括两方面的含义：一是组成成分及其营养关系；二是各种生物空间配置（分布）状态。具体来说，生态系统的结构包括物种结构、营养结构和空间结构。

对于工程项目生态系统来说，就是组成成分、工程之间的功能关系和各种工程之间的空间分布状态，包括垂直和水平的状态，从而构成城市和区域的错落空间。

工程项目生态系统的行为主体是工程项目的参与者和监督者（使用者），也就是这个系统中的核心动力，生物成分是工程所处环境的所有的生物。工程项目之间的功能关系是项目与项目相互联系和相互作用，并构成系统的主要因素。

自然生态系统中的生物主要有三种关系：捕食、竞争和共生关系。种群之间的联系是通过“捕食”关系形成“食物链”、“食物网”联系起来的，所形成的相互关系就是它的营养结构。而在工程项目生态系统中，这种“捕食”关系是不存在的，取而代之的是相互之间相互依存、互利共生的功能关系。工程项目生态系统是依靠功能关系联系在一起的，并共同满足行为主体的需要，构成城市、区域、国家的功能体系。例如，通信工程为各种工程提供通信平台和通道；能源工程为其他工程的运营提供动力等等。

工程项目和自然生态系统的结构对比　　表 2-3

生态系统	自然生态系统	工程项目生态系统
物种结构	生物种类	工程类型
空间结构	种群数量 种的密度	工程数量 工程的空间关系
营养结构	营养关系 链状或网状	物流、能流和信息流关系 线性的或闭环(理想状态)

一般来说，生态系统中的物种结构主要是群落中的优势种类，以生态功能上的主要种类或类群作为研究对象。在工程项目生态系统中，大型公共工程就是工程群落中的一个“优势种”和主要种群。相对于大型公共工程系统来说，交通工程又是其中的“主要物种”。“主要物种”和“优势种”在城市化进程的不同阶段所起的作用和结构是不同的。例如高速公路是交通工程系统中的优势种，通信工程是信息时代的“优势种”。图 2-7 为工程项目生态系统及其子共生系统层次结构图。

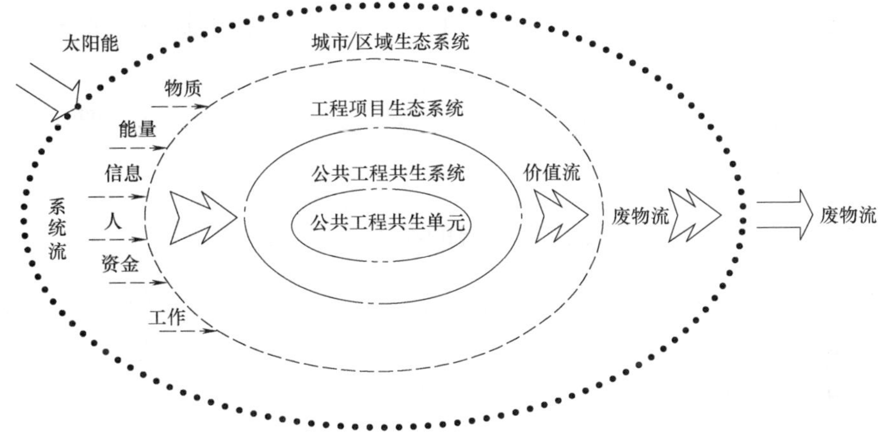

图 2-7　工程项目生态系统及其子系统层次结构

对于单个工程的项目管理来说，工程的实施就构成了以项目为核心的项目管理生态链。项目生态系统是指项目、项目组织、建筑企业和业主（政府）构成的以项目为核心的项目管理生态链。在这个生态链中，有系统流的循环流动，项目参与方构成纵向上的管理层次；每一个生态链中的“生物”——项目组织、建筑企业、劳务承包商等内部有横向的管理层次，纵向和横向管理工作流共同构成项目管理生态链。因为生态系统应当满足共生律，所以本文的生态系统又称为共生系统，这一部分的论述在第 3 章中展开。如图 2-8 所示。

任何一个项目都不是孤立存在的，是与周围的外部世界相联系的，项目生态系统理想状态是共生关系，是项目生态系统的核心。工程项目系统不断地存在与自然、社会、经济复合生态系统的物质、能量、信息的交换。分析工程项目可持续发展问题，必须分析工程项目系统的物质和能量交换。工程项目的研究与实践就是建立、实现，

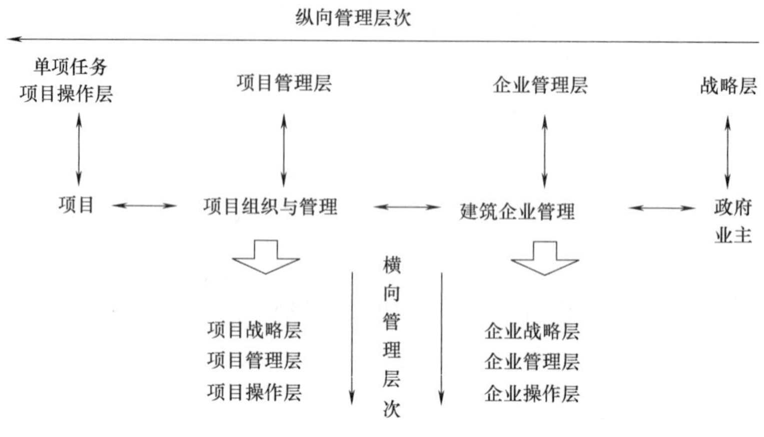

图 2-8　项目共生系统生态链

并不断优化从建筑原材料、中间产品、零构件、设备元件，再到建成品的使用、更新、废弃和再循环的全寿命周期过程。其项目生态系统的范畴包括项目本身、同类项目、不同类别项目、项目所在区域、工程项目组织；物资循环包括原材料选择、制造、使用、处置、再循环；能量流动包括项目立项、项目实施、项目运营、项目处置全生命周期的能量消耗和流动；信息传输指业主、管理部门、承包商、供应商、项目之间的信息的传递、存储、共享等。

2.5.5　工程项目生态系统与工业生态系统的异同

工业生态系统和工程项目生态系统都是从生态学的理论与方法研究相应的应用领域，用生态学来解释和解决问题，但是有相同的一面，也有不同的一面。这也是本文所提出的理论与系统框架的创新之处。见表 2-4。

工程项目和工业生态系统的比较　　表 2-4

	工程项目生态系统	工业生态系统
理论基础	生态学	生态学
应用理论	共生理论和共生关系	共生理论和共生关系
研究对象	工程项目系统	工业系统
典型工程	都江堰水利工程	卡伦堡生态工业园
研究范围	包括工程项目组织，研究环境-社会-经济复合系统和工程项目的关系；考虑物质、能量、信息和人流（劳务）的输入和输出，以及综合优化	主要考虑物资（原料）、能量的输入和输出的关系和优化
研究方法	基于能值分析的复合生态足迹方法	能量转换和物流分析，以及能值分析
研究路线	完全的、全新的应用生态学的定义与分析，从系统到种群，研究宏观到微观的枢纽——公共工程种群与个体	使工业系统为生态系统，缺乏亚系统或是生态学意义上层次结构的定义和相关研究
研究进展	首次提出生态学和应用生态学为借鉴	工业生态系统和学科提出已经有了丰富的前期成果

2.6　工程项目生态系统的原则、组成及功能

2.6.1　工程项目生态系统原则

从对工程项目的层次和系统结构的分析来看，工程项目生态系统也满足生态系统的四个原则。生态系统和工程项目生态系统原则的对比分析如表 2-5。

生态系统和工程项目生态系统原则　　表 2-5

	生态系统	工程项目生态系统
循环传输	物资循环 能量层叠	物资循环 能量层叠
多样性	生物多样性 物种、生物 相互依赖性和协作 信息	工程项目类别及其多样性 行为者多样性(行业、部门和企业等) 相互依赖性和协作 建筑制造业输入、输出
地域性	利用地方资源 注重地方特性 限制性因素 地方依赖性 协作	利用地方资源(包括废物) 注重地方特性 限制性因素 地方成员间协作 项目间互补共生
渐变	利用太阳能进化 通过繁殖进化 轮回的时间周期性和季节性 系统多样性发展缓慢	利用可再生资源持续 利用技术改造更新 本体发展的非线性(库兹涅兹定理) 利用废物、新能源和再生资源 系统多样性缓慢发展

2.6.2　工程项目生态系统组成

自然生态系统中存在三种有行为的基本组成：生产者、消费者、分解者；按照工程项目生态系统的原则，可以对工程项目生态系统的组成进行划分。

2.6.2.1　自然生态系统组成

(1) 生产者。利用太阳能或化学能将无机物转化成有机物或把太阳能转化为化学能，如绿色植物。

(2) 消费者。利用生产者提供的有机物和能源，供自身生长发育。同时也进行有机物的次级生产，并产生代谢物，供分解者使用，如动物、人类。

(3) 分解者。把动植物排泄物、残体分解成简单化合物，再生以供生产者利用，如分解性微生物、细菌、真菌及微型动物等。

2.6.2.2　工程项目生态系统组成

按照生物学的观点，生态系统只能是生物之间的竞争与共生关系。同类竞争，异

类共生。在工程项目生态系统中，共生关系是整个系统存在、发展、进化的主要关系和动力。尤其是在信息共享和废物利用和处理方面。

工程项目生态系统从某种程度上是一个共生关系组成的系统，这种关系在工程项目本体，尤其是公共工程的外部性方面表现得尤为突出。公共工程的共生系统将在第3章进行具体的论述。

对应于自然生态系统，工程项目生态系统有行为的组成分析如下：

(1) 资源开采者。包括利用基本环境要素（空气、水、土壤、岩石、矿物质）等自然资源生产出初级建筑产品的厂商，如砖厂、水泥厂等；初级产品的深度加工和高一级中间产品以及建筑构件的生产者，如预制构件、钢门窗等生产者。

(2) 制造者。包括业主、提供工程项目咨询的咨询公司、设计院、承包商等。不进行“物质化”的生产，但是利用建筑材料和建筑构件进行工程实体的实施。

(3) 处理者。包括建筑垃圾、建筑包装物、固体废弃物的回收、再利用的资源再生公司、废物回收公司等。与自然生态系统一样，处理者保证了工程项目生态系统的物质循环和能量流动的延续性，保证了整个系统与生物圈的可持续发展。随着社会分工的细化，工程项目建成以后一般交给运营公司经营管理，物业公司维修保养。他们也属于处理者的范畴。

2.6.3 工程项目生态系统的功能

构成系统需要满足三个条件：(1) 系统是由许多成分组成的；(2) 各成分不是孤立的，而是彼此互相联系，互相作用的；(3) 系统具有独立的、特定的功能。

物质、能量和信息是构成世界的三大基本要素。对工程项目生态系统来说，能量流动、物质循环和信息传递是整个系统有序运行的基本功能。和生态系统不同的是，工程项目生态系统不仅仅生产出物质产品——工程项目，而且是产品价值形成的过程。因此，对整个系统来说，不仅存在物质流、能量流和信息流，还存在价值流沿着交换链的循环与转换。工程项目生态系统的功能主要体现在沿着劳动交换链的物流、能流、信息流和价值流的运动。

以往的工程项目管理只注重生产阶段，忽略设计和运营处置阶段。通过生态学的研究，分解者在生态系统的地位非常重要，关系到系统流的顺利运动。同样，在工程项目的全生命周期中，运营阶段和更新处置阶段变得逐渐重要，关系到工程项目的可持续利用和物质循环。工程项目生态系统的物质循环主要表现为对资源的占用和能量消耗，信息流不断地在系统中传递。工程项目的建成还对建成区域产生社会历史影响。

工程项目生态系统，尤其是城市、区域的大型公共工程系统，其主要矛盾在于如何处理整个系统与环境、经济、社会大系统的物质、能量和信息交换，如何在这个过程中不断地形成价值以及价值如何衡量。工程项目全生命周期的主要物质与能量的输入与输出主要发生在三个阶段：施工阶段、运营阶段、更新处置阶段。

工程项目生态系统的系统流与其子系统公共工程共生系统的系统流是相似的，这部分内容将在第 3 章中进行系统的论述。

2.7　工程项目生态系统演化和平衡

2.7.1　系统演化的几个基本概念

系统的结构、状态、行为和功能随时间推移而发生的变化称为系统的演化。演化是系统的普遍属性，但是从足够大的时间尺度上来观察，任何一个系统都是处于或快或慢的演化之中。工程项目已经建成，似乎就是不变的。但是随着时间的不断推移，每个项目都在折旧，进行技术改造和物质更新，从这个意义上来说是不断的演化、发展的。系统的演化和耗散结构以及自组织理论等有密切的关系。

(1) 开放与自组织系统。系统如果处于不变的外界条件下，经过一定时间后，系统将达到一个宏观上看不随时间变化的状态，以后系统将长久地保持这样的状态，这种状态称为“稳态”或“平衡态”。“平衡态”的系统不会出现有序的“流”，也是熵最大的状态；热力学中的“非平衡态”则是一个有序的状态，其存在着规则的有一定方向的各种流动，例如物质流和能量流等。开放是系统保持有序的前提。

(2) 可逆和不可逆过程。当系统发生某个过程后，系统按照原来的路径恢复大批原有系统所处的状态，而不在环境中留下任何永久性变化的过程称为可逆过程。相反当系统发生某个过程后，系统不能按照原来路径恢复到原有的状态，而在环境中留下了永久性变化的过程称为不可逆过程。

工程项目建设是个不可逆的过程。工程项目的全生命周期都会对环境、经济、社会产生影响，尤其是大型公共工程项目。

(3) 熵（Entropy）定律。熵是统计物理和热力学的一个概念。在热力学中熵是指一个热力学的热工转换过程中，热能有效利用的程度。熵值越大表示系统能量可利用的程度低；熵值小，表示能量可利用的程度高。在一个孤立热力系统中，系统会自发的、不可逆的向熵增方向转化；一个开放的热力系统，只有外部对系统作功（输入能量），其向熵减方向进行，也就是通常所说的负熵过程。熵定律是经济学家 Georgescu-Roegen 所描述的“经济短缺的主根”。

(4) 自组织系统。如果系统可以随着时间的推移抵销内部的增熵，使系统保持一定的有序性，而且随着时间的推移，系统的有序度还会增加，由无序走向有序或由较低程度的有序走向较高程度的有序，这种组织就是自组织系统。系统的自组织只有在开放的条件下，才能克服内部的增熵，进而保持自己的有序性，或进一步增加自己的有序性。生态系统就是一个这样的系统，不断地从环境中吸取负熵，朝着种类多样化、结构复杂化和功能完善化的方向发展。生态系统进化的结果是结构更加复杂，各种组分间的关系协调稳定，各种功能更加畅通。

（5）耗散结构理论。耗散结构理论是比利时普利高津（I. Prigogine，1969）提出的。一个远离平衡态的开放的系统，通过不断地与外界交换物质和能量，在外界条件变化达到一定程度、系统某个参数变化达到一定临界值时，通过涨落发生突变，即非平衡相变，就可能从原来的混沌无序状态转变到有序状态。正中远离平衡的非线性区形成的新的有序结构，需要不断与外界交换物质和能量才能维持，这种结构称为耗散结构。一个系统从混沌向有序转化形成耗散结构至少需要 4 个条件：

1）系统必须是开放的。

2）系统必须远离平衡态。

3）系统内部各个要素之间存在着非线性的相互作用。

4）涨落导致有序。涨落在系统处于不同状态时，作用不同。当系统处于稳定状态下，涨落导致无序，系统具有抗干扰力，并迫使涨落逐渐衰减；当系统处于不稳定状态时，系统的某些小的涨落可以驱使系统从不稳定状态跃迁到一个新的有序的状态。

无论是自然界还是社会中都存在各种各样非平衡状态下的稳定结构——耗散结构。它们必须不断从周围环境输入物质和能量以及信息，也就是输入负熵，保持和增进有序。建筑产品的生产过程就是一种耗散结构，输出有序度高的产品和高熵的废物。一个生产系统不断地进行技术和管理的改造和创新，也是输入负熵流；此外精神产品的生产过程也是减熵的过程。

2.7.2 工程项目生态系统演化与平衡准则

生态学研究表明，在自然条件下生态系统总是朝着种类多样化、结构复杂化和功能完善化的方向发展，直到使生态系统达到成熟的最稳定的状态为止。

对于工程项目生态系统，这个具有多行为主体和复杂组成成分的人工生态系统来说，它的演化和系统平衡也是一个从低有序到高度有序、从简单到复杂、从不完善到逐渐完善的过程。通过不断地调整功能，满足人的需求。这表现在工程项目系统的复杂性，工程项目本身的复杂性；以及随着外部社会经济环境的改变和工程项目本身实体和技术的不断更新以适应功能需要。从建筑工程的实体形式上看，工程已经建成结构就不会改变。但是从工程项目的全生命周期的时间尺度上，功能和结构应当是相互依存的。工程项目功能的不断变化是动态的，结构相对稳定。但是由于功能不断地调整，最终引起结构的变化，表现为工程项目的更新和可持续的服务。结构破坏可以导致功能降低，功能的衰退亦可以使系统的结构解体。

生态平衡就是生态系统内稳定的显示。每个生态系统都在来自内部和外部两类因素的压力下运行。随着系统的范围的不同，内部因素的界定也是不一样的。自然生态系统的内部因素是生物群落自身发育和由此引起生境变化；外部因素常与生物群落自身无关，如气象条件、地震、洪水等。在当代社会，对生态系统最大的压力是人口种群，称之为人类学因素。工程项目生态系统的动力是人，行为主体也是人。工程项目的定义是为了满足人的需求，同时人口因素也是制约工程项目生态系统和调节该系统的根本因素。

对于各层次的生态系统来说，无论是哪一类压力引起环境条件的改变，系统总是通过调节机制来维持自身的稳定。这种调节是生态系统的一种适应能力。在本文中称之为可持续能力（详见第 5 章）。

按照 Trojan（1984）认为，每个完整群落的功能都具有决定它的物质、生产和结构关系的四个准则。这些准则对于人工生态系统同样适用。

（1）物资循环保护原则。系统的内部机制要保证物质循环的连续性。

（2）生产保护原则。生产者的亚系统结构和组成，例如原材料、半成品（预制墙板、屋架、门窗等）的生产商，总是调整以适应环境的变化。

（3）结构保护原则。系统的结构是内稳定机制的载体，所有工程生态系统都有趋于恢复因突发事件造成破坏的机制。对于建筑工程项目来说，突出的表现在工程的防灾能力和系统恢复能力两个方面。对于整个工程项目生态系统来说就是整体的应急能力和应急机制，表现为各种政策、法规和相关标准的制定和实施。

（4）生态平衡原则。发生在整个系统的各个过程都是系统的不可缺少的组成部分，负责物质循环和能量流动的，都对系统的整体稳定和平衡起到一定的作用，保护系统的结构和功能，促进系统的演化和可持续发展。

2.7.3 工程项目生态系统增长与平衡模型

工程项目生态系统的增长和生态系统是相似的。生态系统中的任何种群都不是孤立存在的，但是为了研究简化，单种群的增长模型满足逻辑斯谛增长（Logistic）模型。Feller（1940）指出，几乎任何一个逐渐增加其水平的数据，将在某种程度上符合 Logistic 模型。工程项目系统是满足人们生活需要的，主要是满足人口增长的需要，同时又受到环境容量的限制。如果一种工程，例如交通工程的数量大于需要的交通运输能力，那么就会出现运力过剩，表现为“种内竞争”；如果运力不足，又会出现交通拥挤，表现为“种群衰退”。因此，工程项目生态系统的增长可以简化成单个工程项目种群的增长方程，并根据生态系统的 Logistic 方程和耗散结构理论来探讨。

单个种群的增长分别有指数增长（Malthusian，J 型，不考虑资源约束）和逻辑斯谛增长（S 型，考虑资源约束）两种形式，前者是不受资源约束的连续增长，是增长的理想状态；逻辑斯谛增长是有限空间和环境条件下最简单的增长形式。依据上述原理，对工程项目生态系统的单种群增长模型作如下的前提假设：

（1）假设环境条件允许某一工程项目种群有一个最大值，此值称为环境容纳量或负荷量，常用“K”表示，当种群大小达到 K 值时，种群则不再增长，即$\frac{\mathrm{d}K}{\mathrm{d}t}=0$。

（2）某一项目种群增长率降低的影响是最简单的，即其影响随着密度上升而逐渐地、按比例地增加。例如该项目种群中每增加一个个体就对增长率降低产生$\frac{1}{K}$的影响。若$K=100$，每个个体则产生$\frac{1}{100}$的抑制效应，或者说，每一个个体占用了$\frac{1}{K}$的空间，若种群有N个个体，就占用了$\frac{N}{K}$的空间，而可供继续增长的剩余空间就只有$\left(1-\frac{N}{K}\right)$了。

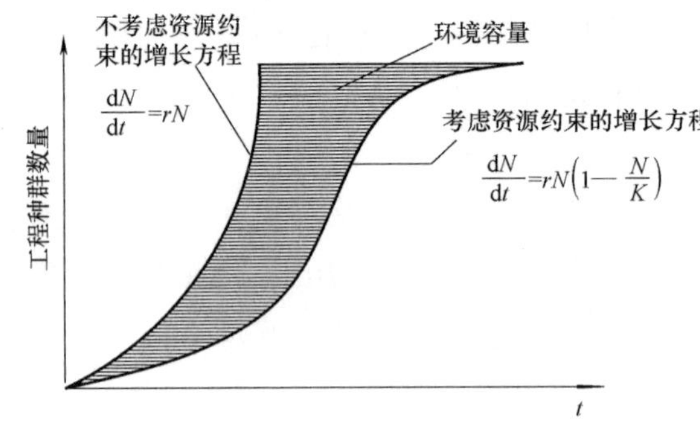

图 2-9 工程项目生态系统种群增长模型

（3）该项目种群中密度的增加对其增长率的降低作用是立即发生的，无时滞的。

（4）该工程项目种群之间不考虑使用寿命上差异。

根据以上的假设，种群在有限环境下的增长将不是“J”型，而是“S”型，如图 2-9 所示。

该模型的数学表达式为：

$$\frac{\mathrm{d}N}{\mathrm{d}t}=rN\left(1-\frac{N}{K}\right) \tag{2-1}$$

式中，K——环境容量；

N——工程项目种群数量；

r——内禀增长率；

t——时间。

显然，公式（2-1）有两个平衡点：$X=0$ 和 $X=K$（其中生态学家更加注重第二个平衡点的研究与确定）；并且在$X=\frac{K}{2}$处具有拐点，表示增长速度的变化率的变化发生正负分界点。

当$X<\frac{K}{2}$时，系统是不稳定的，而且$\frac{\mathrm{d}p}{\mathrm{d}t}>0$，增长速度是增加的。由假设条件知道，种群不可能无限增长，工程项目的需求量和环境容量构成了工程建设的限制条件。

根据耗散结构理论，这种条件下广义流为$J=N$，广义力为$X=r\left(1-\frac{N}{K}\right)$；该系统为非平衡态的线性区，系统运动过程中产生熵：

$$P=Nr\left(1-\frac{N}{K}\right) \tag{2-2}$$

$$\frac{\mathrm{d}p}{\mathrm{d}t}=r^2N\left(1-\frac{N}{K}\right)\left(1-\frac{2N}{K}\right) \tag{2-3}$$

显然，$P \geqslant 0$ 且有 $\frac{K}{2} \leqslant N \leqslant K$ 时，$\frac{\mathrm{d}p}{\mathrm{d}t} \leqslant 0$；因此，$\frac{K}{2} \leqslant N \leqslant K$ 时，系统局部稳定；

在非平衡的非线性区，同样有 $J=N$，则 $x=r\left(1-\frac{N}{K}\right)\left(\frac{2N}{K}-1\right)N$，超熵产生。

$$\delta_x P = \mathrm{d}N\mathrm{d}\left[r\left(1-\frac{N}{K}\right)\left(\frac{2N}{K}-1\right)N\right] \tag{2-4}$$

$$= -\frac{6r}{K^2}\left(N-\left(1+\frac{1}{\sqrt{3}}\right)\frac{K}{2}\right)\left(N-\frac{K}{2}\left(1-\frac{1}{\sqrt{3}}\right)\right)(\mathrm{d}N)^2 \tag{2-5}$$

（1）当 $\left(1-\frac{1}{\sqrt{3}}\right)\frac{K}{2} < N < \left(1+\frac{1}{\sqrt{3}}\right)\frac{K}{2}$ 时，$\delta_x P > 0$，工程项目生态系统整体稳定；

（2）当 $N=\left(1-\frac{1}{\sqrt{3}}\right)\frac{K}{2}$ 或 $N=\frac{K}{2}\left(1+\frac{1}{\sqrt{3}}\right)$ 时，$\delta_x P = 0$，工程项目生态系统处于临界状态；

（3）当 $0 \leqslant N < \left(1-\frac{1}{\sqrt{3}}\right)\frac{K}{2}$ 或 $\frac{K}{2}\left(1+\frac{1}{\sqrt{3}}\right) < N \leqslant K$ 时，$\delta_x P < 0$，工程项目生态系统不稳定；

综上所述，可以得出：当 $\frac{K}{2} \leqslant N < \left(1+\frac{1}{\sqrt{3}}\right)\frac{K}{2}$ 时，工程项目生态系统局部且整体稳定。

系统稳定不仅要满足上述条件，还必须深入地研究工程项目本体也就是“生物体”内在特性，才能保证整个生态系统的可持续发展。这里仅探讨单个工程种群的理想化增长模型。不同工程项目共存的环境空间的工程项目增长模型非常复杂，甚至在数学生态学的生态系统中多种群的增长模型上不能完全解决。所以工程项目生态系统增长模型还需要更加长期的探索。

第3章　大型公共工程共生理论分析

捕食、竞争和共生是自然生态系统的三种基本生物关系。共生规律是生态系统最基本的规律，共生理论是研究共生关系的基本理论。大型公共工程的公共属性以及人工生态系统的基本特点，要求大型公共工程不仅要满足工程项目生态系统的基本性质，还必须满足共生规律。大型公共工程是满足共生规律的工程项目生态系统的一个共生子系统。

3.1　共生理论的引入

自然生态系统的生物关系主要有三种：捕食、竞争和共生。生态系统的理想状态就是各成员之间的共生关系。工程项目系统是完全人工的生态系统，只可能存在竞争关系和共生两种关系。其中竞争关系指的是同类工程项目之间功能相同，从而表现为资源和功能重叠；共生关系可以存在于异类工程项目之间和同类项目之间。从广义上说，共生就是一种相互依存、共同存在和发展的状态。

3.1.1　生物学的共生理论研究

“共生”来源于希腊语，1879年德国真菌学家德贝里（Anton de Bary）提出了这一概念。“共生”作为一种生物学的研究已有百余年。随着这种研究的深化以及社会科学的发展，21世纪五六十年代后，“共生”的思想和概念不仅仅被生物学家所熟知，而且逐步引起人类学家、生态学家、社会学家、经济学家、管理学家甚至政治家的关注，一些源于生物界的共生概念和方法理论已由社会学家提出并得到初步运用，一些由管理学家提出的共生方法也正在付诸实施，甚至有社会学家提出了当今人类社会已进入一个“多元共生的时代”。

德国的保罗（Prototaxis，1886～1996年）提出了内共生，认为“动物和植物微生物（细菌）间的内共生代表了一种曾是补充性的但广泛的机制”。

科勒瑞（Caullery，1952）和刘威斯（Lewils，1973）分别清楚地定义了不同物种生物体间的关系概念，丰富了共生研究，并注入了超出生物学领域的更深刻的社会历史意义。

斯哥持（Scott）致力于寻找共生双方的物质联系，并认为共生关系是生物体生命周期的永恒特征，他将共生定义为两种或更多生物生理上彼此需要平衡的状态。

关于“导致联系的建立与取消的选择压力”、“参与双方的遗传、代谢、行为特征的整合”等等的研究，都对建立社会科学意义上的共生理论具有基础性意义。

虽然达尔文的有机体进化理论为人们理解物种的起源及生命形式的统一性提供了合理的框架，但是共生研究所提出的共进化观点，即“内共生是进化创新的重要来源”的论点与证据对我们重新认识达尔文的自然选择理论、突变论和重新审视物种起源具有极其重要，也可以说是划时代的意义。

3.1.2　共生理论在其他科学中的应用

共生关系是无处不在和无时不在的。在人的基础上形成的单位也处在各种共生关系中，从而共生关系是改善社会发展和进步的必备途径。

对人类社会的共生关系而言，识别其共生模式，可以判断共生关系的合理性，促进共生单元达到最佳共生状态。同时，可以在符合共生规律的基础上，科学地引导一些共生关系向预定的方向发展，可以利用人类的智慧设计和选择符合人类发展最本质要求的共生模式，推动人类社会的进步与繁荣。无论是社会共生关系、经济共生关系和文化共生关系，都可以运用共生模式分析的基本概念和方法进行分类研究。特别是共生界面和对比开放度的分析与设计具有重要的实际意义。一个处于原有共生状态的共生单元无论是对共生单元自身、对共生体或共生对象还是对共生环境都是十分有益的。

3.1.2.1　经济学

根据詹姆斯·穆尔（1998）提出的企业生态系统（Business ecology）概念来考察企业集群，则集群及其成员企业、地方政府、银行等共同构成了一个企业生态系统。而以袁纯清（1998）共生理论的分析框架来分析企业集群，则集群中存在着各种模式的共生体。

目前研究较多的还有关于企业的共生问题。吴飞驰就将共生理论用来阐述企业的性质，并形成了一整套全新的更富有解释力的企业理论——企业的共生理论。企业就是人与人的一种权威共生的生存结构，企业应处理好内部员工之间与投资者、股东、与政府及社会各界、与客户、竞争者的共生关系。企业共生研究最多的就是对大、中、小企业的共生。大企业、小企业都各有其优势和劣势，一个企业不可能在每一个价值链上都具有比较优势，为了在市场竞争中“共同优胜”，避免“共同劣汰”，企业就在价值链的关键环节上展开合作，企业间形成共生网络。企业共生网络形成后，市场竞争就由企业间的竞争转化为企业共生网络之间的竞争。此外，学者鲍博也分析了不同规模企业的共生模式和共生关系；武汉大学的宁钟与郭熙保更是将这种大中小企业的共生理论具体应用到了光电子信息产业发展的基本经济规律的分析过程当中。

此外共生理论还被用来阐释传统的产业经济理论，用共生的语言重新解释产业结构、产业组织以及产业环境理论等。

3.1.2.2 哲学（社会学）

在人类面临生存环境危机的当今，人们努力寻求一条正确的人与自然的关系。世界各国科学家在回答这一问题时，尽管表达方式不同，结论都只有一个，即“人与自然共生”。俄罗斯学者主张“技术圈与生物圈共生”。1945 年苏联学者维尔钠茨基指出，人与自然的关系道路应该通过人与自然共同努力，将生物圈建设成为“智慧圈”的途径来实现，进而形成技术圈与生物圈的共生。后来，马克西莫夫进一步完善“智慧圈”的理论，认为人类生产力的技术圈不应当毁坏生物圈，应该遵循生物圈的组织原则，补充生物圈，形成技术圈与生物圈的“共生现象”，即智慧圈。在智慧圈里，技术圈代表人的主观能动性，生物圈代表自然环境，即人与自然的关系应该建立在一种理智的、符合客观规律的、又能发挥人的聪明才智的、人与自然互利、技术圈与生物圈共生的关系。英国学者主张“自然系统和社会经济系统的相互调节和共生”。英国学者本耐特（Bennett）和乔利（Chorley）合著的《环境系统》一书中专门论述了环境共生现象和环境共生问题。他们认为，自然系统和社会经济系统是相互作用的，这种相互作用分为调节和共生，调节系统实际上是在短时间和小范围内对小规模的能量和物质的利用和释放进行人为调节；人类对长时间和大范围内大规模物质和能量调节无能为力，才通过“共生”来对环境系统进行调控。马世骏先生也基于我国的国情，提出了“社会—经济—自然复合生态系统”的思想，论述复合生态系统的共生和协调发展。

3.1.2.3 工业学

共生理论在工业学中的应用是最普遍，也是最直接的。丹麦卡伦堡公司出版的《工业共生》一书中对工业共生的定义为：“工业共生是指不同企业间的合作，通过这种合作，共同提高企业的生存能力和获利能力，同时，通过这种共生实现对资源的节约和环境保护。在这里这个词被用来着重说明相互利用副产品的工业合作关系。”而其中生态工业园又被认为是其在工业学中最成功的应用。在这种工业园内各种在业务上有关联关系的企业聚集在一起，一家企业产生的废物将是另一家企业的生产原料，通过这种共生模式，这些企业依照顺序形成一个高效率的闭环系统，既提高了经济效益，又从根本上改善了生态环境。有些学者还通过一些典型的生态工业园为例，如丹麦卡伦堡和中国贵糖集团，对生态工业园建设中的工业共生模式进行了比较研究，提出了两种工业共生模式：自主实体共生模式和复合实体共生模式。

3.1.2.4 建筑科学

黑川纪章于 1987 年出版的《共生的思想》一书，就把人与自然的共生，人的建筑与自然的共生作为主要的内容。另一位日本建筑师长谷川逸子（Itsuko Hasegawa）在《作为第二自然的建筑》（*Architecture As Another Nature*）一文中，明确提出，建筑不应该被视为一种人工化产物，它本身就是另一种形态的自然。长谷川逸子重新思考过去的建筑，因为这些建筑适应当地的气候和地理条件，让人类与大自然共生，使人类和建筑成为大地生态系统的一部分。思想前卫的摩弗西斯事务所对重构人与自然的共生关系极为关注，并尽量使之在设计中得以体现。这种设计思想不仅渴望建立一种与自然"休战"的环境，而且希望能够建立一种把建筑融入自然，使人和自然展开自由对话的环境。

城市应当具有与自然共生的品质。作为城市垂直空间构架的建筑不应该被当作一种孤立的作品设计出来，而应当被当作某种更大的东西的一部分。建筑科学中运用共生理论实际上包含着对于新的科学和技术相关的新设计的挑战。

3.1.2.5　可持续发展问题

共生理论在可持续发展中的运用，代表性的有张旭（2004）首次将共生理论运用于城市可持续发展研究。

Odum于1983年指出城市共生功能对寄生功能的取代，表明系统逐渐走向成熟，这对有限的自然生态环境承载力是至关重要的。Arrow等在1995年指出系统共生功能可以增强系统的恢复能力。如果复合生态系统中共生功能、生态支持功能减弱，将会对系统的恢复有很大的影响。王如松提出复合生态系统中各组分之间存在着竞争、共生、自生的互动作用。郝欣等提出复合生态系统的共生性和自我调控机制。

叶明强（2002）简单论述区域可持续发展共生系统，涉及了共生理论用于区域可持续发展研究的优点和独到之处——从微观系统到宏观系统的新的观察可持续发展问题的视角和研究思路，并介绍了共生理论的适用性。

用纯经济学的研究理论和方法，远远不能解决目前面临的人与自然的生存与发展的矛盾。经济学的经济人假设是和人与自然的共生是背道而驰的。因此，共生理论更适用于项目本体可持续发展的研究，是研究工程项目本身与项目生态系统关系的有效手段。大型公共工程共生关系包括工程与社会系统的共生、与经济系统的共生、与环境系统的共生以及工程本体各子系统的共生。工程建设和运营是经济系统的一部分，工程建成后成为环境系统的组成部分，在此基础上社会活动才能得以顺利进行。因此，研究工程项目可持续发展就是要保持工程项目生态系统的稳定与平衡；要保证这种平衡就必须建立和实现单个工程，尤其是大型公共工程与其他个体、种群、群落乃至系统的共生关系。

3.2　大型公共工程共生系统分析

3.2.1　共生系统特征

共生系统是共生单元按某种共生模式和共生类型构成的关系集合。共生系统具有系统的基本性质：整体性、开放性、层次性、目的性、分解协作性、自组织性、稳定性和突变性。共生系统以生物界和人类社会为实际研究对象。生物界和人类社会进化的一致方向是对称性共生，工程项目生态系统的演化和平衡要求工程项目是一个共生系统，每个组成单元之间满足共生关系。组成单元包括工程实体和与工程全生命周期有关的行为主体。

一个大型公共工程共生系统除具备上述特征外，还应当具备以下几个特征：

(1) 复杂性。共生系统中共生关系是立体化的、复杂的。现代大型公共工程被称为复杂系统、巨系统等。工程子系统结构复杂化和工程组织成员不断的进入和退出，都增加了它的复杂性。

(2) 共进化性。共生系统内部共生单元之间、共生单元与共生系统之间存在相互促进和相互激发的作用。这种作用对生物体来说可以加速共生单元的进化创新，提高生存和繁殖能力。同时这种性质又可以阻抗和削减因环境因素变化可能造成的共生单元的退化作用。对于工程系统来说，就是要随着科技进步，不断地适应使用者的需要，对工程实体进行技术改造、设备更新；对于行为主体来说，就是不断进行技术服务能力的提升，满足市场需求。

(3) 不可逆性。工程项目共生系统是个不可逆的系统，指的是任何共生单元一旦进入系统就不可还原；系统的进化发展也是不可还原的。工程项目一次性决定了该系统的不可逆性。

3.2.2 共生系统基本原理

共生系统的基本原理主要包括五个方面：

(1) 质参量兼容原理；这是共生关系识别的基本依据，也是构建社会共生系统的理论依据。

(2) 共生能量生成原理。共生过程中产生新能量是共生的重要本质特征之一。共生新能量在生物中表现为生物对环境的适应能力和抗灾变能力；在经济系统表现为经济效益提高。共生能量是共生系统存在和发展的必要条件。

(3) 共生界面选择原理。共生界面选择不仅决定共生单元的数量和质量，而且决定共生能量的生产和再生产方式。

(4) 共生系统相变原理。共生系统相变是指系统从一种状态向另一种状态的转变过程。设有共生系统 S，有质参量 Z，则共生系统状态函数可以写成：

$$Z=Z(\alpha,\beta,\delta) \tag{3-1}$$

式中，α——系统平均非对称分配因子；

β——能量使用选择系数；

δ——全要素共生度。

若$\frac{\partial Z}{\partial \alpha}$，$\frac{\partial Z}{\partial \beta}$，$\frac{\partial Z}{\partial \delta}$分别为零的任意向量$\vec{X}$，这一点就是共生系统的相变点。这和突

变论的分叉点是相似的。

相变原理对于分析工程项目生态系统和大型公共工程共生子系统具有非常重要的意义。根据相变原理，我们可以分析共生系统的效率和功能发展状态，并制定相应的对策。

(5) 共生进化原理。这一点和生态系统的进化是一致的。自然生态系统中，种间竞争对竞争双方产生了有害的后果，表现为种群密度降低。相反的，互惠共生关系可以提高生物体潜在的适应能力。对称性互惠共生是共生系统进化的一致方向，是生物界和人类社会进化的根本法则。所有系统中，对称性互惠共生系统是最有效率也是最稳定的系统。任何具有对称性互惠共生特征的系统在不同的共生模式中具有最大的共生能量。

在公共工程系统中，种间竞争表现为不同的工程争夺有限的资源，争夺有限的同类服务对象。以交通工程为例。一个区域的交通运输体系，它的客源和货源是固定的、有限的。如果供大于求，就会导致不同运输方式相互之间的种间竞争。但是考虑了区域资源、人口增长需求的交通规划运输体系，不同的交通运输方式是互补、互惠、共生的关系。这种条件下，不同的交通方式与不同的需求相对应，相互之间就是共生共存的关系。从而保证整个交通运输体系，在正常或非常（灾害或特殊需要）条件下，都能保持整个系统的稳定，保证区域生态系统的稳定，实现可持续发展的战略目标。

3.2.3　大型公共工程共生要素

一般而言，共生是指共生单元之间在一定共生环境中按某种共生模式形成的关系（袁纯清，2002）。共生的要素包括共生单元（U）、共生模式（M）和共生环境（E）。共生单元构成系统的基础，共生模式和共生类型则决定系统的结构，共生环境是重要外部条件。

共生系统是共生关系存在的基本属性，在工程项目生态系统中，每一个单个工程就是一个相对独立的共生系统。系统是一个很宽泛的概念，只有当它与具体的物质内容相联系时，才会变得富有实际意义和针对性。根据共生理论，工程项目特别是大型公共工程项目的共生系统，同样包含这三个要素。根据研究需要，这里仅仅定义工程实体的共生要素。

根据生态学的基本原理，人与自然的共生系统中，技术系统和经济系统同样是一个共生系统，他们相互作用的突变表现就是经济的腾飞和科技的进步。同时共生体与环境也是一种共生关系，不过是与共生体内部不同的共生关系。为了便于分析和研究，我们称共生体内部的共生关系为内共生关系或内共生；称共生体与环境或环境中其他共生体的共生关系为外共生关系或外共生。项目的建设要占用大量的资源、能源和资金，根据外部性理论，工程项目的建设对外部环境，也就是项目所在的城市/区域的经济、社会、自然带来巨大的影响，有的影响甚至是不可恢复的。所以，作为工业生态系统的产品，借鉴能源生态系统的划分，大型公共工程的共生系统同样也可以分为两大系统：内共生系统和外共生系统。内共生系统是工程项目的核心，外共生系统受内共生系统的影响，他们组成共生单元，共同构成公共工程项目的共生系统。

3.2.3.1 公共工程共生单元

共生单元是构成共生体或共生关系的基本能量生产和交换单位，也是形成共生体的基本物质条件。不同层次的分析中，共生单元的性质和特征是不同的。在细胞共生体中，细胞核、细胞质和线粒体都是共生单元；在植物共生体中，真核植物和蓝藻是共生单元；家庭共生体中，家庭成员是共生单元。而在社区共生体中，家庭又是共生单元；在企业共生体中，每一个企业员工都是共生单元；在整个企业系统中，员工、设备、资本等是共生单元；在一个行业中，每一个企业都是共生单元。

对于城市生态系统，工程项目生态系统是个共生单元；对于工程项目生态系统，大型公共工程的共生子系统是个共生单元。为保持工程项目生态系统的整体稳定性和生态平衡，必须以单个的公共工程的共生单元为研究对象。

反映共生单元特征的有两个参数，一是象参量，其反映共生单元的外部特征，用 X 表示；二是质参量，其反映共生单元内在性质，用 Z 表示。对任何共生关系中的共生单元而言，其质参量往往不是唯一的。多数情况下是一组质参量，在特定时空条件下往往有一个质参量起主导作用，称为主质参量。在共生关系中，不同共生单元的相互作用通过质参量和象参量之间两两相互作用而体现出来。

1. 内部共生系统

工程项目作为一个可以完成一定功能的有机体，在建设之初就有了功能、成本、工期的定义。工程项目的全生命周期的每个阶段，项目主体所使用的材料和规划、开发、实施、运营、维护每个阶段的管理水平，都会对项目的品质产生影响。在此意义上，我们把工程项目的内共生系统分为技术子系统、经济子系统、材料子系统、功能子系统、管理子系统。

把单个公共工程作为研究对象，上述五个子系统就是公共工程共生单元的质参量。则：

$$PU_Z = f_z(Z_T, Z_C, Z_M, Z_m, Z_Q) \tag{3-2}$$

式中，T——Technology（技术）；

C——cost（成本/投资）；

M——material（材料）；

m——management（管理）；

Q——quality（功能）。

2. 外部共生系统

一些相关的研究结果表明，大型公共工程的建设在项目的全生命周期，都会对项目所在的城市/区域，乃至国家的可持续发展造成影响。

大型公共工程的建设不可避免地要占用大量的土地、水、建筑材料；建设与运营都要耗费大量的能源；城市/区域的资源是有限的，项目的建设必须考虑城市/地区的长期可持续发展，能够为城市/地区的可持续发展作出持续的贡献。

同时项目的建成，需要科学技术的支撑，特别是标志性公共工程的建设不仅要求技术创新和管理创新，而且还会为国家、区域、城市以及本行业的科技水平、管理水平的提高作出贡献。

基于以上的分析，我们把项目与项目环境（城市、区域、国家）的关系就构成了项目共生系统的外共生系统。它包括环境与资源子系统、经济子系统和社会子系统。则有：

$$PU_X = f_z(X_{En}, X_{Ec}, X_S) \tag{3-3}$$

式中，En——环境（Environment）；

Ec——经济（Economic）；

S——社会（Society）。

工程项目是完全人工的生态系统，共生性是这个生态系统的最本质地特征，共生关系是工程项目系统的最佳状态。在工程项目的共生系统中，物质和能量的输入和输出取决于项目的内共生系统，并影响到外共生系统。大型工程与自然系统的关系主要牵涉到对资源占用和能源的消耗。这三个因素反映了工程的外部特征以及对外部的作用，是公共工程共生单元的象参量。见图 3-1。

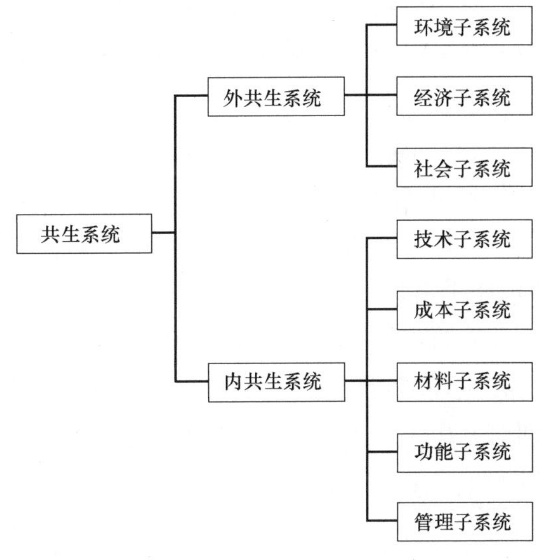

图 3-1　公共工程共生单元

3.2.3.2　大型公共工程共生模式

共生模式（Model）也称为共生关系，用 M 表示，是指共生单元之间相互作用或结合的形式。它既反映共生单元之间作用的方式、强度，也反映它们之间的物质、能量互换关系和信息交流关系。按行为方式（行为模式）划分，可分为寄生关系、偏利共生关系、对称互惠共生关系和非对称互惠共生关系，而按组织化程度（组织模式）划分，可分为点共生、间歇共生、连续共生和一体化共生。表 3-1 是共生模式的 16 种状态，这些状态符合社会关系和自然关系的各种共生状态的现实。

共生模式（M）的可能组合　　表 3-1

共生模式	点共生	间歇共生	连续共生	一体化共生
寄生(P)	MP_1	MP_2	MP_3	MP_4
偏利共生(C)	MC_1	MC_2	MC_3	MC_4
非对称性互惠共生(a)	Ma_1	Ma_2	Ma_3	Ma_4
对称性互惠共生(s)	Ms_1	Ms_2	Ms_3	Ms_4

对于自然系统和社会共生系统来说，任何完整的共生关系都是行为方式和共生程度的具体结合，也就是说共生关系是反映共生单元某种共生程度的行为方式。对于工程项目的人工共生系统，公共工程种群和个体之间共同组成了一个功能上一体化共生系统；参与工程建设与管理监督的项目相关各方组成一个对称性互惠共生的建筑业企业共生系统，这样由项目的需求，转化为企业、城市、区域，乃至国家的大的一体化共生系统，才能真正实现项目的可持续发展，乃至国家的可持续发展。对称性共生模式下，共生系数为 0.5。

对与企业来说，共生关系是不断调整的，在共生阻尼小的共生环境下，企业间的关系向互惠共生的方向发展；并在和谐的社会经济制度下，保持共生发展状态，保持持续的繁荣。对于工程项目本身来说，各个共生子系统的一体化共生，是项目可持续发展的关键。如果一个子系统不能和其他子系统相容、配套，整个项目都是不可持续的。也就是说，质参量要兼容；同时象参量也要满足共生条件，这样工程项目才能符合需要、不断为人类提供应有的服务，实现项目的可持续发展。尤其是大型公共工程项目。

3.2.3.3 共生环境

共生单元以外的所有因素的总和构成共生环境。例如植物共生体的土壤环境、水环境；家庭共生体的社会环境；企业共生体的市场环境等。共生关系存在的环境往往是多重的。按影响方式不同，分为直接和间接环境；按影响程度不同，可以分为主要环境和次要环境。共生环境对共生单元和共生模式来说是外生的，往往也是难以抗拒的。

共生环境可以分为三种，正向环境（EP）、中性环境（EN）和逆向环境（EC），分别对共生关系起积极、中性和消极作用。这些作用通过对共生过程中物质、信息及能量的生产和交换的激励来实现。共生体与环境的组合关系见表 3-2。

共生体与环境组合　　表 3-2

组合	正向	中性	逆向
正向	双向激励	共生激励	环境反抗正向激励
中性	环境激励	激励中性	环境反抗
逆向	共生反抗正向激励	共生反抗	双向反抗

项目共生系统之外的所有因素的总和构成项目系统共生环境。项目在一定的经济制度环境下建设实施，项目系统共生的主要环境是制度环境。

公共工程共生系统的主要环境是国家经济制度环境。我们已经知道共生环境是和共生界面紧密相连的。共生界面是共生系统的共生单元之间信息物质和能量传递的通道，而通道主要是经济制度通道。因此，在本文界定中，公共工程项目共生子系统之间的共生界面和共生环境是统一的。

工程建设是为了满足公民社会生活的需要，在项目共生系统建设过程中起推动作用的是经济、社会、科学技术的发展；而导致项目共生系统能量减少的阻力是环境的恶化、资源的占用以及技术革新和社会需要的转变。

3.2.4　共生三要素之间的关系

任何共生关系都是共生三要素共同作用的结果。一般而言，共生单元的性质起决定作用。在以公共工程为共生单元的共生系统中，共生关系由工程本身具有的可持续能力（EN_i）决定。共生关系可以用式（3-4）表示：

$$\vec{S} \equiv (\vec{U}, \vec{M}, \vec{E}) \tag{3-4}$$

式中，$\vec{U}$——共生单元，$\vec{U}=(U_1,\ U_2,\ \cdots,\ U_m)$；

$\vec{M}$——共生模式，$\vec{M}=(M_1,\ M_2,\ \cdots,\ M_k)$；

$\vec{E}$——共生环境，$\vec{E}=(E_1,\ E_2,\ \cdots,\ E_l)$。

共生体一旦形成以后，就有自身的运动轨迹和能量特征。共生能量函数（EN）用来描述三者之间相互作用的水平和效果，以及共生系统的动态特征。则有公式（3-5）：

$$EN = \sum_{i=1}^{n} EN_i + EN_s \tag{3-5}$$

其中 EN_i 表示任意共生单元原有的能量；EN_s 表示共生条件下新增的能量。

3.3　大型公共工程共生条件分析

3.3.1　充要条件分析

共生关系存在首先必须满足必要和充分条件，是共生关系产生的静态条件。

3.3.1.1　必要条件

共生的必要条件有三个：（1）共生单元之间至少有一组质参量（Z）兼容；（2）共生单元之间至少生成一个共生界面，而且共生单元可同时在共生界面自主活动；（3）同类同代共生单元的同质度应不小于某一临界值，同类异代共生单元亲近度也不应小于某一临界值，异类共生单元之间的关联度也应不小于某一临界值，共生关系才可能发生。

各公共工程子系统之间相互关联，从工程共生系统的角度看，这些子系统也是若干个共生单元，这些共生单元至少有一个质参量是兼容的。简言之就是整体与局部或单元与单元必须存在某种对应关系，即满足：

$$Z_{ai}=\varphi(Z_{bj})\text{ 或 }Z_{bj}=\varphi(Z_{ai}) \tag{3-6}$$

对于某个具体的公共工程，项目共生系统的内共生系统（质参量）是以各种规范、规章、制度和标准为共生界面的，而项目外共生系统（象参量）是以宏观的经济社会制度为共生界面的。

公共工程项目系统内各子系统（共生单元）之间由于主质参量性质不同，因此是异类共生单元。随着项目生命周期的延伸，各个子系统会不断调整以适应功能需要。但是共生单元的同代之间和异代之间的同质度、亲近度和关联度都满足临界值，保证子功能系统的相互匹配。这样才能保证工程项目系统的正常运行，在这种条件下共生关系发生。

3.3.1.2 充分条件

认定一个系统是否是共生系统，不仅仅需要满足共生的必要条件，还需要满足共生的充分条件。对于一个二维的共生体系而言，共生充分条件如下：

（1）共生单元之间通过共生界面能够顺利地进行物质、信息或能量交流；

（2）共生单元 A、B 通过共生界面的相互作用所形成的共生体系具有能量函数 EN_S，在给定条件下，存在 $EN_S>0$；

（3）在封闭条件下，给定的时空结构中共生单元具有累积的关于对方的信息量，或者由对方全部信息的占有丰度 Dab 或 Dba，且存在 Dab$>>$Doab，Dba$>>$Doba（Doab、Doba 分别为临界信息丰度），则共生成立。

工程项目的内共生系统（质参量）和外共生系统（象参量），与城市的发展和需要相互作用，不断地提升自身的功能适应社会发展的需要。公共工程项目参与方不断调整市场战略和核心竞争力适应建设市场的要求。从大型公共工程的全生命周期来看，整个共生系统不断地进行着物质循环、能量流动和信息传递。共生能量函数 $EN_S>0$。

3.3.2 进化稳定条件分析

共生关系的存在还必须满足动态条件。不论是生物体、社会关系、经济关系，共生关系产生以后都不是一成不变的，而是随时间和空间的变化而不断发展变化的。共生动态条件包括共生均衡条件和稳定条件。

3.3.2.1 共生均衡条件

共生均衡条件表现为共生纬度和密度均衡。共生纬度均衡对于公共工程项目生态系统来说就是在环境容量和需求一定条件下的种群关系和产业关系。共生密度均衡表示种群数量对共生关系的影响。

共生过程中纬度和密度的增加都存在能量 EN_S 的增加和损耗。在既定的共生纬度下，共生均衡主要是密度均衡。当共生能量变化率为零时，共生系统新增能量取最大值。

$$\frac{\partial \Delta EN_S}{\partial \eta}=0 \tag{3-7}$$

$$EN_S=\max EN_S \tag{3-8}$$

3.3.2.2　共生稳定条件

共生系统必须保持系统的稳定性。共生稳定与否决定于共生系统的内部结构。共生过程是共生单元之间信息裸露的过程，也是与共生环境进行物质、信息和能量交换的过程。不完全信息条件下，随着信息丰度的变化，共生系统会出现结构变化，表现为共生单元的进入和退出；共生能量的分配在对称性分配下处于最佳稳定状态。

3.3.2.3　工程实体的劣化

任何一个共生关系不是一成不变的，而是一个动态的共生关系。对于工程项目也不例外，它随共生单元性质的变化，以及后来共生环境的变化而变化。

对大型公共工程共生系统——这一工程项目生态系统中特殊的种群来说，它的进化和平衡条件同样满足资源约束条件下的逻辑斯谛方程，具体讨论见第 2 章。这里仅仅针对公共工程共生子系统的单位工程，也就是共生单元的进化与稳定条件作进一步的分析。

任何一个建设工程都有其寿命期，包括经济寿命、折旧寿命、物理寿命、技术寿命。经济寿命是从工程投入使用，持续到不经济的时间。在知识经济时代，公共工程的经济寿命越来越难以判断，这是由公共工程的性质决定的。大型公共工程与设备的寿命相似，不断地经历着无形和有形两方面的损耗，需要不断地更新，这包括对实体的补偿和维护以及设备的更新和升级。在正常条件下，工程功能的劣化曲线如图 3-2 所示。

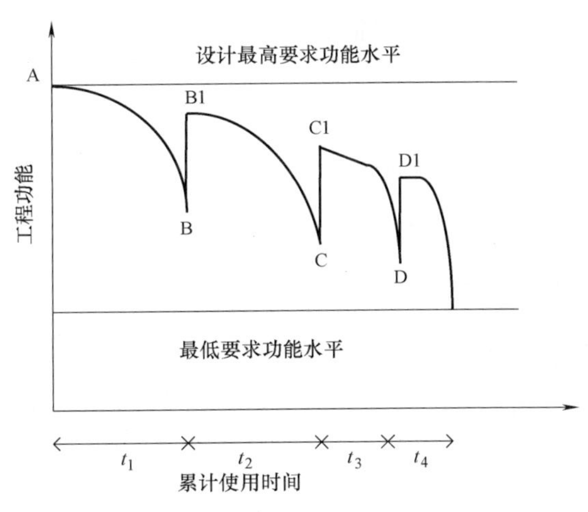

图 3-2　无补偿条件下工程功能劣化

与设备折旧不同的是，公共工程的上述五个特征，一个公共工程的全生命周期的定义远远超出了设备的使用年限。从历史和实践经验来看，大型公共工程系统的外部性决定了它的全生命周期是不断发展的、可持续的过程。在整个过程中，工程实体系统不断地补充物质、能量和信息，满足使用者的需求。这个过程是不断地补充负熵，工程功能不断向更高一级跃迁的过程，其规律满足自组织理论。

3.3.2.4 临界分岔和叉形分岔

按照自组织理论，一个远离平衡态的开放系统，是向着环境资源的有效利用和新资源的不断开发方向演化的。随机的涨落会导致系统内功能或局部机制的改变，在某种条件下将产生新的有序结构。按照非线性思维方式，事物的运动过程中不免会有从一种状态转变到另一种状态的临界点，而在这个临界点上，又总是面临存在多种可能状态的分岔。这种分岔现象可以用一组耦合的常微分方程和偏微分方程来描述。随着方程控制参数的变化，系统可以有定常状态、拟周期状态、周期状态和混沌（非周期）状态。从数学上分析，一个系统中若控制参数发生变化时，可引起其雅可比矩阵的特征值的双曲型破坏，发生结构稳定型变化，即产生临界分岔。临界分岔的基本类型有叉形分叉、霍夫分岔和鞍结分岔。

叉形分岔是比较简单的一类分岔，工程实体的演化跃迁和叉形分岔类似。一般的叉形分岔在临界点出现两支或多支分岔，这里仅仅介绍超临界分岔。典型方程为：

$$\frac{\mathrm{d}N}{\mathrm{d}t}=RN-N^3=N(R-N^2)=f(N,R) \tag{3-9}$$

方程（3-9）的平衡态为：

$N=0$，当 $R<0$

$$N=0,N=\pm\sqrt{R}\text{当}R>0 \tag{3-10}$$

其平衡态的稳定性有雅可比矩阵：

$$J=\frac{\partial f}{\partial N}\Big|_{\text{平衡态}}=R-3N^3\Big|_{\text{平衡态}} \tag{3-11}$$

就平衡态 $N=0$ 而言，$R<0$ 时，雅可比矩阵的特征值 $\lambda=R<0$，平衡态稳定。如图 3-3 所示，为超临界分型。

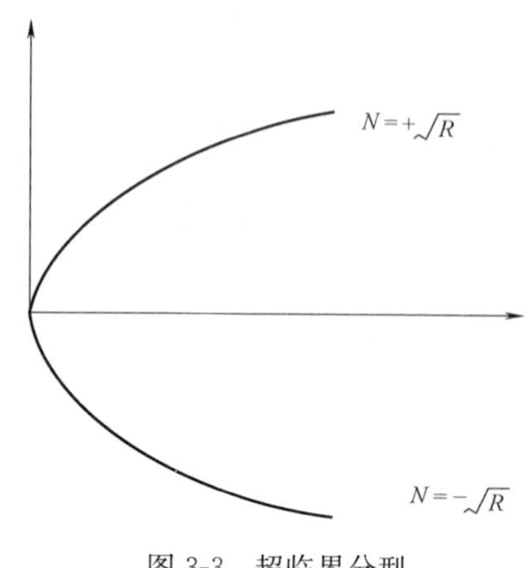

图 3-3 超临界分型

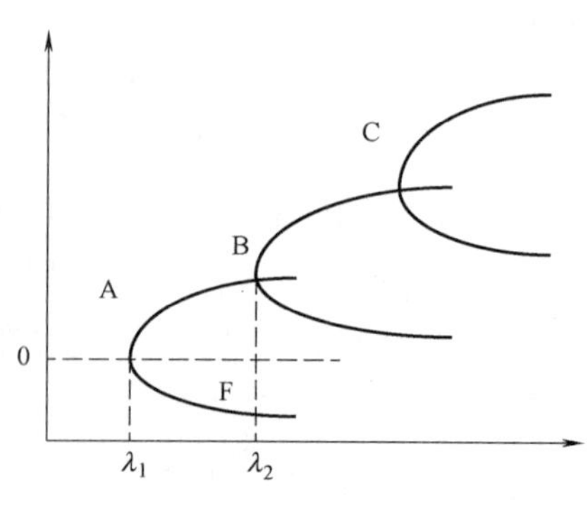

图 3-4 临界分岔

我们从图 3-4 中可以看出 λ 和 λ_1 的两种对应关系：

（1）$\lambda<\lambda_1$，系统选择 AF 分叉。工程功能劣化没有得到补偿，或是补偿不充分，则大型公共工程系统中熵不断增加，工程的直接效益和间接效益不断地减少，系统稳定结构不能随着外部条件调整自身的功能结构，系统衰减；

（2）$\lambda>\lambda_1$，系统选择 AB 分叉。工程功能劣化得到补偿，大型公共工程外部作用带来的间接经济效益不断地增加，工程投资建设对相关产业的促进和形成规模经济效益明显，整个系统劳动生产率提高。系统基本收益率大于社会平均收益率，表现为自组织系统的微涨落放大，系统平衡态向更高一级平衡态跃迁。外部表现就是工程可持续的利用，生命周期的延续。

3.3.2.5　公共工程系统跃迁的基本条件

工程的可持续发展实质上就是公共工程种群不断从一个平衡态到另一个平衡态跃迁的过程。由于工程建设是不可逆的，同类工程数量和工程项目的建设都要受到环境条件的限制。当工程种群数量一定，单位工程与整个系统的共生问题，主要就是运营、维护和更新的成本问题。大型公共工程一般都是准公共物品，它的运营维护要一定的成本。运营企业的基本收益率从某种程度上能够确定工程的未来发展方向。可持续利用的工程，首先要保证运营企业的劳动生产率以及基本收益率。所以，工程实体的功能补偿和一般设备的功能补偿不同，设备的功能补偿永远不能回到原来的状态。但是对于大型公共工程的功能补偿，不仅功能不降低，而且会发生从一个低的平衡态到高的平衡的跃迁。

因此，大型公共工程的跃迁由其成本决定，其动态的价值方程如下：

假设任意时间的单位工程状态用 X 表示，属于一系列状态 S 的集合，$X_t\in S$。S 状态不仅可以表示建成工程，也可以表示工程全生命周期的任意阶段 $t\in\{1,2,\cdots,T\}$，只是对应的行为主体不同，也就是对应的实施者不同。运营公司（承包商）对运营工程（拟完工程）所采取的行动用 A，$A_t\in A$ 表示，它属于一系列对策的集合 P。这时候的成本用 C 表示，属于总成本 R，$C(X_t, A_t)\in R$。任意时间工程价值为 S，同理，$S(X_{T+1})\in R$。因此有：

$$P_t(x,a)\geqslant 0,\forall x\in S,a\in A,t\in\{1,2,\cdots,T\} \tag{3-12}$$

$$\sum_{a\in A}P_t(x,a)=1,\forall x\in S,t\in\{1,2,\cdots,T\} \tag{3-13}$$

每次的运营维护（投资回报）成本 R_t 为：

$$R_t\equiv\sum_{t'=t}^{T}\delta^{t'-t}.\,g(X_{t'},A_{t'})-\delta^{T+1-t}\cdot S(X_{T+1}) \tag{3-14}$$

$$\forall t\in\{1,2,\cdots,T+1\}$$

$\delta\in(0,1]$ 为折旧率。

这时，运营公司（承包商）的价值方程为：

$$V_t^P(X_t=x)\equiv E_{\{A_t,X_{t+1},A_{t+1},X_{t+2},\cdots,X_T,A_T,X_{T+1}\mid P\}}[R_t\mid X_t=x] \tag{3-15}$$
$$\forall x\in S,t\in\{1,2,\cdots,T+1\}$$

对应于每一次的维修数据都有相应的价值取值，所以工程是否需要维护、要采取何种方案维护，还是已经没有存在的价值，都可以确定下来。据此就可以判断工程的演化状态，并采取何种方式补偿两种磨损，促进工程向更高一级的平衡态跃迁。

对于公共工程项目，它的残值难以确定，这是由它的基本性质决定的。大型公共工程的价值不仅包括使用价值、美学价值，还包括它的社会价值。任何一个大型的公共工程的全生命周期都不是简单的使用年限能够确定的，必须具有可持续发展的能力。这种可持续能力需要不断地补充系统的能量。H. T. Odum 认为，知识、科学技术和信息都是特殊的资源和能量，科技进步是工程可持续发展的根本动力。从传统的运营和维护经济规律来看，任何工程的价值都是不断地劣化的。但是根据经济增长的内生增长理论，要保证工程的资源和能量耗费减少，减少系统熵增，需要通过技术进步增加系统的负熵。人工生态系统的能量补充主要靠不断地提升工程系统的技术水平，提高资源和能源的利用效率和工作效率，提高劳动生产率来实现。技术进步将是工程系统不断保持系统的功能，并不断向新的平衡态跃迁的根本动力。

3.4 大型公共工程项目的交互体系

大型公共工程的建设，它的生命周期都有数量巨大的、频繁的物质循环、能量流动、信息传递、人口流动、价值增值，本文称之为大型公共工程项目与城市/区域的交互体系——系统流。在整个过程中如果有任何一个环节出现偏差或障碍，都会影响项目的可持续发展，进而影响城市/区域的可持续发展。通过物质流、能量流、资金流、人流、信息流、工作流的合理流动，最终形成工程项目的共生系统，社会福利最大化，环境资本、社会资本、人力资本经过大型公共工程项目系统的配置以后价值增值。

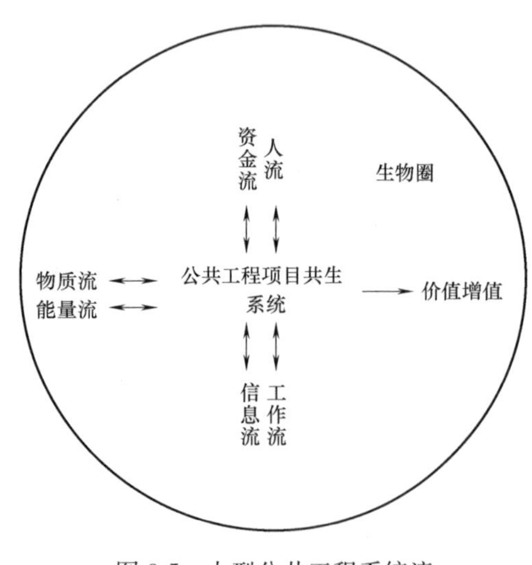

图 3-5 大型公共工程系统流

大型公共工程的系统流关系如图 3-5 所示。

由于工程的承发包模式不同，系统流也会发生改变，包括具体的工作流流向和流速。例如传统的平行承包模式是按照工程建设的生命周期一个阶段到另一个阶段，也就是从立项、设计、施工到运营；而总承包模式是一种快速跟进式的承包模式。在总承包模式下，施工阶段的工作可以提到完整的施工图纸提交之前。总承包商在业主立项决策之后就可以介入工程。在这种承包模式下的物质流、能量流等的流量和流速是与传统承包模式不同的。由于总承包模式一般采用的是总包合同计价方式，刺激了总承包商的优化积极性，加之这种承包模式避免了项目实施各方的工作不连续的弊端，减少了界面摩擦，所以最后工程价值增值程度也不一样。这里只是取一种承发包模式，对大型公共工程的系统流的影响因素进行一般性的解释。具体承发包模式还会有细节上的不同。如图 3-6、图 3-7 所示。

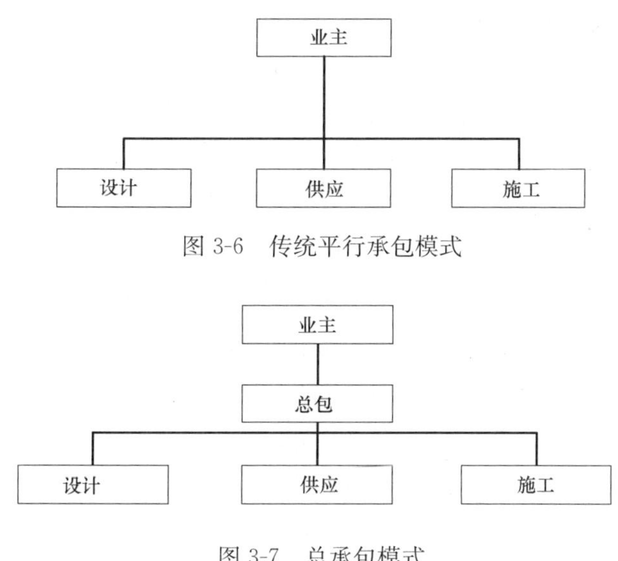

图 3-6　传统平行承包模式

图 3-7　总承包模式

3.4.1　物质流

大型公共工程的物质流可以分为自然物质流、人工产品流和废物流等。借助于这些物质流的输入、输出、迁移和转化，项目共生系统不断进行新陈代谢维持自身的运行，与外界进行物质交换，保持项目的本体功能不至于衰退，并能够不断更新以适应社会需求。

与城市大的生态系统不同，工程项目只有非生物部分，没有生物部分，比如植物群落、微生物系统。在大型工程项目中的自然资源流主要指空气、水、土地等。工程的拆迁、建设要占用大量的资源，施工产生的烟尘会污染项目周围的环境；建筑用水目前占到城市用水量的 1/10，建设过程中施工用水等用水量也是非常巨大的水资源消耗，与此同时项目生命周期中的废水代谢对项目所在区域的水资源存量和消耗都产生巨大的影响。大型公共工程的可持续发展之所以需要进行研究，其中最重要、最直观的一点就是对项目所在区域土地资源的消耗。例如三峡工程、南水北调工程、跨区域的交通工程等，对项目服务区的影响是不可逆转的，甚至是难以估量的。

大型公共工程的自然资源占用具有数量巨大、不可再生性等特征。这些资源的合理流动对项目影响区域的生态环境和资源存量产生巨大影响。其共生系统的经济物质流是指随着工程项目建设和实施，不断地流入原材料，最终形成工程项目实体，并在此过程中不断流出废料和废物（包括生产性废物和生活性废物），直到工程项目失去使用功能，废弃拆除。

工程项目的建设需要大量的原材料，同时在建设过程中和工程维护改造，乃至工程废弃拆除中，都会产生和大量的废弃物。工程项目的拆除所形成的废弃物和建设过程中产生的建筑垃圾，是长期困扰工程界的一大难题。目前的工程项目物质流的研究，更多的要关注分解环节和分解者（建筑垃圾回收公司等）的研究。物质减量化和 4R（Reuse，Recycle，Reduce，Regenerate）建筑是工程项目可持续发展新的目标。按照可持续发展要求，在工程项目的生命周期中，大型公共工程的共生系统的物质流要通过不断提升技术水平实现 4R 物质代谢的目标。

3.4.2 能量流

能量流就是能量的流动，是指能产生各种能量的自然资源和物质，如热能、光能、太阳能、机械能、化学能、生物能、核能等在生态系统中的流动情况。实质上就是生态系统中生物与环境之间、生物与生物之间能量的传递与转化过程。能量流始终和物质流伴生，但是物质流的大小并不唯一决定能量流的大小，因为能量流反映的是物质流的结构状态。非物质化战略针对的就是物质流的路径进行重组，以图减少对能源的需求。

工程项目共生系统中的能量流包括自然物质能流、经济物质能流两类。自然物质能流包括太阳能、风能、电能等的利用和消耗；经济物质能流包括原材料、建筑材料以及废弃物。从可持续利用的观点来看，完全的废物是不存在的。所谓的废物只是人们现在还不知道如何利用、如何转换这些能量。所以基于这个原因，本文把废弃物也作为经济物质的一种。工程项目的能量流主要发生在施工阶段，这时候大量的建筑材料、劳务进入系统。其次，能量流比较明显的是运营维护阶段，这个阶段也不断得有物质和能量的输入与输出。通常被遗忘的能量流是废弃拆除阶段，本文把它归入运营维护阶段。这个阶段产生大量建筑固体废弃物，从能量循环来看，回收这部分能量是保证整个生态系统能量平衡的关键。

在工程项目的共生系统中，它的能量流和一般的能量流的流动规律一样，沿着生产者、消费者、分解者这三大功能群顺序流动。所不同的是，人工生态系统的生产者、消费者、分解者最终的承担者都是人，并通过有意识的人类活动来完成。同时，在工程项目的能量流中，能量流动是线性的，不是网状的，也不可逆转；能量流动同样遵守热力学第一定律和第二定律。整个系统的能量是沿着生产者和各级消费者的顺序逐渐减少的。

最终的废弃物能量流是经济能量流在流动过程中的各个环节所产生的未被人们利用的能量所形成的能流，比如说“三废”（废水、废气、废物）。工程建设中建筑垃圾主要成分是固体废弃物，建设和拆除建筑物产生的建筑垃圾是城市固体垃圾的一个重要的组成部分，据初步测算，我国建筑垃圾占城市固体垃圾总量的 20%～30%。建筑施工垃圾主要由碎砖、混凝土、砂浆、桩头、包装材料等组成，约占建筑施工垃圾总量的 80%。大多数建筑垃圾是可以作为再生资源重新利用的，如废钢筋、废铁丝、废电线和各种废钢配件等金属，经分拣、集中、重新回炉后，可以再加工制造成各种规格的钢材；废砖、弃石、废混凝土等废料经破碎后，可以替代砂用于砌筑砂浆、抹灰砂浆、打混凝土垫层等，还可以用于制作砌块、铺道砖、花格砖等建材制品。所以综合利用建筑垃圾是节约资源、保护生态的有效途径。在工程项目可持续发展的研究目标下，工程项目的建设所产生的各种固体废弃物，需要最大限度地再利用、再循环、减量化，减少能量损失。

按照循环经济理论，建筑材料的选择应当尽可能地选择能够循环再生的建筑材料，做到能量的闭环流动。这样工程更新拆除时的建筑固体废弃物就可以尽可能地回收利用。最终达到工程生命周期建筑固体废弃物“零产生”。从能源流动上，能量的“零消耗”和闭环流动是未来工程项目生态系统可持续发展的目标。

3.4.3　工作流

大型公共工程的建设和运行是由一个个工作完成的。工作流的通畅和连续才能保证他的顺利进行。项目的内共生系统的完成，就是由一个个工作组成，并完整地定义的。工作流有一定的时间顺序，沿着项目进行的过程，工作流的内容不同，具体的完成人也不同。从工作流的分工和传递，也能够分析大型公共工程的人流的主要特征。

按照工作性质来分，可以分为管理工作、技术工作、劳务工作。工作流也就可以相应地分为管理工作流、技术工作流、劳务工作流。工程项目的工作流随着项目管理所采用的模式不同而有所不同。例如 PM 模式，业主委托的项目管理公司负责工程实施管理。这时候的工作流和业主自行管理工程的管理模式就有很大的不同。

工作流就是项目的内容的分解，每个工作都传递一定的信息，并形成特定的信息，工作流和其他的系统流相辅相成。

3.4.4　信息流

维纳把信息定义为一种解除不确性的量，用所解除的不确定性的程度来表示信息量的多少。信息的实质就是负熵。在生态系统中，可以把信息作为一种特殊的资源，对一个生态系统来说，只有有充分的信息，才能作出正确的判断、决策，这对于自然生态系统和复合生态系统都适用。

信息作为一个抽象的概念，它具有以下属性：

（1）信息是表征事物存在和运动变化状态的一种基本形式，它反映着事物存在和运动变化的状况，与物质和能量一样是事物固有属性之一，它不能以游离的形式存在，它的存储和传递必须以物质为载体。

(2) 信息可以被复制，不遵循守恒定律，可以增加或减少。H. T. Odum 认为，信息流也可以看作特殊形式的能量流，基因、计算机程序、人类文化、艺术等都体现出巨大的能，而且信息能值与太阳能卡值为 $10000 \sim 1 \times 10^{13}$ sej/J。它们以特殊服务方式为系统提供最高级体现能的反馈，反馈为了信息增长而消耗能，以正作用补偿其网络。

大型公共工程项目信息流是整个建设过程中的各个子系统所形成的各种信息形式的信息，包括项目的信息、各种文件、文本、合同等。在项目的信息流中，项目参与方或者说项目参与人是信息的传播者和使用者，同时也是信息的加工者和汇总者。

大型公共工程所形成的信息流，包括技术信息、管理信息、经济信息、文化信息等，一方面不断地被项目参与人使用，同时又形成档案信息储存起来，作为下一个阶段建设和管理的依据。在立项阶段，主要是高能值的知识信息。业主为项目的决策购买项目咨询公司的智力型劳务。在设计阶段，主要也是技术性的高能值劳务。立项阶段和设计阶段的信息流对工程定义和实施有决定性的影响。

由于大型公共工程是系统工程，项目的子系统复杂，子系统下面还可以分为更小的子系统。相对应的，如果每一个环节的信息不畅，就会影响到另一个环节、系统的运作和最终的功能。所以在大型公共工程项目系统流中，信息流管理是公共工程项目共生系统管理的重要内容。

3.4.5 人流

大型公共工程的建设必然离不开人的活动。从项目建议书到项目的废弃拆除，将有大量的人员进入和流出项目建设。项目建设的全部阶段可以划分为（图 3-8）：项目构思—项目建议书—项目可行性研究—设计阶段—施工阶段—运行和更新阶段—废弃和拆除阶段。项目前期的论证和决策工作是由项目咨询公司和业主共同完成的；设计阶段和施工阶段分别是由设计院和施工单位完成的；运行阶段和更新阶段是由项目的使用者和更新设计参与人完成的；当工程的使用年限到期，不能继续服务时，由拆除方案的参与人完成。

大型公共工程的建设卷入了公众的参与，在整个生命周期中参加者是海量的，从决策者到劳务人员，不同的智力水平和技术水平、教育程度，构成巨大的人流进入和输出项目系统。从而不断地改变城市/区域的人口数量，比如说三峡工程，他的建设者对于当地的人口来说是非常可观的数字。这些流动人口的消费和生活需求对城市的消费和投资有明显的影响。在项目投入运行之后，又有一部分流动人口会变成长期居住的人口，同时项目的维护和运营又能够产生很多就业岗位，使得项目改变城市/地区的就业结构。

3.4.6 资金流

资金流是物流、能流和信息流以及劳务的内在经济价值的外部表现。资金是资本

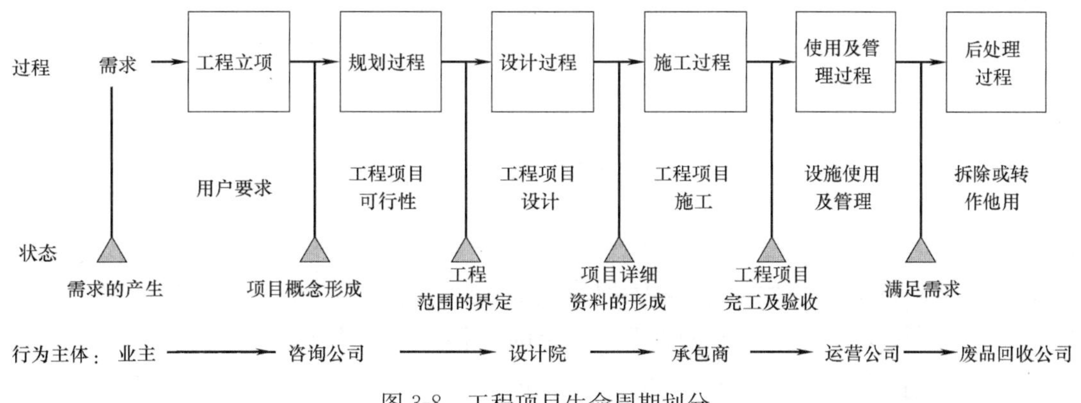

图 3-8　工程项目生命周期划分

的一般表现形式，货币流和资金流都是经济范畴，资金是在再生产过程中能够增值的价值，并在利润最大化原则的推动下不断循环周转。从项目的生命周期来看，不断地有资金的流入和流出。资金的流动反映项目的投入和产出，以及每个阶段项目的资金使用状况。资金流的状态，反映了项目各个子系统的资金投入情况，并且能够反映能够反映人的活动所创造的价值在每一个阶段的增值情况。在项目共生系统中，有可以分成若干个相联系的参与人或者针对项目的每个阶段来研究项目资金的使用情况。对于项目参与人来说，资金流严格的从财务的角度衡量项目的成功与失败；而对于工程项目来说，也就是对业主来说，并不能单从资金流的使用和产出状况来评价项目的成功与失败。大型公共工程的资金流所表现出来的价值增值更多的要体现项目的社会属性，这种社会属性从经济上衡量是不完全的。只有从共生系统的角度出发，综合衡量项目对城市或地区的可持续发展所出贡献，才能确定。

资金流和物流、能量流方向相反，所以资金流与能量流的流动方向相反。资金流是一种回路的特殊的信息流（Odum，1967，1971）。

第 4 章　工程项目生态评价方法

研究工程项目的可持续发展必须研究有效的评价方法，以对研究对象做出科学、准确的评价。可持续发展评价方法沿着不同的学科方向，有不同的研究方法。主要有定性的方法和定量的方法之分。可持续发展定量评价的一个重要趋势，就是指标的单一化。基于生态学的生物物理量的能值分析和生态足迹方法是单一化方法中比较引人注目的两种方法，代表了未来的趋势。但是这两种方法都有自己的优缺点。工程项目，尤其是大型公共工程的可持续发展问题，单一使用这两种方法中的任何一种，都有不适应的地方。本章在综述各种方法的基础上，研究和开发了能值-复合生态足迹方法。

4.1　可持续发展评价方法述评

可持续发展评价方法从评价指标体系建立的主导原则和理论基础可以分为数理方法、货币化方法、生态学方法、系统学方法、主观评价方法以及定性与定量评价相结合的方法。总的趋势是由定性向定量化方向发展，对数量具体化更加有兴趣；多指标综合评价向单一指标简单化、统一化方向发展，以图避免各种指标的不一致性和主观性。目前，可持续发展评价方法中生态学理论为基础的两种生物物理量方法，一种是 Wackernagel（1996）提出的基于生物物理量的“生态足迹”方法，另一种是 H. T. Odum（1996）提出的能值分析方法，最为引人注目。

4.1.1　数学方法

数量方法的指标体系一般根据系统学理论建立的，从单一指标到多指标，再到综合评价。计算步骤一般为：指标的处理利用数学工具，首先进行指标筛选，再进行权重的确定、指标归一化，然后进行多指标的综合评价。综合评价的数学方法应用比较多的有人工神经网络方法（ANN）、模糊数学方法（FSE）、灰色模型方法（GM）。

其优点为覆盖面广、描述功能强、可以与现有统计系统相衔接、资料易得、便于推广应用。又由于采用不同量纲，因而去除了等量化过程中的人为因素，更加贴近实际情况。

其缺点有三个方面：（1）很难定义与指标值相比较的指标标准值；（2）指标合成方法的选取和指标权数的确定包括很大的主观随意性；（3）指标信息的高度综合使评价结果高度抽象政策含义不明确。

4.1.2 货币化方法

以经济学为基础的可持续发展评价方法称为货币化方法，主要有世界银行的“国家财富”衡量指标、联合国统计局（1993）“综合环境与经济账户系统”（SEEA）。当前常用的几种考虑环境成本的可持续发展国民经济账户指标有：绿色净国内生产总值（绿色 GDP）、可持续经济福利指数（Index of Sustainable Economic Welfare，ISEW）、真实发展指标 GPI，联合国统计局（UNSD）于1993年开始开发新型国民经济体系核算体系——综合环境经济核算体系（SEEA）等。

可持续发展的货币化评价的依据是：如果随时间的推移人们的福利不下降，则发展就是可持续的。目前在许多领域货币化基础的财务分析是必不可少的，但是在评估生物物理的约束时，货币化技术本身存在缺陷。自然服务和资源商品的边际价格不能反映真正的资源稀缺性、要素的互补性、结构和功能的必要性及信息价值和社会偏好，而这些都是经济研究的核心问题。货币化技术评价的优点存在的主要缺陷如表4-1所示。

货币化可持续发展评价方法优点及主要缺陷 表4-1

项目	货币化方法
优点	对资源和环境问题采用费用与效益的概念进行评估 加强对环境的保护，使之与发展处于等同的地位 从整体上提高决策意识
主要缺陷	价格通常不能真实反映自然资源的稀缺性 处理未来的公平性时存在确定贴现率的困难 资源的市场价格还受外部市场环境的影响 货币化估价技术通常并不能很好处理替代品和互补品 货币化的估价不能反映生态环境对发展的限制性 价格通常不能表现某些自然资源对整个生态系统的重要性

4.1.3 系统学方法

以系统理论和方法为指导构建的指标体系主要有联合国可持续发展委员会（UNCSD）（1996）建立的“驱动力—状态—响应”（DSR）指标体系、Prescot-Allen（1995）提出的“可持续性的晴雨表”（Baromete of Sustainability）模型，以及中国科学院可持续发展研究组（1999）提出的“中国可持续发展指标体系”，后者是采用系统理论和方法构建指标体系的代表。

采用系统动力学方法的可持续发展的定量研究是以建立系统模型为前提的，需要综合运用数学、系统科学、经济学、生态学、社会学以及管理学等相关学科知识，建立系统演化方程，研究系统的动力学特征，分析系统的演化行为。系统的规模越大，建立模型的难度和复杂度就越高，因此可操作性不强，而且比较难以理解。

4.1.4 生态学方法

基于生态学的可持续发展评价方法主要有生态足迹（Ecological footprint）指数（1996）、生态系统服务（Ecosystem services）指标体系（1997）、环境可持续性指数（ESI）、能值分析（Emergy analysis）指标（1996）、自然资本指数（NCI），其中最引人注目、得到普遍接受的是生态足迹方法和能值分析方法。

4.1.4.1 生态足迹方法

1. 基本概念

生态足迹（Ecological Footprint，EF），或称生态空间占用，最早是由加拿大生态经济学家 William Rees 等在 1992 年提出的，并在 1996 年由其博士生 Wackernagel 完善的一种衡量人类对自然资源利用程度以及自然界为人类提供的生命支持服务功能的方法。生态足迹（Wackernegel，1999）是指能够持续地提供资源或吸纳废物的、具有生物生产力的地域空间，它从具体的生物物理量角度研究自然资本消费的空间。Wackernagel 将生态足迹形象地比喻为"一只负载着人类与人类所创造的城市、工厂……的巨脚踏在地球上留下的脚印"。该方法通过估算维持人类的自然资源消费量和消纳人类产生的废弃物所需要的生态生产性空间面积大小，并与给定人口区域的生态承载力进行比较，来衡量区域的可持续发展状况。

由于任何人都要消费自然提供的产品和服务，均对地球生态系统构成影响。Wackernagel 提出的生态足迹方法来测定现今人类为了维持自身生存而使用的自然的量来评估人类对生态系统的影响。只要人类对自然系统的压力处于地球生态系统的承载力范围内，地球生态系统就是安全的，人类经济社会的发展就处于可持续的范围内。

2. 方法应用

生态足迹是一种定量测量人类对自然利用程度的新方法。最初的生态足迹分析方法是一种基于静态指标的分析方法，在计算生态足迹时，它假定人口、技术、物质消费水平都是不变的，因此得出的结论也只是瞬时性的，无法反映未来的趋势。为反映动态变化的人类利用资源的能力，生态足迹通过计算各指标的时间序列值来追踪各个时点的可持续程度，从而弥补了指标静态性的缺陷。而且最近的研究逐渐引入了"均衡因子"、"产量因子"，并对不同生态生产力地区和不同类型的生态生产性土地类别进行修正；引入"废弃因子"对净进口产品所耗原材料的生态空间占用分量进行计算。具体计算一个国家和地区的生态足迹时，需要考虑一个特定地区的相关收入、政治文化背景及技术状况等因素。

基于国家尺度的生态足迹应用研究已经取得了基础性的成果。Wackernagel 用生态足迹模型对全世界 52 个主要国家的生态足迹进行了计算分析。全球现有生物生产土地和海洋面积按目前的世界人口计算，人均生态足迹仅为 2.3hm^2，如果按世界环境与发展委员会（WCED）的报告《我们共同的未来》所建议的，留出12%的生物生产土地面积以保护地球上的其他3000万个物种的话，则实际人均生态足迹减少为2hm^2。从全球范围而言，人类的生态足迹已超过了全球承载力的30%，也就是说，人类现今的消费已超出了自然的可生产能力，即在耗尽全球的自然资产存量。

生态足迹方法多用于国家和区域城市、行业层次上可持续发展分析，也可以用于微观层次旅游业和家庭消费。

生态足迹方法用于环境影响评价的研究刚刚开始。综合生态足迹方法包括污染的生态足迹和消费的生态足迹两部分，主要的贡献就是把生态足迹的思想引入工程项目领域，但是还是脱离“消费”来考察生态承载力，只能考察项目活动对环境的影响，不能解释经济系统的实际问题。用生态足迹方法评价工程项目与经济环境、社会大系统的相互作用还没有见到。

3. 方法优缺点

生态足迹模型的优点：生态足迹的研究呈现了管理国家和区域自然资产账户的一个简单框架。生态足迹模型紧扣可持续发展理论，是涉及系统性、公平性和发展的一个综合指标。将生态足迹的计算结果与自然资产提供生态服务的能力进行比较，能反映在一定的社会发展阶段和一定的技术条件下，人们的社会经济活动与当时生态承载力之间的差距。测算指标采用生产土地的面积比货币化的度量使人容易理解，而且容易进行尝试性测算。

生态足迹模型的缺点：

(1) 指标单一化。强调人类发展对环境的影响，没有考虑经济、社会、技术方面的可持续性以及人类对现有消费模式的满意程度。

该模型的计算结果只反映经济决策对环境的影响，而忽略了土地利用中其他的重要影响因素，如城市化的推进挤占耕地，由于污染、侵蚀等造成的土地退化情况。因此该模型目前计算结果有高估区域生态状况的可能。

(2) 生态足迹分析没有完全描述自然系统提供的资源以及消纳废物的功能，忽略了地下资源和水资源的估算，也没有考虑污染的生态影响。

(3) 生态足迹方法只注意土地的量而忽视了土地的质。这方面的不足可以概括成3个方面。第一，基本假定忽略了各种类型土地生物生产型有时呈现多功能的特点；第二，各种土地折算标准缺乏透明度，无法回答农业生产率不仅与自然条件有关而且还与管理有关的事实。第三，没有区分资源利用可持续性，如不可持续的农业生产造成土地质量下降等。

(4) 生态足迹概念及其分析结论的政策意义不十分明确。生态足迹与生态供给的比较存在缺陷——国土广大、人口稀疏、人均生态足迹较大的自给自足的国家，并非一定比国土小、人口拥挤、人均生态足迹较低的国家更可持续。如1995年新加坡拥有−7.1hm^2/cap的生态赤字，而澳大利亚具有5.0hm^2/cap的生态盈余，但该结果并不意味着新加坡的消耗比澳大利亚更不可持续。

4.1.4.2 能值分析方法

生态系统和社会经济系统都是由多个节点联结而成的网状或链状系统，物质循环、能量和信息流动是这两类系统的基本特征。H. T. Odum基于生态系统和经济系统的特征以及热力学定律，提出了以能量为核心的系统分析方法——能值分析（Emergy analysis）。

任何形式的能量都源于太阳能，故可以用太阳能为基准衡量各种形式的能量。任何资源、产品和劳务形成中所需直接和间接投入应用的太阳能的数量，就是其所具有的太阳能值（单位为，sej）。能值就是生物圈的价值，它是生物圈投入到某种物品或服务（包括社会的物品和服务）中的能量，投入的越多，价值就越大。

能值分析以能值为基准，把生态系统或生态经济系统中不同种类、不可比较的能量转换成同一标准的能值（通常为太阳能值），来衡量和分析生态系统或生态经济系统运行特征和发展的可持续性，从能值分析角度剖析生态经济系统。能值分析将能量分析方法推进到新的阶段，丰富发展了可持续发展评价方法。

能值分析方法的优点在于提供了一个衡量和比较各种能量的共同尺度，找到了生态系统的各种生态流进行综合分析的统一标准。能值分析不但分析系统内各组分之间的能值流，而且分析系统内外的能值交流，体现能级与能值的差异，定量分析系统的结构功能特征与动态变化。能值分析可以同时衡量人和环境对经济发展的贡献，弥补了传统的货币标准不能衡量自然界对于经济发展的贡献的缺陷。

能值分析方法适用于任何层次的生态能量系统的研究，不仅用于国家、城市、区域还适合于生态园区、产业；不仅仅被用于自然系统还适合于社会系统的研究，为社会系统的研究提供新的研究方法。例如阮平南等分析了区域经济、环境和社会系统能值对劳动力转移的影响。能值分析被用于城市建设可持续性分析。国内已经有王伟东采用能值分析方法对建筑产品的价格体系作了从能量输入和输出来计算的建筑产品价格，并以住宅产品为例。

但能值分析方法也存在明显不足。例如，在经济系统异质性普遍存在的情况下，对于许多资源或产品使用单一的转换率是不准确的。经济的可持续性发展常受到诸多限制因子的制约，而能值分析对这些限制因子缺乏分析。能值分析结果也不能直观的评价系统的可持续发展能力，所以能值分析的可持续发展指标的设计与研究也是能值分析研究的热点之一。生态系统的功能不仅表现为能量流动，还表现为物质循环和货币流动，能值分析没有考虑到三者的耦合分析。

4.2　能值理论和能值分析

4.2.1　能值理论

能值理论是以美国生态学家 H. T. Odum 为首，于20世纪80年代末，在能量生态学、系统生态学、生态工程学及经济生态学的基础上发展提出的。能值理论以能值为量纲，突破了传统能量分析方法中的“能量壁垒”，实现了不同质能量的区别对待和统一评价。它是从总体经济角度出发，综合考虑生态系统与经济系统，以能值为衡量单位建立的一套价值理论体系。

生态系统中任何形式的能本质上都来自太阳能。随着能量在系统中的流动，一部分能散失掉（熵），而同时形成具有较高能量等级的新形式的能。通过追溯研究，任何一种形式的能都可以用同一种形式的能——能值来表示。

不同类型的能量具有不同的能级和能质，随着能量从低等级的太阳能转化为较高质量的绿色植物的潜能，再传递和转化为更高质量和更为密集的各级消费者的能量，能量数量的递减伴随着能质和能级的升高。各类能量之间具有特定的转换关系，即能值转换率，通过能值转换率就可以把不同类型的能量转化为同一量纲的能值（如太阳能能值），在此基础上就能对生态系统进行更为全面和科学的分析。其运行的动力学基础在于能量流转方式、速度和强度，它决定着生产要素的配置、生产力的布局、经济发展速度、环境负载程度，以及资源耗竭速率。把握进入系统的能量的通量密度和流转路径是分析系统演化的态势的基础。

系统的能值能量输入遵循最大功率原则。一个系统为了能与其他系统竞争而存活和永续发展，必须从外界输入更多低能值能量。同时也必须自系统反馈所贮存的高能质能量，强化系统外界环境，使系统内部与外界互利共存，不断获得能量，以产生最大功率。系统最大功率原则被称为“自组织”。

自然界和人类社会的系统均具能量等级关系，能量传递与转换类似食物链的特性。能流从量多而能质低的等级（如太阳能）向量少而能质高的等级（如食肉动物）流动和转化。能值转换率随着能量等级的提高而增加，大量低能质的能量（如太阳能、风能、雨能），经传递、转化而成为少量高能质、高等级的能量。系统中较高等级者具有较大的能值转化率，需要较大量低能质能量来维持，具有较高能质和较大控制能力，在系统中扮演中心功能作用。复杂的生命、人类劳动、高科技等均属高能质、高转换率的能量。

4.2.2　能值分析的基本概念和计算规则

4.2.2.1　基本概念

能值分析必须明确表4-2中的几个概念。

能值分析的基本概念（蓝胜芳等，2002） 表 4-2

概念	定　义
能值	一种流动或储存的能量中所包含的另一种形式的能量的数量 能值(sej)＝能值转换率(sej/J)×能量(J)
太阳能值转换率	单位能量所具有的太阳能值(sej/J)
能值货币比率	单位货币相当于能值量 一个国家的年能值投入总量/该年货币循环量(GNP)(sej/＄)
能值-货币价值	能值相当的货币价值(Emdollar value,EM＄),以能值衡量财富,或称宏观经济价值 能值量/能值货币比率
人均能值用量	一个国家或地区内的人均能值用量,是评价人民生活水平的指标
能指投资率	等于来自经济的反馈能值(E_{mF})/来自环境的无偿能值输入(E_{mI})
能值自给率	一个国家、地区或城市的本地资源能值投入(包括可更新和不可更新的能值投入)与国外或外地输入能值之比
能值密度	一个国家或地区能值总利用量与该国家或地区的面积之比

4.2.2.2　一般计算规则

1. 可更新资源计算

可更新资源包括太阳辐射能、雨水势能、雨水化学能、地球旋转能、海浪能、潮汐能风能。其中，雨水势能、雨水化学能、海浪与风能均有太阳能转化而成，因此，只将其中最大的一项计入可更新资源能值总量。可更新资源来自降水、地球旋转和潮汐的贡献，为了避免重复计算，其他可更新资源包含其中。

(1) 太阳能＝区域面积(m^2)×年平均辐射量($J\cdot m^2\cdot$年$^{-1}$)

(2) 雨水化学能＝降雨量($m\cdot$年$^{-1}$)×区域面积(m^2)×吉布斯自由能($4.94J\cdot g^{-1}$)×($1\times10^9 g\cdot m^3$)

(3) 雨水势能＝降雨量($m\cdot$年$^{-1}$)×区域面积(m^2)×平均海拔高度(875m)×($1000kg\cdot m^{-3}$)×($9.8m\cdot s^{-1}$)

(4) 风能＝平均风速($m\cdot s^{-1}$)×空区层高(1000m)×空气密度($1.23kg\cdot m^{-3}$)×空气比热($100.48\times10^{-1}kJ\cdot K^{-1}$)×水平温度梯度($3.00\times10^{-9}K\cdot m^{-1}$)×($3.15\times10^7 s\cdot$年$^{-1}$)

(5) 地球循环能(J)＝(面积)×(热通量)＝($2.173\times10^7 m^2$)×($1.145\times10^6 J/m^2$)＝$3196\times10^{13}J/Pa$

(6) 波浪能＝海岸长度(m)×1/8×密度($1.025\times10^3 kg/m^3$)×地心引力($9.8m\cdot s^{-2}$)×浪高^2(m^2)×速率(m/s)($3.154\times10^7 s/a$)

(7) 潮汐能＝面积(m^2)×0.5×潮汐次数/年(706 年$^{-1}$)×潮高^2(m^2)×水密度($1.025\times10^3 kg/m^3$)×重力加速度($9.8m\cdot s^{-2}$)

2. 其他参数计算

(1) 项目能值=项目原始数据×项目转化率

(2) 项目宏观经济价值=项目能值/(能值/货币比率)

(3) 净增人口能值=净增人口数×人类劳务能值

(4) 人类劳务能值=人类消耗的能量×人均教育程度和实践经验能值转换率(H. T. Odum, 1993) $=3.82\times10^{9}$ J/(人·a)$\times1.17\times10^{6}$ sej/J$=4.45\times10^{15}$ sej/a

(5) 人民币能值=(人民币货币额/人民币美元汇率(取 8.3))×(美国 1995 年能值/货币比率)

(6) 经济财富=(GDP)×(1/每年折旧率)

3. 生物遗传信息能值

生物遗传信息能值是地质进化的产物，对于一个生态经济系统来说，由生物多样性和珍稀物种两方面体现。

系统生物多样性能值是用系统生物多样性的 Shannao Weaver 指数 H 的 bits 值乘以 bits 的转化率。

$$H=\sum_{i=1}^{s}N_i/N\log_2\frac{N_i}{N} \tag{4-1}$$

N_i 是指第 i 物种的个体数，N 是指 s 个物种的总体个数。

根据当信息载体消失，信息也消失的原理，当一个物种消失，这种物种遗传信息也消失。珍稀物种能值是进化该物种消耗的地质能值。Ager 估计在 2×10^{9} 年的地质进化历史中，已有 1.5×10^{9} 物种生成。因此，每个物种的能值就是 (9.44×1024J·年$^{-1}$)$(2\times10^{9})/1.5\times10^{9}=1.26\times1025$J·SP^{-1}。对于一个具体系统中珍稀动物能值，是这个系统对某一珍稀物种支持率乘以 1.26×1025J·SP^{-1}的乘积。支持率(P)是指一个系统对某一物种生存的贡献。$P=(m/M)\cdot(t/12)\cdot(s/S)$，$m$ 是指该系统中该物种个体数，M 是指生活在地球上的该物种个体总数，t 是指该物种一年中在该系统中生活的时间(月)，s 是指该系统的面积，S 是指时间 t 内该物种个体的实际活动面积。

4.2.2.3　常用能值转换率

某种能量的能值转换率愈高，表明该能量的能质和能级愈高，能值转换率是衡量能质和能级的尺度。表 4-3 给出了 H. T. Odum (1996) 计算的更新资源、不可更新资源、农业产品、工业产品以及生物多样性等常用能值转化率。

4.2.2.4　能值指标体系

各种生态系统和复合生态系统的能值分析，包括生态经济系统、社会—经济—自然复合生态系统及各种生态工程系统的能值分析，均可得出一系列能值综合指标。这些指标综合反映生态系统的结构、功能与效率；它们是反映自然环境资源的价值和人

常用太阳能值转换率一览表（H. T. Odum，1996 年） 表 4-3

名称	能值转换率(sej/J 或 sej/g)	名称	能值转换率(sej/J 或 sej/g)
可更新资源		农业产品	
太阳能	1	谷物	8.30×10^{4}
风能	1.50×10^{3}	棉花	8.60×10^{5}
雨水化学能	1.80×10^{4}	植物油	1.30×10^{6}
雨水势能	1.00×10^{4}	生丝	3.40×10^{6}
水电	8.00×10^{4}	羊毛	4.40×10^{6}
海浪能	3.00×10^{4}	兔毛	3.80×10^{6}
潮汐能	1.70×10^{4}	桑叶	2.40×10^{4}
河水化学能	4.10×10^{4}	虫蛹	2.00×10^{6}
地球循环能	3.40×10^{4}	小麦	6.80×10^{4}
不可更新资源		水果	5.30×10^{4}
火电	1.60×10^{5}	蔬菜	2.70×10^{4}
表土层损失能	7.40×10^{4}	木材	4.40×10^{4}
土壤损失能	1.70×10^{9}	牛肉	4.00×10^{6}
原煤	4.00×10^{4}	羊肉	2.00×10^{6}
原油	5.40×10^{4}	肉类	1.70×10^{6}
天然气	4.80×10^{4}	糖类	8.50×10^{4}
原木	3.20×10^{4}	橡胶	1.60×10^{5}
泥炭	1.90×10^{4}	水产品	2.00×10^{6}
砂岩	1.00×10^{9}	褐虾	1.30×10^{7}
磷酸岩	1.40×10^{10}	工业产品	
石灰岩	1.62×10^{6}	酒精	6.00×10^{4}
褐煤	3.70×10^{4}	自来水	6.60×10^{5}
石墨	1.00×10^{9}	汽油/柴油/机油	6.60×10^{4}
煤炭	1.06×10^{4}	水泥	3.30×10^{10}
铁矿	8.60×10^{8}	玻璃	8.40×10^{8}
铜矿	1.80×10^{9}	塑料	3.80×10^{8}
铝矿	8.50×10^{8}	钢及钢材	1.40×10^{9}
锌矿	1.80×10^{9}	铝及铝材	1.60×10^{10}
铅矿	1.60×10^{10}	铜及铜材	6.80×10^{10}
锡矿	1.90×10^{9}	农药	1.60×10^{9}
锰矿	8.90×10^{8}	氮肥	3.80×10^{9}
钨矿	1.00×10^{10}	磷肥	3.90×10^{9}
磷矿	1.40×10^{10}	钾肥	1.10×10^{9}
硼矿	9.00×10^{8}	复合肥	2.80×10^{9}
硫矿	8.60×10^{8}	有机肥	2.70×10^{6}
金	4.40×10^{14}	废水	8.60×10^{5}
银	3.00×10^{14}	废物	1.80×10^{6}
表土	6.30×10^{4}	废气	6.66×10^{5}
石灰石	1.00×10^{9}	商品	2.2×10^{12}
砂	2.9×10^{4}	投资	2.2×10^{12}
生物多样性及物种		旅游	2.2×10^{12}
植物	13.54×10^{18}	消费	2.2×10^{12}
无脊椎动物	37.60×10^{18}	初级产品	1.67×10^{12}
两栖动物和鱼类	4.04×10^{18}	工业制品	1.67×10^{12}
爬行动物	1.97×10^{18}	对外借贷	2.2×10^{12}
鸟类	27.17×10^{18}	人口	3.1×10^{16}
哺乳动物	1.60×10^{18}	水资源储量	4.11×10^{4}
生物多样性能值	5.78×10^{13}	经济财富	8.67×10^{12}
珍稀物种能值	1.26×10^{25}		

类社会经济发展，以及环境与经济、人与自然关系的指标体系，也是系统综合分析及社会经济发展决策参考的重要指标体系。

通过系统能值分析得出的一系列能值指标，可把复合生态系统的各种生态流（能流、物流、货币流、信息流、人口流或生物物种流等）在能值尺度上统一起来，定量分析系统的结构和功能，认识自然环境生产的价值及其与人类经济的关系，以正确处理人与自然资源和环境与经济的关系，走可持续发展的道路。

1. 基本能值指标

（1）能值/货币比率

一个国家单位货币（通常转换成美元）相当的能值量，即能值与货币的比率（emergy/dollar ratio），它等于该国全年能值投入总量除以当年货币循环量（国民生产总值 GNP）。一个国家全年应用的能值总量包括可更新自然资源（太阳光、雨等）、不可更新自然资源（煤、石油、天然气、矿藏、土地等）及进口商品、资源的能值。以农业为主的发展中国家，直接使用很多不花钱的本国自然资源，没有或甚少用货币购买其他国家的资源产品，同时 GNP 较低，经济领域流通的货币量较少，因而发展中国家具有较高的能值/货币比率。在这些国家用较少钱可购买到较多的能值财富。反之，发达国家的能值/货币比率远低于发展中国家，它们的 GNP 高，用货币购进的资源产品较多。

（2）能值—货币价值

能值—货币价值（Emdollar value，Em＄）是指将生态经济系统的能值折算成货币，相当于多少币值，也称宏观经济价值，其折算方法是资源或产品的能值除以当年的能值/货币比率。能值—货币价值反映某一产品的实际价值，包括凝结在产品中的人类劳动和环境资源的价值，而市场价格只能反映产品的稀缺性。

如果某一能值流是经济系统真正财富的构成部分，那么可以认为该系统这部分的购买力大小取决于该能值流量。例如，如果农业在一个国家的年能值总量中占 10%，则该国经济总产值（GEP）的 10%取决于农业能值量。由能值决定的这部分经济产值，就是所谓的能值—货币价值。某种产品的能值量除以能值/货币比率，即得该产品能值的 Em＄。

实际应用的能值单位为太阳能焦耳（sej），故“能值一货币价值”实为“太阳能值—货币价值”。例如，假设某种能值流量为 1×10^{12} sej/a，此能值量除以美国 1993 年的能值/货币比率（1.4×10^{12} sej/＄），即得到该能值流当年在美国经济体系中的 Em＄为 1×10^{12} sej/a÷(1.4×10^{12} sej/1993＄)＝0.71＄/a。

通俗而言，所谓 Em＄系指某种能值对经济的贡献折算成货币的话，相当于多少市场货币值。所得的这种 Em＄，并非市场流通的货币价值，只是表明该值“相当于”多少币值。

Em＄是从宏观上探讨经济的理想尺度，它可用于度量经济环境和资讯，以及商品和劳务。取得最大能值—货币价值的系统必然是有最大能值产出的系统，它可持续发展且具竞争力。

(3) 能值投资率

生态经济系统（环境经济系统）的能值投资率（Emergy Investment Ratio），等于来自经济的反馈能值除以来自环境的无偿能值输入。前者如燃袖、电力、物资、劳务等，均需花钱购买，称为“购买能值”；后者来自包括土地、矿藏等不可更新资源和太阳能、风、雨等可更新资源在内的自然界无偿能值。能值投资率也可称为“经济能值/环境能值比率”。

能值投资率是衡量经济发展程度和环境负载程度的指标。其值越大则表明系统经济发展程度越高；其值越小则说明发展水平越低而对环境的依赖越强。能值投资率可用于确定经济活动在一定条件下的效益，并可测知环境资源条件对经济活动的负载率。

(4) 净能值产出率

净能值产出率（Net Emergy Yield Ratio，EYR）为系统产出能值与经济反馈（输入）能值之比。反馈能值来自人类社会经济，包括燃料和各种生产资料及人类劳务。

净能值产出率是衡量系统产出对经济贡献大小的指标。与经济分析中的“产投比”（产出/投入比）相似，净能值产出率是衡量系统生产效率的一种标准。EYR 值越高，表明系统获得一定的经济能值投入，生产出来的产品能值（产出能值）越高，即系统的生产效率越高。净能值产出率对能源和进出口价值评估特别重要，可用以说明能源生产与利用的效率，显示经济活动的竞争力。

(5) 能值交换率

能值交换率（Emergy Exchange Ratio）亦称“能值收益率”，是指商品能值（购买者获得的能值）与购买者支付货币相当的能值之比率。自然环境资源产品的能值远高于市场货币体现的能值，则购买此类产品将获得高能值受益。

2. 其他常用的能值评价指标

(1) 能值扩大率

一个系统过程中增加的产出能值与增加的投入该过程的能值之比，称为能值扩大率。能值扩大率是衡量能值应用效率的指标；由于能值投入增加，导致产出能值增加。经济过程的能值扩大率越高，说明该过程的效率越高，边际效应越高。

(2) 能值自给率

能值自给率是一个国家、地区或城市的本地资源能值投入与国外或外地输入能值之比。能值自给率可以用来描述一个国家或地区的对外交流程度和经济发展程度。

(3) 能值密度

能值密度即一个国家或地区能值总利用量与该国家和地区面积之比，单位是 sej/(m^2 · a)。能值密度这一指标反映了被评价对象的两个特性—经济发展强度和经济发展的等级。整个世界系统从不发达国家到欠发达国家到发达国家，也存在这样一个类似情况。能值密度越大，说明经济越发达，在等级中的地位越高。

（4）人均能值用量

人均能值用量指一个国家或地区的人均能值使用量，是评价人民生活水平的指标。在农业国家或欠发达地区，人们可以从环境资源系统直接获得某些生活必需品，没有必要为此付出任何金钱。因此，如果只是用货币来衡量他们的生活水平，并不完全说明问题。而利用能值可以对这些无偿的环境资源投入进行恰当的评价，从而可以衡量人们的物质生活水平。

3. 一些能值指标的相关性分析

H. T. Odum 创立的能值指标体系虽因所分析系统的具体差异而不同，但整体而言其中几个主要的能值指标是目前各系统能值分析中通用的。即能值产出率（EYR）、能值投资率（EIR）、能值交换率（EER）、能值扩大率（EAR）、能值自给率（ESR）、环境负载率（ELR）、可更新资源投入率（RIR）等。部分指标间存在着一定的相关关系，从图 4-1 可看出能值指标相关性。图中 R 为自然环境投入的可更新资源能值，N 为自然环境投入的不可更新资源能值，$R1$ 为人类经济社会反馈投入的可更新资源能值，F 为人类经济社会反馈投入的不可更新资源能值，Y 为产出能值。

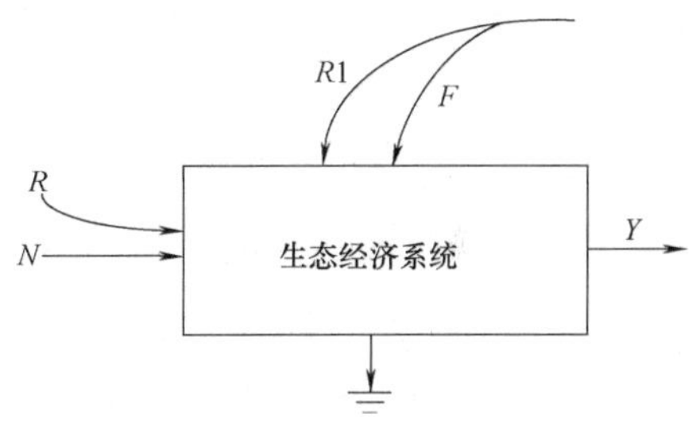

图 4-1　生态经济系统能值投入产出示意图

（1）能值产出率（EYR）、能值投资率（EIR）与能值自给率（ESR）

根据 Odum 的定义，能值投资率为社会经济反馈投入能值与自然环境投入能值之比；能值产出率为系统总产出能值与社会经济反馈投入能值之比；能值自给率为系统自然环境投入能值与系统能值投入总量的比。

根据能值的定义和计算公式可知：能值产出率与能值投资率成反比关系；能值自给率与能值产出率成正比关系；能值投资率等于能值自给率的倒数减 1，与能值自给率成反比关系。能值产出率与能值投资率及能值自给率三者间存在着直接的相关关系，对于系统评价有重复作用，应予以归并简化，保留其一即可。鉴于原有能值分析案例中的使用频度和与经典经济学首要评价指标—产出/投入比的相似性，建议保留能值产出率。

（2）环境负载率（ELR）与可更新能源投入率（RIR）

环境负载率为系统不可更新能源投入能值总量与可更新能源投入能值总量之比；可更新能源投入率为系统可更新能源投入能值总量与系统能值投入总量之比。

根据其定义和计算公式可知，环境负载率与可更新能源投入率成反比关系，两者在对系统的评价中的作用发生重叠，应予以归并简化，保留其一即可。鉴于对环境承压程度评价的直观性和明确性，建议保留环境负载率。

(3) 评价系统可持续发展性能的新能值指标

在归并后的新的能值指标体系中，EYR 用以评价系统的产出效率，ELR 用以评价系统的环境力。二者分别评价了系统可持续发展能力的两方面，仍未填补原有能值指标体系中评价系统持续发展能力的综合性评价指标的空缺。为填这一空缺，美国生态学家 Brown. M. T 和意大利生态学家 Ulgiati. S 提出了能值可持续指标 ESI，定义为系统能值产出率与环境负载率之比，即 EYR/ELR。蓝盛芳、钦佩等认为，ESI 中有两点被忽视：

1）虽然从生态学角度出发，系统排出的废弃物质和能量仍具有价值所在，但由于目前知识和工艺的有限性不能有效利用，并非所有的系统产出都是有益人类的正效益产出，有的产出甚至是极其有害负效益产出，具有负的能值交换率。如污染物、弃物的产出等，即 EYR 越高并不一定越符合人利益，越有利于实现可持续发展；

2）即使相同的值产出，在交易过程中受市场、文化、伦理等影响亦具有不同的能值交换率，从而对系统发展产生不同的影响。

1992 年巴西里约热内卢世界环境发展大会将可持续发展定义为既满足当代人的需求，同时又不损害后代人满足需求的能力；既要保证适度的社会经济增长与结构优化，又要保证资源的永续利用和生态环境的优化，从而达到生态环境与社会经济相协调，实现持续共进、有序发展。社会经济发展要求系统能值产出收益要高，要求系统能值产出给人类带来的利益，即系统能值产出率与其能值交换率（系统产出能值的市场价值量除以系统产出能值的能值货币价值量）的乘积要高，而环境可持续则要求环境负载率低。

通过部分能值指标的相关性分析表明，能值产出率与环境负载率及系统能值交换率之间并无相关关系。可将三者合并，得到一个可同时兼顾系统社会经济效益与生态环境压力的系统可持续发展能力的复合评价指标。鉴于系统社会经济效益与发展目标成正比，环境负载率与可持续要求成反比，将系统社会经济效益即系统能值产出率与能值交换率的乘积作为分子，环境负载率作为分母，构造出与系统可持续发展能力成正比的综合性评价指标，并命名为评价系统可持续发展能力的能值指标（EISD），EISD 值越高，意味着单位环境压力下的社会经济效益越高，系统的可持续发展能力越好。其数学表达式为：

$$\mathrm{EISD}=\mathrm{EYR}\cdot\mathrm{EER}/\mathrm{ELR} \tag{4-2}$$

在系统的优化分析中可引入经济学中成熟的边际效益分析法，用能值扩大率（EAR）取代原系统分析中的 EYR，进行单位新增能值投入所引起的系统 EISD 变化分析：

$$\Delta\mathrm{EISD}=\mathrm{EAR}\cdot\mathrm{EER}/\mathrm{ELR} \tag{4-3}$$

ΔEISD 定义为评价系统可持续发展能力的能值指标边际效益，单位新增能值投入所引起的系统 EISD 正向变化越大则表明引入其的正效益越显著。

以评价系统可持续发展能力的能值指标为基本评价指标，以能值转换率（ETR）、能值扩大率及能值交换率、环境负载率、评价系统可持续发展能力的能值指标边际效益等为内因分析辅助指标的新能值指标体系在具体的系统评价中可应用于以下两个方面：

1）用于产出相同的不同系统模式间的横向比较研究。EISD 越高的系统，在可持续发展的长远尺度上越具竞争优势。

2）对现存或新兴的某种系统模式进行纵向优化评价。在系统原有基础上不断引进新的技术创新组分，可提高能值扩大率，降低系统对不可更新资源的依赖程度，增加可更新资源利用能力，提高系统产出能值的能值交换率，避免无谓的交换性能值损失，提高单位环境压力所换取的社会经济效益，从而实现系统模式的优化。

4.2.3　能值分析的基本步骤

能值分析包括能量系统图的绘制、能值分析表格的确定、能值的计算与评估，能值转换率和其他各种能值指标计算、系统模拟仿真。

4.2.3.1　能量系统图的绘制和能值图的绘制

进行能值分析时，按下述步骤进行能量系统图和能值图的编制。

（1）确定系统范围边界，把系统由组分及其作用过程与系统外的有关成分及其作用，以四方框分开。

（2）确定系统的主要能量来源，这些能源一般都来自系统外，即绘在边界外面，确定需列举的能源，基本根据该能源占整个系统能源总量的 5%以上，低于此者可以忽略。

（3）确定系统的主要成分，以各种能量图绘制。

（4）列出系统内的各主要组分的过程和关系，以各种能量图绘制。

（5）绘出系统图解全图。先绘出四方框边界外边能源部分，沿周边外排列，而后再绘出系统内各部分的图例。边界内外各图例排列均依照其所代表成分的能值转换率之高低，从低到高、由左到右排列。

4.2.3.2　能量分析表的编制

能值评估分析表一般从左到右为：项目编号、名称、原始数据、太阳能值转换率、太阳能值（有原始数据和太阳能值转换率相乘得到）、宏观经济价值（表示该项目的能值相当于当年货币量）。

4.2.4　大型公共工程能值分析模型

进行能值分析必须建立能值分析的模型。我们在第 5 章和第 6 章中定义的可持续能力就是基于能值分析，以输入输出为指标设置原则的，使整个体系具有可比性和可操作性。从能值分析方法理论和工程项目建设的能量流动过程来看，能值分析用于研究工程项目可持续能力是可行的。工程项目能值分析主要有三种能值：消费能值、污染能值和产出能值，正负效应之和就是工程项目每个时间点（段）的能值。

工程的建设、建成和运营过程中，可更新资源主要有太阳能、风能、雨水势能、雨水化学能、水电、海浪能、潮汐能和河水化学能。不可再生资源主要有表土层损失能、土壤损失能、火电、原油、原木等。在建设和运营期的反馈投入主要是建筑材料、设备、劳务、商品、信息、技术等。在图 4-2 的模型中，工程的建设过程中进行不可再生资源、可再生资源的输入以及反馈输入。工程建设带来了公共设施服务能力的提高，带动区域产业发展、提升社会福利水平；建成期时阶段也不断的需要物资设备更新以及能量消耗。具有工程发展能力、贡献能力的可持续发展的公共工程的输出包括工程建设诱增的国家财富 GDP 的增长、产业的发展、社会福利的提高、和谐度的改善、不断发展的工程建设产品、“三废”的排放所带来的终端能量损失。图 4-2 描述了大型公共工程的全生命周期物质和能量输入和输出的全过程。

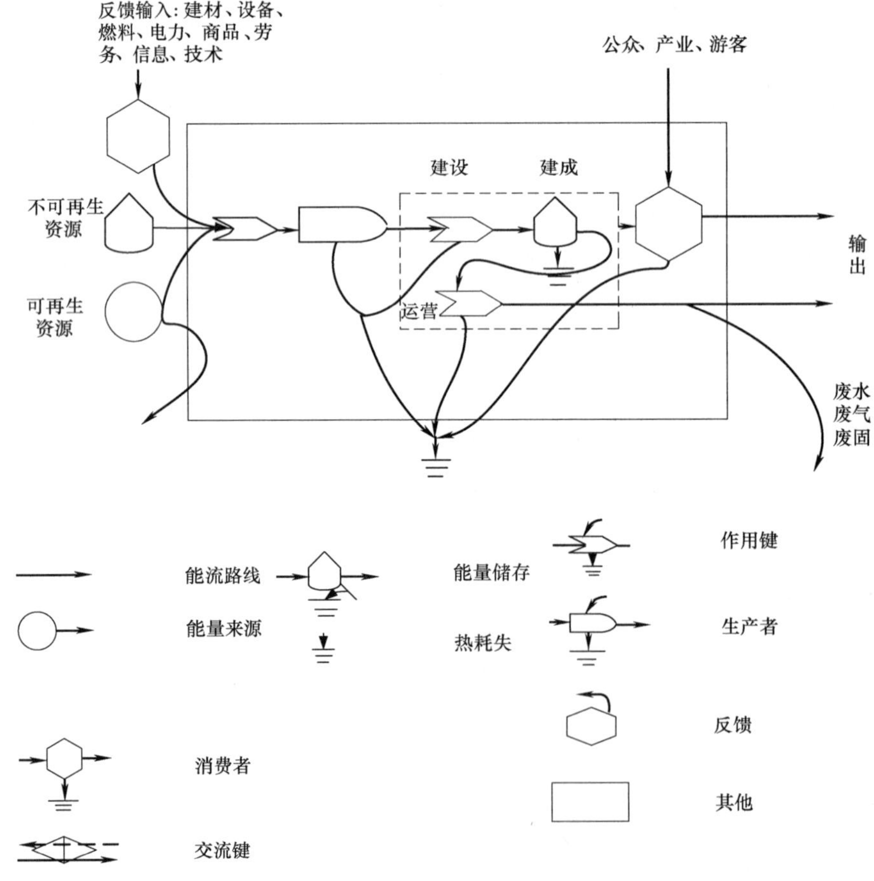

图 4-2　公共工程能值分析图

按照能值分析图，把可持续能力的各项指标（见第 10 章和第 11 章）按照输入与输出的效果（输入为负值，输出有利的为正值，三废排放为负值）进行能值分析与计算，计算结果与生态生产性土地相对应，把转化成相应性质的生态生产性土地。依据可持续能力的计算公式，就可以得到工程生命周期的可持续能力大小。

4.3　生态足迹原理与计算

4.3.1　生态足迹基本理论

生态足迹为各类自然资本提供的统一度量基础是“生产性土地”。生态生产性土地（Ecologically Productive Area）是指具有生态生产能力的土地或水体。生态生产也称生物生产，是指生态系统中生物从外界环境中吸收生命过程中所必需的物质和能量转化为新的物质，从而实现物质和能量的积累。生态生产是自然界产生自然收入的原因，自然资本产生自然收入的能力由生态生产力（Ecologically Productivity）衡量。生态生产力越大，说明自然资本的生命支持能力越强。

生态足迹分析的基本假设是：各类土地在空间上是互斥的。这种“空间互斥性”使人类能够对各类生态生产性土地进行加总，从宏观上认识自然系统的总供给能力和人类系统对自然系统的总需求。根据生态生产力大小的差异，地球表面生态生产性土地可分为 6 大类：化石能源地、可耕地、牧草地、森林、建成地、水域。

4.3.1.1　化石能源地

化石能源地就是为了补偿化石能源消耗而损失的自然资本的量。化石能源地（William 和 Wackernagel）为用于吸收化石能源燃烧排放温室气体的森林。一般采用能源土地转化因子的办法来估计化石能源用地。化石能源土地转化因子常用三种方法：

（1）计算提供化石能源替代物甲醇和乙醇所占用的土地面积来获得化石能源地；

（2）计算吸收化石能源燃烧排放的 CO_2 所需要的森林面积；

（3）计算以化石能源枯竭的速率重建资源资产替代的形式所需要的土地面积。一般采用第二种计算方法。

4.3.1.2　可耕地

可耕地是所有生态生产性土地中生产力最大的一类土地。它所聚集的生物量是最多的。目前世界上几乎所有可以利用的可耕地都已经处于开发状态。

4.3.1.3　牧草地

牧草地是发展畜牧业的土地。例如，消费品中动物食品计入牧草地的足迹。

4.3.1.4 林地

林地主要是指可以产出木材产品的人造林或天然林。除了人迹罕至的密林地区外，一般的林地生产力不高。

4.3.1.5 建成地

建成地包括各类人居设施及道路所占用的土地。大部分的建成地都位于宜耕地，这对全球生态能力造成无法挽回的损失。所以，从这一点上来说，研究工程项目的生态占用以及工程项目与生物圈的共生是非常必要的。

4.3.1.6 水域

水域包括淡水和非淡水（海洋、盐水湖泊等）两种。水域对人类所能获取的生态生产品总量的贡献不大，生态生产力比较低。

表 4-4 是各类生态生产性土地拥有量及全球生态标杆（全球人均总生态承载力）。

生态生产性土地及全球人均拥有量（Wackernegel）　表 4-4

土地类型	全球人均拥有量	土地类型	全球人均拥有量
可耕地	0.25hm^2	水域	0.5hm^2
牧草地	0.6hm^2	化石能源地	0
林地	0.6hm^2	12%生物多样性生态容量	0.2hm^2
建成地	0.03hm^2	全球生态标杆	1.80hm^2

4.3.2 生态足迹计算参数

4.3.2.1 生态容量与生态承载力

生态容量（Hardin，1991）为在不损害有关生态系统的生产力和功能完整的前提下，可无限持续的最大资源利用和废物产生率。生态足迹分析法将一个地区所能提供给人类的生态生产性土地的面积总和定义为该地区的生态承载力，用来表示该地区生态容量。

4.3.2.2 人类负荷与生态足迹

人类负荷（Human Load）指的就是人类对环境的影响规模，由人口自身规模和人均对环境的影响规模共同决定。人类要维持生存必须消费各种产品、资源和服务，人类的每一项最终消费的量都追溯到提供生产该消费所需的原始物质与能量的生态生产性土地的面积。人类的所有消费在理论上都可以折算成相应的生态生产性土地的面积。在一定技术条件下，要维持某一物质消费水平下的某一人口的持续生存必需的生态生产性土地的面积即为生态足迹。它既是现有技术条件和消费水平下特定人口对环境的影响规模，又代表现有技术条件和消费水平下特定的人口持续生存下去而对环境提出的需求。由于考虑了人均消费水平和技术水平，生态足迹涵盖了人口规模和人均对环境的影响力。

4.3.2.3　生态赤字/盈余

生态承载力大于生态足迹时，则产生生态盈余（Ecological Remaider），其大小等于生态承载力减去生态足迹的余数。生态赤字（Ecological Deficit）表明该地区的人类负荷超过了其生态容量，要满足其人口在现有生活水平下的消费需求，该地区要么从地区之外进口欠缺的资源以平衡生态足迹，要么通过消耗自然资本来弥补收入供给流量的不足。这说明地区发展模式处于相对不可持续状态，其不可持续的程度用生态赤字来衡量。相反生态盈余表明该地区的生态容量足以支持其人类负荷，地区内自然资本的收入流大于人口消费的需求流，地区自然资本总量有可能得到增加，地区的生态容量有望扩大，该地区消费模式具相对可持续性，可持续程度用生态盈余来衡量。

4.3.3　生态足迹计算

生态足迹的计算是基于以下两下基本假设：(1) 人类可以确定自身消费的绝大多数资源及其所产生的废弃物的数量；(2) 这些资源和废弃物流能转换成相应的生物生产土地面积。生态足迹是人口数和人均物质消费的一个函数，个人的生态足迹是每种交易商品的生产土地面积的总和；总的生态足迹是由个人的足迹乘以人口总数得到。任何已知人口（某个个人、一个城市或一个国家）的生态足迹是生产这些人口所消费的所有资源和吸纳这些人口所产生的所有废弃物所需要的生物生产土地的总面积和水资源量。

计算步骤如下：

(1) 划分消费项目，计算各主要消费项目的消费量。消费＝产出＋进口－出口；第 i 项的人均年消费量值 C_i（kg）；

(2) 利用平均产量数据，将各消费量折算为生物生产性土地面积。生产第 i 项消费项目人均占用的实际生态生产性土地面积为 A_i（hm^2/人）。

$$A_i=\frac{C_i}{EY_i}=(P_i+I_i-E_i)/(Y_i\cdot N) \tag{4-4}$$

式中，P_i 是相应的生态生产力土地生产的 i 消费项目的平均生产力（kg/hm^2），I_i 年进口量；E_i 年出口量；N 为人口数；Y_i 为生态生产性土地第 i 种消费项目的世界年平均生产量（kg/hm^2）。

(3) 通过当量因子把各类生物生产性土地面积转换为等价生产力的土地面积。6类生产性土地的生态生产力是不同的。当量因子就是一个使不同类型的生态生产性土地转化为在生态生产力上等价的系数。求出人均占用各类生态生产性土地的等价量，某类生态生产性土地的当量因子 γ_j：

$$\gamma_j=\frac{\text{全球该类生态生产性土地的平均生态生力}}{\text{全球所有各类生态生产性土地的平均生态生产力}} \tag{4-5}$$

一般采用的当量因子为（William 和 Wackernagel，1996）：森林和化石能源地为 1.1，耕地和建筑用地为 2.8，草地为 0.5，水域为 0.2。

（4）求各类人均生态足迹的总和（ef）

$$ef=\sum\gamma_j A_i \tag{4-6}$$

（5）求出地区总人口的生态足迹总和（EF）

$$EF = Nef = N\sum_{i=1}^{n}\gamma_j A_i = N\sum_{i=1}^{n}\gamma_j(C_i/EP_i) \tag{4-7}$$

（6）计算生态容量。同类生态生产性土地的生产力在不同国家和地区之间是存在差异的。产量因子 β 将各国各地区同类生态生产性土地转化为可比面积。

$$\beta=\frac{\text{一个国家或地区某类土地的平均生产力}}{\text{世界同类平均生产力}} \tag{4-8}$$

$$EC = Nec = N\sum_{j=1}^{6}A_j\gamma_j\beta_j \tag{4-9}$$

本文取产量因子分别为：化石能源地 1.1；耕地 1.788；牧草地 1.94；水域 1；建成地 1.66；林地 0.91。

（7）计算生态盈余和生态赤字。

$$ER(ED)=EC-EF \tag{4-10}$$

4.4 能值-复合生态足迹方法原理

能值分析和生态足迹方法都是生态经济学的分析方法，都是用生态系统生态学的原理来解释生态系统问题的，并致力于环境、经济、社会系统的统一。但是他们各有各的优点和缺点。总的来说能值能够说明系统物质、能量、信息的流动过程，并能够直观地跟踪和反映这种变化。生态足迹方法主要是人类活动对环境的影响，没有考虑环境、经济、社会的相互作用，但是可以对系统的可持续性有直观的判断，即系统是生态赤字还是生态盈余。能值分析是从生态系统的本质——能量的最终来源来进行类似于投入产出分析的生态系统核算；生态足迹的限制条件是生态系统的供给都是各种生产性土地提供的，各类生产土地的数量（容量）就是环境限制条件，也就是可持续发展的限制条件。能值分析的结果只能说明输入输出的结果，没有给定的限制条件，因此就没有比较的基准，无法准确地回答可持续发展能力的问题。

对于城市的大型公共工程来说，如前文所述，它的建设卷入了社会、经济、环境系统的相互作用，它的可持续发展能力包括工程、经济、环境、社会系统的可持续发展，也就是工程发展能力、经济推动能力、环境相容能力和社会协调能力。不仅有物质和能量的环境输入，还有经济社会系统的反馈输入，它的一般系统物质、能量和反馈输入与输出如图 4-3 所示。

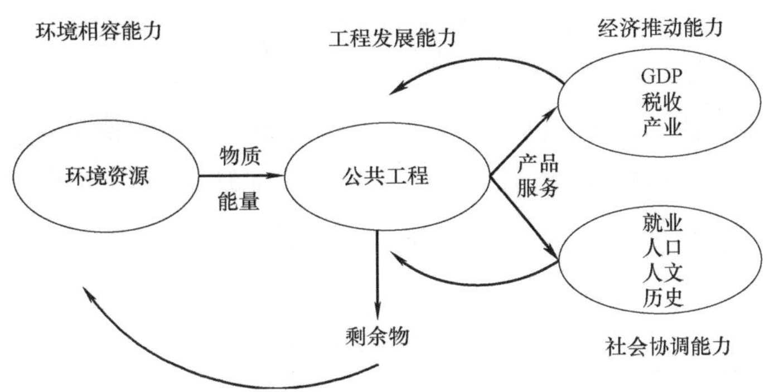

图 4-3　大型公共工程可持续能力系统分析框架

一般意义上的能值分析和生态足迹分析都只能从一个侧面来反映工程项目，特别是大型公共工程项目的可持续能力。能值分析可以直观地研究工程项目生命周期与环境、经济、社会系统的物质交换、能量流动，但是不能准确的评价系统的可持续发展状态，更不能反映工程项目建设对经济和社会系统的影响；生态足迹方法只能反映工程项目建设的消费，以及它对环境系统的压力。工程项目对环境系统生态生产力的提高或降低，如交通工程对农业产品商品化的推动作用所表现出来的农业生产力的提高等，没有体现。生态足迹方法评价工程项目只能是片面的消极的。

Wackernagel 等提出可以用能值概念把生态足迹分析转化成空间等价的数值，使生态足迹更加直观，并便于与经济系统相结合。能值-复合生态足迹方法是按照这一思路在能值分析的基础上，计算复合生态足迹。这样就把能值和生态足迹方法的优点结合起来，以能值分析为定量计算基础，以生态容量为约束条件，能够对生态系统的可持续能力有直观、准确的度量，并能够跟踪系统的能量变化，核算生态足迹。

能值-复合生态足迹方法把能值和生态足迹两种方法结合起来，从能值分析来研究消费和污染的生态占用，同时从反馈输入与输出能值来研究经济、社会系统与工程、环境系统的耦合作用。把最终的能值作为生态足迹与环境的生态容量相比较，得到基于能值分析的复合生态足迹的可持续能力。

能值-复合生态足迹方法与生态足迹方法本质不同表现在三点。(1) 生态足迹计算内容不同。复合生态足迹计算的是社会、经济、环境、工程大系统的生态足迹，把工程系统融入整个生态系统中统一考虑。(2) 生态容量计算方法不同。能值-复合生态足迹的生态容量通过系统可再生资源量折算成生态生产性土地当量。生态足迹方法是特定的计算对象真实的生态生产性土地供给量。(3) 为所有资源提供了统一的计算基础。从而避免了考虑传统的生态足迹方法中地区生产力差异，计算产量因子和当量因子。不仅简化了计算过程，而且提高了计算准确性。

这里的复合生态足迹是区别于仅仅考虑生态占用的生态足迹方法和综合生态足迹方法，综合生态足迹方法把生态足迹用于项目环境评价，项目生态足迹分为两大部分：消费和污染的生态足迹。很显然，计算只考虑到消费和污染的占用，没有考虑到经济和社会系统的反馈输入和产出，是单纯的环境评价，而不是环境、经济、社会和项目之间的系统的耦合分析。复合生态足迹把工程项目的生态足迹分为污染足迹、消费足迹和产出足迹，并与能值分析对应起来。能值分析中系统能值分为三类：消费能值、污染能值和产出能值。这样用能值表示的生态足迹和转化成能值的生态容量的差值就是生态盈余或者生态赤字，其与生态足迹的比值就是项目的可持续能力。具体见表 4-5。

三种分析方法比较　　表 4-5

方　法	优　点	缺　点
能值分析	统一的计算基准 直观定量化	能量转换率确定困难 无法直接说明可持续性
生态足迹	简便形象的框架 明确的判断可持续性	指标单一导致不准确 高估生态赤字 判断可持续性政策意义不明显 只考虑环境压力
能值-复合生态足迹	统一的计算基准 与生态足迹对应的能值计算 复合的生态足迹计算 能值为基础的生态足迹 可更新资源为依据的生态容量 考虑经济和社会因素 考虑科技进步提高生态生产力 设置“反馈输出地”指标 直观定量判断可持续能力	初步探索阶段 一种方法的探索 需要进一步的研究

4.5　能值-复合生态足迹分析

能值-复合生态足迹分析的一般步骤分别参见能值分析方法和生态足迹方法。这里只介绍新方法的特殊之处和新的概念及其计算方法。能值-复合生态足迹方法是对能值分析方法和生态足迹方法的改进。它把工程项目生态系统和社会、经济、环境大系统统一考虑，融合计算。不仅计算了环境消耗，还计算了科技进步、经济发展、社会协调对生态系统的调节作用，能够正确地反应工程项目系统真实的发展状态，修正了传统的生态足迹方法只计算消耗的消极的一面。

能值-复合生态足迹分析建立在能值分析的基础上，研究工程项目生态系统的复合生态足迹，以确定研究对象的可持续发展能力。因此，必须按照能值分析的一般步骤进行能值分析图和能值分析表的编制。但是，这里能值分析表中融入了生态足迹计算的内容，下面将进一步具体说明。

按照能值分析图 4-1 和公共工程项目可持续能力相互作用分析图 4-2 所示的原理，能值-复合生态足迹的计算步骤如下。

4.5.1　能值密度定义及其计算

能值-复合生态足迹分析的第一步是计算地球能值密度和区域能值密度。这两个参数是计算人均生态承载力和人均生态足迹的基本参数。

能值-复合生态足迹分析定义能值密度 P 为单位时间单位面积土地上的能量（sej/m^2·a）。能值密度分别为地球能值密度和区域能值密度。地球能值密度用来计算生态承载力；区域能值密度用来计算生态足迹。

P_1 为地球能值密度，则 P_1（sej/m^2·a）为：

$$P_1=\frac{\text{地球能值总量}}{\text{地球土地面积}}=\frac{1.583\times 1025\text{sej}}{5.1\times 1014\text{m}^2}=3.1\times 10^{10}\text{sej}/(\text{m}^2\cdot\text{a}) \tag{4-11}$$

P_2 为区域能值密度，则 P_2［sej/(m^2·a)］为：

$$P_2=\frac{\text{区域总能值}}{\text{区域总面积}} \tag{4-12}$$

4.5.2　能值-生态承载力计算

在计算区域能值总量时，总的可更新资源 E 包括太阳辐射能、雨水势能、雨水化学能、地球旋转能、海浪能、潮汐能风能。它们的具体计算规则详见能值分析方法。系统总能值 E 为降雨、海浪和风能与太阳能之中的最大者、潮汐能和地球旋转能之和。

生态承载力（CC，Ecological Carrying Capacity）为：

$$CC=\frac{e}{P_1} \tag{4-13}$$

其中 CC 为每公顷每人的生态承载力（ha/cap），e 为每人可更新资源数量（sej）。

列出能值-生态承载力分析表，如表 4-6 所示。

能值-生态承载力计算表　　表 4-6

序号	项目	原始数据(J)	能量转换率(sej/J)	总能值(sej)	人均能值(sej)	人均生态容量(ha/cap)
	可更新资源					
1	太阳辐射能(J)					
2	地表风能(J)					
3	雨水化学能(J)					
4	雨水势能(J)					
5	波浪能(J)					
6	潮汐能(J)					
7	地球旋转能(J)					
小计	(3)+(6)+(7)					

4.5.3 能值-复合生态足迹计算

工程项目生态系统全生命周期所消耗的资源和能量、劳务、信息等分别属于可更新资源、不可更新资源、货币流（反馈输入）、废物流。可持续的大型公共工程与环境、经济和社会系统相互作用，它的建设不仅消耗了环境资源，还会推动经济发展和社会进步。因而，从系统能值总量来看，就表现在系统能值的增加。为衡量和计算这种能值数量上的变化，这里引入新的变量——反馈输出能值。它的意义在于计算工程与经济、环境、社会系统的相互作用结果。

能值—复合生态足迹方法把系统能值分为三类：消费能值（EM_c，包括反馈输入能值）、污染能值（EM_w）和反馈输出能值（EM_r）。其中，消费能值包括一般以货币形式表现的反馈输入能值。消费能值包括可更新资源消费和不可更新资源的消费。污染能值用与区别消费能值，计算系统运行的产生的废物能值。反馈输出能值计算经济系统和社会系统与环境系统相互作用后的能值扩大量。例如对经济发展的推动作用，对社会和谐的协调作用等。

因此，总能值 EM 为：

$$EM = \sum_{i=1}^{n} em_i = EM_c + EM_w + EM_r \tag{4-14}$$

在能值计算的基础上，把计算出的能值分别对应于各类生态生产性土地。在传统的生态足迹方法的 6 类生态生产性土地基础上，定义“反馈输出地”用于与反馈输出能值相对应。它和化石能源地一样是虚拟的土地面积，直观形象的表现了复合生态系统的耦合作用效果。假设反馈输出地的生态生产力相当于可耕地，意义在于反映由于科技进步和可持续发展的生态生产力提高，使得生态承载力增加，等于增加了可耕地面积。

因此，能值—复合生态足迹方法中，土地类型为 7 类：可耕地、牧草地、林地、化石能源地、水域、建成地、反馈输出地。系统中的三大类能值分别对应上述 7 类土地。工程项目生态系统的各类生态足迹可以采用下式计算。各类生态足迹（ef，ha/a）：

$$ef = \sum_{i=1}^{n} A_i = \sum_{i=1}^{n} \frac{em_i}{p_2} = \sum \frac{EM_c + EM_w + EM_r}{p_2} \tag{4-15}$$

其中，em_i 为第 i 种资源的能值数量（sej）。

工程项目系统总的生态足迹 EF：

$$EF = Nef \tag{4-16}$$

其中，式中的 N 为 1～7。

综上所述，能值-复合生态足迹计算可以列表计算。如表 4-7 所示。

4.5.4 可持续能力计算

在计算生态承载力和生态足迹的基础上，计算工程项目的可持续能力。这里定义可持续能力（Sustainable Capacity）是生态产出（EO，Ecological Output，生态盈余/

能值-复合生态足迹计算表　　表 4-7

指标编号	项目	单位	原始数据(J)	能量转换率(sej/J)	总能值(sej)	人均能值	人均生态足迹(ha/cap)	能值属性	土地类型
(一)	可更新资源								
	……								
	小计								
(二)	不可更新资源								
	……								
	小计								
(三)	货币流								
	小计								
(四)	废物流								

生态赤字）与生态足迹的比值。因此首先项目生态系统的生态赤字（ED）或生态盈余（ER），然后计算可持续能力。

$$EO=ER(ED)=CC-EM \tag{4-17}$$

$$SC=\frac{EO}{EF}=\frac{CC-EM}{EF} \tag{4-18}$$

由上式可知，工程项目全生命周期的可持续能力就等于生态产出和生态足迹之比。生态产出表现为生态盈余或生态赤字，反映了生态系统运行的结果。

(1) $SC>0$，生态产出为正值，即生态系统是可持续的，良性循环的；

(2) $SC=0$，系统处于可持续与不可持续的临界状态。

(3) $SC<0$，生态产出为负值就是生态赤字，生态系统就处于不可持续的状态，恶性循环。

因此如果已知工程每个阶段的生态盈余或生态赤字，就可以直观地判断工程项目生态系统可持续发展现状、未来的趋势。也就可以判断出每个阶段、每个工程的可持续能力的大小、性质。

第5章　信息技术在工程项目评价中的应用

工程项目对环境、对社会的影响一直缺乏有力工具的直观呈现，因此，信息技术的发展和人工智能技术进入工程评价领域。多智能体技术由希望能够描述社会系统中信息交互行为的社会学家所开创。本章初步阐述GIS技术和多智能体技术与能值分析方法集成，进行工程项目评价的集成评价思考。GIS，多智能体技术和能值分析方法的集成生态评价案例见第6章。

5.1　GIS技术发展与应用

5.1.1　GIS的发展

地理信息系统（Geographic Information System，GIS）是设计来捕捉、存储、处理、分析、管理，并提供所有类型的地理数据的一个信息管理系统。它是以数字化的形式反映人类社会赖以生存的地球空间的现势和变迁的各种空间数据以及描述这些空间数据特征的属性，以模型化的方法来模拟地球空间对象的行为，在计算机软、硬件的支持下，以特定的格式支持输入/输出、存贮、显示以及进行地理空间信息查询、综合分析、辅助决策的有效工具。地理信息系统是为人们提供了管理地理信息和开展空间分析的先进工具。

1956年，奥地利测绘部门首先利用电子计算机建立了地籍数据库。1968年加拿大测量学家R. F Tomlinson在论文“区域规划中的GIS”中第一次第一个提出“GIS”这一术语。20世纪80年代3S（地理信息系统GIS，遥感RS，全球定位系统，GPS）开始兴起。20世纪90年代，由于网络技术和Web技术的飞跃发展，基于Internet的GIS，或者说WebGIS已经成为GIS信息获取、共享和发布的主要模式。把人类社会建造的最大的GIS的“数字地球”（Digital Earth）被提出来。当前，GIS不但在测绘、制图、资源和环境等领域被成功地应用，而且已成为城市规划、设施管理和工程建设的重要工具，同时还进入了军事战略分析、商业策划、文化教育乃至人们的日常生活领域中，数字化地球、数字化城市等观念已经深入人心。GIS越来越显示它跨行业、多功能的优势，已经被公认为是21世纪的支柱性产业。

5.1.2　GIS在建筑领域的应用

GIS技术日臻成熟，广泛应用于与地理坐标相关的几乎所有领域。由于城市系统本质上具有空间属性特征，GIS在处理空间问题上有很大的优越性，因此在建筑工程领域，GIS在城市规划建模、生态城市规划、震区规划、抗震救灾、投资评价、土地评价、设施管理和工程建设等中应用十分广泛。

1999年，J. You和J. Kim等建立了基于GIS的城市土地利用和交通综合系统模型。2001年，K. Schotten et al. 利用GIS模型分析荷兰市土地利用住房建设与环境质量之间的关系。2003年，P. Ward et al. 在GIS技术支持下，采用空间最优化模型和细胞自动机相结合的方法，对城市土地动态扩展进行了评价。2005年，陈腾云等人以城市总体规划中的绿地规划子项为例，城市绿地规划支持系统的总体结构设计。在能值分析基础上应用GIS的研究很少，2003年，黄书礼首先使用能值方法在GIS平台上进行台北市城市代谢模拟。

5.2 智能体（Agent）技术

5.2.1 Agent的定义

20世纪90年代以来，计算机网络技术、通信技术飞速发展，人工智能研究成为计算机研究的热点。Agent概念来源于人工智能，斯坦福大学的B. Hayes-Roth提出人工智能的最终目标就是构造能表现出一定智能行为的主题（Agent）。由此可以看出，Agent是人工智能研究的核心。

Agent到目前为止还没有一个明确的含义，其中文翻译在学术上有“Agent”、“智能体”、“代理”。这里称为智能体。Agent的概念最早由Carl Hewitt于1977年提出来，他认为什么是Agent很难解答，就像在人工智能主流研究中问什么是智能一样。1995年，英国的Agent理论专家M. Wooldridge和N. R. Jenning总结了以前在智能体领域的研究后认为，智能体是一个自主的程序，它能基于其对环境的理解，有能力控制自己的决策行为，以追求达到一个或多个目标。而且智能体是具有一定知识并能够针对特定目标有效运用知识求解问题的能动的计算单元。Minsky M认为智能体是这样一些进程，它本身只会做一些不需要思考的简单事情，人们也无需了解Agent是如何工作的，但当用某些特定的方法将这些智能体组成一个社会时，就产生了真正的智能，Minsky的定义显然是从社会智能角度给出的广义定义。Shoham认为“Agent是由信念、能力、选择和承诺等精神部件所表示的实体”。学术界通常将Wooldridge的定义被视为Agent的弱定义，Shoham的定义视为强定义。

国内学者史忠植将智能体定义为代表一种真实的或抽象的实体，它们之间既可以相互作用又可以与环境相互作用，智能体可以在一个环境中共同生存，每个智能体都能够主动地、自治地活动，它们的行为是自身感知、推理、决策以及和其他智能体、环境互动互作的结果。

5.2.2 Agent 的特征

根据 Agent 的弱定义，Agent 应该具有的以下基本属性：

5.2.2.1 能动性（Pro-Activiveness)

智能体不仅简单地对环境变化作出反应，而且是主动的自发的去作出目标行为。这一点是 Multi-agent 模型和其他建模方法的关键性的区别，正是这个特点，使得它能够适用于经济、社会、生态等其他方法难于应用的复杂系统。智能体的主动性是关键，主动的程度决定了整个系统行为的复杂性的程度。

5.2.2.2 自治性（Autonomy)

智能体运行时不直接受他人后其他东西控制，它对自已的行为与内部状态有一定的控制力，这是最基本的属性，也是智能体区别于其他抽象概念的特征。

5.2.2.3 反应能力（Reactivity)

智能体可以感知周围环境的变化并且与环境（包括个体之间）的相互作用。一个不能对环境变化作出反应的物体不能叫作 Agent。

5.2.2.4 社会能力（Social Ability)

当智能体认为合适时能与其他 Agent 进行信息交换，并组成一个智能体社会（Ageni socicty)。

除此之外，智能体还有一些经常被讨论的其他属性：

（1）响应性：智能体能够感知所处的环境，并通过行为对环境中相关事件作出适时反应。

（2）持续性：智能体是持续或连续运行的过程，其状态在运行过程中应保持一致。

（3）适应性：智能体应能够在与环境的不断交互过程中积累经验和学习知识，并修改和调整自己的行为策略以适应新环境。

（4）可移动性：智能体可以从一处移动到另一处并保持其内部状态不变。

（5）协调性：智能体能够相互间协同工作并完成复杂任务。

（6）学习性：智能体可以根据过去的经验学习积累知识，并修改自身行为去适应环境的改变。

（7）诚实性：智能体不会故意提供错误。

（8）理智性：假定智能体总是尽力去实现设定的目标。

（9）规划能力：智能体可以根据目标和环境对短期行为规划。

（10）推理能力：智能体能根据经验和知识对环境的变化和其他智能体的状态以理

性的方式进行推理和预测。

任何一个智能体不会同时具有上面的全部属性，一般会根据研究需要去设定智能体所拥有的属性。

5.2.3 Multi-agent 系统

Multi-agent 系统（Multi-agent System，MAS）就是由多个主题组成的 Agent 社会。Agent 之间能够进行交互，通过各个 Agent 与其他 Agent 之间的交互，使得系统整体演化出宏观规律。通常一个 Multi-agent 系统中，应该有活动的 Agent 代表社会行为或者经济选择行为等等，也同时应该具有静态的 Agent，比如环境或者资源。

计算机建模仿真技术很多，比如系统动力学模型、微观仿真模型、元细胞自动机、多层模拟、神经网络、遗传算法以及 Multi-agent 模型等等。

MAS 与其他模拟仿真方法不同之处在于：

（1）MAS 模拟中 Multi-agent 是主动的、活的。这与其他建模方法有着巨大的不同。因此，Multi-agent 模拟才能用于经济、社会、生态集成复杂系统。而本文所涉及的模拟环境综合经济、工程、社会和生态多种因素进行模拟。

（2）MAS 中 Agent 与环境、Agent 与 Agent 之间是交互的，而本文正是要模拟建筑工程项目中建筑、废物、环境等多种 Agent 的交互行为问题。

（3）MAS 综合考虑宏观和微观问题，统一考察个体变化与整个系统变化。而本文需要看到 Agent 的生死变化以及整个生态系统的演变。

（4）MAS 还引入了随机因素作用。而本文期望实现个别的参与 Agent 执行随机运行行为。

5.3 GIS-agent 集成实现技术

5.3.1 GIS 与 Agent 集成的必要性

GIS 收集数据的能力虽然非常强大，但是 GIS 数据只能表达空间的信息，而在现实世界中，我们需要对时间、空间和行为三者进行模拟。因此，我们必须利用具有表达时间和行为的 Agent 模型与传统的 GIS 静态地理模型相结合，实现智能时空的模拟。

因为城市是个复杂的系统，随着 Multi-agent 模型在城市发展建模方面应用的深入，研究者们越来越明显地意识到用这种过程模型表达城市发展的局限性，因为城市发展具有明显的空间—时间特征，它的表达需要空间过程模型与空间数据模型集成。而 GIS 数据模型的核心在于空间性，GIS 正是用来表达和存储世界中与空间位置或内容相关现象信息的。因此，GIS 中的空间数据模型基本上是静态的，也就是说 GIS 自身不具备表达发展过程的能力，所以如何将 Multi-agent 与 GIS 这二者集成，成为人们所关心的问题。目前已有研究者将 Multi-agent 与 GIS 集成，模拟城市动态、研究城乡之间的土地利用变化和生态影响。

5.3.2 实现 GIS-agent 集成的四种关系

为了构建 GIS-agent 集成模型，核心问题是如何使 GIS 系统中的空间地物与 Agent 模型中的 Agent 相对应。D. G Brown 讨论了 GIS 与 Agent 模型的集成问题，指出 GIS 与 Agent 模型中所使用的面向对象技术使它们的集成成为可能。他认为因为空间数据模型和 Multi-agent（例如 Object-oriented）过程模型存在互补性，以及它们共同作用时改善空间模型和时间过程集成表达有巨大的潜力，我们可以在 Multi-agent 系统和 GIS 中的集成过程中提高效率，减少运算时间并得到新功能。因此识别影响 GIS 数据（域和对象）和 Multi-agent 过程模型进行交互的几种关键关系，对理解集成紧密程度和评估集成方式选择及其效率有着重要意义。

图 5-1 是 4 种影响 GIS 动态数据与 Multi-agent 过程模型集成的关键关系：身份关

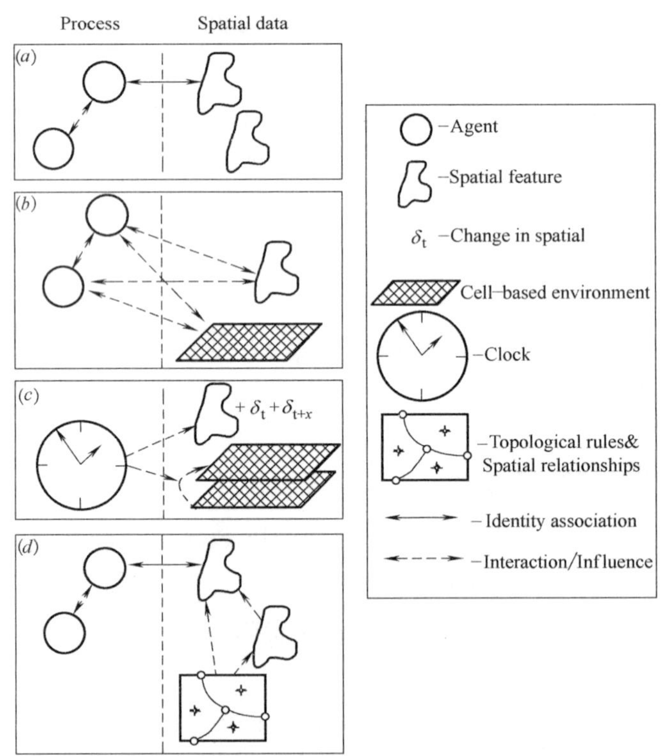

图 5-1　影响空间数据模型和空间过程模型交互的四种关系

来源：D. G. Brown et al.，2005

（a）身份关系；（b）因果关系；（c）时间关系；（d）空间拓扑关系，

图中表示的只是概念关系，并不涉及任何具体的实现

系（Identity Relationships）、因果关系（Causal Relationships）、时间关系（Temporal Relationships）以及空间拓扑关系（Topological Relationships）。

5.3.2.1　身份关系

在这种关系中，每个 Agent 分别与某个空间地物相对应。通过在一个智能体和一个或多个空间对象之间定义身份关系，GIS 技术可以被用来存储地理范围和对象的属性，而 Multi-agent 技术则用来表现智能体的行为和相关对象的变化。一个智能体可以和唯一一个空间对象相关（一对一关系），也可以和多个空间对象相关（一对多关系），在任意模型中，可以有一些空间对象没有和智能体相关，也可以有没和任何空间对象相关的智能体。举一个身份关系的例子，作为智能体的车，有自己的移动规则，与空间数据库中的点和属性相关，当车移动时点就移动，当车变化时，点的属性就变化。

5.3.2.2　因果关系

在许多模型中，就算智能体和它作用的空间对象之间没有身份关系，Agent 也可以采取行动来影响空间地物及其属性，Agent 之间也可以相互影响；比如说，一个公共健康部门（智能体）采取一项涉及湿地（多边形对象）治理的疾控措施，用杀蚊剂或是排水来抑制蚊子传播疾病的流行。这种行动影响代表湿地多边形对象的属性（蚊子密度）或空间表达（排水影响多边形形状）。

5.3.2.3　时间对应关系

随着 Agent 的变化，空间地物的位置及其数据库中的属性也实时更新。两种行为是有时效的：（1）智能体的行为；（2）对数据库中显示中的空间对象属性或位置的更新。为了简单起见，我们认为这两种行为是完全同步的，即所有智能体的行为都同时进行的。

5.3.2.4　空间拓扑关系

Agent 的移动必须考虑到空间地物间的拓扑关系。空间对象的移动，不管是通过与其相关智能体内在过程还是与其他智能体的过程，可能需要关于现实世界或对象间相互关系的基本信息。比如说一组空间对象之间的拓扑关系，或是它们与另外一组空间对象之间的拓扑关系以及空间对象之间的空间关系的信息。就像一辆车可不可能移动到某一位置，要看是不是已经有一栋楼或是其他车已经占据了那个位置。见图 5-2。

5.3.3　GIS 和 Agent 集成方式

基于上述四种关系，J. E. Castle 和 A . T. Crooks et al. 指出，GIS 与 Agent 集成的实现一共有三种形式：松散集成、适中集成和紧密集成。

松散集成是 GIS 和 Agent 模型各自开发的情形，首先 GIS 处理看空间数据，根据

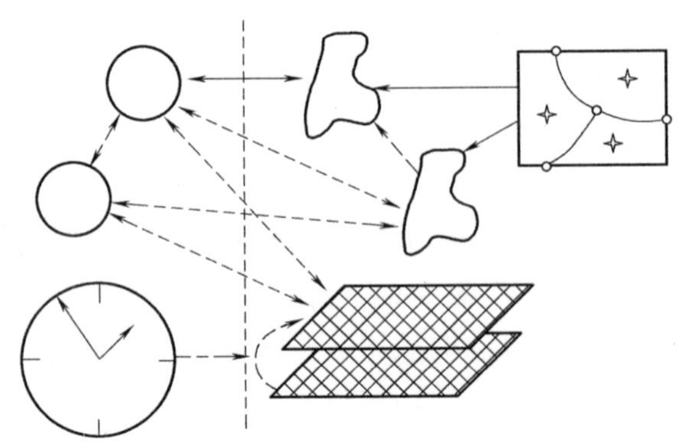

图 5-2　本文四种关系在所有过程模型和空间数据之间的组合

Agent 模型需要的格式将数据输入 Agent 模型，模型计算的结果再转化为 GIS 文件格式显示出来。这种集成的做法无须改变 Agent 模型的代码，不足之处在于大量的数据管理和转换工作，并且要求相关人员具备 GIS 和 Agent 模型两方面的专业知识，而且松散集成不能直接调用现有的数据库的查询和分析功能。

紧密集成有两种情况。一种是 ABM-Centric 的集成方式，即将一个简单的 GIS 系统嵌入到 Agent 模型中以提供结果显示和空间分析功能。这种集成方式使得在 GIS 中容易实现的功能被反复编写、调试和检验，因此开发时间增加，并且，在 Agent 模型中编码实现 GIS 的功能不如在 GIS 中有效。这种方法有很大的调试自由，而且最近在这个方面的发展和探索都特别的多，但是工作量较大。另一种情况是 GIS-Centric 的集成方式，即用 GIS 的函数命令重写 Agent 模型。作为 ABM-Centric 方法的补充，GIS-Centric 集成能够通过将 Agent 软件库嵌入 GIS 而实现。这种方法可以实现 GIS 分析的所有功能，模型运行的有效性和高效率都可以得到保证，但是需要极强的协调能力。

适中集成是指开发支持 Agent 模型的 GIS 数据库，同时开发一个界面，既可以为 Agent 模型提供输入数据，又能利用 Agent 模型的结果进行处理和演示，所有的数据转换是通过交互界面自动进行的。它的优点在于提供了 Agent 模型与 GIS 平台的接口，节省了大量数据输入输出工作，不足之处在于编程和数据管理上的投资较大，用户修改和重写 Agent 模型的难度也比较大。具体见表 5-1。

集成方法比较表　　**表 5-1**

	松散集成	适中集成	紧密集成
协调速度	快	中	慢
所需编程能力	基本	高级	中级
著作权问题规避	强	中	低
运行速度	慢	中	快
同时运行	慢	慢	快
调试	简单	中等	难
计算效率	低	中	高

基于效果考虑，我在案例中选择紧密集成的 ABM-Centric 的集成方式进行处理。

5.3.4　多智能软件选择

多智能模拟仿真目前有很多软件，表 5-2 对各种软件进行了对比。基于模拟效果和与 GIS 的集成性的考虑，选择了 Repast 作为仿真工具。

多代理软件比较表　　表 5-2

	开发者	开发时间	实现语言	所需编程经验	集成 GIS 能力	集成图表能力
SWARM	美国圣塔菲中心	1996	Objective C Java	高级	仅仅支持	可以
MASON	乔治梅森大学	2003	Java	高级	不能	可以
Repast	芝加哥大学	2000	Java、C# Python	高级	动态支持	可以
StarLogo	麻省理工学院	1990	专有脚本	基本	不能	可以
NetLogo	西北大学	1999	专有脚本	基本	不能	可以
OBEUS	特拉维夫大学	2000	C#	中高级	仅仅支持	未知
AgentSheets	美国 AgentSheets 公司	1991	专有脚本	基本	不能	不能
AnyLogic	俄罗斯 XJ 科技	未知	专有脚本	中等	不能	能

5.3.5　Repast 简介

Repast（Recursive Porous Agent Simulation Toolkit）一款是由芝加哥大学社会科学计算研究中心 DavidSallach，Nick Collier，Tom Howe，Michael North 等研制免费开源的 Multi-agent 建模工具，由该单位与美国 Argonne 国家实验室的研究人员共同开发，由非营利性的志愿者组织 ROAD（Repast Organization for Architecture and Development）进行维护。

Repast 可以提供封装在 6 个库中的 130 个类，这些类库可以用来生成数据、运行、显示收集模拟结果，并能对运行的模型进行快照，记录每一步的状态，并且可以生成模型运行过程中智能体的动态演化的视频。Repast 是在 Swarm 的基础上开发的，具有良好的抽象性、可扩展性和表现力。

Repast 提供了一个核心的集合类的建设和运行的基于代理的模拟，并通过表格，图表和图形数据的采集和显示。Repast 的一个特别有吸引力的特点是它有能力把 GIS（地理信息科学）的数据直接进入模拟。

Repast 已经发布了五个版本，支持各种编程语言的模型发展：

RepastJ（基于 Java）；

RepastPy（基于 Python 的脚本语言）；

Repast. Net（C#实现的，但可以使用任何 NET 语言）；

RepastS（Repast Simphony，基于 Java，设计用于工作站和小型计算集群）；

Repast High Performance Computing（重点的 C＋＋为基础的建模系统专为大型计算集群和超级计算机上使用）。

Repast 可以运行在几乎所有的现代计算平台，作为一个通用型的仿真平台，Repast S 提供了强大的地理信息系统仿真支持。Repast S 自带的例子程序中，就有一个类似于 Google Earth 的地理信息系统实例，并且和 GIS 结合效果较好。

一个基本的 Repast 模型包括以下几个元素：

（1）一个 Model 对象，它用来作为模型本身，运行也是从这个文件运行。

（2）一个 Space 对象，即空间对象，它控制行为发生的环境。

（3）一个 Agent 对象，即行为主体对象。

Agent 分为大致有两种情形：可移动的和不可移动的，其所处于的环境有两种情形：用来描述 Agent 在环境中的位置和用来描述 Agent 间通过某种关联和形成的网络。因此，在数据结构上，Repast 模型至少有两个有使用者编写的类（Java class）：Agent 类和模型类。Agent 类负责描述 Agent 的行为（如建筑工程智能体对周围环境施加环境影响，周围环境智能体接收这种环境影响并作出反应），模型类负责控制模型的创建和运行。在建立模型过程中，首先要设置模型，调用 setup（）使 Simple Model 实现主模型类的创建，为模型的运行做好准备，之后是规定实际运行时的行为，运用 step（）规定智能体执行设计好的交互规则。模型的运行时按照时间（step）来推进的，即 step（）方法将会在每一个时间步被执行，右击 launchers 下的 model。launch 选择 run as model，模型就会运行，在运行界面点击初始化按钮，begin（）就会被调用，点击 step 按钮，那么各个智能体就按照之前建立好的行为规则会被执行，模型进入循环，直着使用者点击停止或者暂停按钮。

采用 Multi-Agent 技术，可以为复杂系统的 Multi-Agent 行为描述、时间信息和空间信息提供建模工具。Repast 开发平台提供了 Java 类库，用于创建模拟环境并运行、显示结果和收集数据。多层对象总线模型结构极大降低了分布式系统的复杂程度，功能与数据可以进行直接的交互，Agent 之间可以依靠自身的自治和互相协商机制。模拟系统设计合理，模型适用，易于实现和应用。

建筑工程项目集合了工程本身、建筑的经济效益、建筑能量流动、代谢对生态的影响，分别对应信息流、货币流、能量流、废物流。对于系统内众多的对象的模拟应该采用面向对象的方法（object-orenate）的 Multi-Agent 系统，在建筑工程系统中，对系统中的个体的行为进行模拟，由 Multi-Agent 技术来实现。Multi-Agent 模型包括所有的建筑工程参与者的 Agent 类型、行为、规则、相互作用。

该系统结构初步设计为四层结构，由用户层、功能层、数据层、维护层组成，并采用中间件技术（Middle ware）。用户层是为用户的直接使用层；功能层提供逻辑业务服务和系统管理服务，包括系统功能的所有定义；数据（资源）层提供涉及功能层运行的各种资源，包括数据、算法、知识等；维护层对系统的资源，包括数据、算法、知识、策略等以及整个系统平台进行维护。结构功能的实现由 Agent 完成，各层之间通过软件总线的方式进行连接和交互。

该系统应选取 Repast 和 ArcGIS 作为相应的 Agent 模型平台和 GIS 平台，并采用 ABM-Centric 的一体化方式，用 Java 语言作为开发工具编程实现本系统。本系统由基于 Multi-agent 的多层对象总线模型构成，纵向结构功能的实现由 Agent 完成，各层之间横向上通过软件总线的方式进行连接和交互。因此，具有跨开发语言、操作平台、网络类型、异构数据（库）的能力，具有良好的自主性、能动性、开放性、扩展性、稳定性和可伸缩性的优点。

5.3.6　GIS 与 Repast 的集成方式

首先应该创建项目所在地的 shapefile 文件（shp）文件。建筑用地地图可能是多种格式的，为了地图坐标信息能被 Repast 读取，必须将各种格式的数据转换成 Repast 才能读取的 shp 文件，所以应对建筑用地进行遥感地图数字化和矢量化处理。除了目前普遍的用手动绘制项目所在地周围的数字化地图之外，还可以用 Google earth 截图矢量化得到 shp 文件。

5.3.6.1　Google Earth 与 ArcGIS 数据交互

在项目开发过程中，项目前期规划都会涉及遥感图像，更高级一点的是建立研究区的三维模型。在 ArcGIS 10 推出之前，人们大多数是手动绘制数字化地图，这样很浪费时间而且精度也不高。

5.3.6.2　在 Google Earth 下载遥感图像

很多人都会利用 Google Earth 遥感图进行修改，大多数都是利用 QQ 等软件截图的方式获取上面的遥感图，但是这样做会把谷歌的 Logo 和其他文字信息也截了下来，而这些无关紧要的信息却影响了我们对图像的解读。其实我们可以利用 GetScreen 软件简单截图。

打开 Google Earth，找到项目所在地位置。打开 GetScreen，这是选定区域就直接在 Google Earth 里面显示出来了。这里有两种定位方法，如果实现通过 GPS 知道项目所在地坐标可以直接输入维度和经度进行截图。如果不知道坐标的情况下则使用两点定位比较方便，即用鼠标右键选取左上和右下两点截取。左击图片计算，则可以自动完成计算信息显示。之后点击网格截图便可以保存。如果仅仅是想把 Google Earth 上面的图层和坐标信息矢量化导入到 ArcGIS 里面，做法如下：

在 Google Earth 中，建多边形，把鼠标拉回到所选地图之上，鼠标会变成“田”字，按住鼠标不动拖动形成所需要的研究的地点的形状。

由于 Google Earth 一般会保存为 KML 格式文件，接下来打开 ArcMAP，再打开 ArcToolbox，空白处右键点击 Add Toolbox，把下载好的 KML-to-SHP 插件导入，这样 Toolbox 里面就会多一个选项，打开，把 Google Earth 生成的 KML 文件转换成 SHP 文件，这样就可以在 ArcMap 中使用。

还有一种转换方法是通过 Raster2Vector 5. x（R2V）转换，R2V 可以处理多种格式的光栅（扫描）图像，是一个可以用扫描光栅图像为背景的矢量编辑工具。由于该软件的良好的适应性和高精确度，其非常适合于 GIS、地形图、CAD 及科学计算等应用。R2V 可以代替缓慢而又不准确的数字化仪人工手动跟踪描绘。导入之前 Get-Screen 的截图，在图像选项中把图片转换为 24RGB 位灰度，点击矢量里面的自动矢量化。在遥感图上右键点击输出矢量，保存成 ArcView 的 shp 格式，便得到了 SHP 格式的矢量图。将 shp 文件在 ArcMAP 中打开。

目前 Repast S 能读、写及显示 shapefile 数据。但首先要在 Repast S 中要配置 scenario. xml，以便准确导入各种 shp 文件。目前为止，GIS 与 Repast 的结合主要有以下几种方法：

（1）通过 ESRI 公司提供的 ArcGIS 扩展模块 Ahent Analyst 工具进行集成。

（2）通过 Vivid Solution 公司的 Java Topology Suite GIS Toolkit（JTS 工具包）进行集成。

（3）通过 OpenMap 或 ArcMap 等 GIS 工具包进行集成（表 5-3）。

ArcMap 和 OpenMap 比较 **表 5-3**

GIS 系统	ArcMap	OpenMap
数据类	Geotools 数据	OpenMap 数据
显示类	Esri 显示	OpenMap 显示
创建 Agent 的方法	Default Geotools Agent 子类或实现 GeoToolsAgent 接口	创建 Default Open Map Agent 子类或实现 penMapagent 接口
创建代码	GeotoolsData gisData = GeotoolsData. getInstance()	OpenMapData gisData = OpenMapData. getInstance ()
显示 Agent 的方法	把数据导入 ArcMap 中，加入 Agents 到适合的图层，写入 EsriDisplay esriDisplay= ESRIDisplay. getInstance()；esriDisplay updateDisplay ()；run 点击 display	创建一个 OpenMapDisplay 的新的对象 OpenMapDisplay omDisplay = newOpenMapDisplay ()，把 Agents 加入图层 omDisplay add layer(gisagents，“agentLayer”)

在 Repast S 平台上利用 ArcMap 工具进行普通建筑工程系统的环境影响模拟，整体的模拟流程见图 5-3。

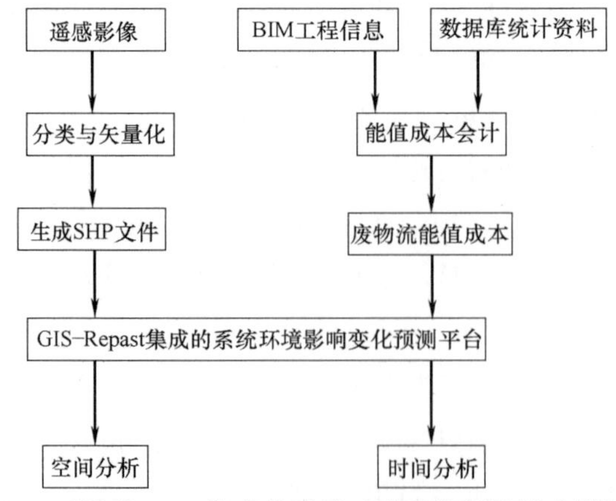

图 5-3 GIS-Repast 集成的建筑工程系统环境影响模拟流程

第二篇　能值方法工程案例

第6章　零能耗建筑能值分析

建筑行业能源消耗占全部能源消耗的45%左右，在能源日益紧缺的今天，零能耗住宅和可持续建造技术越来越被人们重视。基于系统生态学、能值理论、生态系统最大功率原理和生命周期理论，选取2013年中国国家太阳能十项全能竞赛厦门大学参赛作品——“Sunny Inside”太阳能住宅为案例，对其社会影响、环境影响和成本进行了分析和计算；GIS和Multi-agent工程仿真工具，以Java语言和Repast平台来模拟现实中零能耗住宅项目成本代谢的变化规律，同时与同类普通住宅以及其他参赛作品进行了比较研究。在零能耗建筑的评价研究方面提供了一个全新的研究视角，使人们通过客观的可视化模拟结果看到零能耗建筑的全生命期代谢过程。

6.1　零能耗建筑

6.1.1　零能耗建筑的定义

零能耗建筑（Net Zero Energy Building）目前为止还没有一个明确的定义。许多欧美国家，如瑞士、加拿大及德国，都已发展零能耗建筑多年，零能耗的概念可以追溯到1880年社会学家Podolinsky在分析社会和商品的生产时提及太阳能分析与人类劳动的关系问题。后来，20世纪20年代美国的一些科学家和工程师，组成了一个“技术联盟”，旨在开发一种评价方法来对能源进行审计。之后相关的研究一度停滞。直到20世纪80年代，Odum发现了能值方法，2009年，Pulselli et al. 运用了能值方法进行系统能耗分析。

之所以零能耗建筑难以定义是由于多年来采用不同的方法和侧重点对零能耗分析，结果便有多种多样的指标，如能源回收期，能源的投资回报率，能值产出率，净能量比，生命周期能量分析等等。

（1）江亿将零能耗建筑定义为：“不消耗常规能源就可以维持室内的舒适环境，并通过太阳能解决夜间照明。”他的定义只针对照明和舒适两个方面，并且只提到了太阳能供能，忽略了其他能源形势。

（2）美国能源部则认为零能耗建筑是“全年能源消耗和碳排放均为零的建筑，它独立于能源网络，所用能源由自身产生”。这又充分强调环境影响指标CO_2排放量。

（3）2010年，Hernande zet al. 给出了“生命周期零能耗建筑”定义，提出年均能耗（Annual Energy Use，AEU）和年均贮藏能（Annualized Embodied Energy，AEE）两个指标，并规定全生命周期年均能量（Annualized Life Cycle Energy，ALCE）＝年均能耗（AEU）＋年均贮藏能（AEE）＝0。

具体见图 6-1。

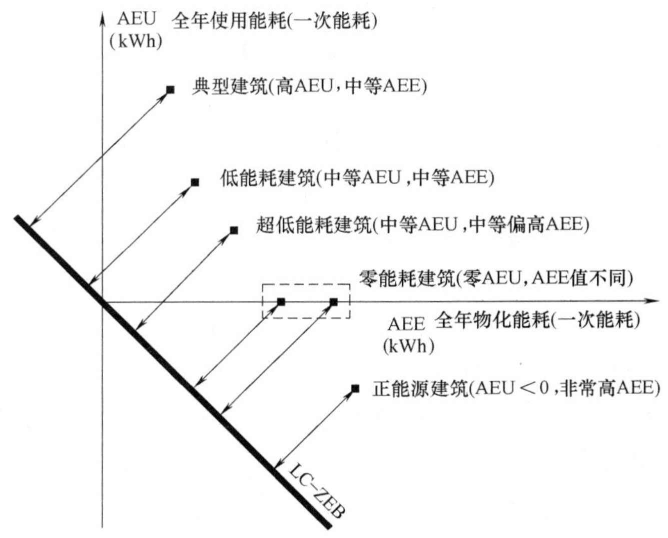

图 6-1　建筑能耗类型与生命周期的年均能量的关系

每个系统年均贮藏能（AEE）总是大于零的，另外只有正能源建筑才会有一个年均能耗（AEU）小于零。为了达到小于等于零的 AEU 要求，建筑物需要比用于运营所需能量之外更多的能量，并非越多越好，并且因此需要某种形式的可更新能源系统的安装。可更新能源装置占一个合适的较大的比例将是零能耗建筑的最佳解决方案。然而，过度使用可更新能源把 AEU 降为 0 很可能会导致 AEE 的高增长（就是可更新能源消耗严重），生命周期年均能量（ALCE）可能不会明显减少，甚至可能增加。然而，年均贮藏能在这种理论前提下难于计算，能值恰恰很好地解决了系统贮藏能的计算问题。

6.1.2　零能耗建筑收益

零能源建筑基本不消耗煤炭、石油、电力等不可更新能源，就能维持建筑的正常运转需要。零能耗并非建筑不耗能，而是尽量多地使用可更新能源。但是开发商为了吸引客户的眼球曲解了零能耗建筑的内涵，一味追求建筑能耗降为 0，甚至正能源建筑。比如，有的开发商一味追求昂贵的光电板，虽然也可能达到能量平衡，但是致使整体房屋造价飙升，成本回收出现问题。杨向群跟踪调查了 2010 年欧洲太阳能十项全能竞赛的参数作品的成本回收问题，得出了仅仅采用设计好的太阳能装置，简单地从产生的电能超过了使用的电能就认为太阳能装置使整个建筑达到正能源供给的水平。

这忽略了太阳能装置本身的成本、装置转换率、废物流动等问题，在这些项目没有计算结果之前，就得不到最佳功率的值，也就无法断定该建筑是否零能耗。

现有研究大部分是针对太阳能建筑中的光伏系统能量偿还时间的分析，比如Leckner和Zmeureanu对蒙特利尔的一座旧建筑加以改造，添加太阳能转换装置等设备，从而达到认可的零能耗住宅技术标准并对之进行投资动态回收期的估算，得到太阳能装置的能量返还时间为10.6年。按照住宅生命40年，技术上是可行的。很少针对整个零能耗建筑的投资返还期进行研究。

Kadam S于1998年佛罗里达的两个对比建筑（一个零能耗原型建筑，一个常规建筑）分析了实现零能耗建筑的技术和成本。结果表明，尽管技术上可行，但零能耗建筑的成本返还时间为63年。近年来，随着太阳能、保温、门窗等技术的进步和成本降低，辅之以政府经济补贴政策（伴随着能源价格的提升），零能耗建筑的成本返还时间有望控制在20～30年，这有助于零能耗建筑在经济上的可行性。

另外，投资零能耗建筑也被证明是“有利可图”，2012年，Eicholtz P，et al. 综合了Gary. . P et al.、McAllister et al的研究发现绿色建筑房地产投资基金是独立于股票、证券等资产之外的一种资产，因此可以降低投资组合的贝塔值，进而作为投资组合里面的一种抵抗市场风险的资产。其实，按照2009年，Jaffee D和Wallace的方法通过对能源价格对地产投资收益比的影响进行蒙特卡洛模拟，并与普通住宅的投资收益比做对比会发现，绿色地产尤其是零能耗住宅的投资收益比的方差要远远小于普通住宅项目。这是因为比之零能耗建筑，普通建筑更多要依赖外界的供能（电能），它的收益（不仅仅是运营收入）受到市场能源价格的波动影响剧烈，这也从根本上解释了零能耗地产为什么值得投资。

6.1.3 零能耗建筑实践

国际上，欧洲最早于20世纪80年代开展研究的是低能耗建筑（Low Energy Building），德国从1990年就开展“十万屋顶太阳能发电计划”。2009年，欧洲国家进一步提出了零能耗建筑的目标，在欧盟议会上要求：欧盟成员国自2019年起所有的新建建筑必须达到零能耗标准。英国政府也提出，至2016年所有的新建住宅都必须是零能耗住宅。英国于2002年建造了英国最具创新力太阳能建筑群——贝丁顿零能耗发展项目。

在美国，也已开展了各项零能耗建筑各个领域的实践。美国加利福尼亚州设定的目标是：至2030年，所有的新建建筑都是零能耗建筑，同时50%的既有建筑将被改造为零能耗建筑。

与国外相比，中国的零能耗太阳能住宅才刚刚起步。示范项目还极少。中国2010年上海世博会上亮相的伦敦零碳馆和“沪上生态家”算是少有的几个案例。除了技术上的原因，中国城市建筑密度大，住宅以中高层为主，不宜发展大面积太阳能板的建筑；农村地区地广人稀却经济有限，难以承受零能耗建筑的高成本。

6.2　零能耗建筑评价及其标准

目前，世界上还没有出台专门针对零能耗建筑的评价标准。零能耗建筑一定程度上是绿色建筑在能耗方面的延伸，因此可以参照国际上对绿色建筑评价体系。截至目前，很多国家根据自身情况纷纷建立了绿色建筑认证制度，其中比较有影响力的是美国的 LEED 和英国的 BREEAM。

6.2.1　美国的 LEED

LEED（Leadership in Energy and Environmental Design，能源与环境设计先锋）是美国绿色建筑委员会（USGBC）于 1993 年设立的一项绿建筑评分认证系统，用以评估建筑绩效是否能符合永续性。这套标准逐步修正，目前已适用于新建建筑、既有建筑物、商业建筑内部设计、学校、租屋与住宅等。对于新建案，评分项目包括可持续的位置、水效率、能源和大气、材料和资源、室内空气品质、创新和设计过程等。

在 LEED2.0 评分系统中，总分为 69 分。申请 LEED 的建筑物，如评分达 26～32 分，则该建筑物被 LEED 认证；如评分达 33～38 分，则该建筑物达到 LEED 银级认证；如评分达 39～52 分，则该建筑物达到 LEED 金级认证；如评分达 53～69 分，则该建筑物达到 LEED 铂级认证。LEED 是目前在世界各国的各类建筑环保评估、绿色建筑评估以及建筑可持续性评估标准中被认为最完善、最为流行以及最有影响力的评估标准。

6.2.2　英国的 BREEAM

1990 年，英国建筑研究中心（Building Research Establishment，BRE），建立了建筑研究中心环境评估方法（BRE Environmental Assessment Method，BREEAM）。它是世界上第一个绿色建筑综合评估系统，国际上第一套实际应用于市场和管理之中的绿色建筑评价办法。BREEAM 体系的目标是减少建筑物的环境影响，体系涵盖了包括从建筑 Agent 能源到场地生态价值的范围。BREEAM 体系评价条目包括管理、能源、健康舒适、污染、交通、土地使用、生态、材料、水资源九方面。这种非官方评估的要求高于建筑规范的要求，有效降低了建筑的环境影响。如今，在英国及全世界范围内，BREEAM 体系已经得到了各界的认同和支持。但过程繁琐，不易操作。

6.2.3　荷兰的 GreenCalc＋

随着荷兰建筑评估工具 GreenCalc 的出现，1997 年，荷兰国家公共建设管理局有了“环境指数”这个指标，它可以表征建筑的可持续发展性。建设评估工具 GreenCalc+是基于所有建筑的持续性耗费都可以折合成金钱的原理，就是前文提到的“隐形环境成本”原理。隐性环境成本计算了建筑的耗材、能耗、用水以及建筑的可移动性。GreenCalc+正是按这些指标计算的。GreenCalc+是截至目前唯一一款可以计算环境成本的 GBTools。

6.2.4 中国绿色建筑标识

为完成 2008 年北京奥运会的绿色奥运目标，2003 年 8 月由清华大学、中国建筑科学研究院等九家科研院所联合推出《绿色奥运建筑评估体系》，这是我国首个真正意义上的绿色建筑评估体系，之后又于 2006 年建立了《绿色建筑评价标准》GB/T 50378—2006，2014 年修订为《绿色建筑评价标准》GB/T 50378—2014，原标准废止，并以此为依据对建筑进行绿色评价。绿色建筑评价标识分为 1、2、3 星级，3 星级为最高级别。但评估标准可行性不强，社会认可度不高，更多的开发商比较倾向于出钱申请 LEED 评估。

6.3 Odum 能值波动模型与零能耗建筑

由于不同时空尺度的系统比如生态系统、房地产市场等经济系统的系统时刻都存在着波动，系统的能值流和相关参数也在变化。通常小的系统比大的系统波动更加频繁。能值波动模型是 Odum 基于 C. S. Holling 提出来的自然循环基础上提出来的。Odum 认为增长到达极限之后会处于一种稳定状态，在这种状态下流入物与流出物的能耗处于一定时期的平衡状态。这种波动会使系统的功率达到最大化，这种波动的峰值就是最大功率。如果是持续波动的系统，在波动周期的不同阶段有着不同的峰值。Odum 总结了几种现实生活中的波动模型：有代表性的是波动持续模型、稳定持续模型、理想指数增长模型、捕食模型以及控制模型等。这里简单梳理波动持续模型和稳定持续模型。波动持续模型则存在若干个类似的周期，每个波动周期包括一个增长期、一个峰值和一个衰退期。经济系统周期就是这个类型波动的典型代表。能量问题才是经济周期的本源。见图 6-2。

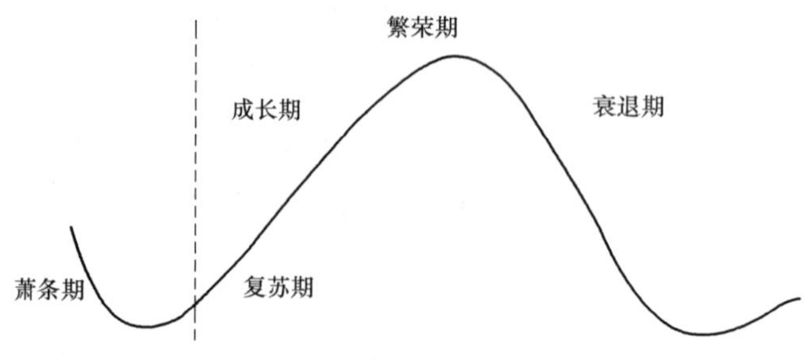

图 6-2 典型经济系统波动周期

稳定持续模型的系统演化之后能值逐步增长达到峰值并趋于平稳。比如环境和社会系统的可更新-不可更新模型。

6.3.1　系统单源 R 模型（One-Source Model R）

单源 R 模型是指系统内只有持续的可更新能源的情况。生态系统有多种能量来源，在自然界中可以不断更新、永续利用的能源，具有取之不尽，用之不竭的成为可更新能源，主要包括太阳能、风能、水能、生物质能、地热能和海洋能等。人类开发利用后，在现阶段不可能更新的能源资源成为非可更新能源，主要有煤、石油、天然气、核能、油页岩。以太阳能住宅系统来讲，建筑和周围的生态系统的发展不受能量来源的限制，但是受到这个封闭系统内的资源容量限制，比如树木、人口数量已经达到最大化，以及太阳能转换装置功率的极值限制，系统内的增长受到限制，之后便平稳处于峰值状态。理想正能源建筑（超额向外提供能量）属于这一模型，但是这种持续接受能量的建筑几乎在现实中不存在。零能耗建筑并不属于这一模型。如图 6-3 所示，虚线 J 为可更新能源的数量，Q_R 为可更新资源的开发潜力（能量贮藏量）

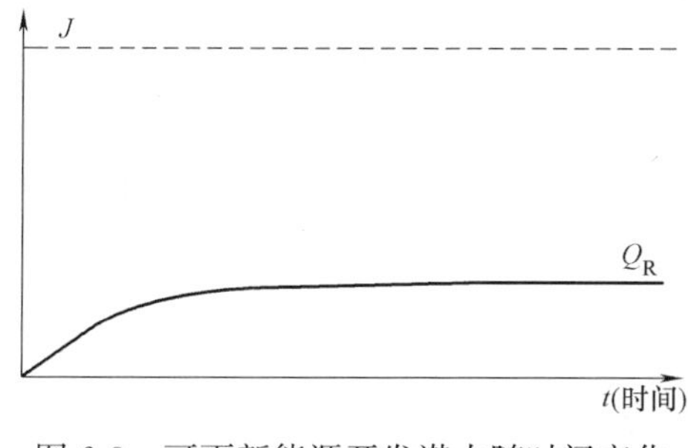

图 6-3　可更新能源开发潜力随时间变化

来源：Bastianoni et al.，2009

6.3.2　系统单源 N 模型（One-Source Model N）

系统单源 N 模型是指系统内只有持续的不更新能源的情况。不可更新资源是一个能量的贮存体，能量来源是有限的，因而这限制了系统的发展。对于普通建筑或者社区来说，假如它们是单纯靠开发煤矿火力发电而建立起来的，由于煤矿的开采，社区成长起来，这个过程中，系统始终是封闭的，没有来自外界的其他能源，社区的能值快速增加，同时非可更新能源数量降低，当煤矿开采完毕时，社区能值不再增长，因为能量守恒定律，社区能值维持在一个稳定值。社区的居民只能被迫迁出。目前来讲，中国大部分普通建筑是属于这种模型的。模式如图 6-4 所示，虚线 N 为非可更新能源的数量，Q_N 为非可更新资源的开发潜力（能量贮藏量）。

6.3.3　系统双源模型（Two-Source Model R+N）

双源模型是指系统内既有可更新能源又有非可更新能源直接使用的情况。比如对

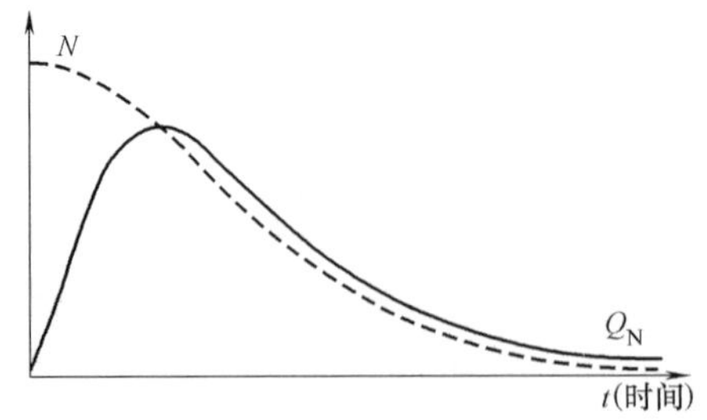

图 6-4　非可更新能源开发潜力随时间变化

来源：Bastianoni et al.，2009

于建筑上运用了一定的可更新能源收集手段，但是远没有达到单源 R 模型那种源源不断的能源供应，目前大部分低能耗建筑符合这一模型。系统中有两个能量来源。两个能源都对系统能量贮存起作用。当非可更新能源衰减用尽，系统就只能靠可更新能源维持系统达到稳定状态。生态系统和社会经济系统都存在这种模型。在经济系统中，Q 可以视为 GDP，工业化经济粗放增长主要依靠非可更新能源，也有一些可更新能源的利用。当非可更新能源耗尽时，经济衰退不得不转型发展可更新能源利用技术以维持发展。双源能量系统的最大功率要大于任一个单源能量系统。其能量贮藏量也高于任一格单源能量系统。现在世界上大多数的低能耗建筑属于这一模型。如图 6-5 所示，两条虚线为单源 R 和单源 N 的能源贮藏量能值，实线为双源能量系统贮藏量能值。

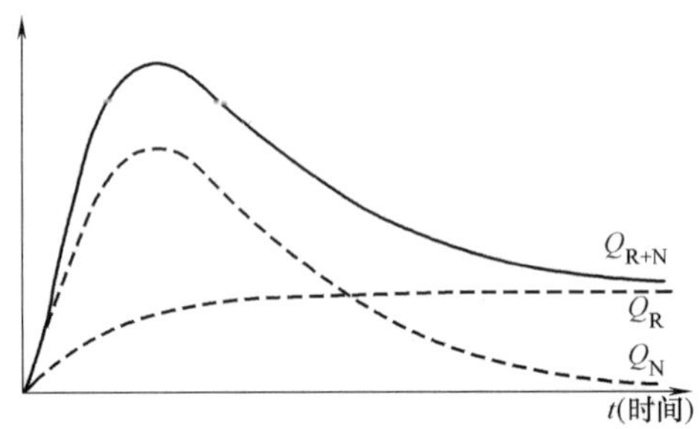

图 6-5　双源能源系统开发潜力随时间变化

来源：Bastianoni et al.，2009

6.3.4　准可持续性模型（Quasi-Sustainability）

准可持续性模型是 Odum 双源模型的改进形式。Simone Bastianoni 于 2009 年对 Dalyd 的 Quasi-Sustainability 模型进行了论证，并认为双源模型的非可更新资源比如石油和天然气、火力发电等不应该直接使用，应当作为燃料烧掉或马上消耗。出现这种情况的有：用于加热、用于运输、火力发电等，这些部分应该被用来“投资”到整个系统中，来用于支付建造非可更新能源的替代品（可更新能源）的初始成本，这种投资可以从大自然捕获更多的可更新资源，这些可更新能源如果不用的话就永远地耗散了。这种投资的较好的例子是用来建设太阳能或风能发电厂，修建水利工程（小型即可）等等。

举一个基本的例子，人类在其他场合已经采用了这种类型的行为。比如原始人类为了取暖会使用部分木材来建造一所房子，从而在寒冷的天气中永久保护，而不是持续地砍伐森林并烧掉取暖（当森林被认为是不可更新的时候，其更新速度要远小于火烧的速度）。

实践证明，准可持续双源模型的能量贮藏量一直高于 Odum 双源模型，两种模型的峰值是同时达到的，但是准可持续双源模型的最大功率无疑是高于 Odum 双源模型的。这是现阶段双源最大功率的最大值了。见图 6-6 及表 6-1。

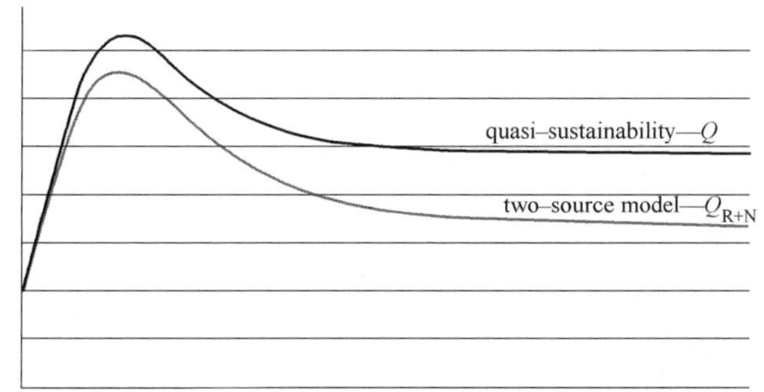

图 6-6　准可持续系统开发潜力随时间变化图

建筑生态系统中的建筑能耗类型图　　　　表 6-1

供能系统类型	建筑能耗类型	
单源 R 系统	正能源建筑	Positive Energy Building
准可持续系统	零能耗建筑	Zero Energy Building
双源 Odum 系统	超低能耗建筑	Super Low Energy Building
双源模型(R+N)	低能耗建筑	Low Energy Building
单源 N 系统	普通建筑	Common Building

6.3.5　零能耗建筑与准可持续模型

现阶段零能耗建筑并不是存在于单源 R 系统，这与常规理论大相径庭。这是因为在目前社会发展情况下，考虑到建筑每天也要新陈代谢和可更新能源转换装置技术问题和耗散问题，几乎没有不存在理想的有持续能源流入的建筑，而且双源系统的能值贮藏量都是高于单源系统的，千辛万苦做成持续供能的单源建筑系统，产出的能值却不如双源系统，这在成本收益的角度看，本身就是很难持续的，这不符合当前零能耗建筑的发展状况。

因此，我们在设计零能耗建筑时应该遵守可持续系统原则进行设计，坚决避免盲目的追求可更新能源装置最大化及坚决不使用非可更新能源。我们认为，在非可更新能源的基础设计以及日常维护上可以投入一定比例的非可更新能源，让他们达到一个完美的比例，这个比例就是我们建筑设计能耗的标杆。2012 年，Srinivasan et al. 探讨零能耗建筑设计与准可持续系统最大功率点的确定问题，见图 6-7。

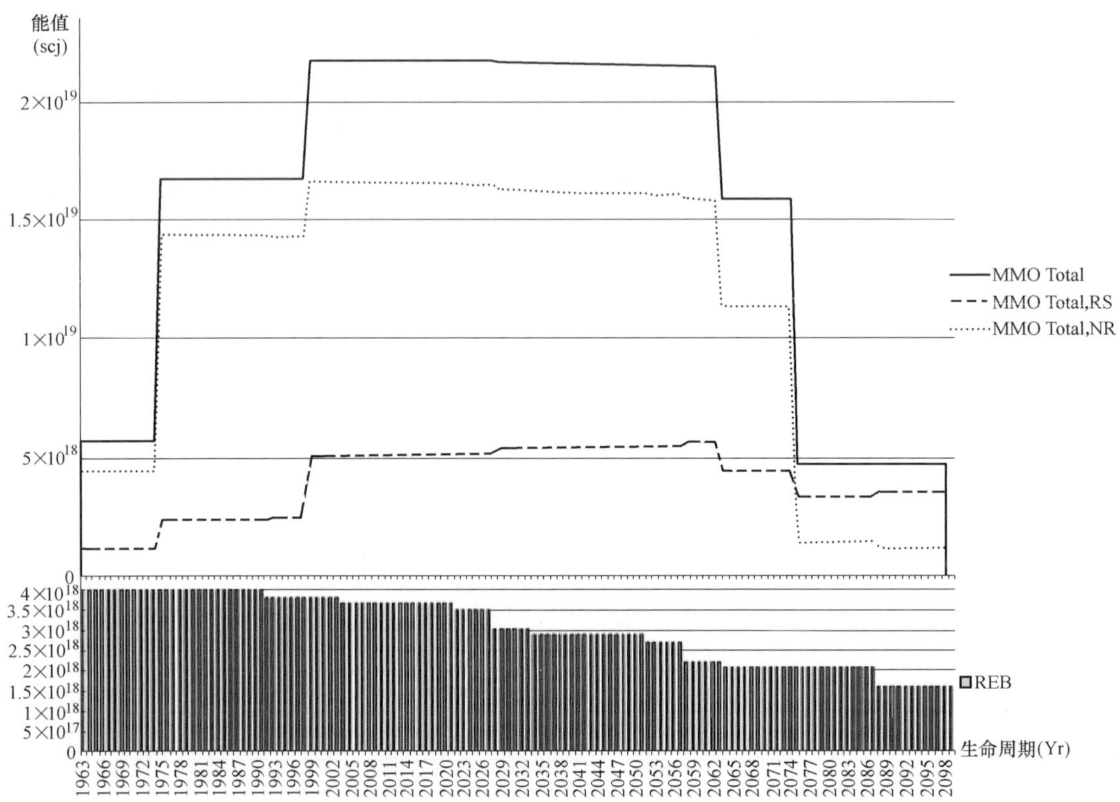

图 6-7　典型建筑达到零能耗时的最大功率点

来源：Srinivasan et al.，2012

图 6-7 中，横坐标为所研究的建筑全生命期，最上面的实线为双源 Odum 建筑系统情况下的总能值消耗累积曲线，中间细虚线表示单源 N 系统的那只消耗累积曲线，下面粗虚线表示准顶部浅色图为全可更新 R 系统能值消耗量的累积，最下面直方图为该建筑为零能耗建筑的基准点（benchmark），即系统内最大的可更新能源能值消耗量累积。能值消耗量累积是与能值贮存量一致的，符合图的规律。因此，在建筑设计过程中，有意识地在建筑供能方式比选、所用材料优化，建筑结构的可持续性等方面将能值消耗计算结果尽量调整到零能耗曲线上，这样就可以将可更新能源和非可更新能源比例达到最优，最大效率达到极值。

综上所述，这些评价标准或多或少都包含能耗评价，但是比重较小，应该针对零能耗建筑的特点，开发一套重点评价建筑的能耗、回收时间等的评价标准及软件。零能耗建筑的评价标准应同时满足：

(1) AEU＋AEE＝0；

(2) 废物流为 0，碳排放为 0；

（3）建筑系统以最大功率维持运行；

（4）投资在报废前收回。

其评价的技术流程如图 6-8 所示。

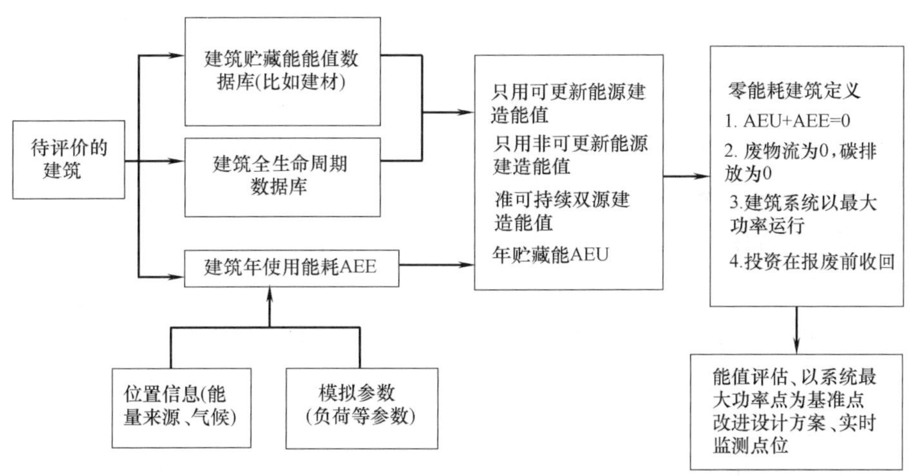

图 6-8　零能耗建筑评价流程

零能耗建筑绝大部分使用的是太阳能供能。如果能结合其他能源形式会提高可更新能源转换的效率。太阳能建筑使用了太阳能吸收装置，太阳能的转化率为 1，远远小于非可更新能源的能值转换率，因此多使用低能值转换率的建筑将降低能耗，降低能源成本，降低工程成本，降低环境成本，同时也减少了废物流。在所有能源之中，太阳能的能值转换率最低，因此，零能耗建筑应该首选太阳能利用技术。

除此之外，如果太阳能建筑可以同时考虑绿色技术和其他可更新能源。绿色技术有垂直绿化和屋顶绿化，可用来减少热岛效应；回收材料二次利用；绿色建材如竹子；利用回收雨水；先进照明技术比如紧凑型荧光灯和 LED；废水回收系统风力发电机等。工程成本短期内也许会小幅上升，但是整体的环境成本会大大降低，从长远来看，是利大于弊的。其他可更新能源有风能、生物质能、燃料电池、地热等。但是，由于目前太阳能转换低效率和较高的利用成本，只使用太阳能一种可更新能源会影响建筑工程系统可更新能源的使用率，降低了可更新能源在可持续双源供能系统中的比重，进而降低了系统的最大功率。因而，在零能耗住宅中应该充分利用一切可以利用的可更新能源以保证一定的可更新能源占较大比重，以尽可能地提高系统内的最大功率。

风能在零能耗建筑中的应用近几年非常热门，Iqbal 分析了在加拿大 Newfoundland 地区利用风力发电实现零能耗住宅案例；Wang 研究了英国气候下综合利用风能（95％能量供应）和太阳能（5％能量供应）的零能耗住宅案例。

风能零能耗建筑主要是小型风力发电，即微型风涡轮机发电。风涡轮机发电技术简单，成本较低，在风能资源丰富的我国具有良好的应用前景，是城市高层建筑很好的替代能源。燃料电池技术日新月异，有很多学者尝试着在建筑中设置燃料电池来为建筑提供能量。比如 2012 年，Ospina-Alvarado 和 Castro-Lacouture 提出了收集全生命期建筑产生的温室气体，使与氨水燃料电池电化学反应，反应将会放出大量热量为建筑提供一定的能量。这是把建筑的废物进行回收再利用的新思路，也许这并不能为建筑提供太多的能源，但是它大大降低了温室气体的排放，CO_2 排放量也是零能耗建筑评价指标之一。因此，最好的方式是可持续更新能源与非可更新能源以最佳的比例投入，建立以太阳能供能为主，其他形式供能为辅的零能耗建筑系统，才能更好地达到系统的最大功率，最低限度地减少废物输出，特别是排放。然而，基于能值方法的零能耗建筑评价却是一种静态的方法，而我们现实时间是时刻连续的，动态地看问题才是实质，因此将能值方法与 Multi-agent 模拟仿真结合起来将会发挥能值方法的集成多种系统的优势。

另外，零能耗建筑的 CO_2 排放量必须为 0，几乎没有废物流。能值方法可以在设计时就告诉我们一个建筑、施工方式、所有材料等的碳含量，亦可全程监控碳含量的流动。零能耗建筑应符合准可持续双源模型，不应该一味地追求正能源建筑，这个在目前技术是无法实现的，而且也没有必要，不要期望一点都不浪费可更新能源，只依赖可更新能源的建筑的最大功率并不是最高的，支出升高，收入不是很大，这样的方案是不可行的。这是目前零能耗建筑评价的最大误区。

零能耗太阳能建筑，可以在我国居住分散的地区使用，但利用方式有别。我国人口密度是东多西少，而太阳能辐射强度是西强东弱。在东部大城市地区，人口稠密，多以多高层建筑为主，零能耗建筑技术成本较大，太阳能利用效果并不明显，在现有太阳能利用技术条件下，对于大城市的零能耗建筑应改善太阳能电池板的设计位置，如在外立面玻璃幕墙中设太阳能电池板。尤其是热带、亚热带地区的城市，也都纷纷效仿采用了玻璃幕墙设计，而玻璃幕墙吸收太阳热量使室内温度升高，不得不开启空调降温，由此带来了运营能耗的增加。如果在玻璃幕墙与太阳能电池加以技术结合，这对于高容积率、高人口密度的城市开展零能耗住宅十分有利。对于农村及城镇地区，应采取自给自足的分散式零能耗建筑，从增大太阳能电池板的角度来增加太阳能转换效率，进而降低太阳能零能耗住宅的成本，这对于经济水平偏低的农村地区不乏是一种策略。

6.4 SD 太阳能建筑成本评价与 Multi-agent 模拟

6.4.1 国际太阳能十项全能竞赛

6.4.1.1 国际太阳能十项全能竞赛简介

国际太阳能十项全能竞赛（Solar Decathlon，简称 SD）是由美国能源部国家可更新能源实验室（NREL）发起并主办的，以全球高校为参赛单位的太阳能建筑科技竞赛。目的是借助世界顶尖研发、设计团队的技术与创意，将太阳能、节能与建筑设计以集成的新方式紧密结合，设计、建造并运行一座功能完善、舒适、宜居、具有可持续性的太阳能居住空间，从而证明单纯依靠太阳能的住宅，一样可以是功能完善、舒适而且具有可持续性的居住空间。希望通过比赛加快太阳能界国际化的产学研融合与交流，推进相关技术的创新、发展和商业化。普遍认为该竞赛是太阳能、节能技术与建筑设计紧密结合的全世界最高水平的国际赛事。组委会每年会精挑细选最具挑战力的20个左右的大学代表队来设计，要求各参赛单位设计并实际建造一栋太阳能住宅，以太阳能作为该住宅运行和生活能源的唯一能量来源。

自2002年开始，大赛在美国本土和欧洲成功举办了六次，吸引了来自美国、欧洲、中国等在内的100多所大学参加比赛，展示了世界最新能源技术成果。以后每两年举办一次，到目前为止在2005年、2007年、2009年、2011年和2013年举行。比赛规定游客参观的超高效的房屋，其他代表队成员聚集在自己家中分享绿色技术使用的想法，学习如何节能的办法。因此，每届比赛现场都有几十万的民众参观，美国能源部部长亲自为获奖队颁奖。“SD中国”由中国国家能源局、美国能源局主办，财政部、住房和城乡建设部联合主办，团中央学校部支持，北京大学承办，第一届中国太阳能十项全能竞赛将在山西省大同市举行，这也是SD大赛首次登陆亚洲。

参赛队规模覆盖中国、美国、新加坡等13个国家。来自我国清华大学、厦门大学、上海交通大学等15所高校和美国佛罗里达国际大学、新加坡国立大学等国外20所大学采用单独组队或联合组队的形式，组建了22支参赛队入围角逐各奖项。

6.4.1.2　厦门大学参赛作品

见图6-9。

图6-9　厦门大学代表队作品 Sunny Inside 效果图

1. 设计理念

阳光不仅给生活带来温暖和能量，更增添诗意和精彩。SD设计方案希望在充分利用太阳能的同时，也能够让住户感觉到时刻沐浴在阳光之中。我们的设计方案Sunny Inside试图在一个小尺度范围内创造一个灵活可变的空间，在空间多样有趣的同时使不同功能的场所相互渗透，使空间扩大化。具体表现为，通过中心庭院和走道的组织，在房间门的不同开启状态下，让餐厅、客厅、庭院和主卧以不同的方式相互组合，从而形成灵活、开放、更加宽敞的空间。本设计的亮点在于中心庭院（贯通住宅的一条形连廊），通过连廊上玻璃门的开启或闭合，能够调整空间的大小和功能，使不同的空间相互延伸和渗透。同时利用入室的阳光将各个空间有机地联系起来，创造出一个舒适的室内庭院，庭院从视线或感官上向周围空间延伸，形成不同的空间归属感，达到宜居的目的。Sunny Inside脱离了以往用硬质墙体分离不同空间的设计。通过可以拓展空间的廊道，让原本独立的空间通过软性的变化，感受空间灵动感与不同空间交互的趣味感。

2. 设计方案特点

（1）墙体

建筑结构为木结构体系，墙体采用多层复合结构，使用硅钙板作为防火层，内部填充轻质保温材料或使用保温板材，屋面构造及采用材料与墙体一致。

（2）窗

采光窗采用复合构造形式，外层玻璃采用单层玻璃或普通中空玻璃，内层玻璃采用Low-E中空玻璃，内外层玻璃之间的空腔内设置可调节的遮阳百叶帘，窗框采用断桥铝合金窗框或塑钢窗框。

采用经过特殊设计的百叶叶片，使其能对阳光进行偏转引导，对室内自然采光进行调节，并且避免眩光，结合顶棚处的反光构件进行设计。

（3）光伏系统

太阳能板与屋面集成设计，形体上与建筑设计相结合，与屋面之间留空腔可通风。

（4）遮阳

建筑屋面采用双层皮的构造形式，光伏电池板架空，与建筑屋面结构层之间留出600mm左右的空腔，以促进自然通风，一方面为电池板降温，提高其发电效率，另一方面减少太阳辐射通过屋面板进入室内。

建筑的庭院部分是玻璃屋顶，其遮阳设计尤为重要，采用可收放的外遮阳卷帘，或采用中空百叶天窗进行遮阳。夏季白天用卷帘遮阳，夜间将卷帘收起以促进散热，冬季使用方法相反。建筑的门窗上方使用遮阳板遮阳，与朝向及建筑造型结合考虑，遮阳板形状及长度需根据当地气候条件进行计算。

综上所述，SD建筑关于能耗的评价指标非常笼统，在所采用的评分表格上面体现的条目要远比LEED简单得多。SD建筑强调太阳能这一清洁免费的使用，这也符合能值规律的真正内涵。能值理论认为，太阳能是最为廉价的能源，能值转换率为 1，对使用太阳能会减少其他非可更新能源的使用，结果会表现为废水、废气和固体废弃物的减少。然而在 SD 竞赛的评分过程中过度强化太阳能的设计，忽略了雨水收集、风能利用等众多清洁能源，在评分表中并没有考虑废物排放、生态影响、社会影响、环境的反馈、居民的健康等众多方面的指标体现。除此之外，SD 竞赛只考虑了静态的显性成本，而且即使达到满分，即一座单层木质 SD 房屋成本为 25 万美元，这对于山西大同来说也是难以承受的，市场上也鲜有需求。这些是与项目实施的现实情况和竞赛的初衷是相悖的，在本次模拟中，将上述这些考虑统一加入能量系统进行综合计算，求得 SD 项目对周围的真实影响和真实的成本，得出 SD 建筑究竟是否值得我们兴建，以及以什么样的比例兴建，何时能回收回能值总成本等结果。

6.4.2 零能耗建筑能值成本静态分析

根据大同市发展改革委做出的 SD 中国的场地建设说明和赛后规划（图 6-10）：大赛场馆选址在御东新区文化广场，南北长 3000m、东西宽 600m。主要建筑包括：建筑面积 20.5 万 m^2 的主场馆太阳宫，13.2 万 m^2 的竞赛场地——文化广场，11 万 m^2 的体育中心，2.9 万 m^2 的大剧院，占地 674 万 m^2、绿化面积 400 余万 m^2 的赛后作品博览园——文瀛湖生态公园，以及博物馆、图书馆、美术馆、医院等配套设施。

图 6-10 SD 建筑项目场地总览

大同市年日照时数较长，约为 2800 小时，光能利用潜力十分可观。项目红线占地 72532.2m^2。

在这次模拟中，将采取有无对比分析手段，将项目所在地 22 个 SD 建筑以厦门大学 SD 建筑为样本同质化之后作为 SD 建筑的整体与普通住宅建筑（这里统一称之为 NSD 建筑，在相同占地面积上，以相同的建筑间距和建筑面积，采用最为常见的砖混结构建造，采取最常见的估算指标估算工程量）的情形进行对比，从宏观角度简单地比较该不该建设 SD 项目、以多少比例进行兴建，以及建成的影响程度和变化规律。

为了利用能值方法对 SD 建筑进行能值成本变化研究，就需要采用能值会计的方法。SD 太阳能建筑的系统能量传递如图 6-11 所示。

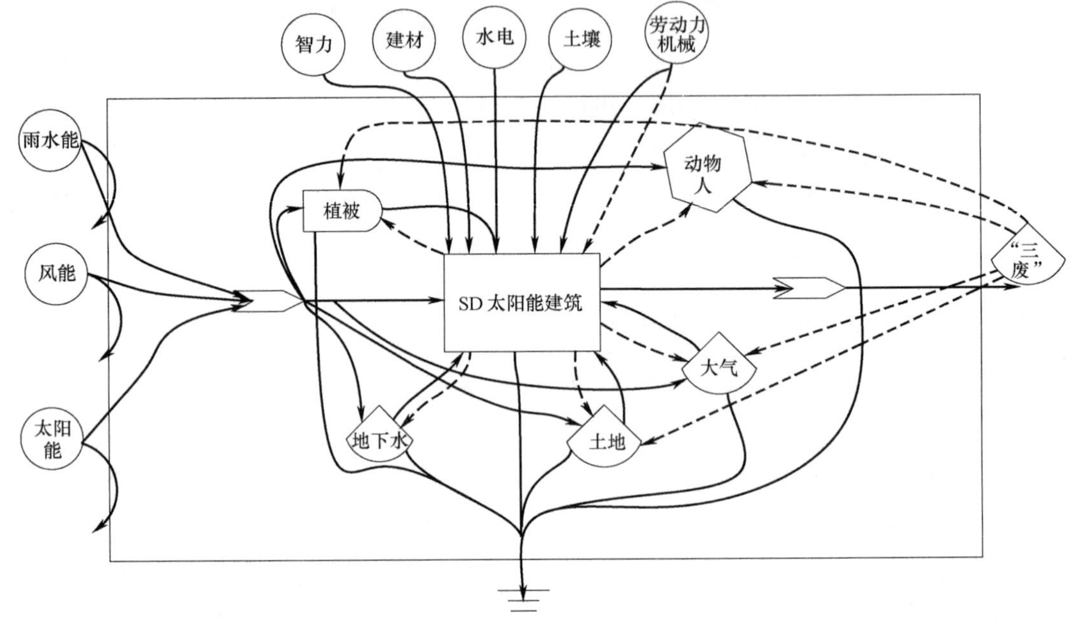

图 6-11　SD 太阳能建筑能值系统图

6.4.2.1　可更新能源

对于 SD 项目和 NSD 项目，它们在同一地块，因此它们每天接受可更新环境能源能值投入显然都是一致的。SD 项目工期是 35 天，因此 NSD 项目按照 SD 项目的工期来计算，并且将能值计算公式中涉及所有年值换算成日值。结果如表 6-2 所示。

NSD 建筑和 SD 建筑全生命期可更新能值投入计算表　　**表 6-2**

项　目		项 目 能 值	单　位
1	太阳能	7.8137×10^{15}	sej/d
	大同平均日照强度①	5617.28	MJ/y/m^2
	反射率②	30%	1
	转换率③	定义为 1	sej/J
2	风能	1.7791×10^{11}	sej/d
	大同平均风速③	2.9	m/s
	平均海拔③	1000	m
	能量	708828376.4	J/d
	转换率④	2.51×10^{3}	sej/J

续表

项　目		项 目 能 值	单　位
3	雨水化学能	4.8648×10^{11}	sej/d
	8 月份降雨量②	0.0831/30	m/d
	蒸发率⑤	45%	
	吉布斯自由能	4.94	J/g
	能量	1.5592×10^{7}	J/yr
	转换率④	3.12×10^{4}	sej/J
4	雨水势能	2.7722×10^{10}	sej
	雨水流失率⑥	20%	
	能量	1.575167281×10^{6}	J/d
	转换率④	1.76×10^{4}	sej/J
	合计(仅取第一项)	7.8137×10^{15}	sej/d

注：①马琪等（2009）；②大同市象局；③Odum（1996）；④Campbell et al（2005）；⑤由大同气温估算；⑥由大同路况估算。

具体计算规则及步骤如下：原始数据中能值及常见能值转化率依照 Odum. 的《环境账户：能值和环境政策决策》（*Environmental Accounting*：*Emergy and Environmental Policy Making*）一书的方法进行计算。计算结果保留保留小数点后 4 位。主要计算方法为：

（1）项目占地面积 72532.2m^2；

（2）系统太阳能=(系统区域的面积)×(太阳光平均辐射量)×(1−反射率)；

（3）风能=(平均风速)×(空区层高)×(空气密度)×(水平温度梯度)×(空气比热)；

（4）雨水化学能=(年平均降雨量)×(区域面积)×(吉布斯自由能)×(雨水密度)；

（5）雨水势能=(降雨量)×(区域面积)×(平均海拔高度)(雨水密度)×(重力加速度)×(1−流失率)。

6.4.2.2　环境成本

NSD 建筑地基要取大量的土，故土壤和表土都有些损失，期间将原来地区上面的植被（树木、灌木、草坪等）平整，植被所含能值失去，动物种群也受到了一些影响，由于项目较小，这里对于动物减少的影响经测算在整体成本的 5%以下，故而忽略不计，但是在大型工程项目中一般会计算减少动物的能值。此外，该地区种群的多样性也因为施工活动受到了影响。根据平均值进行初步估算，其他日期的结果按照相同计算方法根据相应工程数据得出。计算结果如表 6-3 所示。

主要计算方法为：

（1）土壤净损失能=土壤损失−土壤生成

NSD 建筑全生命期环境成本核算表　　表 6-3

项目		项目能值	单位
1	施工土壤损失①	1.4770×10^{16}	sej
	转化率②	1.7×10^{9}	g
2	施工期表土侵蚀	1.564×10^{10}	sej
	能量	211412.8	J
	转换率③	7.40×10^{4}	sej/J
3	主要动物损失	0	
4	生命期主要植被损失④	1.6267×10^{17}	sej
	总能量	1.645×10^{12}	J/ha/d
	转换率⑤	5.86×10^{5}	sej/J
5	全生命期生物多样性损失⑥	2.3021×10^{17}	sej

注：①Liu DS（1985）；②蓝盛芳（2002）；③Brown MT（2000）；④Brown（2001）；⑤Said Jalali（2009）；⑥Odum（1996）。

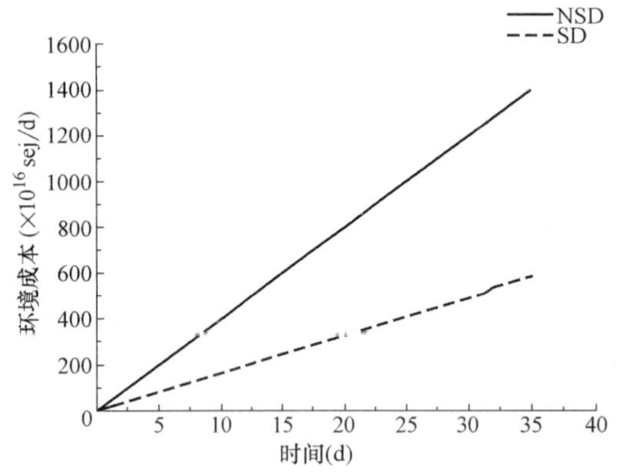

图 6-12　NSD 建筑与 SD 建筑环境成本累积比较图

（2）表土层净损失能＝(土地面积)×(表土侵蚀速率)－(植被演替速率)(表土形成速率)

（3）生物多样性能值＝(每种物种平均能值)×(系统物种数变化量)

（4）植被损失＝(每单位数量植被干重)×(每公顷土地植被数量)×(3.6Cal/g)×(4186J/kcal)

和 NSD 建筑一样，计算项目的环境成本，SD 建筑基本上以木结构和简易钢结构为主，很少因为做自然地基而取土。其他项目的统计方法与 NSD 建筑类似。计算结果如表 6-4 及图 6-12 所示。

SD 建筑全生命期环境成本核算表　　表 6-4

	项目	项目能值	单位
1	土壤损失	0	
2	施工期表土侵蚀	1.5644×10^{10}	sej
	能量	211412.8	J
	转换率①	7.40×10^{4}	sej/J
3	生命期主要植被损失②	1.6267×10^{17}	sej
	总能量	$4230/10000\cdot40\cdot3.55\times10^{12}/365$	J/ha/d
	转换率③	5.86×10^{5}	sej/J
4	全生命期生物多样性损失	0	sej

注：①Brown MT（2000）；②Brown（2001）；③Said Jalali（2009）。

6.4.2.3　社会成本

NSD 建筑的社会成本中的智力服务根据 Odum（1996）进行相应的修正之后估算，并且按照常用的工程估算指标估算了劳动力安排情况。NSD 建筑可以形成普通的社区文化，这一部分能值根据 Odum（1996）的计算而得出，在 NSD 建筑的施工过程中，耗费的体力劳动基本可以认为是四级劳动力。计算结果如表 6-5 所示。

NSD 建筑全生命期社会成本核算表　　表 6-5

	项目	项　目　能　值	单　　位
1	施工体力劳动	3.049×10^{17}	sej
	能量①	5.9685×10^{9}	J/d
	转换率②	5.11×10^{7}	sej/J
2	施工管理脑力服务	4.2235×10^{17}	sej
3	运营体力劳动	忽略不计	sej
4	运营管理脑力服务	1.6876×10^{17}	sej
5	拆除体力劳动	2.5415×10^{17}	sej
	能量①	4.9737×10^{9}	J/d
	转换率②	5.11×10^{7}	sej/J
6	拆除脑力服务	1.6876×10^{17}	sej
7	教师脑力服务	9.4750×10^{17}	sej
8	研究生脑力服务	7.8958×10^{16}	sej
9	普通文化社区产出	-1.8626×10^{17}	sej

注：①《体力劳动强度分级》GB 3869—1997；②钱峰（2007）。

主要计算方法为：

（1）施工期间劳动力＝(人工工日)×(人工定额量)×(劳动力能值转换率)

（2）智力服务和文化按照 Odum（1996）方法估算以及钱锋（2007）的估算数据。

（3）根据《体力劳动强度分级》GB 3869—1997 第 124 页。

SD 建筑以厦门大学 SD 建筑的施工组织计划以及劳动力分配计划进行计算得到劳动力的数量，另外还得出了相关指导老师和研究生参与者的能值。根据大同市的赛后规划，SD 建筑将会形成能值较高的太阳能文化社区。这种社区在中国目前只有大同一处，因此能值很大。在 SD 建筑的施工过程中，由于更多的是木结构和钢结构拼装，因此耗

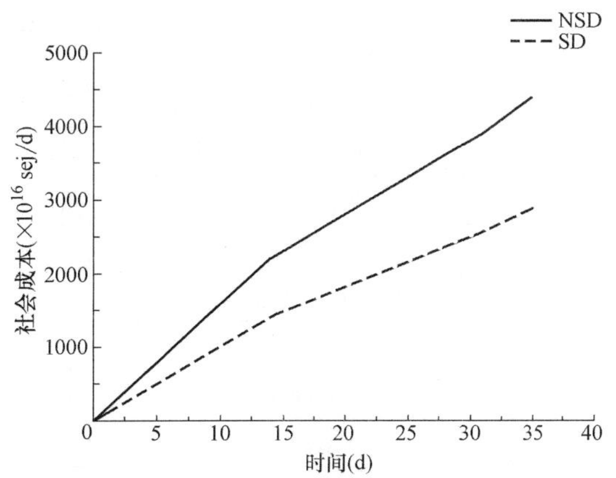

图 6-13　NSD 建筑与 SD 建筑社会成本累积比较图

费的体力劳动基本可以认为是三级劳动力。计算结果如表 6-6 及图 6-13 所示。

SD 建筑全生命期社会成本核算表 **表 6-6**

	项　　目	项　目　能　值	单　　位
1	施工体力劳动	1.47921×10^{17}	sej
	能量①	2.8948×10^{9}	J/d
	转换率②	5.11×10^{7}	sej/J
2	施工管理脑力服务	3.0378×10^{17}	sej
3	运营体力劳动	忽略不计	sej
4	运营管理脑力服务	1.1813×10^{17}	sej
5	拆除体力劳动	1.3148×10^{17}	sej
6	拆除脑力服务	1.3501×10^{17}	sej
7	教师脑力服务③	9.4750×10^{17}	sej
8	研究生脑力服务③	7.8958×10^{16}	sej
9	太阳能文化社区产出③④	-4.6565×10^{17}	sej

注：①《体力劳动强度分级》GB 3869—1997；②钱峰（2007）；③Odum（1996）；④《大同统计年鉴》。

6.4.2.4 工程成本

NSD 建筑采用砖混结构建造，传统材料消耗量较大，而这些材料在能值计算中认为是非可更新的材料。配套的施工机械、施工用水、施工用电数量较大，而且拆除的工作量也非常大。计算结果如表 6-7 所示。

NSD 建筑全生命期工程成本核算表 **表 6-7**

	项　　目	项　目　能　值	单　　位
1	普通水泥①	2.4298×10^{17}	sej
	砖②	1.2410×10^{17}	sej
	涂料	5.3499×10^{14}	sej
	砂	1.5284×10^{17}	sej
	木材	1.2311×10^{16}	sej
	铝材	3.0485×10^{15}	sej
	玻璃	4.3499×10^{15}	sej
	其他材料(含少量钢材)	3.2314×10^{15}	sej
2	施工耗电	3.352×10^{14}	sej
3	施工用水	1.8110×10^{10}	sej
4	施工机械能量	6.0970×10^{16}	sej
5	其他设备安装	1.7437×10^{17}	sej
6	运营期耗电	7.3332×10^{12}	sej
7	运营用水	2.7165×10^{12}	sej
8	运营维修	1.2681×10^{15}	sej

注：①Brown and Buranakarn（2000）；②Haukoos，D. S（1995）。

主要计算方法为：

（1）建筑材料水泥、钢材、木材的能值＝建材消耗量×相应的能值转换率

（2）用电能值＝(施工用电总量)×(单位时间电量)×(单位电量的能量)

（3）用水化学能＝(施工用水消耗量)×(吉布斯自由能)×($1\times10^9 g/m^3$)

（4）施工期间机械＝(机械工日)×(机械定额量)×(机械能值转化率)

（5）生活污水＝(日居住人数)×(人均生活污水的产生量)×(相应能值转换率)

（6）生活垃圾能值＝(居住人数)×(人均生活垃圾产生量)×(相应能值转换率)

数据库加上同类工程估算，同类工程数据来自于 Hong Zhou& Wangshu Yang (2011)、Buranakarm (1998)、钱峰 (2007)、袁芳 (2008) 以及福建省建筑工程标准定额等。

SD 建筑的工程用木材较多。SD 建筑则多采用钢材、铝材和木材，施工机械、施工用水、施工用电都相对较少。但是太阳能设备安装的能值很大。计算结果如表 6-8 及图 6-14、图 6-15 所示。

SD 建筑全生命期工程成本核算表　　表 6-8

	项　目	项 目 能 值	单　位
1	钢材	1.4043×10^{16}	sej
	木材	9.8490×10^{16}	sej
	铝材	3.0485×10^{15}	sej
	玻璃	4.3499×10^{15}	sej
	其他材料	3.23141×10^{15}	sej
2	施工耗电	1.67616×10^{14}	sej
3	施工用水	2.016×10^{9}	sej
4	施工机械能量	4.2679×10^{16}	sej
5	设备及安装太阳能电池板	1.42670×10^{18}	sej
6	运营期耗电	7.3332×10^{12}	sej
7	运营用水	2.7165×10^{12}	sej
8	运营维修	1.2681×10^{15}	sej
9	拆除机械运输	1.5547×10^{16}	sej

6.4.2.5　废物流残值能值

废物流包括废水、废气和固体废弃物。废物流来源于能源利用情况。如果建材相对环保，可更新能源转换率较高，施工节能技术较好，则废物流较少。废物流本身也有一定的价值，这就是废物流的残值，除了一些建筑垃圾可以用于制造新型砌块和空心砖，一些废气（比如 CO_2，收集起来可以被用来与氨水发生电化学反应产生电能）可以加以回收利用之外，这种残值很难因为变废为宝而实现自身的残值。计算结果如表 6-9 所示。

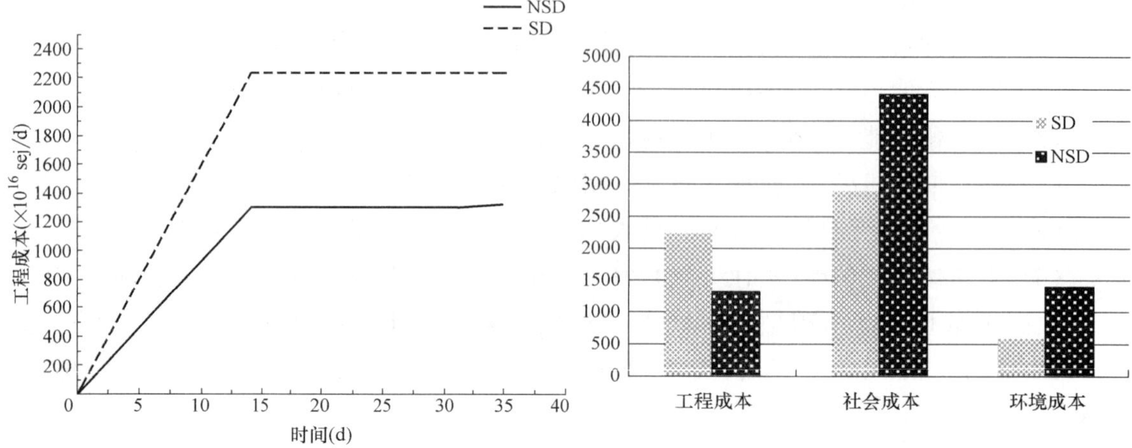

图 6-14　NSD 建筑与 SD 建筑工程成本累积比较

图 6-15　NSD 建筑与 SD 建筑三种成本累积比较

NSD 建筑全生命期废物残值核算表　　　　表 6-9

	项　目	项目能值	单　位
1	施工期固体废弃物①	1.4614×10^{16}	sej
2	施工生活污水	8.256×10^{12}	sej
3	施工生活垃圾	1.8223×10^{14}	sej
4	施工废水	7.6285×10^{16}	sej
5	施工废气	2.7358×10^{11}	sej
5.1	机械产生②	729.9072	sej
5.2	装修材料	1.231×10^{14}	sej
	苯	1.975×10^{12}	g
	甲醛	1.212×10^{14}	sej
6	运营生活垃圾	5.3150×10^{13}	sej
7	运营生活污水	4.6125×10^{12}	sej
8	运营期废气③	3.08×10^{16}	sej
9	拆除期固体废弃物	5.2049×10^{15}	sej

注：①《西安市建筑垃圾管理办法实施细则（2006）》；②Said Jalali（2009）；③Buranakarm. V（1998）。

主要计算方法为：

（1）废气简单估算=（废弃体积）×（废气密度）×（吉布斯自由能）

（2）废水=（废水体积）×（废水密度）×（相应能值转化率）

（3）固体废弃物=（固体废弃物质量）×（相应能值转化率）

SD 建筑由于要被各个学校回收，整体的固体废弃物较少，施工期间油漆废气等较多。计算结果如表 6-10 及图 6-16 所示。

由净能值成本=总成本－废物残值，得到净成本累积曲线（图 6-17），可以看出 NSD 建筑的净成本还是要超过 SD 建筑的净成本。

SD 建筑全生命期废物残值核算表　　表 6-10

	项　目	项　目　能　值	单　位
1	施工期固体废弃物①	1.0960×10^{16}	sej
2	施工生活污水	3.096×10^{12}	sej
3	施工生活垃圾	1.3667×10^{14}	
4	施工废水	1.0897×10^{16}	sej
5	施工废气	3.3811×10^{11}	
5.1	机械产生的②	291.96288	
5.2	装修材料挥发	3.3811×10^{11}	
6	运营生活垃圾	5.3150×10^{13}	
7	运营生活污水	2.3062×10^{12}	sej
8	运营期废气③	1.694×10^{16}	sej
9	拆除期固体废弃物	3.9037×10^{15}	

注：①《西安市建筑垃圾管理办法实施细则（2006）》；②Said Jalali（2009）；③Buranakarm. V（1998）。

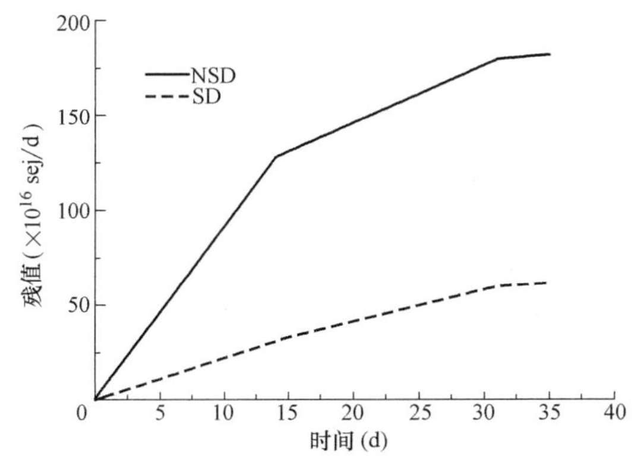

图 6-16　NSD 建筑与 SD 建筑废物流残值累积比较

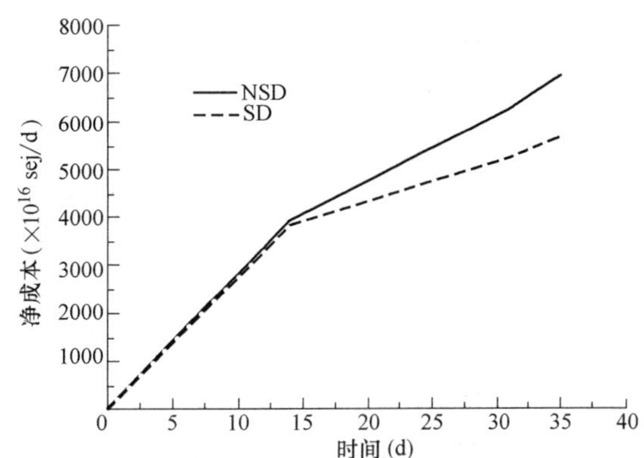

图 6-17　NSD 建筑与 SD 建筑净成本累积比较

零能耗建筑的定义 2 是无废物流和温室气体，而环境影响除了环境成本可以估量之外，还可以参考具体指标，由图 6-18 可知，在环境影响的几项关键指标中，SD 建筑的优势明显（废水产生量相对较小，这里忽略不计）。

结合前面的计算，对比项目的各项成本如图 6-19 所示。

由图 6-19 可以看出：SD 建筑对建筑构造和设备要求较高，材料用量略高于普通住宅，差值主要是由于安装了太阳能光电系统以及大面积光电板，而且采用质量较高的门窗和室内外装修等材料，尽管太阳能光电系统全生命期要经常更换，但运营维修期的更新的材料消耗总量仍然略低于 NSD 建筑。因此其初始造价往往高于 NSD 建筑。NSD 建筑在现阶段工程成本略低于 SD 建筑，但是其环境成本和社会成本高于 SD 建筑，再对照之前的社会成本累积比较图和环境成本累积比较图中的曲线所夹的面积大小，可以看出，NSD 建筑的环境成本问题要更为突出。鉴于 SD 建筑在使用阶段的成本和环境影响很低的优势，SD 建筑可能具有较好的长期效益。按照系统最大效率原

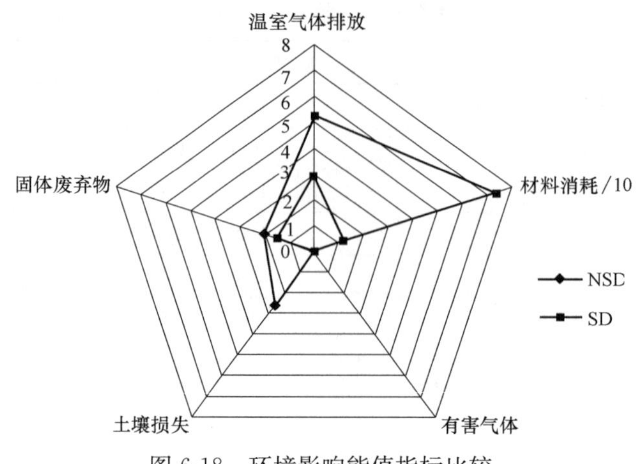

图 6-18　环境影响能值指标比较

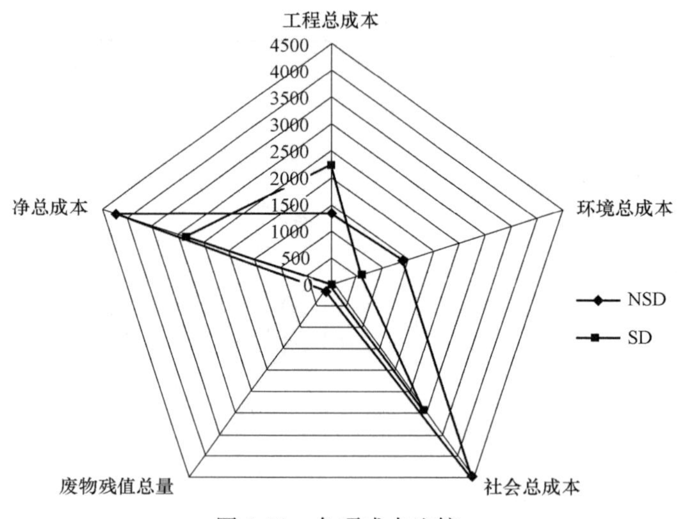

图 6-19　各项成本比较

理，为了得到系统的最大功率，需要牺牲一定比例的非可更新能源，因而常常会出现太阳能建筑在施工期的前段会对环境产生一定的影响，甚至有可能出现比普通建筑的影响略高的情况，这属于正常情况，我们更关注的是全生命期的累积效应。本案例中，厦门大学 SD 建筑之所以在施工前期环境影响较小，有以下几个原因：

(1) 厦门大学 SD 建筑等大赛参赛建筑基本都是装配式的预制施工，即事前在各个学校做好构件，到现场拼装，因此 SD 建筑的环境影响被消散在构件制作之中。

(2) SD 建筑整体工期较短，更加倾向于展示和能耗性能评估，而这不利于环境影响的测算。环境影响必须经过一段时间的累积效应之后才能爆发。

(3) 在厦门大学 SD 能值模型计算时，对一些难于计算的工程量进行了同类工程估算，这很可能会对结论造成一些影响。

对于经济效益，以目前形势和调查来看，NSD 建筑的正收益是远高于 SD 建筑，因此从商业角度看，还是应该继续开发 NSD 建筑，然而 SD 建筑又有极低的环境成本、社会成本和废物流，如果日后再在技术上加以改进，研发出低廉的太阳能转换装置，那么其工程成本也会大大降低。因此从生态环境、社会以及政府统筹管理的角度看，SD 建筑又是势在必行的。以目前来看，NSD 建筑和 SD 建筑之间应该存在一个最优化的建造比例。

6.4.3　全生命期零能耗建筑指标分析

6.4.3.1　零能耗建筑能值指标

一个可持续发展的系统，必须不断接收能值输入。接收足够的反馈并有更大的能值产出；有合适的处理最终废物的能力；不改变系统现有的约束。对于 NSD 建筑生态系统来说，可持续发展的条件要求其具有足够的能值贮存、反馈和大的能值产出。能值产出包括经济收入和没有用于交换的能值产出（即在系统中循环，并增加系统的能值贮存）。由此，可以从上述条件涉及的系统的能值贮存水平和经济效益两方面来评估系统发展的可持续性。因此，在本文中作者建议从新的能值指标基础能值改变（Base emergychange，缩写为 Bec）和净经济效益（Net profit，缩写为 Np）来评判人工湿地生态系统发展的可持续性：

基础能值改变(Bec)＝非交换能值产出(Y)－系统不可更新资源消耗(N)

净经济效益(Np)＝经济收入(I)－反馈(F)

正值的基础能值改变保证了系统被持续利用的能力，正值的净经济效益保证了系统再次接收足够反馈的可能。一个系统的发展只有具有正的 Bec 和 Np，才是可持续的。

大同市 2012 年 GDP 总量 931.3 亿。按照刁丽琼等估算山西省能值货币比率的方法估算 2012 年大同市的能值货币比率：山西省的能值货币比率为 0.18，山西省 2012 年的 GDP 为 12112.8 亿元，山西省面积 156804.81km^2，大同市为 14176.01km^2。

山西省总能值/山西省 GDP（美元）＝0.18×10^{12} sej/＄，山西省总能值/山西省面积≈大同市总能值/大同市面积，所以大同市能值货币比率＝大同市总能值/大同市 GDP（美元）＝0.2117×10^{12} sej/＄。根据相应的计算结果编制能值指标分析表，通过计算，两个系统的主要能值指标列于表 6-11。

NSD 建筑和 SD 建筑能值分析指标汇总表　　**表 6-11**

	项　目	意　义	符　号	NSD 建筑	SD 建筑
1	总能值投入	拥有的财富	I=R+N+M	654.31	295.06
1.1	可更新资源	系统自有财富基础	R	0.1	0.1
	可更新能源使用(太阳能)	免费财富	S	0	0.1
1.2	不可更新资源	输入的资源	N	75.28	2.39
	粗放使用的资源(表土损失)	工程成本	N_0	7	0
	集约使用的资源(耗电量)	工程成本	N_1	0.05	0.01
	未加工直接使用的原材料	工程成本	N_2	73.21	2.39

续表

	项目	意义	符号	NSD 建筑	SD 建筑
1.3	其他投入	其他成本	M	179.02	347.21
	生态资源	环境成本	M_1	137.51	56.94
	社会投入	社会成本的文化成本	M_2	441.51	290.27
2	经济反馈能值 体力、脑力服务等投入	社会成本的服务成本	F	506.70	453.25
3	总能值产出	收入	O=Y+A	843.51	316.45
	经济收入	有形资产	Y	596.25①	11.64②
	非交换价值(文化+生态)	无形资产	A	65.19	243.56
	净经济收益	经济效益	NP=Y-F	89.55	−441.60
	系统储存能值	生态效益	Bec=A-N	−10.09	241.16
4	废弃物能值	浪费的收入	W	182.06	61.25
	废弃物/可更新能源的能值	废物对环境的压力	W/R	1820.63	612.52
	废弃物/总能值使用量	废弃物利用潜力	W/U	85.88	1.23
5	能值产出率	经济效益	Y+A/F	1.66	0.7
6	产出投入率	经济效益	O/I	1.29	1.07
7	总能值使用量	支出	$U=R+N_0+N_1$	7.05	0.11
8	可更新资源利用率	免费使用能力	R/U	1.4%	220%
9	环境荷载率	环境破坏程度	N/R	752.8	23.9
10	太阳能使用/总能使用量	太阳能技术利用能力	S/U	0	90.91%

注：① 房价×建筑面积（以 4 层为例）=4×6000×72532=43519.2 万=28165.03 万美元

能值=$0.2117\times10^{12}\times7041.2581=596.25\times10^{17}$ sej

② 25×22=550 万美元

能值=$0.2117\times10^{12}\times550=11.64\times10^{17}$ sej

数据统一保留小数点后两位，单位统一为$\times10^{17}$ sej。各阶段相应的数据按照施工期 14 天、运营期 17 天及拆除期 35 天进行了累计，比较短期能值指标。单纯考虑能量约束时，按照现今零能耗建筑第一定义 AEE=AEU 的概念，计算得到两类建筑的产出投入率线。

单层 NSD 建筑的 O/I=396.3147/654.29791993=60.57%

SD 的建筑 O/I=316.45157683/295.04936228=107.25%

由此可以简单地画出 NSD 建筑和 SD 建筑与零能耗建筑的差距，见图 6-20。

6.4.3.2 NSD 建筑与 SD 建筑的配置比例

以最后累积到 35 天的为例进行计算，从表 6-12 的主要能值指标表可以看出，首先，代表生态和环境效益的系统储存能值指标 SD 建筑领先，结果是正的，然而代表纯经济效益的净收益指标却是负的；NSD 建筑有正的经济效益，但其储存能值却是负的。

另外，但是在现有的地价和成本下，经测算 NSD 建筑要想保本必须建 4 层以上，SD 建筑的售价普遍较高，但是建一层足够保本，故在现阶段普及并不现实，加上处于城市容积率的考虑，比较好的解决方法是 SD 建筑与 NSD 建筑按一个比例兴建。在生态环境和经济两种约束下达到效益最大化，这里假设 NSD 建筑是保本经营的。SD 建筑有个缺陷，只能做单层的吸收，靠面积取胜，在城市用地极度紧缺的情况下是不现实的，建议用于城市郊区以及城镇农村地区。若想在大同市南郊这种地段兴建 SD 建筑项目，必须按照一定的比例。

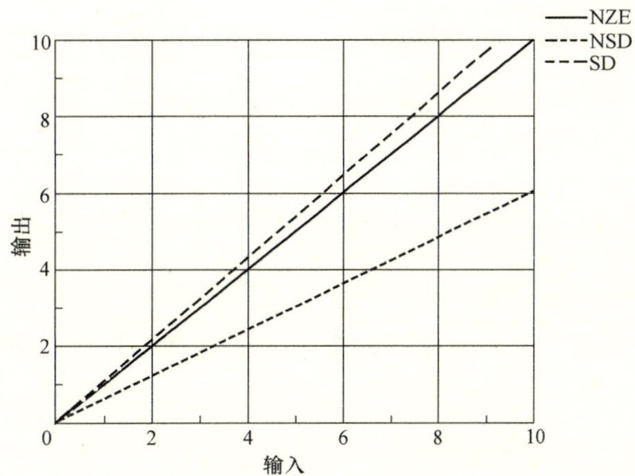

图 6-20　NSD 建筑和 SD 建筑与零能耗建筑的差距

因此，在大同市南郊的这个特定地段，两种建筑形式的单独发展都是不可持续的，只有将两种建筑结合起来，互为补充，并按适当比例协调发展，才能兼顾生态效益和经济效益。下面计算两种建筑的协调发展比例范围：

假设有 $x\mathrm{m}^2$ 的 NSD 建筑和 $y\mathrm{m}^2$ 的 SD 建筑，令其比率为 $t=x/y$。

$$\begin{cases}(x+y)\ Em_{\mathrm{NP}}=89.55x-441.60y\\(x+y)\ Em_{\mathrm{Bec}}=-10.09x+241.16y\end{cases}$$

用 t 替换 x/y，则有

$$(1+t)Em_{\mathrm{NP}}=89.55t-441.60 \qquad (6\text{-}1)$$

$$(1+t)Em_{\mathrm{Bec}}=-10.09t+241.16 \qquad (6\text{-}2)$$

由式（6-1）计算出 t，带入式（6-2）得

$$Em_{\mathrm{NP}}+2.11Em_{\mathrm{Bec}}=68.22 \qquad (6\text{-}3)$$

方程（6-3）在线性约束 $Em_{\mathrm{NP}}>0$，$Em_{\mathrm{Bec}}\geqslant 0$，的直线绘制于图

$0<Em_{\mathrm{Bec}}<32.33\mathrm{sej}$，有 $Em_{\mathrm{NP}}>0$。

通过方程（6-1）、式（6-2），可以得到：$4.93<t<23.90$

（1）当 $t=4.93$ 时，$(Em_{\mathrm{NP}})_{\max}=68.22\times10^{17}\mathrm{sej}=1.99\times10^{8}$ 元，此时 $Em_{\mathrm{Bec}}=0$。并且 $(Em_{\mathrm{NP}}+Em_{\mathrm{Bec}})_{\max}=1.99\times10^{8}$ 元。

（2）当 $t=23.90$ 时，$(Em_{\mathrm{Bec}})_{\max}=32.33\times10^{17}\mathrm{sej}=9.44\times10^{7}$ 元，此时 $Em_{\mathrm{NP}}=0$。并且 $(Em_{\mathrm{NP}}+Em_{\mathrm{Bec}})_{\max}=9.44\times10^{8}$ 元

（3）当 $t=6.85$ 时，$Em_{\mathrm{NP}}=Em_{\mathrm{Bec}}$，并且 $(Em_{\mathrm{NP}}+Em_{\mathrm{Bec}})_{\max}=43.87\times10^{17}\mathrm{sej}=1.28\times10^{8}$ 元

由此可知，NSD 建筑与 SD 建筑在同一区域的面积比例应在 4.93～23.90 之间。

当比例是 4.93 时，区域系统获得最大的生态效益为 1.99×108 元；当比例为 23.90 时，区域系统获得最大的经济效益 9.44×107 元；当比例为 6.85 时，区域系统获得相等的经济效益和生态效益，之和为 1.28×108 元，因此比例在 6.85 时，在这个区域系统中兴建 NSD 建筑和 SD 建筑是满足经济和生态双重约束的最优选择。

6.4.4 废物能值流对环境的动态影响及其模拟

由于工程中的环境影响非常复杂，影响因素也有好多，这里只考虑建筑对外排放的废物对周围环境的影响。为把这种隐性的成本显性化，在模拟中将用废物流的能值成本累积计算结果来模拟这种影响。模型中的所有参数来自之前的能值计算结果，下面的环境影响能值成本累积统一是指废物流的环境影响能值成本累积。

6.4.4.1 模型设计

基于网格数据的理想环境影响 Mult-agent 模拟是理想封闭建筑工程系统废物流环境影响累积效应非矢量化模型。网格（Grid）是多智能体模拟开发最早也是极为重要的部分。像早期的 Schelling 动态离散模型、heatbugs 模型、sugarscape 模型等模拟都是基于网格的。网格没有提供一个定义更抽象的各种关系的办法，或获取连续的 GIS 空间数据的能力和空间的真实感，并且网格是固定的，但网格可以用来模拟空间和创建高度结构化的 agent 之间的关系。至今仍然是一个强大的工具。参考 Repast Simphony 中 Eric Tatara 的 Predator prey 案例和 NetLogo 上的模型，对建筑过程系统中的智能体进行分析。在该模型中，建筑工程微系统被格子所确定，假设建筑工程系统中只有房子智能体的废物流和周围环境智能体两个 Java 类，由于现实中的废物流的扩散方向受多种因素影响是难以确定的，因此规定房子智能体与环境智能体进行随机交互。废物流智能体向外界随机扩散，扩散半径内的环境为建筑工程系统微环境，废物流每经过一处要散失一部分能量（以能值成本表示），遇到环境智能体，便将环境智能体消灭，并占领该地。另外，在理想化模型中，系统是全封闭的，废物流不会短期内很快地流出，废物流会一直增加，环境也会一直抵抗。这一点类似生物学上白细胞吞噬细菌的过程。环境智能体本身有环境自净能力，类似细菌也有抵抗力一样对抗着废物流，当环境智能体接收到废物流后会累积超过自身的自我修复能力后会立即死去。在封闭的系统中，假定废物流持续不断地按一定速率流出，直到建筑消亡。

该系统的环境自净能力是该系统的阈值。根据冯丽华等人的研究，地球上所有的环境自净能力都小于 10 级，山西省的大概是 4 级，即环境再生概率为 40%，意味着系统所有能值的 40%可以认为是环境 152.6m，在此项目所在地长宽方向各外扩 200m 作为影响半径，向上扩 3m，这里只考虑表土层，因此向下扩 0.8m 得到空间就是项目影响环境的微系统。大气的体积也可以求得，大同的大气的转化率根据蓝盛芳(2002)，取 8.8×10^4 sej，表土层的转化率取 7.40×10^4 sej。

大气能值＝(200＋547＋200)×(200＋132.6＋200)×(3＋3)×1.29kg/m^3×5J/g×8.8×10^4＝171.57×10^{16}

土地的能值＝(200＋547＋200)×(200＋132.6＋200)×0.8×2.95g/m^3×690J/g×7.40×10^4＝6070.92×10^{16}

环境自净能力＝40%×(79.46×10^{16}＋236.959×10^{16})＝2.435×10^{18}sej

在模拟时，首先创建主运行环境 Contextcreator 类，创建子环境。本模型子环境共有两类智能体，Wasteagent 类、Environmentagent 类。用 Repast 中的 Object2DGrid 类工具初始化地理信息创建二维格网，在仿真中起到像素化的模拟出地面的作用，即代表建筑占地面积大小的背景环境，规定产生的 Wasteagent 会随机分布在任意某个网格中，Environmentagent 平铺整个网格。在 Wasteagent 类和 Environmentagent 类中定义各自的属性和行为，规定 Wasteagent 一旦遇到 Environmentagent 就会将其杀死，但是 Environmentagent 会较小的概率在系统内另外一处随机再生以体现环境自净能力，创建 SimpleAgent 类并规定所有 Agent 的随机行为，并将所有子环境添加到主环境之中。总体步骤如图 6-21 所示。

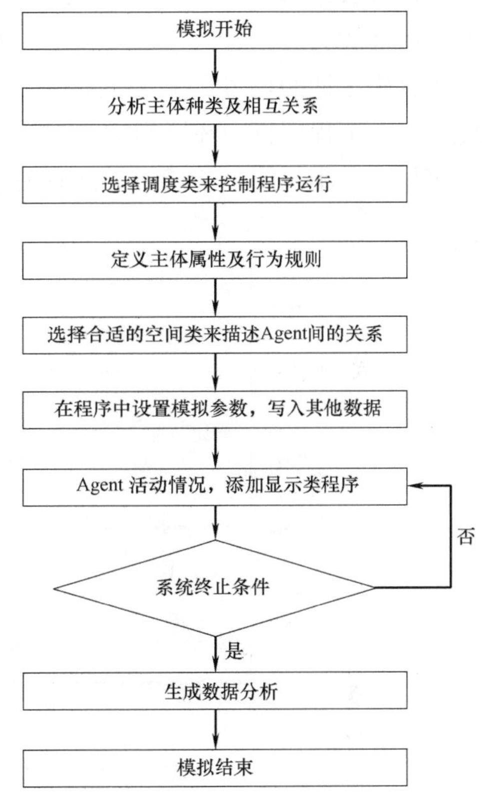

图 6-21　基于格网数据或者 GIS 数据的 Repast 集成模拟步骤

这里主要研究 Wasteagent 对 Environmentagent 的影响，因此以 Environment 为主要研究对象。假设两类建筑的运营期是持续几年的，并且以现有废物流方法速度和数量排放。这里以 Environmentagent 被杀死的数量度量 Wasteagent 对 Environmentgent 的影响程度，在输出图像时在 Display 中设置 Environemt Impact（蓝色曲线）表示 Environmentagent 死去的数量，设置一个 Tick 代表一天。Self-purification Capacity（红色直线 Environment）为系统的环境自净能力。由于该系统是封闭的，但是 Environmentagent 本身有一定的抵抗能力，这难以度量，在这里将所有 Environmentagent 作为一个生态群落，环境自净能力就是整个生态群落的回复力，也就是抵抗力，系统的环境自净能力是系统能值的 40%，可以认为是系统内能值的 40%的概率在别处再生。在这里只考虑 Wasteagent 和 Environmentagent 的相互作用，假设他们并不与系统内其他物质发生交互，因此系统内其他物质的总能值是不变的，因此系统的自净能力是一直不变的。

6.4.4.2 实验结果

由图 6-22 和图 6-23 对比可知：

（1）NSD 的环境影响能值成本上升较快，数量也大于 SD 建筑的能值，每个时刻都可以进行数据对比，由于 NSD 建筑和 SD 建筑的施工期的环境影响成本都是一致递增的，而且放大可以看出各自的施工期的曲线的斜率都要比运营期的大，这也验证了工程项目施工期的环境影响大的理论。但是进入运营期后，环境影响还在一直累积，因此，一个工程项目的环境影响累积最大点不一定会在施工期出现，这与环境自净能力、废物流大小、施工期长短等都有关系。

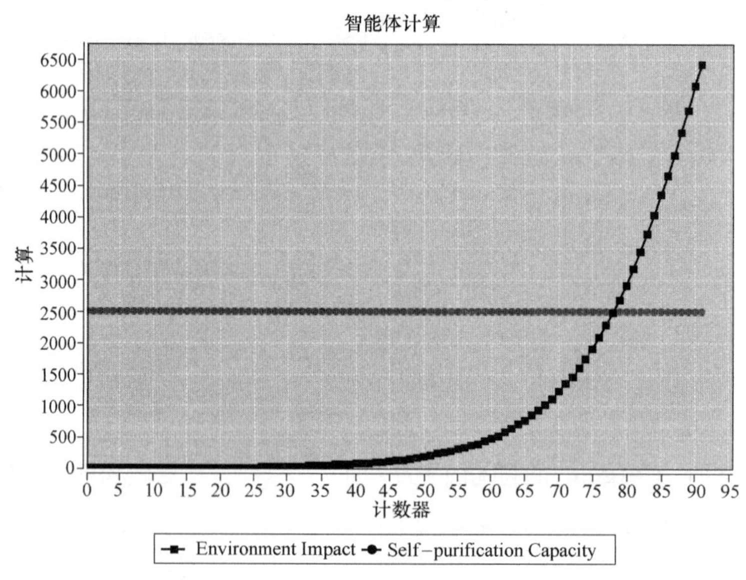

图 6-22 NSD 建筑第 87 天环境影响能值成本累积曲线

（2）图像中的环境影响能值成本累积变化为曲线，这与静态的能值方法计算的直线略有不同。这是因为，静态能值计算并没有动态地考虑废物流与环境单元的相互作用，而这种相互作用对能值成本产生了扰动。

（3）在第 78 天，NSD 建筑的环境影响能值成本累积超过了环境自净能力（红线）并一直上升，而 NSD 取在第 78 天达到了环境影响能值成本累积峰值，但峰值没有超过环境自净能力。因此，在设计过程中，即使对于现在还达不到零能耗建筑的设计标准情况下，也要保证建筑的环境影响能值成本累积最大点不能超过环境自净能力，否则将会极大地破坏环境。

（4）这个环境影响成本累积的最大点也从一个侧面验证了 Odum 的供能系统和种群增长模型的最大功率的理论，即系统内将会出现一个最佳增长点，之后便会迅速减弱。其实，能值的本质是能量，本模型系统内只有废物流和环境两个对象，由于废物

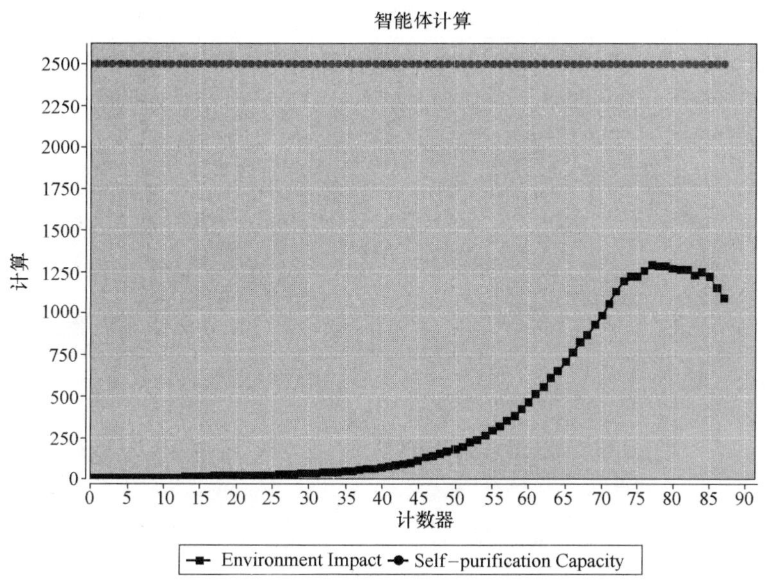

图 6-23　SD 建筑第 87 天环境影响能值成本累积曲线

流的破坏能力在本系统中并非极具破坏力，因此，他们之间也是某种“共生”关系，但并不属于 Odum 的种群增长模型，种群减弱模型。从能量角度看，力对物体做正功，表明物体减少能量。因此，如果站在废物流的角度，环境影响能值成本累积最大点便是废物流对环境破坏力的“最佳”破坏点，也是建筑微系统被破坏的最大功率。

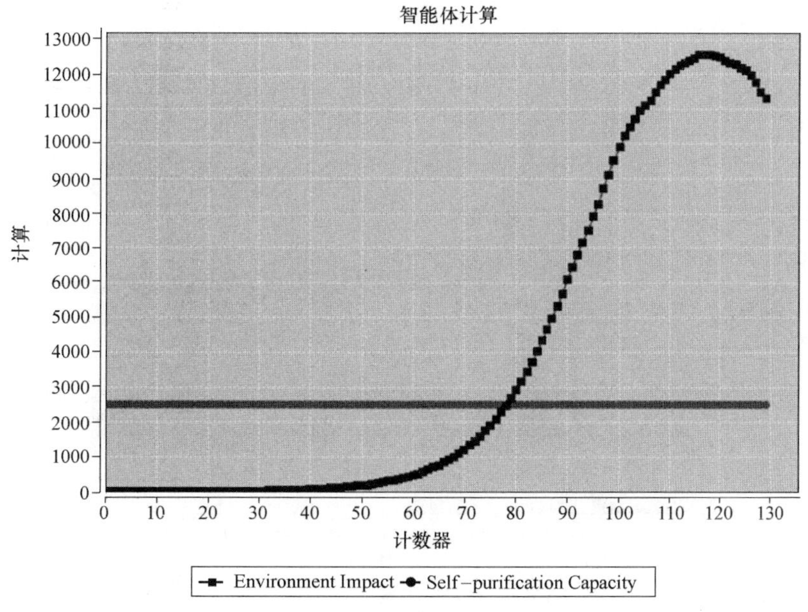

图 6-24　NSD 建筑第 120 天环境影响能值成本累积曲线

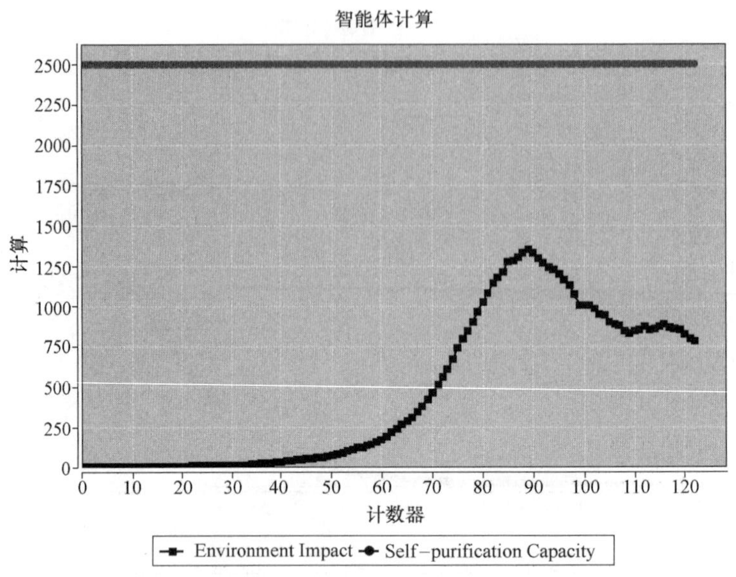

图 6-25　SD 建筑第 120 天环境影响能值成本累积曲线

由图 6-24 和图 6-25 可以看出，NSD 建筑和 SD 建筑环境影响能值成本累积达到各自的最大功率点之后，都迅速下降，这是因为封闭系统的限制决定的，也极为符合 Odum 的最大功率理论。对比两图可知，NSD 建筑要更晚达到最大功率点，也就是说 NSD 建筑的破坏力强而持久。

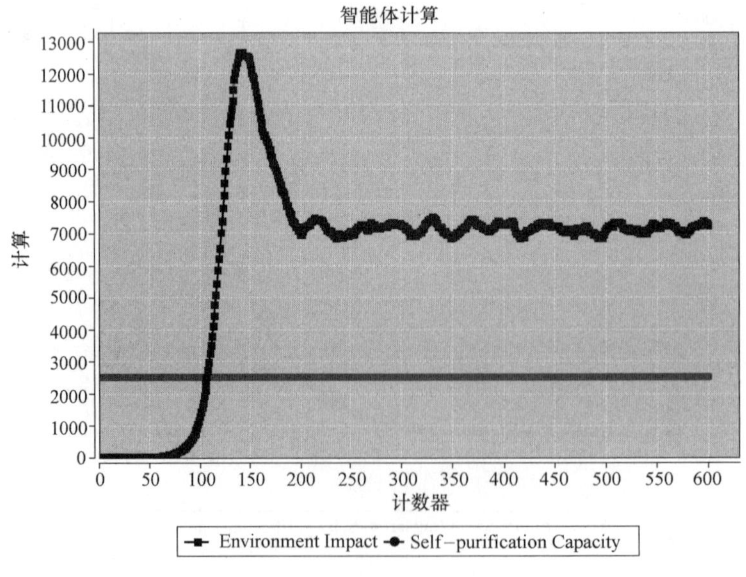

图 6-26　NSD 建筑第 600 天环境影响能值成本累积曲线

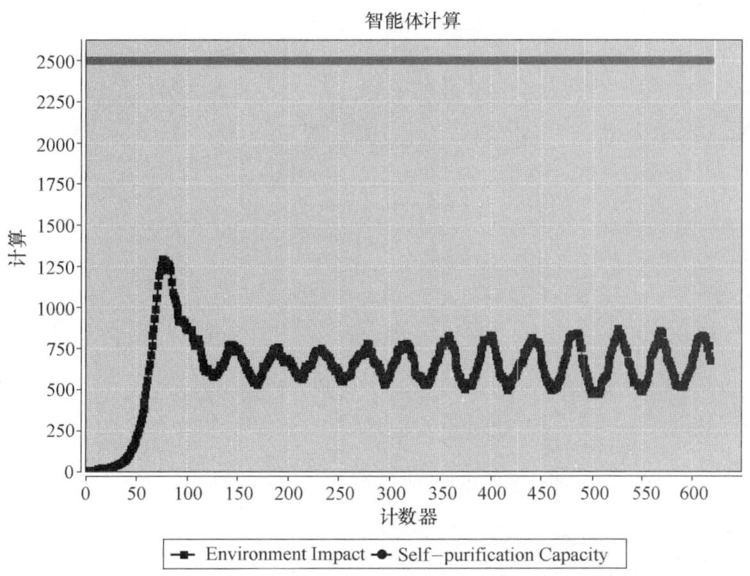

图 6-27　SD 建筑第 600 天环境影响能值成本累积曲线

由图 6-26 和图 6-27 可以看出，环境影响能值成本累积在经过一段时间的下降之后，产生了波动，而这种波动确实是有规律的，始终围绕在某一数值上下波动，只要建筑不消亡，废物流就会持续产生，便会一直波动下去。这也一定程度上符合 odum 生态系统的波动模型。波动正是稳定的一种表现。波动复杂系统的特征，越复杂的系统越是呈现一种稳定的波动。

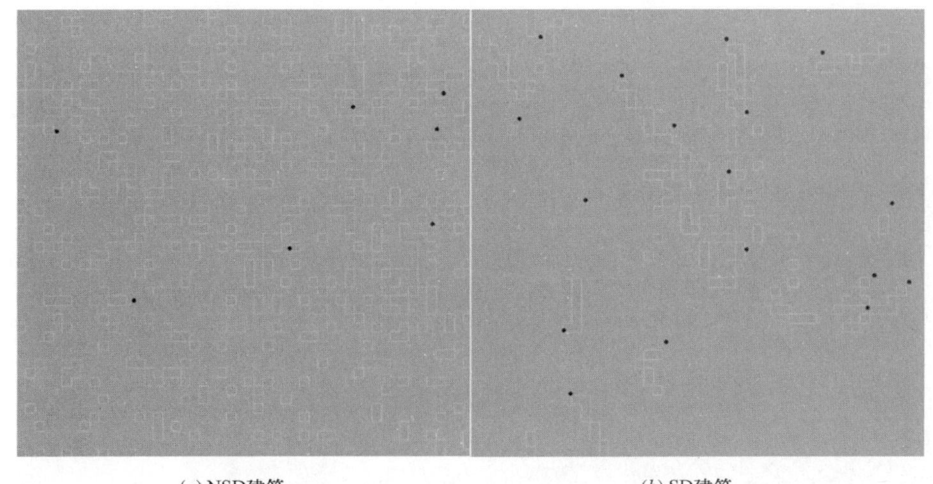

图 6-28　两类建筑第 24 天环境影响

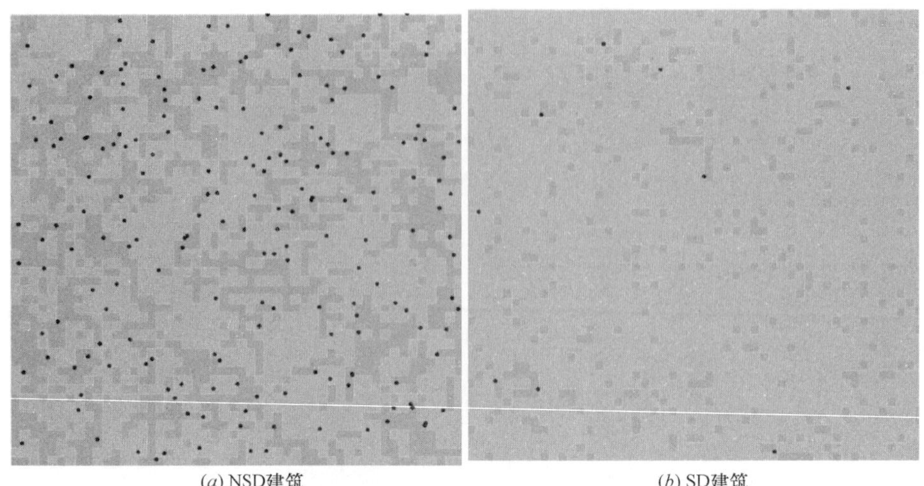

图 6-29　两类建筑第 35 天环境影响

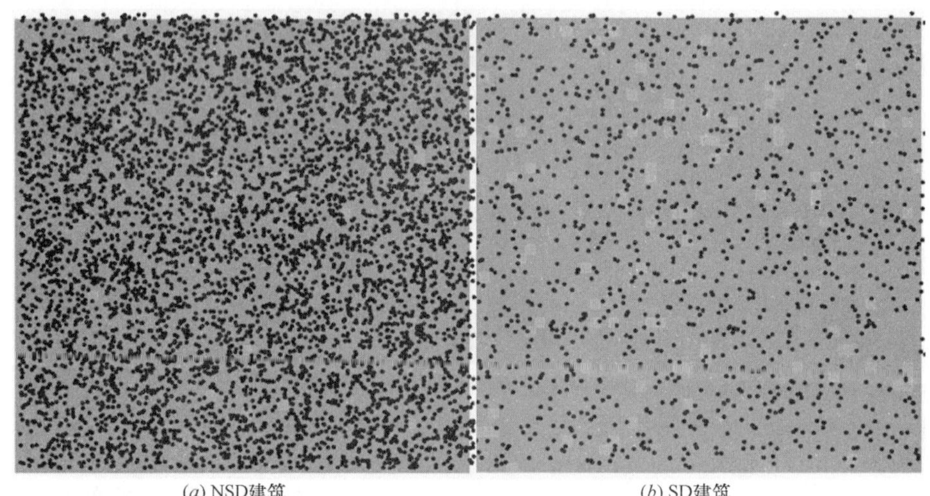

图 6-30　两类建筑第 87 天环境影响

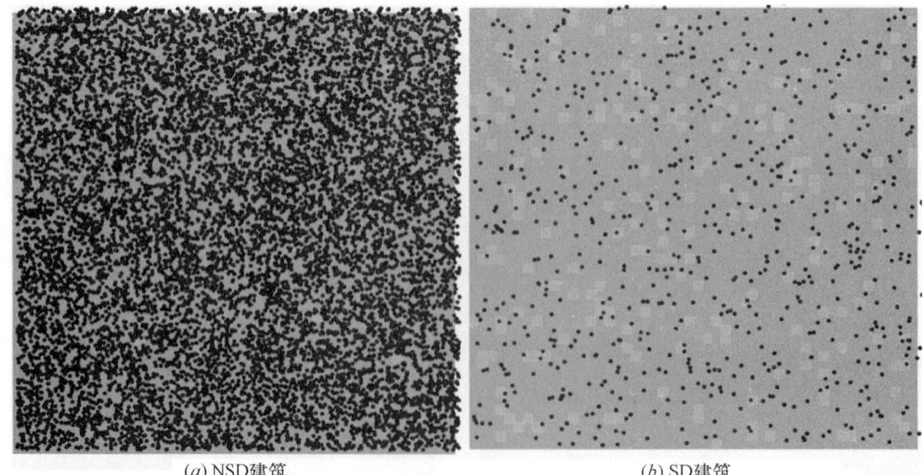

图 6-31　两类建筑第 120 天环境影响

在图 6-28～图 6-31 中，黑色单元体表示 Wasteagent，绿色单元体表示 Environmentagent，褐色表示由于 Environmentagent 死亡而裸露的难以更新的土地，间接表示 Environmentagent 死亡的数量。也就是环境影响的直观显示，褐色地区多则表示环境影响大。NSD 建筑于第 120 天达到环境影响最大化。SD 建筑于第 87 天达到环境影响最大化。

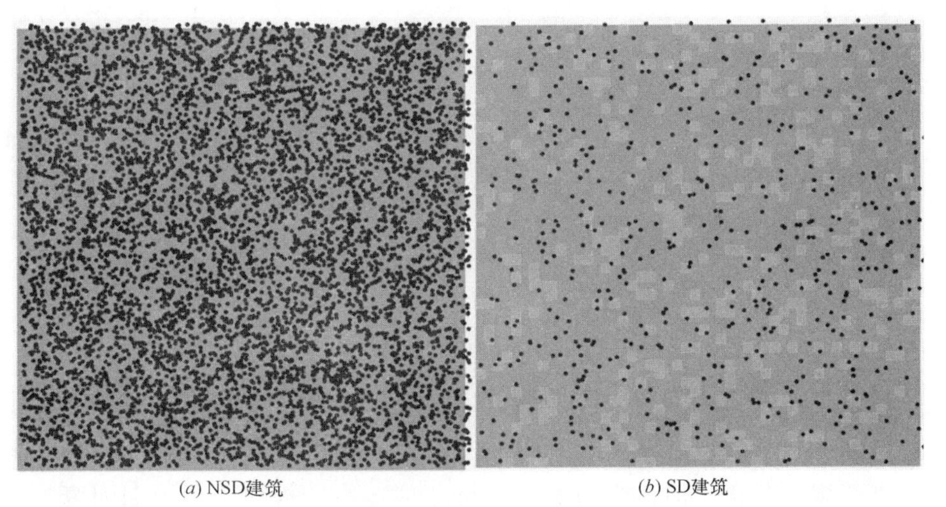
(*a*) NSD建筑　(*b*) SD建筑

图 6-32　两类建筑第 300 天环境影响

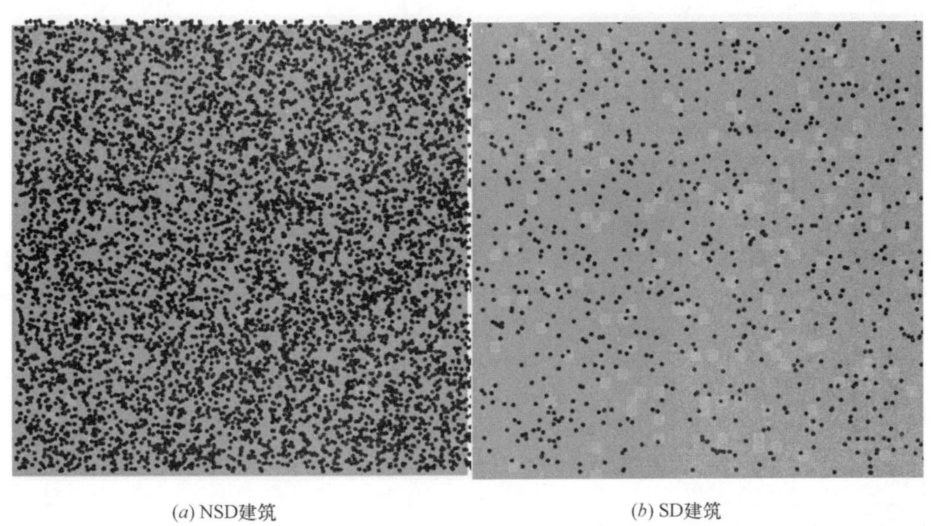
(*a*) NSD建筑　(*b*) SD建筑

图 6-33　两类建筑第 600 天环境影响

在图 6-32～图 6-34 中，两类建筑环境影响在第 300 天和第 600 天都处于稳定状态，只要运营期一直持续下去，这种稳态便会一直维持下去。这是基于本案例的模拟结果，如果在封闭系统内废物流远远大于环境自净能力的工程存在，那么在 Parameters. xml 中修改程序模拟时，将会出现环境无法再生的情况，则另当别论。

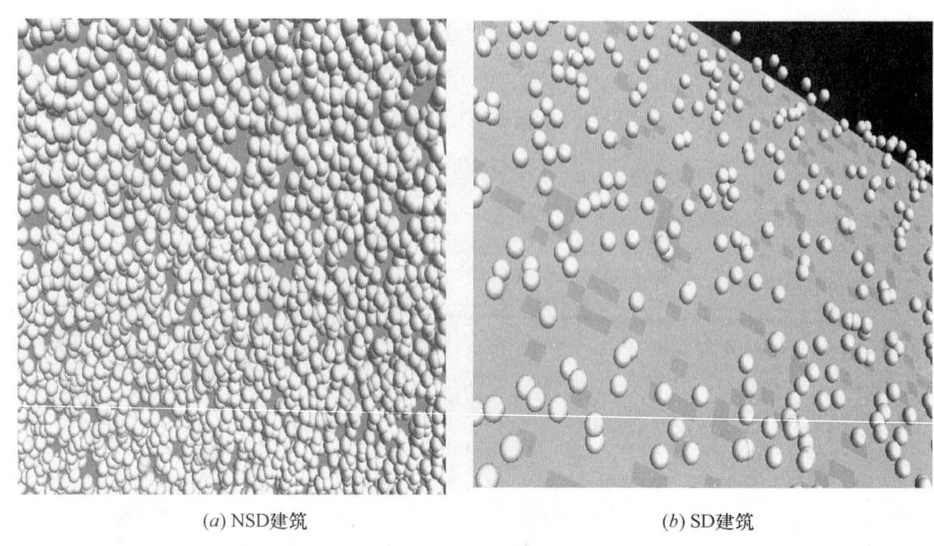

(a) NSD建筑　　(b) SD建筑

图 6-34　两类建筑第 600 天环境影响三维（白色代表 wasteagent）

这个模型规定在短期内废物流是不向系统外扩散的，废物流被束缚在给定的建筑工程微系统内。这与现实系统尚有些距离。另外，很多工程信息以及社会环境信息也没有加入进行耦合分析，但该模型短期内符合现实中的规律，即短期内废物流是以较慢的速度渗透流出系统的，在短期内可以理想化地认为废物流并没有流出系统，因此，实验结果也与预期比较吻合。

6.5　相关计算结果

相关计算结果见表 6-12～表 6-21。

NSD 建筑全生命期环境成本核算表　　表 6-12

序号	项目	项目能值	单位
1	施工土壤损失①	1.4770×10^{16}	sej
	地基深度	1.8	m
	土密度	2650	g/m^3
	土壤更新率②	93	g/m^2
	转化率④	1.7×10^9	g
2	施工期表土侵蚀	1.564×10^{10}	sej
	植被演替面积①	56899.6	m^2
	表土侵蚀速率③	250/365	g/m^2
	表土形成速率④	1260/365	g/m^2
	能量	211412.8	J
	转换率⑤	7.40×10^4	sej/J
3	主要动物损失	0	

续表

序号	项目	项目能值	单位
4	生命期主要植被损失	1.6267×10^{17}	
	干重⑥	2.12	t/ha
	能量⑥	(2.12t/ha)(1000000)	J
	成熟形成时间①	40	yrs
	总能量	4230/10000・40・3.55	J/ha/d
	转换率⑦	5.86×10^5	sej/J
5	全生命期生物多样性损失	2.3021×10^{17}	sej
	每种物种的平均能值 d	$(8.403\times10^{19})/365$	sej/J

注：① Liu DS（1985）；②Odum（1996）；③工程数据；④ 蓝盛芳（2002）；⑤Brown MT（2000）；⑥Brown（2001）；⑦Said Jalali（2009）。

SD 建筑全生命期环境成本核算表　　**表 6-13**

序号	项目	项目能值	单位
1	土壤损失	0	
2	施工期表土侵蚀	1.5644×10^{10}	sej
	植被演替面积	56899.6	m^2
	表土侵蚀速率	250/365	g/m^2
	表土形成速率	1260/365	g/m^2
	能量	211412.8	J
	转换率	7.40×10^4	sej/J
3	生命期主要植被损失	1.6267×10^{17}	sej
	干重	2.12	t/ha
	能量	(2.12tn/ha)(1000000g/tn)	J
	成熟形成时间	40	yrs
	总能量	$4230/10000\cdot40\cdot3.55\times10^{12}/365$	J/ha/d
	转换率	5.86×10^5	sej/J
4	全生命期生物多样性损失	0	sej

注：数据来源与表 6-12 一致。

NSD 建筑全生命期社会成本核算表　　**表 6-14**

序号	项目	项目能值	单位
1	施工体力劳动	3.049×10^{17}	sej
	耗费的劳动力①	11304K	J/人/d
	能量②	24 人×11304kJ×22	J/d
	转换率③	5.11×10^7	sej/J
2	施工管理脑力服务	4.2235×10^{17}	sej
	每人服务④	$28\times10^{16}/365$	sej/人
	人数②	25×22	个

续表

序号	项目	项目能值	单位
3	运营体力劳动	忽略不计	
4	运营管理脑力服务	1.6876×10^{17}	sej
	人数②	10×22	个
5	拆除体力劳动	2.5415×10^{17}	sej
	能量②	11304KJ×20×22	J/d
	转换率③	5.11×10^{7}	sej/J
6	拆除脑力服务	1.6876×10^{17}	sej
	人数②	10×22	个
7	教师脑力服务	9.4750×10^{17}	sej
	每人能值④	$393\times10^{16}/365$	sej
	人数②	4 人×22	个
8	研究生脑力服务	7.8958×10^{16}	sej
	每人能值④	131+16/365	sej
	人数②	1 人×22	个
9	普通文化社区产出	-1.8626×10^{17}	sej
	项目	项目能值	单位
	项目区应有人口⑤	3318057 人	个
	能量④	$3.36\times10^{24}\times3.5\times10^{6}\times16.977\times40\%/35$	sej

注：①《体力劳动强度分级》GB 3869—1997；②工程数据；③钱峰（2007）；④Odum（1996）；⑤《大同统计年鉴》。

SD 建筑全生命期社会成本核算表 **表 6-15**

序号	项目	项目能值	单位
1	施工体力劳动	1.47921×10^{17}	sej
	耗费的劳动力①	7310.2kJ/人/d	sej
	能量②	18 人×7310.2kJ×22	J/d
	转换率③	5.11×10^{7}	sej/J
2	施工管理脑力服务	3.0378×10^{17}	sej
	每人能值④	$28\times10^{16}/365$	sej/人
	人数②	18×22	个
3	运营体力劳动	忽略不计	
4	运营管理脑力服务	1.1813×10^{17}	sej
	每人能值④	$28\times10^{16}/365$	sej/p·a
	人数②	7×22	个
5	拆除体力劳动	1.3148×10^{17}	sej
	人数②	7310.2kJ×16×22	J/d
	转换率	5.11×10^{7}	sej/J

续表

序号	项目	项目能值	单位
6	拆除脑力服务	1.3501×10^{17}	sej
	人数	8×22	个
7	教师脑力服务	9.4750×10^{17}	sej
	每人能值④	393×10^{16}/365	sej
	人数②	4 人×22	个
8	研究生脑力服务	7.8958×10^{16}	sej
	每人能值④	131×10^{16}/365	sej
	人数②	1 人×22	个
9	太阳能文化社区产出	−4.6565×10^{17}	sej
	项目区应有人口⑤	3318057 人	个
	能量④	3.36×10^{24}×3.5×10^{6}×16.977/35	sej

注：①《体力劳动强度分级》GB 3869—1997；②工程数据；③钱峰（2007）；④Odum（1996）；⑤《大同统计年鉴》。

NSD 建筑全生命期工程成本核算表　　**表 6-16**

序号	项目	项目能值	单位
1	普通水泥	2.4298×10^{17}	sej
	体积①	1600×12672/(7×4230×14)/365	m^3
	转换率②	2.07×10^{9}	sej/g
	砖	1.24109422×10^{17}	sej
	工程量①	2.90×10^{9}×12672/(7×4230×14)	g
	转换率③	1.4×10^{9}	sej/g
	涂料	5.34993 ×10^{14}	sej
	工程量①	2.67×10^{7}×12672/(7×4230×14)	g
	转换率④	3.11 ×10^{9}	sej/g
	砂	1.5284 ×10^{17}	sej
	工程量①	5×10^{9}×12672/(7×4230×14)	g
	转换率⑤	1.0×10^{9}	sej/g
	木材	1.2311×10^{16}	sej
	木材表面积①	12500×12672/(7×4230)/365	m^2
	木材平均密度	600	kg/m^2
	工程量①	7.22263×10^{6}	g/d
	转换率④	1.40 ×10^{9}	sej/g
	铝材	3.0485×10^{15}	sej
	工程量①	2.0×10^{8}×12672/(7×4230)/365	g
	转换率⑥	1.3×10^{10}	sej/g
	工程量①	4.7×10^{8}×12672/(7×4230)/365	g
	转换率⑥	7.9×10^{9}	sej/g

续表

序号	项目	项目能值	单位
1	其他材料(含钢材)	3.23141×10^{15}	sej
	工程量①	$5.3\times10^{5}\times12672/(7\times4230)/365$	g
	转换率⑤	5.2×10^{12}	sej/g
2	施工耗电	3.352×10^{14}	sej
	每天耗电①	400×8	kWh/d
	每千瓦时能量	(860kcal/kWh)(4186J/kcal) $=3.6\times10^{6}$	J/kWh
	电能	1.152×10^{9}	J/d
	转换率⑦	2.91×10^{5}	sej/J
3	施工用水	1.8110×10^{10}	sej
	每天用水①	16.17	L/S/d
	能量(J)	$16.17\cdot10\times10^{-3}\cdot1.0\times10^{6}=16.17\times10^{3}$	g
	转换率④	1.12×10^{6}	sej/g
4	施工机械能量①	6.0970×10^{16}	sej
	每年机械成本①	$(1.0\times10^{7}/365)\times12672/(7\times4230)$	￥
	转换率④	5.2×10^{12}	sej/￥
5	其他设备安装	1.7437×10^{17}	sej
	工程量①	$(5.5\times10^{6}/365)\times12672/(7\times4230)$	sej/￥
	转换率⑤	5.2×10^{12}	sej/￥
6	运营期耗电	7.3332×10^{12}	J
	居住人口①	7	人
	人均耗电①	3.6MJ	J/d
	转换率⑥	2.91×10^{5}	sej/J
	转换率⑤	5.2×10^{12}	sej/J
7	运营用水	2.71656×10^{12}	sej
	每人每天用水①	120	L/d/p
	工程量①	7	人
	能量	$(120/1000)\cdot7\cdot4.9\cdot1.0\times10^{6}=4.116\times10^{6}$	J
	转换率⑤	6.6×10^{5}	sej/J
8	运营维修	1.26817904×10^{15}	sej
	工程量①	$(6.24\times10^{6}/365)\times12672/(7\times4230)/30y$	J
	转换率⑤	5.2×10^{12}	sej/J
	工程量①	$(8.5\times10^{6}/365)\times12672/(7\times4230)$	J
	转换率⑤	5.2×10^{12}	sej/J

注：①工程数据；②Brown and Buranakarn (2000)；③Haukoos, D. S (1995)；④Said Jalali (2009)；⑤Odum (1996)；⑥Buranakarm. V (1998)；⑦Campbell, et al. (2005)。

SD 建筑全生命期工程成本核算表　　　　表 6-17

序号	项目	项目能值	单位
1	钢材	1.4043×10^{16}	sej
	建筑面积①	$24\times24\times22=12672$	m^2
	工程量①	3.40×10^9	g/d
	转换率②	4.13×10^9	sej/g
	木材	9.8490×10^{16}	sej
	木材表面积①	$27500\times4\times12672/(7\times4230)/365$	m^2
	木材平均密度	600	kg/m^2
	工程量①	7.2226×10^6	g/d
	转换率③	1.40×10^9	sej/g
	铝材	3.0485×10^{15}	sej
	工程量①	$2.0\times10^8\times12672/(7\times4230)/365$	g
	转换率④	1.3×10^{10}	sej/g
	玻璃	4.349985429×10^{15}	sej
	工程量①	$4.7\times10^8\times12672/(7\times4230)/365$	g
	转换率④	7.9×10^9	sej/g
	其他材料	3.23141×10^{15}	sej
	工程量①	$5.3\times10^5\times12672/(7\times4230)/365$	g
	转换率⑤	5.2×10^{12}	sej/g
2	施工耗电	1.67616×10^{14}	sej
	每天耗电	200×8	kWh/d
	每千瓦时能量	$(860kcal/kWh)(4186J/kcal)=3.6\times10^6$	J/kWh
	电能	1.152×10^9	J/d
	转换率⑥	2.91×10^5	sej/J
3	施工用水	2.016×10^9	sej
	每天用水	1.8	L/S/d
	能量(J)	$1.8\cdot10\times10^{-3}\cdot1.0\times10^6=16.17\times10^3$	g
	转换率③	1.12×10^6	sej/g
4	施工机械能量	4.2679×10^{16}	sej
	每年机械成本	$(7.1\times10^6/365)\times12672/(7\times4230)$	￥
	转换率⑤	5.2×10^{12}	sej/￥
5	设备及安装(太阳能电池板)	1.42670×10^{18}	sej
	工程量①	$(4.5\times10^7/365)\times12672/(7\times4230)$	J
	转换率⑤	5.2×10^{12}	sej/J
6	运营期耗电	7.3332×10^{12}	J
	居住人口	7	人
	人均耗电	3.6MJ	J/d
	转换率⑥	2.91×10^5	sej/J

续表

序号	项目	项目能值	单位
7	运营用水	2.7165×10^{12}	sej
	每人每天用水	120	L/d/p
	工程量①	$(120/1000)\cdot7\cdot4.9\cdot1.0\times10^6=4.116\times10^6$	J
	转换率⑤	6.6×10^5	sej/J
8	运营维修	1.2681×10^{15}	sej
	工程量①	$(6.24\times10^6/365)\times12672/(7\times4230)/30y$	J
	转换率	5.2×10^{12}	sej/J
9	拆除机械运输	1.5547×10^{16}	sej
	工程量	$(2.55\times10^6/365)\times12672/(7\times4230)$	J
	转换率⑤	5.2×10^{12}	sej/J

注：①工程数据；②Brown and Buranakarn（2000）；③Haukoos，D. S（1995）；④Said Jalali（2009）；⑤Odum（1996）；⑥Buranakarm. V（1998）。

NSD 建筑全生命期废物残值核算表 **表 6-18**

序号	项目	项目能值	单位
1	施工期固体废弃物	1.4614×10^{16}	sej
	建筑面积①	$24\times24\times22=12672$	m^2
	固体废弃物量②	$(1.3t/100m^2)\times12672/14$	g/d
	吉布斯自由能	690	J/g
	转换率③	1.8×10^6	sej/J
2	施工生活污水	8.256×10^{12}	sej
	工人数①	$(16+28+24+22+13+18+16+28+18+24+8+15+15+18)\times1.5/14=24$	人
	生活污水量①	100	L/p·d
	污水比率①	80%	
	工程量①	1.92t/d·5J/g	J
	转换率③	8.6×10^5	sej/J
3	施工生活垃圾	1.822309198×10^{14}	sej
	工程量①	$(1kg/d)(1.0\times10^{-3}ha/kg)(4\times10^6Btu)(1055J/Btu)$（24 人/d）	J
4	施工废水	7.628544×10^{16}	sej
	工程量①	$12672m^2\cdot1.4m^3/m^2\cdot5J/g\cdot\rho_{水}$	J
	转换率③	8.6×10^5	sej/J
5	施工废气	2.7358×10^{11}	sej
5.1	机械产生④	729.9072	sej
	工程量①	$2mg/Nm^3\cdot12672m^2\cdot2.5m/d=63.36$	g/d
	吉布斯自由能	2.4	J/g

续表

序号	项目	项目能值	单位
5.1	能量(J)	152.064	J
	转换率⑤	4.8×10^{4}	sej/J
5.2	装修材料	2.7358×10^{11}	sej
	墙的表面积①	7.46×10^{3}	m^2
	苯①	42kg/100m^2油漆,30kg/100m^2胶水	g
	挥发率①	10%	
	工程量	238.72	g
	转换率⑥	6.38×10^{8}	sej/g
	甲醛	1212.8061×10^{11}	sej
	工程量①	$0.2\times30(mg/Nm^3)\cdot12672m^2\cdot2.5m$	sej/g
	转换率⑥	6.38×10^{8}	sej/g
6	运营生活垃圾	5.3150×10^{13}	
	工程量①	(1kg/d)×(1.0×10^{-3}ha/kg)(4×10^6Btu)×(1055J/Btu)×(7 人/d)= 2.9528×10^{7}	J
	转换率③	1.8×10^{6}	sej/J
7	运营生活污水	4.6125×10^{12}	sej
	人数	7	个
	每人用水①	120	L/d
	污水比率①	90%	
	能量	5.363×10^{6}	J
	转换率③	8.6×10^{5}	sej/J
8	运营期废气	3.08×10^{16}	sej
	建筑的二氧化碳	$12672m^2\cdot2.5m\cdot0.5\times30mg/nm^3/d=475.2$	g
	转化率⑥	1.76×10^{9}	sej/g
9	拆除期固废	5.2049×10^{15}	sej
	工程量②	$0.463t/100m^2\times12672m^2/14=4.1908\times10^{6}$	g/d
	吉布斯自由能	690	J/g
	转换率③	1.8×10^{6}	sej/g

注：①工程数据；②《西安市建筑垃圾管理办法实施细则（2006)》；③Odum（1996)；④Said Jalali（2009)；⑤蓝盛芳（2002)；⑥Buranakarm. V（1998)。

SD 建筑全生命期废物残值核算表　　　表 6-19

序号	项目	项目能值	单位
1	施工期固废	1.096082743×10^{16}	sej
	固体废弃物量①	$(0.975t/100m^2)\times12672/14$	g/d
	吉布斯自由能	690	J/g
	转换率	1.8×10^{6}	sej/J

续表

序号	项目	项目能值	单位
2	施工生活污水	3.096×10^{12}	sej
	工人数②	(16+28+24+22+13+18+16+28+18+24+8+15+15+18)/14=18	p
	生活污水量②	100	L/p·d
	污水比率②	40%	
	工程量①	3.6 ×10^{6}	
	转换率③	8.6×10^{5}	
3	施工生活垃圾②	1.3667×10^{14}	
	能量	(1kg/d)(1.0×10^{-3}ha/kg)(4×10^{6}Btu)(1055J/Btu) (18 人/d)	J
4	施工废水	1.089792×10^{16}	sej
	工程量②	12672m^{2} · 0.2m^{3}/m^{2} · 5J/g · $\rho_{水}$=8.8704×10^{10}	
	转换率③	8.6×10^{5}	sej/J
5	施工废气	3.38114252×10^{11}	
5.1	机械产生的④	291.96288	
	工程量①	0.8mg/Nm^{3} · 12672m^{2} · 2.5m /d	g/d
	吉布斯自由能	2.4	J/g
	能量	152.064	J
	转换率⑤	4.8×10^{4}	sej/J
5.2	装修材料挥发	1.231×10^{14}	
	墙的表面积②	8.6 ×10^{4}	m^{2}
	苯②	42 kg/100m^{2}油漆,30kg/100m^{2}胶水	
		1.975×10^{12}	sej
	挥发率②	10%	
	工程量①	3096	g
	转换率⑥	6.38 ×10^{8}	sej/g
	甲醛	1455.36732×10^{11}	
	工程量①	1.5×0.2×30(mg/Nm^{3}) · 12672m^{2} · 2.5m	
	转换率④	6.38 ×10^{8}	sej/g
6	运营生活垃圾	5.315068493×10^{13}	
	工程量①	(7kg/d) · (1.0E^{-3}ha/kg) · (4×10^{6}Btu) · (1055J/Btu)	J
	转换率③	1.8×10^{6}	sej/J
7	运营生活污水	2.306298471 ×10^{12}	sej
	人数①	7	个
	每人用水①	62	L/d
	污水比率①	90%	
		5.363484816 ×10^{6}	J
	转换率	8.6×10^{5}	sej/J

续表

序号	项目	项目能值	单位
8	运营期废气	1.694×10^{16}	sej
	二氧化碳①	$12672m^2\cdot2.5m\cdot0.5\times17mg/nm^3/d=475.2$	g
	转化率⑥	1.76×10^{9}	sej/g
9	拆除期固废	3.9037×10^{15}	
	工程量①	4.1908×10^{6}	g/d
	吉布斯自由能	690	J/g
	转换率③	1.8×10^{6}	

注：①《西安市建筑垃圾管理办法实施细则（2006）》；②工程数据；③Odum（1996）；④Said Jalali（2009）；⑤蓝盛芳（2002）；⑥Buranakarm. V（1998）。

SD 建筑全生命期各项成本累积计算表（工期为 35 天，单位：$\times10^{16}$sej/d）　表 6-20

序号	项目	1	2	3	4	5	6	7	8	9
1	项目总支出	276.79	553.58	830.37	1107.16	1383.95	1660.74	1937.53	2214.32	2491.11
1.1	工程成本	159.27	318.54	477.81	637.08	796.36	955.63	1114.90	1274.17	1433.44
1.2	环境成本	16.27	32.53	48.80	65.07	81.34	97.60	113.87	130.14	146.40
1.3	社会成本	101.25	202.50	303.76	405.01	506.26	607.51	708.76	810.01	911.27
2	废物流残值	2.20	4.40	6.60	8.80	11.00	13.20	15.40	17.60	19.80
	净成本(1−2)	274.59	549.18	823.77	1098.36	1372.95	1647.54	1922.13	2196.72	2471.31

序号	项目	10	11	12	13	14	15	16	17	18
1	项目总支出	2767.90	3044.69	3321.48	3598.27	3875.06	3959.35	4043.64	4127.93	4212.22
1.1	工程成本	1592.71	1751.98	1911.25	2070.52	2229.80	2229.92	2230.05	2230.18	2230.31
1.2	环境成本	162.67	178.94	195.21	211.47	227.74	244.01	260.27	276.54	292.81
1.3	社会成本	1012.52	1113.77	1215.02	1316.27	1417.53	1485.42	1553.31	1621.21	1689.10
2	废物流残值	22.00	24.20	26.40	28.60	30.80	32.50	34.20	35.90	37.60
	净成本(1−2)	2745.90	3020.49	3295.08	3569.67	3844.26	3926.85	4009.44	4092.03	4174.62

序号	项目	19	20	21	22	23	24	25	26	27
1	项目总支出	4296.51	4380.80	4465.09	4549.38	4633.67	4717.96	4802.25	4886.54	4970.83
1.1	工程成本	2230.43	2230.56	2230.69	2230.82	2230.95	2231.07	2231.20	2231.33	2231.46
1.2	环境成本	309.08	325.34	341.61	357.88	374.15	390.41	406.68	422.95	439.21
1.3	社会成本	1757.00	1824.89	1892.79	1960.68	2028.58	2096.47	2164.37	2232.26	2300.16
2	废物流残值	39.30	41.00	42.70	44.39	46.09	47.79	49.49	51.19	52.89
	净成本(1−2)	4257.21	4339.80	4422.39	4504.98	4587.58	4670.17	4752.76	4835.35	4917.94

序号	项目	28	29	30	31	32	33	34	35	
1	项目总支出	5055.12	5139.41	5223.70	5307.99	5424.81	5525.36	5625.91	5726.47	
1.1	工程成本	2231.59	2231.71	2231.84	2231.97	2233.52	2235.08	2236.63	2238.19	
1.2	环境成本	455.48	471.75	488.02	504.28	536.82	553.08	569.35	585.62	
1.3	社会成本	2368.05	2435.95	2503.84	2571.74	2654.47	2737.20	2819.93	2902.66	
2	废物流残值	54.59	56.29	57.99	59.69	60.08	60.47	60.86	61.25	
	净成本(1-2)	5000.53	5083.12	5165.71	5248.30	5364.73	5464.89	5565.05	5665.21	

SD 建筑全生命期各项成本累积计算表（工期为 35 天，单位：$\times 10^{16}$ sej/d）　表 6-21

序号	项目	1	2	3	4	5	6	7	8	9
1	项目总支出	290.43	580.86	871.29	1161.72	1452.16	1742.59	2033.02	2323.45	2613.88
1.1	工程成本	92.91	185.82	278.73	371.64	464.55	557.46	650.37	743.28	836.19
1.2	环境成本	40.77	81.53	122.30	163.06	203.83	244.60	285.36	326.13	366.90
1.3	社会成本	156.75	313.51	470.26	627.02	783.77	940.53	1097.28	1254.04	1410.79
1.4	废物流残值	9.11	18.22	27.33	36.44	45.55	54.65	63.76	72.87	81.98
2	净成本(1—2)	281.32	562.64	843.97	1125.29	1406.61	1687.93	1969.25	2250.58	2531.90

序号	项目	10	11	12	13	14	15	16	17	18
1	项目总支出	2904.31	3194.74	3485.17	3775.60	4066.03	4206.35	4346.66	4486.98	4627.29
1.1	工程成本	929.10	1022.01	1114.92	1207.83	1300.74	1300.87	1301.00	1301.13	1301.25
1.2	环境成本	407.66	448.43	489.19	529.96	570.73	610.01	649.30	688.59	727.88
1.3	社会成本	1567.55	1724.30	1881.06	2037.81	2194.57	2295.46	2396.36	2497.26	2598.15
1.4	废物流残值	91.09	100.20	109.31	118.42	127.53	130.61	133.70	136.78	139.87
2	净成本(1—2)	2813.22	3094.54	3375.86	3657.19	3938.51	4075.74	4212.96	4350.19	4487.42

序号	项目	19	20	21	22	23	24	25	26	27
1	项目总支出	4767.60	4907.92	5048.23	5188.55	5328.86	5469.17	5609.49	5749.80	5890.12
1.1	工程成本	1301.38	1301.51	1301.64	1301.77	1301.89	1302.02	1302.15	1302.28	1302.41
1.2	环境成本	767.17	806.46	845.75	885.04	924.33	963.62	1002.91	1042.19	1081.48
1.3	社会成本	2699.05	2799.95	2900.84	3001.74	3102.64	3203.54	3304.43	3405.33	3506.23
1.4	废物流残值	142.95	146.04	149.12	152.21	155.30	158.38	161.47	164.55	167.64
2	净成本(1—2)	4624.65	4761.88	4899.11	5036.34	5173.57	5310.79	5448.02	5585.25	5722.48

序号	项目	28	29	30	31	32	33	34		
1	项目总支出	6030.43	6170.74	6311.06	6451.37	6622.16	6792.94	6963.73		
1.1	工程成本	1302.53	1302.66	1302.79	1302.92	1308.10	1313.28	1318.46		
1.2	环境成本	1120.77	1160.06	1199.35	1238.64	1277.93	1317.22	1356.51		
1.3	社会成本	3607.12	3708.02	3808.92	3909.82	4036.13	4162.44	4288.75		
1.4	废物流残值	170.72	173.81	176.89	179.98	180.50	181.02	181.54		
2	净成本(1—2)	5859.71	5996.94	6134.17	6271.40	6441.66	6611.92	6782.19		

第 7 章　房地产业能值分析

近年来，国内房地产市场发展势头持续高涨，然而房地产业的发展为区域经济带来活力的同时，该产业的发展存在诸如扩张速度过快等问题，所以对其可持续性进行分析就显得尤为重要。结合产业生态学相关理论，采用能值分析方法，建立了房地产业能量流动图和能值系统综合图，并对厦门市房地产业系统进行了能值静态和动态可持续性分析。

7.1　产业生态学与房地产业

7.1.1　产业生态学

7.1.1.1　定义

产业生态学是人类在经济、文化和技术不断发展的前提下，有目的、合理地探索和维护可持续发展的方法。产业生态学要求不是孤立而是协调地看待产业系统与其周围环境的关系。这是一种试图对整个物质循环过程加以优化的系统方法。

7.1.1.2　范围

产业生态学研究的范围非常广泛，涉及人类的所有活动，包括采掘业、制造业、农业、建筑业、交通运输业、能源生产和使用业、消费者和服务提供商对产品的使用以及废物处置等活动。从上可知，产业生态学研究包括社会对所有资源的利用。产业生态学重点研究单个产品及其在生命周期不同阶段的环境影响，同时也注重研究生产产品的设施。

7.1.1.3　理论研究的关键问题

产业生态学的关键问题如下：

(1) 现代技术循环是如何运作的？它们有什么环境影响？

(2) 人类文化系统中涉及资源的组成部分是如何运作的？它们有什么环境影响？

(3) 技术—环境关系未来将如何演变？

(4) 如何具体地界定和实现可持续性，它与负责任的环境表现有什么区别？

7.1.2 房地产产业链

依据产业生态学，这里定义房地产产业链是由大房地产业（包括房地产开发和建筑业）、咨询企业、房地产代理企业、房地产物业管理构成的（图 7-1）。

（1）源头企业：大房地产业，前期从事房地产开发投资、融资和管理的行业，主要指房地产开发企业以及专门从事房地产融资的机构等，后期指主要生产企业，从事建筑工程施工、建筑材料生产、建筑设备及建筑部品生产及安装的行业，主要由施工企业、建筑材料供应商、建筑设备及部品供应商构成。

（2）辅助行业：工程咨询行业，从事房地产规划设计、工程监理或管理、造价咨询、招标代理等服务工作，主要由设计院、监理公司、造价咨询公司等构成。

（3）房地产流通业：从事房地产销售和流通的行业，主要由企业销售部门、销售代理公司、房地产估价所、中介服务机构及建材设备部品等的销售商等构成。

（4）房地产消费服务业：为房地产正常消费提供服务的行业，主要由物业管理公司构成。

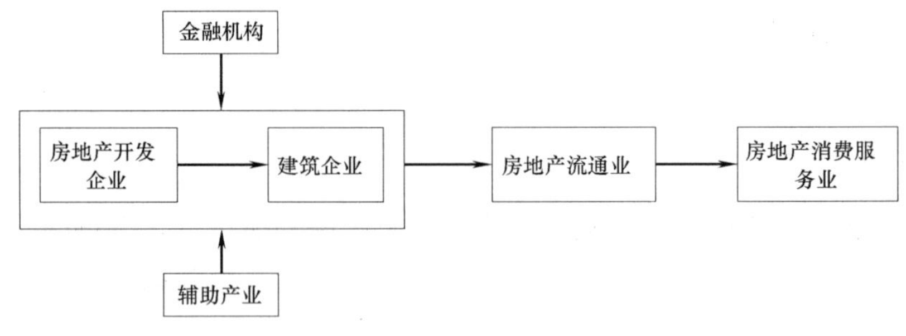

图 7-1 房地产产业链图

7.2 房地产业能值模型和评价指标

7.2.1 房地产业能值系统图

根据能值分析的理论模型，运用 Odum 的“能值系统语言图例”进行绘制，该图外框界定了厦门市房地产业系统的边界，并将系统内的各组分间的物质能量交换与外界的各相关的相互作用区分开，输入到房地产业系统的能量主要是来自于系统外部自然界的可更新资源太阳能、可更新产品木材、不可更新资源人力、原材料、电能等。在图中分别用实线表示能量和物质流动，虚线表示货币流动。

按照能值分析方法分析房地产业生态系统，用能量流动图表示，如图 7-2 所示。为了更清晰明了的理解图中的逻辑关系，现针对图中对象逐一进行解释：

（1）可更新能源和产品：主要是直接来自于自然界的能量：太阳能、水资源、木材，因为潮汐能、雨水势能、雨水化学能、地球旋转能等不参与房地产业的生产过程，所以对上述能源不做计算。

（2）人类劳动：包括两部分，第一部分主要是指参与房地产开发前期融资的人员的劳动，包括房地产开发企业人员、工程咨询企业人员、房产中介人员、房产物业管理人员的劳动等；第二部分主要是指参与建筑业建造活动的工作人员。

（3）房产销售指的是房地产销售代理、房地产物业管理等处于后期服务地位的企业活动。

（4）原材料，主要指的是建筑业在进行建造过程中要使用的材料，包括木材、钢材、混凝土、砖、水泥、砂浆、装饰石材等。

（5）电能，指在大房地产业中建造的过程中使用的电能，建筑工业电能。

（6）建筑垃圾主要指的是在建造过程中产生的垃圾总量，包括固体、气体、液体的形式。

（7）土地资源、水资源等为贮存能源，在图中已经用能值理论模板图例进行了明显的表示，土地资源的使用主要是每年的出让土地量，水资源主要指的是在建造过程中使用的水资源。

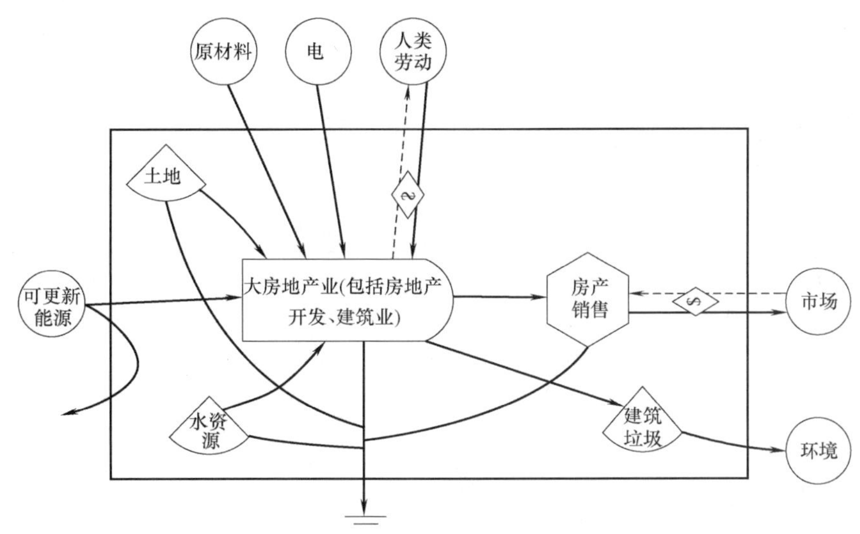

图 7-2　房地产业能量流动图

图 7-3 是对于图 7-2 中房地产系统的亚系统，即大房地产业的描绘，主要表明的是大房地产业内部全寿命期几个阶段之间的能源流动关系以及主要能量的投入：一是指在大房地产业下源头企业房地产开发企业与建筑业的关系，其中前期准备指的就是房地产融资、房地产投资、土地资源的获得等前期的一系列准备活动；建造和维护期指的是包括房产建造和房产破损维修等一系列活动；使用期房屋顾名思义就是指的是房产使用过程中的能量的使用和交换。

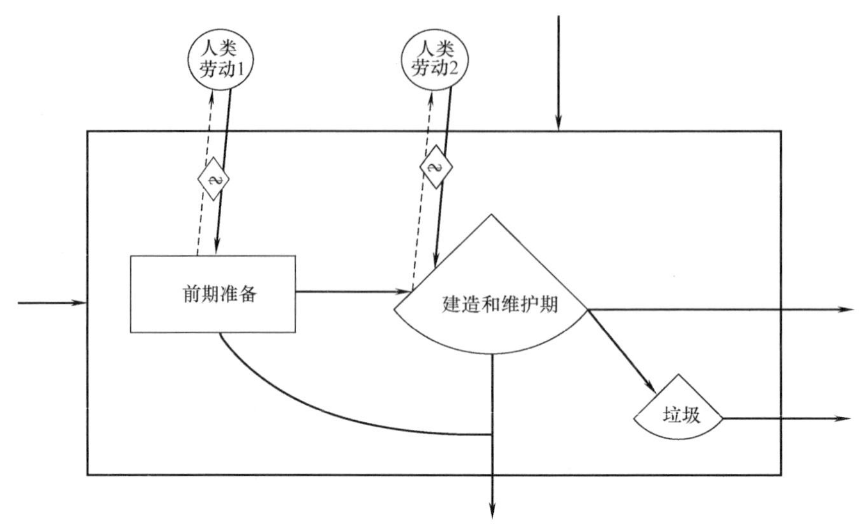

图 7-3　亚系统——大房地产业能量流动示意图

7.2.2　房地产业可持续指标体系

在进行能值分析时，能值指标是用来衡量系统各种性能的工具，能够比较真实地反应系统与内外界的物质、能量交互，为研究者进行更为科学的研究提供数据支持。本书将从自然亚系统和经济亚系统两个方面的能值指标来进行分析，自然亚系统评价指标能主要包括值投资率、可更新能值比率、废弃物与可更新能值比率、环境负载率、系统可持续指标等，经济亚系统评价指标主要包括能值/货币比率、能值交换率、能值一货币价值、能值投资率、能值产出率等，可持续指标体系如表 7-1 所示。

房地产业可持续评价指标表　　　　**表 7-1**

能值指标名称	计算表达式	指标所代表的意义
经济系统指标		
能值投资率	$(Em_I + Em_N)/Em_R$	自然对经济活动的容受力
能值/货币比率	$Em_U/(GNP)$	经济现代化程度
能值交换率	Em_I/Em_O	评价对外交流的得失利益
能值产出率	$Em_Y/(Em_F + Em_{RI})$	反映经济系统对系统的生产贡献
环境系统指标		
废弃物与可更新能值比率	Em_w/Em_U	废弃物对环境的压力
可更新资源能值比率	Em_R/Em_U	判断自然环境的潜力
环境负载率	$Em_F + Em_N/(Em_R + Em_{RI})$	对环境承压程度评价的直观性和明确性
综合指标		
系统可持续指标	EYR * EER/EIR	系统可持续发展潜力

注：Em_U 为能值总量；Em_R 为本系统可更新资源能值；Em_Y 为电力能值；Em_W 为废弃物能值；Em_I 为输入能值；Em_O 为输出能值；Em_F 为人类经济社会反馈投入的不可更新资源能值；Em_N 为自然环境投入；Em_{RI}为人类经济社会反馈投入的可更新资源能值；GNP 为国民生产总值。

7.3　厦门市房地产业

如前文所述，房地产业是国家和地区的重要产业，在带动相关产业及经济的发展方面具有不可取代的作用，甚至可以决定一个地区经济的发展情况。根据房地产业的特点，结合产业生态学理论和能值理论，从可持续发展的角度来分析厦门市房地产市场，影响房地产可持续发展的因素众多，主要从房地产市场发展情况、土地资源供应情况、经济协调度等方面来进行探讨。

7.3.1　厦门市房地产业发展历程

关于厦门市房地产业的发展，从三个方面来讨论，包括：厦门市房地产业发展历程、房地产业需求现状讨论和房地产市场供应现状分析。

7.3.1.1　厦门市房地产需求市场

进入 21 世纪以来，厦门市常住人口数量呈现线性增长，上图中斜率接近 13，即常住人口增长速度大概为 13 万人/年。刚性住房需求的增长为房地产业的发展提出了严峻的要求，同时也提供了一个足够大的市场空间。除此之外，在满足住房需求的同时，对其他方面配套设施（如基础设施、商业设施）的需求也在随着人口的增长日益增长等等，这些都为厦门市的房地产业的发展提供了“温床”，为房地产业的繁荣提供了巨大的动力。表 7-2 及图 7-4 为厦门市常驻人口变化。

厦门市历年（2000～2015 年）常住人口　　表 7-2

年　份	常住人口(万)	年　份	常住人口(万)
2000	205	2008	326
2001	219	2009	330
2002	232	2010	356
2003	245	2011	361
2004	258	2012	367
2005	273	2013	373
2006	288	2014	381
2007	304	2015	386

注：2000 年常住人口是依据第五次人口普查资料，其他年度是依据抽样调查资料测算，经省统计局评估确认。
资料来源：厦门市统计局网站：统计年鉴，2001～2015；统计公报，2015。

7.3.1.2　厦门市房地产供应市场

近年来，随着经济形势的逐渐好转，国内规模比较大的房地产开发企业逐步涉足厦门房地产市场，与快速发展的本地房地产企业一起，为繁荣厦门市房地产市场的提

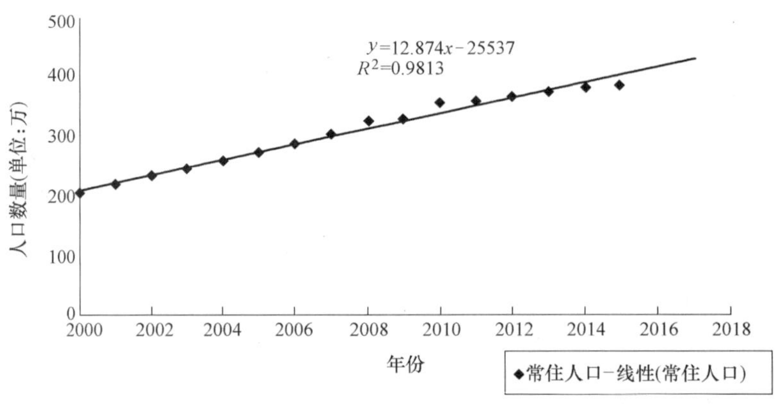

图 7-4　常住人口变化趋势图（2000～2015）

供了很大的助力，并为丰富和活跃厦门经济做出了巨大贡献。2000～2014 年以来厦门市房地产开发企业数量变化如表 7-3 所示。

2000～2014 年厦门市房地产开发企业数量统计表　　　　**表 7-3**

级别 \ 年份	2000	2001	2002	2003	2004	2006	2008	2009	2010	2011	2014
一级	7	7	8	9	9	9	12	23	16	9	13
二级	6	8	11	12	12	17	19	40	28	13	24
三级	116	82	43	43	40	42	48	123	75	29	45
四级	260	230	158	161	123	227	159	177	231	93	161
暂定	105	61	225	260	226	189	106	93	103	51	139
其他	41	107	26	2	2	105	245	30	146	20	170
总数	535	495	471	487	412	589	589	486	599	215	552

注：以上数据均来源于厦门经济特区年鉴，其中由于年鉴中 2005 年、2007 年、2012 年及 2013 年数据未做统计，因此该表中缺少相应数据。

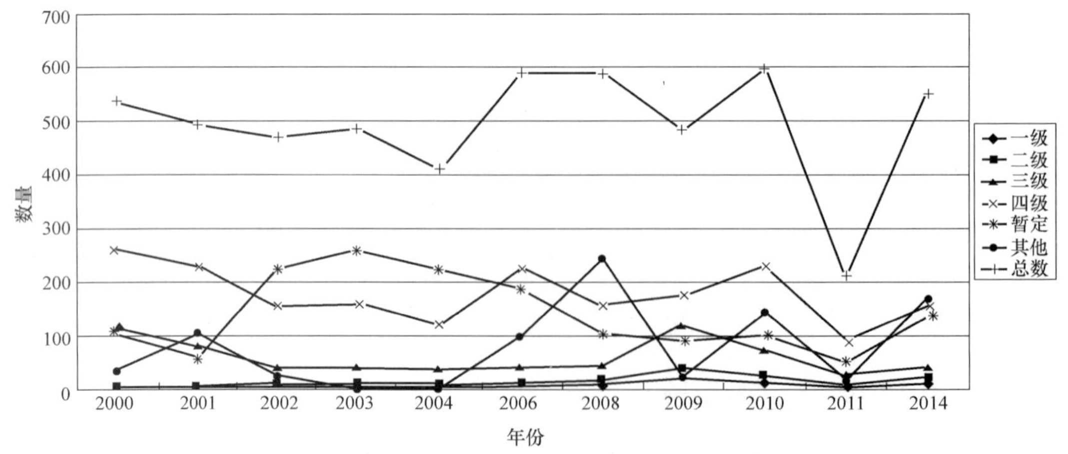

图 7-5　2000～2014 年厦门市房地产开发企业数量变化趋势图

由图 7-5 表明，2008 年开始，一级房地产开发企业在增加，例如万科、华润、中海、龙湖、世茂等国内知名大型房企相继进入厦门市场；2000～2011 之间，相应的四级及以下的企业每年都在减少，表明厦门房地产市场不仅在吸引优秀的房企进入，也在提高本地市场的企业质量，进行市场的规范化管理，为市场的合理规范运作提供保障和秩序。除此之外，厦门市每年的房产开发量都在增加，产业链中的服务性、咨询性企业也在增加，到了 2014 年房地产开发企业出现了各级和总量的大幅度提高，这说明房地产企业一片繁荣，无论是纵向还是横向，厦门市房地产市场都得到了提高，这样也就为满足日益增加的需求提供了保障。

7.3.2　厦门市土地资源情况

房地产开发行业兼有第二产业和第三产业的特征。从整个房地产产业链构成上看，房地产业的发展也要受到原材料的限制，原材料的多少和输出情况影响着该产业的生产速度，也就是房地产业的发展速度，供需市场的情况影响着其发展的饱和程度、发展方向和发展速度，也就意味着合理的发展速度是跟土地资源这一有限的原材料资源有直接的关系。

厦门市土地资源基本情况如下：全市土地总面积 1595.13 平方公里（含海滩涂），其中厦门岛陆域面积约 132.55 平方公里，思明区陆域面积 73.14 平方公里，占 54.77%；湖里区陆域面积 63.41 平方公里，占全岛的 46.33%，海岸线长达 24 公里；集美区陆域面积约 275.79 平方公里，占 17.29%；海沧区占地 173.6 平方公里，翔安区陆域面积 351.6 平方公里，全市面积的近 30%。同安区陆域面积 657.59 平方公里，全市面积的 40%。

厦门市的陆域土地面积非常有限，是制约厦门市房地产业的发展的主要因素。由相关资料显示：目前厦门市每年土地出让面积大概为 200 万 m^2 每年，如果仅从土地资源来看，其出让速度看似比较合理。如图 7-6 所示。

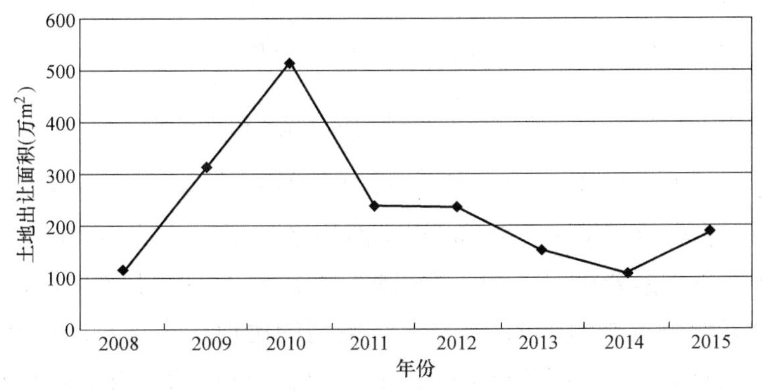

图 7-6　厦门市 2008～2015 年出让土地面积

但是厦门市的陆域面积中，农耕地占 70%左右，剩余 30%左右的土地中的除了山地以及已建成部分，初步估算待开发面积仅剩陆域面积 15%左右，在固有的土地基础上，现在的厦门市房地产市场异常活跃，近几年市常住人口每年都在大幅度增加，对房地产市场提出要求的同时，也对土地出让产生一定的压力，如何控制出让速度，以及控制在什么样的情况才是合理的，已经成了一个值得深思的问题。

7.3.3 厦门市房地产建设情况分析

根据厦门市统计局网站信息以及近年来厦门市房地产市场情况走势，2000 年以来基本上呈现高速度发展状态，国内地产企业纷纷在厦门市投入资金开发与运作（表 7-4、图 7-7）。

2000～2015 年的房屋开发面积（单位：万 m^2，亿元） 表 7-4

	2000	2001	2002	2003	2004	2005	2006	2007
房屋年施工面积(万 m^2)	1120.96	1029.91	1095.46	1290.19	1337.34	1523.25	1996.95	2838.86
房屋年竣工面积(万 m^2)	297.41	281.68	218.53	297.32	376.85	347.56	287.49	378.59
房屋竣工产值(亿元)	39.88	38.74	27.91	40.59	55.75	46.32	39.43	46.13
	2008	2009	2010	2011	2012	2013	2014	2015
房屋年施工面积(万 m^2)	3447.88	3094.96	3190.68	3513.17	3579.73	3785.86	4219.86	4333.83
房屋年竣工面积(万 m^2)	625.04	711.08	706.64	602.93	422.41	343.79	585.48	
房屋竣工产值(亿元)	87.08	98.06	102.75	101.17	87.88	98.50	151.10	

注：资料来源，厦门市统计局网站，2000～2015 年统计年鉴。

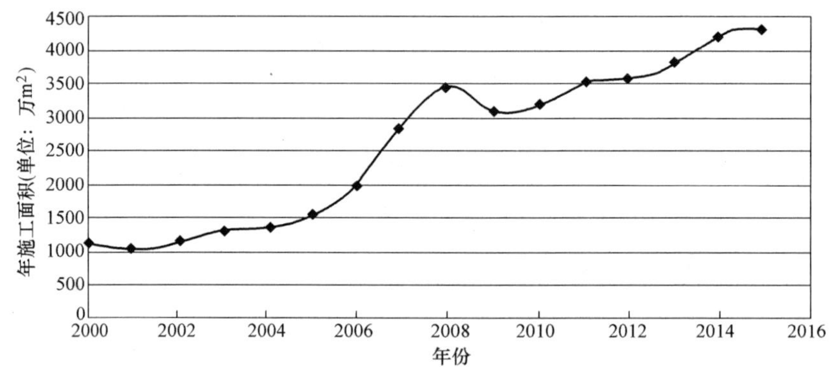

图 7-7 2000～2015 年厦门市年施工面积态势图

图 7-7 中可以看出厦门市每年的施工面积，从 2004 年开始每年施工面积都在增加，对比 2000 年与 2014 年，10 多年间施工面积增加了 3000 多万 m^2。

通过对表 7-4 中数据分析以及图 7-7～图 7-9 比较，可以得出以下结论：从 2000 年开始，除了受世界金融危机影响的 2009 年，厦门的房地产市场不断的在扩容，由于房价的上涨等其他因素，每年的产值都在大幅度提高，每年的开发面积也在大幅度增加。总的来说，2000～2011 年，厦门市房地产市场异常活跃，产业链正在逐步完成整合，市场趋于成熟，竞争愈发激烈。2011～2015 年虽然增幅放缓，总体趋势继续向上。同时，大规模快速开发，土地资源有限的厦门，可供开发的土地将减少的越来越快。

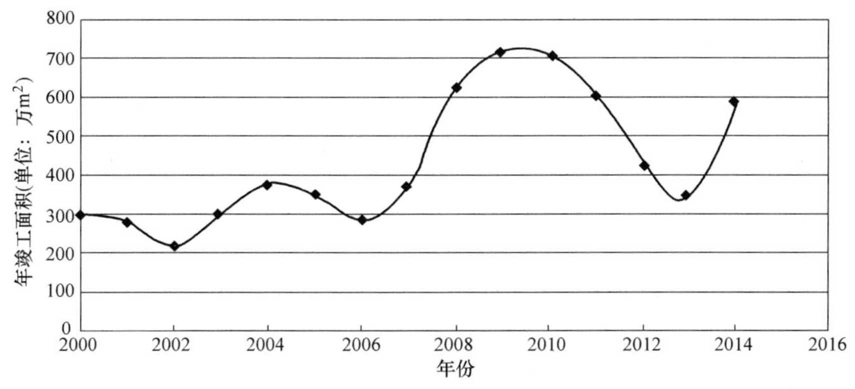

图 7-8　2000～2014 年厦门市年竣工面积态势图

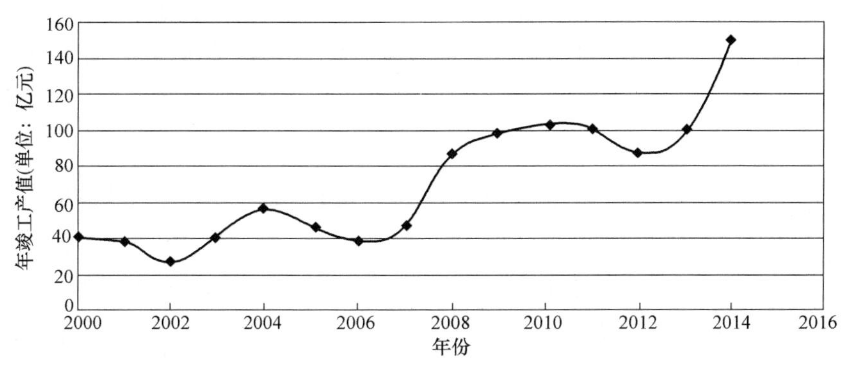

图 7-9　2000～2014 年厦门市年竣工产值态势图

7.3.4　厦门市房地产业经济状况分析

与国内其他城市房地产业迅速扩张情形相同，厦门市房地产经济在国民经济中所占的比例在不断增大，表 7-5 中的数据可以表明这一现象。

厦门市 GDP 与房地产产值对比（单位：亿元）　　**表 7-5**

项目	2000	2001	2002	2003	2004	2005	2006	2007
GDP(亿元)	501.87	558.33	648.36	759.69	887.71	1006.58	1173.80	1402.58
房地产产值(亿元)	32.70	36.75	36.84	46.27	54.00	69.50	87.07	112.91
比例(%)	6.52	6.58	5.68	6.09	6.08	6.90	7.42	8.05
项目	2008	2009	2010	2011	2012	2013	2014	2015
GDP(亿元)	1610.71	1737.23	2060.07	2539.31	2815.17	3006.41	3273.58	3466.01
房地产产值(亿元)	103.96	151.49	134.58	154.42	229.09	271.40	287.65	
比例(%)	6.45	8.72	6.53	6.08	8.14	9.03	8.79	

注：数据来源：厦门市统计局网站。

表中数据表明近几年房地产业在国民经济中具有举足轻重的地位，最高占到市 GDP 的 9%。特别指出，上述房地产产值计算仅包含建筑业与房地产开发的产值，并没有计算产业链中的服务业。

从产业协调性方面分析，仅从上述数据来看，厦门市房地产业的发展已经过度，在 GDP 中占的份额过大，与其他产业的发展形成了差距，不协调的情况比较严重。

7.4 厦门市房地产业能值分析

7.4.1 厦门市房地产业生态分析

依据产业生态学，假设房地产业是一种生态系统，即房地产业生态系统，参与房地产产业链的各个对象均是此房地产生态系统的一部分，均对此系统产生作用。如前文所述，参与此过程的企业类型，包括大房地产业（包括房地产开发企业和建筑企业）、房地产咨询企业、房地产代理企业、房地产物业管理企业等。按生态系统的能量流动关系，大房地产业属于生产者地位，咨询企业、房地产代理企业和房地产物业管理企业属于消费者。

从生态系统学角度分析厦门市房地产市场，进而得到目前本市房地产市场生态结构。根据厦门市统计局数据可知，2012 年 1 月本市国民经济统计中房地产市场目前大约有 480 家房地产企业（包括咨询企业，房地产中介企业，房地产物业管理企业在内）、从业人数 2.9 万人；共有 365 家建筑企业、从业人数达到 21.03 万人；房地产咨询企业包括“世界五大行”之一的戴德梁行在内的很多业内著名房地产咨询企业在厦门都有分公司。

根据能值分析方法的步骤，进行能值分析，首先基于图 7-3 房地产业能量流动模型进行数据的收集和分析。为了清晰的表示数据来源，以下进行逐项说明。

7.4.1.1 统计数据来源及分析

计算中所使用的主要数据都是来自于厦门市统计局网站、中华人民共和国统计局网站、厦门市建设管理局网站、厦门市规划局网站、厦门市（2002～2012）统计年鉴、厦门市土地资源网站、厦门市造价管理网站等．在进行能量统计时，尽量做到全面，考虑与产业系统有关联的各个方面。

（1）可更新能源，在此主要指太阳能。其计算公式为：(厦门市占地面积)×(太阳光平均辐射量)，太阳光平均辐射量可根据表 7-6 获得；根据表 7-7 可知厦门市，属于四类地区。根据市统计局网站数据，每年日照数相差不大，因此，太阳能辐射量统一取年辐射量为 5016MJ/m^2Y。

（2）木材。按照能量公式计算燃烧值与木材使用量的乘积，数据是由每年的建筑面积估算而来，由于在现代工程中，在进行混凝土浇筑时，绝大多数使用的是木模板，所以木材的使用量主要是模板的使用量，根据相关专业书籍统计数据显示，每个工程的模板使用面积大概为建筑面积的 2 倍，所以木材的量是根据此原则来进行估计的。

全国各地太阳能数据统计表　　表 7-6

地区类别	年辐射量 (MJ/m²Y)	年辐射量 (kWh/m²Y)	年日照时间 (h/Y)	年标准光照当量时(h)	日标准光照当量时(h)
一类地区	6680～8400	1855～2333	3200～3300	1854～2300	5.08～6.3
二类地区	5852～6680	1625～1855	3000～3200	1624～1854	4.45～5.08
三类地区	5016～5852	1393～1625	2200～3000	1387～1624	3.8～4.45
四类地区	4190～5016	1163～1393	1400～2200	1132～1387	3.1～3.8
五类地区	3344～4190	928～1163	1000～1400	913～1132	2.5～3.1

注：资料来源，国际新能源网站：http：//newenergy. in-en. com/stat/solar/.

2001～2011 年厦门市年太阳光照时间　　表 7-7

年份	2001	2002	2003	2004	2005	2006	2007	2008	2009	2010	2011
年太阳光照时间(h)	1995	1836	2123	2194	1731	1841	1832	1787	2083	1875	1955

注：资料来源：厦门市统计局网站：2001～2011 年统计年鉴。

(3) 建筑企业、开发企业所投入的人工能量估算。参考能值理论，将参与前期工作的人员按照学历进行分级，继而可以对其能量进行计算，能量计算公式为：(2500kcal/d)×(365d/a)×(4186J/kcal)×(人数)，这两类人员的区别主要是在能值转换率方面的差异，主要是因为根据教育程度和工作经历不同，工人在工作中所产生的价值会有所不同。

(4) 钢材的能量计。在进行钢筋能量计算时，由于缺乏专门的统计项目，数量比较不易得到，其数据只能大致估算。建筑类型的不同每平方钢筋的重量也会不同，总体上符合一定的比例，如表 7-8 钢筋数据估算来源表，在此基础上，再根据每种结构类型的建筑所占的比例来进行估算。

钢筋数据估算来源表　　表 7-8

序号	1	2	3	4	5	6	7	备注
结构类型	多层砌体住宅	多层框架	小高层 11～12 层	高层 17～18 层	高层 30 层	高层酒店式公寓 28 层	别墅	
钢筋(kg/m²)	30	40	51	57	70	67.5	41	每平方米质量
2005 年后	0.1	0.1	0.1	0.25	0.3	0.05	0.1	各类型建筑在厦门市建筑类型中所占比例
2005 年前	0.2	0.2	0.2	0.2	0.1	0.05	0.05	

(5) 建筑垃圾。此种能量的计算是按照本市统计局网站的统计数据得到，特别说明的是所产生的建筑垃圾数据，根据国民统计中工业产值中工业废物所占比例，类比进行比例估算。

(6) 水资源、电能。此两种资源在此主要指的是在进行建造过程中耗费的水资源和电能，后期使用过程，属于用户耗费，不属于房地产业范畴，所以在此使用类比方法计算，根据工业产值中水资源和电能的耗费，对比建筑业的耗费进行类比计算。

（7）土地资源。在此土地资源的使用工程中，使其不能他用，为此土地资源的使用就相当于消费掉其能量，且这种损失是无法恢复的，此数量精确数据应该是每个项目的占地面积，经过相应的估算，相当于每年的施工面积，所以直接用每年的施工面积统计数据进行计算。

（8）砖、水泥等耗材的计算。基于技术类文献中所提供的数据，即每平方米的消耗量进行估算。

7.4.1.2 能值转换率

主要能量的能值值转换率使用已发表文章中的数据。厦门市总能值是在参考其他文献的基础上，根据能值-货币计算的原则，合理进行比例计算得出。本案例所使用的主要能值转化率，见表 7-9。

能值转换率表　　表 7-9

项目	能值转换率(sej/单位)	项目	能值转换率(sej/单位)
太阳光(J/a)	1.00	砖(g)	6.00×10^{7}
木材(J)	6.00×10^{7}	石灰(g)	3.29×10^{9}
专科生(J)	7.33×10^{7}	油漆(g)	2.55×10^{10}
本科生(J)	3.43×10^{8}	装饰石材(g)	2.44×10^{9}
研究生(J)	1.03×10^{9}	水资源(g)	1.95×10^{6}
专家(J)	1.24×10^{7}	土地损失(g)	1.70×10^{9}
其他人员(J)	1.59×10^{5}	建筑工人(J)	1.24×10^{7}
火电(kWh)	6.97×10^{9}	建筑垃圾(固体废物 g)	1.80×10^{6}
钢材(g)	1.81×10^{9}	建筑垃圾(废气 m)	6.66×10^{6}
混凝土(g)	8.73×10^{9}	建筑垃圾(废水 g)	8.60×10^{5}
水泥(g)	3.68×10^{9}		

注：资料来源：蓝盛芳，钦佩，陆宏芳．生态经济系统能值分析［M］．北京：化学工业出版社．F. Meillaud J. B. Gay M. T. Brown Evalution of a building using the emergy method ［J］ Solar Energy，2005.

7.4.2 厦门市房地产业能值分析表和能值系统图

7.4.2.1 编制能值分析表

按照能值分析的步骤在整理数据和相关资料的基础上进行能值分析表的编制，计算 2001～2011 年的厦门市房地产业能值组成，并做能值分析。此处仅列出 2011 年的能值分析表（表 7-10），其他年份详细内容参看下文能值投入产出一览表。

7.4.2.2 绘制能值系统图

在房地产业能量流动图和上述能值分析表的基础上，需要绘制能值系统图来说明系统的能值流动方向和大小。

厦门市房地产业能值分析（2011 年）　　表 7-10

序号	项目名称	能量 (J or G)	能值转换率 (sej/单位)	能值 (sej)
1	可更新资源			
1.1	太阳光	7.89×10^{18}	1.00	7.89×10^{18}
1.2	水资源(g)	9.81×10^{12}	1.95×10^{6}	1.91×10^{19}
2	可更新资源产品			
2.1	木材(J)	1.44×10^{17}	4.40×10^{4}	6.32×10^{21}
2.2	专科生(J)	9.45×10^{13}	6.00×10^{7}	5.67×10^{21}
2.3	本科生(J)	4.73×10^{13}	7.33×10^{7}	3.46×10^{21}
2.4	研究生(J)	2.36×10^{13}	3.43×10^{8}	8.10×10^{21}
2.5	专家(J)	1.18×10^{13}	1.03×10^{9}	1.22×10^{22}
2.6	其他人员(J)	5.91×10^{13}	1.24×10^{7}	7.32×10^{20}
2.7	建筑工人(J)	1.76×10^{17}	1.24×10^{7}	2.18×10^{24}
3	不可更新资源产品与能量投入			
3.1	火电(kWh)	4.16×10^{16}	1.59×10^{5}	6.61×10^{21}
3.2	钢材(g)	2.73×10^{14}	6.97×10^{9}	1.91×10^{24}
3.3	混凝土(g)	1.99×10^{16}	1.81×10^{9}	3.60×10^{25}
3.4	砂浆(g)	7.95×10^{14}	8.73×10^{9}	6.94×10^{24}
3.5	砖(g)	5.47×10^{14}	3.68×10^{9}	2.01×10^{24}
3.6	石灰(g)	4.13×10^{14}	3.29×10^{9}	1.36×10^{24}
3.7	油漆(g)	4.05×10^{13}	2.55×10^{10}	1.03×10^{24}
3.8	装饰石材(g)	4.13×10^{14}	2.44×10^{9}	1.01×10^{24}
3.9	土地损失	1.35×10^{15}	1.24×10^{5}	1.67×10^{20}
合计项	总计能值投入			5.25×10^{25}
4	能量输出项			
4.1	建筑垃圾(固体废物 g)	3.80×10^{13}	1.80×10^{6}	6.84×10^{19}
4.2	建筑垃圾(废气 m)	1.32×10^{11}	6.66×10^{6}	8.81×10^{17}
4.3	建筑垃圾(废水 g)	3.80×10^{13}	8.60×10^{5}	3.27×10^{19}
4.4	开发企业员工工资($)	4.51×10^{8}	1.78×10^{16}	8.02×10^{24}
4.5	建筑企业员工工资($)	1.53×10^{9}	1.78×10^{16}	2.73×10^{25}
4.6	系统产出经济能量($)	8.83×10^{9}	1.78×10^{16}	1.57×10^{26}
合计项	合计能值输出			1.94×10^{26}

案例分析将每年本市所有房地产业看作为一个整体，全市所有的房地产业的活动就构成了一个系统，根据本文定义房地产行业的活动过程，进行整体系统的能值计算，划分能值流动方向，将能值数值标注在能值综合图相应的对象上，图 7-10 是以 2011 年数值计算分析得到的厦门市能值系统综合图（图中列出了所有的能值流）。

7.4.3　厦门市房地产业能值投入分析

输入房地产业系统的能量从总体上主要可以分为两类：一类直接来自于自然界，包括可更新资源（太阳光、水资源）、可更新产品（木材）、不可更新环境资源（土地资源损失等），另一部分能源来源于经济系统的反馈，主要包括不可更新能量（电能、原材料

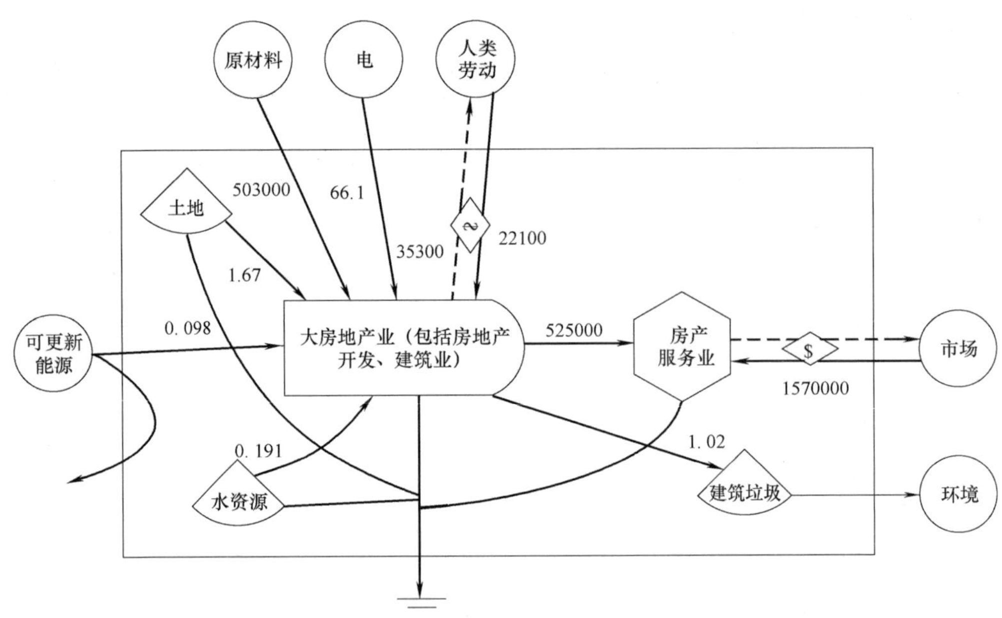

图 7-10 厦门市能值系统综合图（2011 年）（单位：sej）

中除木材以外的材料）、可更新能量（人类劳动）。与此同时，系统也接受外界物质和能量的反馈输入并得到相应的能量输出。厦门市房地产业能值投入情况如表 7-11 所示。

厦门市房地产业能值投入表（2011 年） **表 7-11**

序号	项目名称	能量 (J or G)	能值转换率 (sej/单位)	能值 (sej)
1	可更新资源			
1.1	太阳光	7.89×10^{18}	1.00	7.89×10^{18}
1.2	水资源(g)	9.81×10^{12}	1.95×10^{6}	1.91×10^{19}
2	可更新资源能量和产品			
2.1	木材(J)	1.44×10^{17}	4.40×10^{4}	6.32×10^{21}
2.2	专科生(J)	9.45×10^{13}	6.00×10^{7}	5.67×10^{21}
2.3	本科生(J)	4.73×10^{13}	7.33×10^{7}	3.46×10^{21}
2.4	研究生(J)	2.36×10^{13}	3.43×10^{8}	8.10×10^{21}
2.5	专家(J)	1.18×10^{13}	1.03×10^{9}	1.22×10^{22}
2.6	其他人员(J)	5.91×10^{13}	1.24×10^{7}	7.32×10^{20}
2.7	建筑工人(J)	1.76×10^{17}	1.24×10^{7}	2.18×10^{24}
3	不可更新资源产品与能量投入			
3.1	火电(kWh)	4.16×10^{16}	1.59×10^{5}	6.61×10^{21}
3.2	钢材(g)	2.73×10^{14}	6.97×10^{9}	1.91×10^{24}
3.3	混凝土(g)	1.99×10^{16}	1.81×10^{9}	3.60×10^{25}
3.4	砂浆(g)	7.95×10^{14}	8.73×10^{9}	6.94×10^{24}
3.5	砖(g)	5.47×10^{14}	3.68×10^{9}	2.01×10^{24}
3.6	石灰(g)	4.13×10^{14}	3.29×10^{9}	1.36×10^{24}
3.7	油漆(g)	4.05×10^{13}	2.55×10^{10}	1.03×10^{24}
3.8	装饰石材(g)	4.13×10^{14}	2.44×10^{9}	1.01×10^{24}
3.9	土地损失	1.35×10^{15}	1.24×10^{5}	1.67×10^{20}
合计项	总计能值投入			5.25×10^{25}

根据能值理论同一性质的能量只取最大值。从表 7-11 中可以看出厦门市房地产业 2011 年能值总投入为 5.25×10^{25} sej，能量投入由可更新资源和产品、不可更新资源和能源组成，分别占比为 4%、96%（图 7-11）。

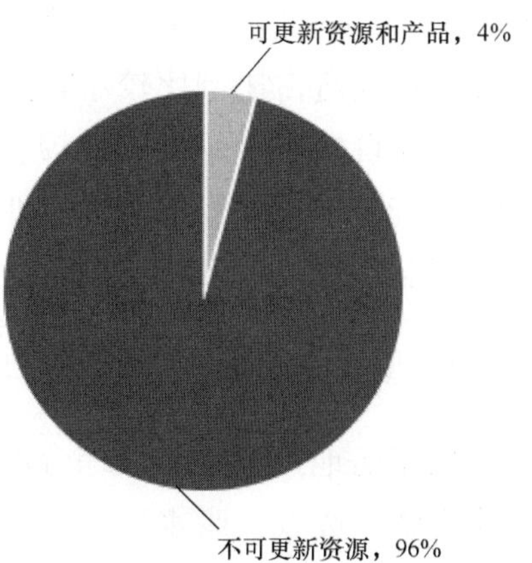

图 7-11　能量资源投入比例图

7.4.3.1　主要资源投入分析

通过对主要资源投入的比例组成可以看出一个产业的发展对环境与外界的依赖性。根据对能值投入分析表数据的描述，可以得到投入比例分布图。图 7-12 中，2011 年厦门市房地产业系统主要资源投入比例图中占比最大的分别是混凝土 69%、水泥砂浆 13%、钢材 4%，其次是建筑工人的 4%、石灰 3%，装饰石材和油漆分别 2%，其他的所占比例都非常小。由此得知，房地产行业对于材料和人员的依赖程度比较高。如果提高低等次工作人员的知识素养及专业能力，必将对本产业产生比较大的影响，如通过训练建筑工人，可以提供他们的个人能值，在进行同样的工程的条件下可减少工作时间，并能提供质量比较高的产品，节约建筑材料，同样的输入能值会产生更多的输出能值，提高能值投资利用率，为提高房地产行业的可持续能力提供核心能力支撑。

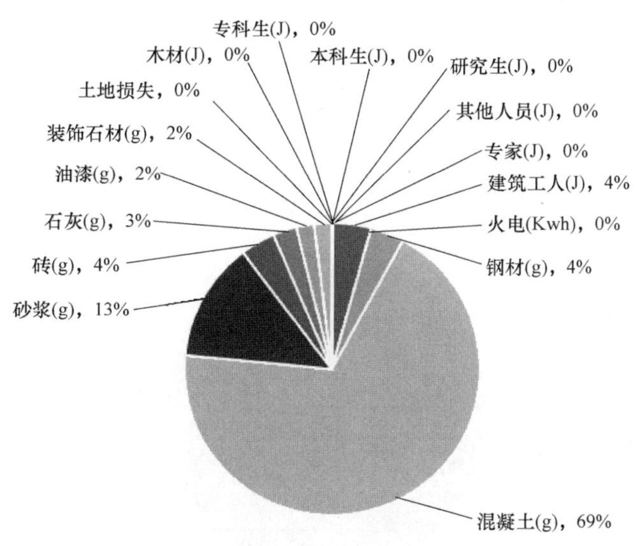

图 7-12　2011 年厦门市房地产业系统主要能源投入比例图

7.4.3.2　环境资源投入分析

环境资源，在此主要指太阳能、风能、雨水能、潮汐能等自然资源，但是由于雨水能、雨水化学能、雨水势能、风能等不参与房地产产业的生产过程，所以在进行能值分析表编制的过程中只计算太阳能，其他并不做计算。由表 7-10 中数据得知，环境资源的投入所占比例比较小，仅占所有资源的 1%左右。从资源投入的角度分析，房地产业对自然环境的依赖相较农业等生态类产业为小，相对于建筑材料、管理人员及电能等资源，自然资源对该产业的贡献几乎可以忽略不计。故在投入方面，环境资源不是限制房地产业发展的因素。

7.4.4 厦门市房地产业能值产出分析

根据房地产系统能值综合图 7-11，厦门市房地产系统的产出包括建筑垃圾（包括固体废物、废气、废水）、相关工作人员的工资，以及产品销售所得等，各产出数据见表 7-12，所占比例如图 7-13。

厦门市房地产业能值产出分析表（2011 年） **表 7-12**

序号	项目名称	能量(J or G)	能值转换率(sej/单位)	能值(sej)
1	能量输出项			
1.1	建筑垃圾(固体废物 g)	3.80×10^{13}	1.80×10^{6}	6.84×10^{19}
1.2	建筑垃圾(废气 m)	1.32×10^{11}	6.66×10^{6}	8.81×10^{17}
1.3	建筑垃圾(废水 g)	3.80×10^{13}	8.60×10^{5}	3.27×10^{19}
1.4	开发企业员工工资($)	4.51×10^{8}	1.78×10^{16}	8.02×10^{24}
1.5	建筑企业员工工资($)	1.53×10^{9}	1.78×10^{16}	2.73×10^{25}
1.6	系统产品销售能量($)	8.83×10^{9}	1.78×10^{16}	1.57×10^{26}
合计项	合计能值输出			1.94×10^{26}

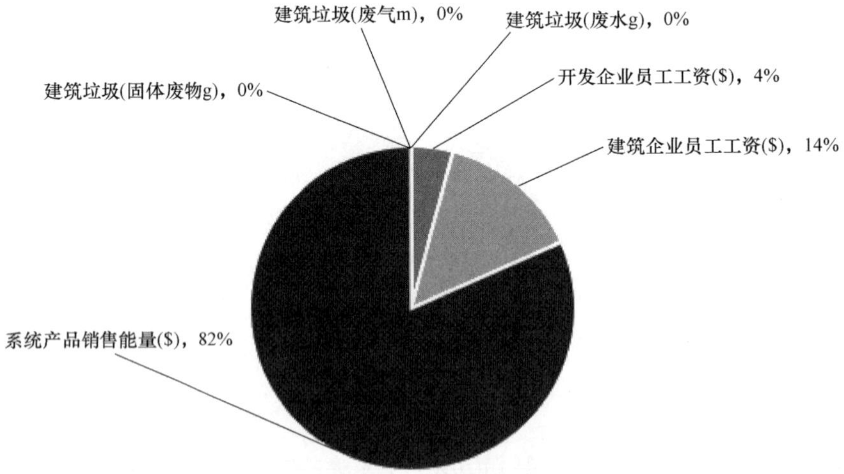

图 7-13 厦门市房地产业能值产出比例图（2011）

7.4.4.1 经济能值产出

对于整个系统来说，经济能值产出就是本系统产出的绝大部分能值，此产出主要包括系统人员的工资收入以及产品销售所得等。房地产产品销售是房地产业主要的经济能值，所占比例为82%，其他产出所占比例为8%，这反映了该产业与本市其他亚系统的交流主要是通过此经济能值的方式。

7.4.4.2 环境能值产出

环境能值的产出在系统能值产出里比较少，少于总输出的0.5%。占用比较少，但是这仅仅是一年的数据，垃圾对环境的影响是持续的，每年都在进行积累，而且建筑垃圾，尤其是固体垃圾中含有大量不可持续资源，影响土质。相较于其他两种废物，固体废物影响时间相对较长，并且这种破坏性的影响需要多年的综合治理才能完全改变，还原原状，对环境的影响比较大。长远来看，环境能值的产出对系统的影响比较持久，应该考虑积累效应。

其次，由于建筑垃圾中包含了多种元素、多种物质，所以其能值转换率的计算是一大难题，本文采用的是Odum等编制的能值转换率表中的数据，不会影响整体结果。

7.4.5 厦门市房地产业能值指标分析

7.4.5.1 能值投资率

能值投资率数值可以反映系统对自然环境的依赖程度，此数值大则系统经济发展程度较强，数值小则反映系统经济发展程度低，对环境的依赖程度较大（表7-13）。无论一个系统的范围有多大，在进行本系统的运作时都会需要各种能值的相互搭配，以能达到系统合理的运转模式。根据现有的文献成果，发达国家或地区的能值投资率明显大于欠发达地区，比如发达国家美国和西班牙的能值投资率为7，而印度为2.4，利比里亚仅为0.1。

厦门市房地产业能值投资率表（2001～2011年） 表7-13

年份	2001	2002	2003	2004	2005	2006
能值投资率	14.47	16.44	19.12	26.09	30.84	35.77
年份	2007	2008	2009	2010	2011	
能值投资率	35.36	25.49	18.38	16.50	23.83	

对于一个地区性产业系统或者经济系统而言，由于能值投资率能在一定程度上反应环境资源条件对经济活动的负载率，如果该产业系统或经济系统的能值投资率大大高于当地的平均能值投资率，那么该项生产规模可能超出当地环境条件承受能力。过大的经济投入，输进大量的能值，将使其生产的产品竞争能力降低。厦门市房地产业能值投资率如表7-12所示，根据胡晓辉等文章中所列2005年厦门市的能值投资率仅为1.37，而该产业2005年的能值投资率为30.84，远高于厦门市平均值，从两个方面反映了此产业与自然环境的关系，一是主要反映此产业对自然环境本身的依赖并不太

大，远远低于对其他资源的依赖；二是由于此系统为非封闭系统，所以投入的自然资源能值多经过其他产业的转化而来，从侧面反映了此产业是工业化很严重的产业。

7.4.5.2 能值-货币比率

能值/货币比率是能值理论中最基本的评价指标，它是一个杠杆，通过它可以将能值和货币进行相互的转换，将自然环境与人类社会连接起来，从而达到对经济系统进行能值评价的目的。此指标反映人类劳动与环境“工作”关系的一种指标。厦门市房地产业能值/货币比率（2001～2011年）如表7-14所示。

厦门市房地产业能值/货币比率（2001～2011年） 表7-14

年份	2001	2002	2003	2004	2005	2006
能值/货币比率	6.42×10^{16}	5.86×10^{16}	5.28×10^{16}	4.78×10^{16}	4.34×10^{16}	3.86×10^{16}
年份	2007	2008	2009	2010	2011	
能值/货币比率	3.29×10^{16}	2.90×10^{16}	2.57×10^{16}	2.31×10^{16}	1.78×10^{16}	

能值/货币比率中的货币指的是流通中的货币，如果经济领域流通的货币量较少，则证明在进行生产的过程中，使用货币进行交易的情况比较少，与此同时为了保证能进行正常的生产活动，就会使用较多的不用花钱的资源，这也侧面反映了使用了较多的当地的自然资源。从上表中可以看出，从2001～2011年，此值每年都在降低，也就意味着，厦门市的房地产业正越来越少使用当地的资源，在上小节的分析中，得出房地产业使用的自然资源很少的结论，结合能值/货币比率的变化，可以得知，厦门市房地产业的发展，在比较少的使用本系统自然资源的情况下，正在越来越多的使用系统外的资源进行本市此产业的发展。

7.4.5.3 能值交换率

能值交换率是指商品能值与购买者支付货币相当的能值之比率，也是用来评价系统内外交流的经济得益率的指标，是能值评价方法中对经济亚系统是否从经济交换中受益的一个直接的指标。厦门市房地产业能值交换率（2001～2011年）如表7-15所示。

厦门市房地产业能值交换率（2001～2011年） 表7-15

年份	2001	2002	2003	2004	2005	2006
能值交换率	0.211	0.220	0.233	0.363	0.339	0.468
年份	2007	2008	2009	2010	2011	
能值交换率	0.440	0.315	0.252	0.215	0.273	

从上表可以得知，厦门市房地产业能值交换率在2001～2011年最高为0.440，比较小，远小于本市2005年的1.26，同时也是因为此系统本身的特殊性，输入系统的

能值远小于输出的能值，因为此系统的生产的产品比较特殊，被赋予了过度的附加值，同时也证明了现在的房价过高，远远超过了其本身的价值。

7.4.5.4　能值产出率

能值产出率为系统产出能值与经济反馈（输入）能值之比，是衡量系统产出对经济贡献大小的指标。反馈能值来自人类社会经济，包括燃料和各种生产资料及人类劳务。能值产出率越高，表明系统获得一定的经济能值投入，生产出来的产品能值越高，也即是生产效率越高（表 7-16）。

厦门市房地产业能值产出率（2001～2011 年）　　表 7-16

年份	2001	2002	2003	2004	2005	2006
能值产出率	1.07	1.06	1.05	1.04	1.03	1.03
年份	2007	2008	2009	2010	2011	
能值产出率	1.03	1.04	1.05	1.06	1.04	

从表 7-15 可看出反馈和产出表现很有竞争力，且此产业经济活力处于比较稳定的状态，也表示此产业对系统的经济贡献趋于稳定状态。

7.4.5.5　废弃物与可更新能值比率

废弃物与可更新能值的比率反映了废弃物对环境的压力，厦门房地产系统的此比率相对较小。值得警醒的是随着此产业的发展越来越快速，此值在增大，2011 年此值明显增大，已经远远大于其他各年同项数据。从废弃物每年的产量角度分析，仅固体废弃物每年的产生量都在 300 万 t 以上。建筑垃圾中的固体废弃物的降解速度比较缓慢，降解期限比较长，严重影响自然生态环境，所以不能仅看此计算指标的大小，更应该从长远的角度，注意在每年的累积效应下，对厦门市的自然生态环境造成的影响。很显然 2011 年的该数据，已经明显增大了，因此可以预见，随着本市房地产业的高速发展，每年废弃物的产生量在快速增加，废弃物的累计数量也在增加。基于这个方面的考虑，需要控制房地产业的发展速度（表 7-17）。

厦门市房地产业废弃物与可更新能值比率（2001～2011 年）　　表 7-17

年份	2001	2002	2003	2004	2005	2006
废弃物与可更新能值比率	9.98×10^{-6}	8.12×10^{-6}	1.00×10^{-5}	6.25×10^{-6}	1.26×10^{-5}	5.64×10^{-6}
年份	2007	2008	2009	2010	2011	
废弃物与可更新能值比率	6.33×10^{-6}	7.35×10^{-6}	5.67×10^{-6}	5.95×10^{-6}	4.63×10^{-5}	

7.4.5.6　可更新能值比率

可更新能值比率反应的是对于系统而言，其中属于自然环境的可更新资源的能值在总能值中所占的比例，反映了自然环境的利用潜力。由于其在一定程度上反映了此系统消耗的自然环境资源及系统在进行能源循环使用上的能力，所以为系统的可持续评价提供一定的辅助标准。厦门市 2001～2011 年可更新能值比率如表 7-18 所示。

厦门市房地产业可更新资源能值比率（2001～2011 年） 表 7-18

年份	2001	2002	2003	2004	2005	2006
可更新资源能值比率	0.07	0.06	0.05	0.04	0.03	0.03
年份	2007	2008	2009	2010	2011	
可更新资源能值比率	0.03	0.04	0.05	0.06	0.04	

从上表可以明显得出每年的可更新资源能值在投入总能值里所占的比例很小，也就意味着本市房地产业的能值投入是以不可更新资源为主的，仅从此指标来看，房地产业是不可持续的产业，使用了大量不可更新资源，不利于资源的循环利用，就本房产系统而言，表示此产业不可持续，但是由于此系统仅是厦门市生态经济系统中的一个亚系统，不能仅从此一个指标确定该产业的可持续性。

7.4.5.7 环境负载率

环境负载率为系统不可更新能源投入与可更新能源投入能值总量之比，反映的是系统的自然环境承载的压力。此指标是衡量国家或者地区经济系统是否是可持续发展的重要指标。由于人类活动、经济活动等不可避免的使用自然资源，当使用的自然资源过多，超过了环境的自更新能力时，就会对自然环境产生不可逆转的影响，所以此指标可以比较直观反映某一产业对环境的影响。厦门市房地产业 2001～2011 年环境负载率如表 7-19 所示。

厦门市房地产业环境负载率（2001～2011 年） 表 7-19

年份	2001	2002	2003	2004	2005	2006
环境负载率	13.47	15.44	18.12	25.09	29.84	34.77
年份	2007	2008	2009	2010	2011	
环境负载率	34.36	24.49	17.38	15.50	22.83	

厦门市房地产业环境负载率 2001～2011 年的数值相对较大，大多数年份此值大于厦门市平均值，反映了此产业对环境的压力，产业需要投入的不可更新资源要远远大于可更新资源。在仅考虑此产业的情况下，房地产业无疑对自然环境的自恢复力产生了重大的影响。从表中 7-18 中的数据，可以得出一个明显的结论，厦门市房地产业系统是不可持续性的。但是由于此系统是非闭合式的，它与其他系统的资源交换较多，其中很多资源是可更新资源，比如钢铁，原材料状态的铁元素是随着全球的循环系统在循环，并没有消失，而是以其他形式存在于地球自然资源系统中；但是，这些资源

在进入房地产系统时是不可更新资源的形态，所以从整个厦门市或者福建省的经济系统来看，结论会有所不同。

7.4.5.8　系统可持续指标

EISD 定义为原可持续发展指标和能值交换率的乘积，即能值产出率与能值交换率的乘积除以能值投资率，表达为 EISD＝EYR・EER/EIR；通过实测表明 EISD 值能更好地评价同等环境压力下，不同产品生产结构对社会经济发展贡献的不同。此值越高，说明在单位环境压力下的社会经济效益越高，则系统的可持续发展性能越好。根据现有的文献研究结论，此值的大小只能相对表示可持续发展性能，目前没有统一的标准来区分可持续发展水平。通过文献数据的统计分析，得到 76 个可持续指标值，其值分布区间如表 7-20 所示，由于能值分析方法计算所得数据与时间和空间都相关，所以这些数值代表的可持续性来自于时间和空间两个方面综合计算得出。

系统可持续指标（EISD）统计表　　表 7-20

EISD	$E<0.1$	$0.1<E<1.0$	$1.0<E<10$	$10<E<20$	$E>20$
对象个数	10	25	24	7	10

根据图 7-14 和表 7-19 所示的 EISD 值分布情况，结合具体城市系统的情况进行分析，EISD 值超过 20 的共有 10 个城市（或区域），分别是 2007 年庆阳市环县和 2000～2008 年的榆林实验区，两个区域明显的可持续特征：可更新能值流与不可更新能值流的比值都大于 1，可更新资源占比重比较大，能值废弃率比较低。

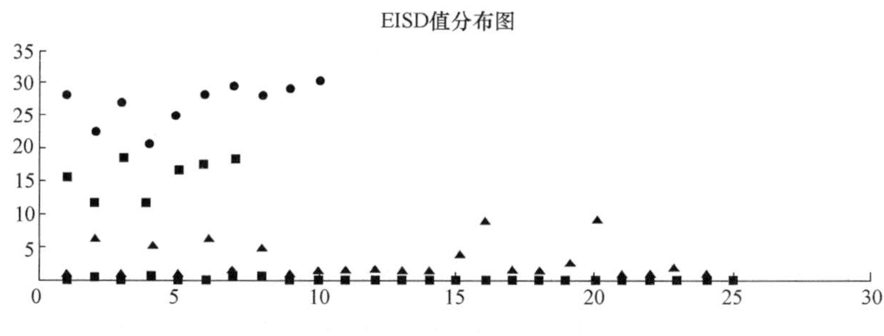

图 7-14　可持续指标值（EISD）分布图

（1）榆林实验区是国家重点可持续发展实验地，注重实验区可持续能力的建设；

（2）环县环境压力小，经济发展合理，证明此计算所得的可持续指标比较符合实际情况，因此以此地区计算所得的可持续指标为标准进行强可持续的标准测定比较合理。EISD 值低于 0.1 的城市（或区域）有 10 个，分别为 2003、2005 年的澳门，2000、2004、2005 年的北京，2005、2006、2007 年的苏州，2004 年的上海，以上地区在特定的时间 EISD 的值都很小。结合这些地区在相应年份的经济的高速发展进程以及环境负荷率指标很大的现实，可以认定这些地区经济发展对环境造成了很大的压力，据此认为将其界定为不可持续也是合理的。

根据上述城市的可持续发展指标值的大小情况，进行可持续性强弱程度定义，如表 7-21、表 7-22 所示。

系统可持续值标准定义表 **表 7-21**

EISD	$E<0.1$	$0.1<E<1.0$	$1.0<E<10$	$10<E<20$	$E>20$
可持续性程度	不可持续	较弱可持续	一般可持续	可持续	强可持续

厦门市房地产业系统可持续指标（EISD）（2001～2011 年） **表 7-22**

年份	2001	2002	2003	2004	2005	2006
可持续指标	0.016	0.014	0.013	0.014	0.011	0.013
年份	2007	2008	2009	2010	2011	
可持续指标	0.013	0.013	0.014	0.014	0.012	

表 7-22 中，2001～2011 年厦门市房地产业的 EISD 基本在 0.013 左右，根据本章定义属于不可持续范围，由此可见厦门市房地产业系统可持续发展能力非常低，即在获得一单位经济效益时，环境付出了很大的代价。

7.4.5.9 厦门市房地产业能值静态分析结论

根据以上数据的具体分析，可以得出以下结论：

(1) 在对经济指标进行分析后，表明厦门房地产业处于高速发展的状态，对厦门经济贡献每年都处于增长中，为厦门其他产业的发展提供了比较活跃的金融环境，即经济方面可持续性较好。

(2) 在评价环境的可持续指标中，可更新能之比率、废弃物与可更新能值比率、环境负载率、系统可持续指标等都比较明显的表示以目前的发展方式，厦门市房地产业无疑处于一个比较不利于生态环境的发展方式——即环境不可持续发展，耗费了大量来自于系统外的不可更新资源，这种消耗是不可逆的，将会造成部分自然资源的枯竭，间接结果就是此产业对于全系统可更新资源的消耗严重，将造成全系统自然资源的匮乏；同时，此产业发展过程中产生了大量的废弃物，这些废弃物中所含的资源无法在短期内重新进入全球物质循环系统，不利于物质的重生聚合。

(3) 根据厦门市房地产业的系统可持续指标 EISD 的数值处于不可持续范围，可以认为厦门市房地产业处于不可持续的状态。

7.4.6 厦门市房地产业系统动态变化分析

在本小节中，对厦门市 2001～2011 年间的房地产业能值投入和产出情况进行了计算和分析（表 7-23、表 7-24），并列出了大部分的能值计算项目，以及选取了具有代表性的可以反映系统可持续性评价的能值指标进行分析，并从近 10 年的数据趋势中发现规律，从而对未来发展进行动态分析。

2001～2011 年厦门市房地产业经济系统能值投入一览表（单位：sej）　　表 7-23

年份	2001	2002	2003	2004	2005	2006	2007	2008	2009	2010	2011
1. 可更新资源											
太阳光	0.08	0.08	0.08	0.08	0.08	0.08	0.08	0.08	0.08	0.08	0.08
水资源(g)	0.24	0.46	0.21	0.19	0.17	0.11	0.09	0.11	0.22	0.2	0.19
小计	0.32	0.54	0.29	0.27	0.25	0.19	0.17	0.19	0.3	0.28	0.27
2. 可更新资源产品											
木材(J)	13.88	16.05	18.2	11.88	17.55	22.81	31.41	36.06	42.03	57.57	63.21
专科生(J)	9.06	7.50	9.69	1.54×10	2.51×10	2.99×10	3.70×10	4.72×10	5.55×10	5.83×10	5.67×10
本科生(J)	5.54	4.58	5.92	9.41	1.53×10	1.83×10	2.26×10	2.88×10	3.39×10	3.56×10	3.46×10
研究生(J)	1.30×10	2.29	2.96	4.70	7.66	9.15	1.13×10	1.44×10	1.70×10	1.78×10	1.73×10
专家(J)	1.94×10	1.15	1.48	2.35	3.83	4.57	5.64	7.21	8.48	8.90	8.66
其他人员(J)	1.17	9.69×10^{-1}	1.25	1.99	3.24	3.87	4.77	6.10	7.17	7.53	7.32
建筑工人(J)	8.84×10^3	8.35×10^3	8.63×10^3	7.14×10^3	8.29×10^3	1.25×10^4	1.72×10^4	1.99×10^4	2.42×10^4	2.76×10^4	2.18×10^4
3. 不可更新资源											
火电(kWh)	1.27×10	1.38×10	1.57×10	1.12×10	1.75×10	2.34×10	3.73×10	4.18×10	5.05×10	6.51×10	6.61×10
钢材(g)	3.67×10^3	4.24×10^3	4.81×10^3	3.14×10^3	4.64×10^3	6.88×10^3	9.47×10^3	1.09×10^4	1.27×10^4	1.74×10^4	1.91×10^4
混凝土(g)	8.56×10^4	9.51×10^4	1.18×10^5	1.41×10^5	2.18×10^5	3.91×10^5	5.33×10^5	4.13×10^5	3.33×10^5	3.19×10^5	3.60×10^5
砂浆(g)	1.76×10^4	1.67×10^4	1.93×10^4	2.19×10^4	1.43×10^4	2.12×10^4	2.75×10^4	3.79×10^4	4.35×10^4	5.07×10^4	6.94×10^4
砖(g)	4.42×10^3	5.11×10^3	5.79×10^3	3.78×10^3	5.59×10^3	7.26×10^3	1.00×10^4	1.15×10^4	1.34×10^4	1.83×10^4	2.01×10^4
石灰(g)	3.45×10^3	3.28×10^3	3.79×10^3	4.30×10^3	2.81×10^3	4.15×10^3	5.39×10^3	7.42×10^3	8.52×10^3	9.93×10^3	1.36×10^4

续表

年份	2001	2002	2003	2004	2005	2006	2007	2008	2009	2010	2011
油漆(g)	2.62×10^{3}	2.49×10^{3}	2.88×10^{3}	3.27×10^{3}	2.13×10^{3}	3.15×10^{3}	4.09×10^{3}	5.64×10^{3}	6.47×10^{3}	7.54×10^{3}	1.03×10^{4}
装饰石材(g)	2.55×10^{3}	2.43×10^{3}	2.81×10^{3}	3.18×10^{3}	2.08×10^{3}	3.07×10^{3}	3.99×10^{3}	5.49×10^{3}	6.31×10^{3}	7.35×10^{3}	1.01×10^{4}
土地损失	3.67×10^{-1}	4.24×10^{-1}	4.81×10^{-1}	3.14×10^{-1}	4.64×10^{-1}	6.03×10^{-1}	8.30×10^{-1}	9.53×10^{-1}	1.11	1.52	1.67
小计	1.29×10^{5}	1.38×10^{5}	1.66×10^{5}	1.88×10^{5}	2.58×10^{5}	4.49×10^{5}	6.11×10^{5}	5.11×10^{5}	4.48×10^{5}	4.58×10^{5}	5.25×10^{5}
环境资源能值	6.90×10^{-1}	9.65×10^{-1}	7.73×10^{-1}	5.84×10^{-1}	7.15×10^{-1}	7.92×10^{-1}	9.95×10^{-1}	1.14	1.41	1.80	1.94
可更新资源能值	8.91×10^{3}	8.38×10^{3}	8.67×10^{3}	7.19×10^{3}	8.36×10^{3}	1.26×10^{4}	1.73×10^{4}	2.01×10^{4}	2.44×10^{4}	2.77×10^{4}	2.20×10^{4}
不可更新资源能值	1.20×10^{5}	1.29×10^{5}	1.57×10^{5}	1.80×10^{5}	2.50×10^{5}	4.37×10^{5}	5.94×10^{5}	4.91×10^{5}	4.24×10^{5}	4.30×10^{5}	5.03×10^{5}
输入总能值	1.29×10^{5}	1.38×10^{5}	1.66×10^{5}	1.88×10^{5}	2.58×10^{5}	4.49×10^{5}	6.11×10^{5}	5.11×10^{5}	4.48×10^{5}	4.58×10^{5}	5.25×10^{5}

2001～2011 年厦门市房地产业经济系统能值输出一览表（单位：sej） 表 7-24

年份	2001	2002	2003	2004	2005	2006	2007	2008	2009	2010	2011
系统产出项目											
1(固体废物 g)	0.59	0.45	0.57	0.30	0.69	0.46	0.71	0.96	0.90	1.07	6.84
2(废气 m)	0.02	0.02	0.02	0.01	0.03	0.02	0.04	0.06	0.06	0.08	0.09
3(废水 g)	0.28	0.21	0.27	0.14	0.33	0.22	0.34	0.46	0.43	0.51	3.27
4 开发企业员工工资	1.28×10^{5}	1.03×10^{5}	1.31×10^{5}	1.99×10^{5}	3.31×10^{5}	4.07×10^{5}	5.06×10^{5}	6.89×10^{5}	8.29×10^{5}	8.76×10^{5}	8.02×10^{5}
5 建筑企业员工工资	9.46×10^{5}	1.07×10^{6}	1.19×10^{6}	7.43×10^{5}	1.12×10^{6}	1.50×10^{6}	2.08×10^{6}	2.57×10^{6}	3.20×10^{6}	3.65×10^{6}	2.73×10^{6}
6 系统产品销售能值	5.04×10^{6}	5.10×10^{6}	5.80×10^{6}	4.22×10^{6}	6.17×10^{6}	7.71×10^{6}	1.13×10^{7}	1.30×10^{7}	1.38×10^{7}	1.67×10^{7}	1.57×10^{7}
合计项目											
废弃物	8.89×10^{-1}	6.80×10^{-1}	8.66×10^{-1}	4.50×10^{-1}	1.06×10^{-1}	7.09×10^{-1}	1.09	1.47	1.38	1.65	1.02×10
输出能值总量	6.19×10^{6}	6.35×10^{6}	7.22×10^{6}	5.22×10^{6}	7.71×10^{6}	9.73×10^{6}	1.41×10^{7}	1.64×10^{7}	1.81×10^{7}	2.15×10^{7}	1.94×10^{7}

注：表中第 4、5、6 项的计算单位均为 $（美元）。

7.4.6.1　能值投入动态分析

本小节主要就近十年来厦门市房地产业能值投入方面来分析，具体是从房地产业可持续性方面考虑能值投入的变化。

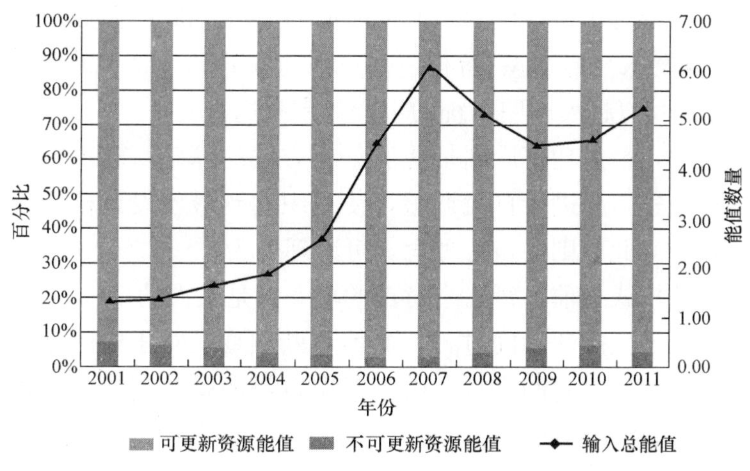

图 7-15　2001～2011 年厦门市房地产业能值投入变化图

由表 7-22～表 7-24 可知，近 10 年能值总量变化分为三个阶段：2001～2007 年系统能值投入总量每年都在增加，2007～2009 年出现了小幅下降，2009～2011 年重新进入增长阶段。

如图 7-15 所示：能值总投入中不可更新资源占比例为 95％左右，在不可更新投入中主要是建筑材料资源的投入较多，这些资源中除钢筋回收率较高，可以进行多次使用以外，其他资源（如混凝土、石材等）一旦废弃就需要近百年的时间才能重新进入地球物质循环的过程。

由于在不可更新资源中，建筑材料所占比例较大，如果在不影响产品使用功能的情况下，增加建筑材料的循环使用次数，必定会有利于节约自然资源以及减轻生态环境的压力。

结合表 7-23，最低值 2004 年的土地损失值为 3.14×10^{-1}sej，最高值 2011 年的此值为 1.67sej，为 2004 年的 5.4 倍，7 年的时间出让幅度增加了 4.4 倍，出让速率过快。众所周知，土地资源是房地产发展的关键资源，所以减缓房地产业的发展速度，适当的控制土地出让速率和幅度才是关键。

7.4.6.2　基于最大功率原则的系统动态解释

（1）最大功率原则（Maximum Power Principle，MPP）：具活力的系统，其设计组织方式必须能从外界获取可利用能量加以有效利用，并能反馈能量以获取更多的能量，以应存活之需。Odum 发展为最大能值功率原则（Maximum EmPower Principle，MePP）。

（2）边际特征能值（Marginal Specific Emergy）：表示系统每产出一单位的物质所需要的能值投入，此值越小，表明系统的转换效率越高。

（3）能值功率（Empower）：单位时间内的能值流量。

（4）能值功率密度（Empower Density，EPD）：单位时间内单位面积的能值流量，此指标的数值代表系统每年每单位面积使用能值的大小，即是系统功率大小的量度。

（5）系统能值投入生产效率指标（Production Efficiency Of Emergy Invested，PEEI），顾名思义，其值越大表明系统的生产效率越高。

上述五个概念中，最大功率原则是能值分析方法的基础，表示系统在进行生产的过程中，为了生存竞争，会进行自我调整，使组织达到最佳设计模式，以能从外界最大程度地获取能量。对此原则的核心理念，可以理解为：

（1）在达到最佳模式之前，每一个时点的功率都是最大功率；

（2）它指引着系统生产活动的进行，其值不断改变，对于封闭系统而言，最终会达到某一个定值，但是随着时间进行，由于系统自身的资源消耗而结束这段时期，继而进入衰退期（图 7-16），然而，对于开放系统，由于系统会不断高效发展，所以出现阶段性的最大功率值，随着系统不断扩张，此值会再次发生变化，系统不断发展使得最大功率值会呈现周期性波动变化（图 7-17）。

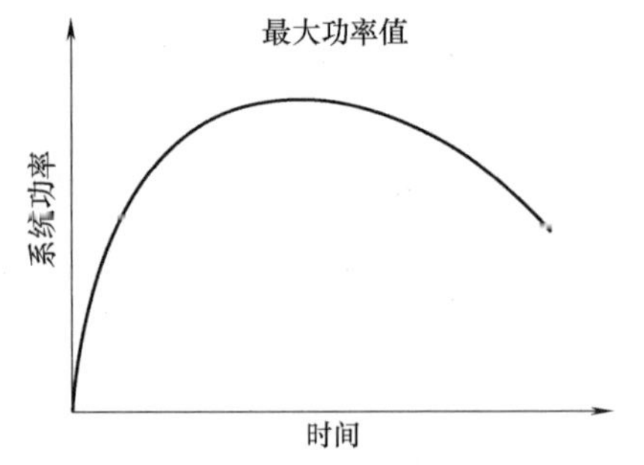

图 7-16　闭合系统功率趋势图

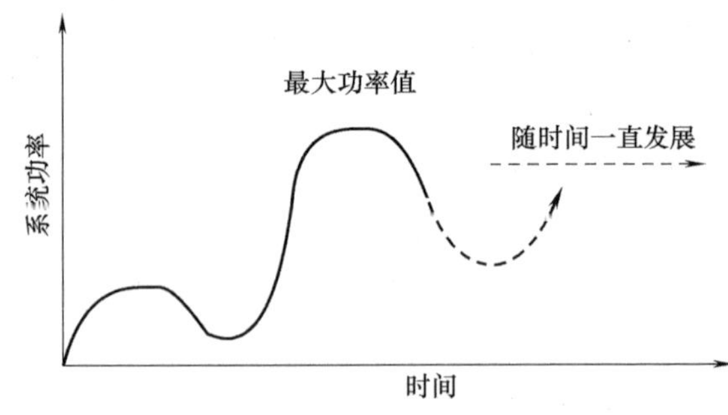

图 7-17　开放系统功率趋势图

开放系统发展中能量和系统功率的关系：

（1）能量供给充裕时，系统成长最佳，发展最大，取得最大功率。因此，“生物群落”演替的早期阶段，他们的“生物量”增长迅速。能量供给固定不变时，系统最大功率较低，竞争力较差，灵活性不够和效率不高。当能量来源有限时，系统通过各种变化方式最大限度发挥其功率，以提高运转效率。

（2）系统内能量流动也遵循“最大功率原则”，即系统要永续运作且不被竞争者淘汰，则必须自系统外输入具潜在可利用的能量。为了满足此需要，具存活力的系统必须反馈所储存的能量以获取更多的能量，使周围系统能量转换过程中，均能制造更多可利用的能量。

由上述内容，得知系统发展过程中生产效率和系统功率变化的趋势：

（1）系统在发展的初期阶段，为了发挥系统本身的生产能力，系统功率和系统生产效率迅速增长，此时都处于上升期，根据文献实验结果可知生产效率的增长速度要大于功率的增长速度，所以生产效率先达到最大值，然后系统生产效率开始下降，而系统功率继续增加，直到达到最大值。系统进入第一次稳定期，经过稳定期的发展，系统能量供给固定不变，随着系统能量消耗，系统的生产效率开始下降，系统功率开始下降，系统进入波动下降期；

（2）系统在功率最低点时，开始扩张，为了获得充足的能量，开始扩大能量输入范围，并提高利用率，系统进入生产效率与功率上升期，直到重复（1）中所述的变化，从而进入周期性波动循环的过程中。

通过以上的叙述和归纳，可以得到开发系统生产效率和功率随时间变化的趋势图，见图 7-18。

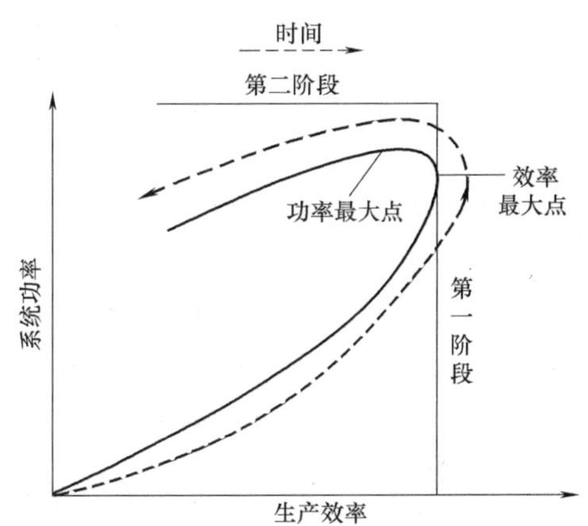

图 7-18　开放系统功率和生产效率发展变化关系

资料来源：Linjun Li，Hongfang Lu，David R. Tilley，The maximum empower principle：An invisible hand controlling the self-organizing development of forest plantations in south China [J] Ecological Indicator

7.4.6.3　厦门市房地产业能值动态分析

在以上准则指引下，进行厦门市房地产业系统分析：拟通过分析边际特征能值、系统生产效率和系统功率等指标，评价厦门市房地产业发展趋势。

如表 7-25 所示，根据 2001～2011 年厦门市房地产业能值分析表相关数值计算得到 MSE（边际特征能值）、PEEI（系统生产效率）、EMD（系统功率）等指标值。

厦门市房地产业系统功率指标表　　**表 7-25**

年份	2001	2002	2003	2004	2005	2006
EMD	4.09×10^{22}	3.90×10^{22}	3.87×10^{22}	3.57×10^{22}	3.71×10^{22}	2.91×10^{22}
PEEI	1.27×10^{-4}	1.13×10^{-4}	1.01×10^{-4}	1.79×10^{-4}	1.20×10^{-4}	1.14×10^{-4}
MSE	6.12×10^{6}	6.17×10^{6}	6.93×10^{6}	4.19×10^{6}	6.40×10^{6}	6.48×10^{6}
年份	2007	2008	2009	2010	2011	
EMD	3.21×10^{22}	3.98×10^{22}	4.09×10^{22}	3.73×10^{22}	2.84×10^{22}	
PEEI	7.95×10^{-5}	5.68×10^{-5}	4.34×10^{-5}	3.68×10^{-5}	4.88×10^{-5}	
MSE	9.74×10^{6}	1.38×10^{7}	1.65×10^{7}	2.04×10^{7}	1.71×10^{7}	

如图 7-19 中所示，2001～2004 年系统生产效率总体处于上升趋势，2004～2010 年处于下降期，2010～2011 年处于小幅上涨期，根据系统生产效率的定义，表明 2004～2011 年总体趋势处于下降期，表明系统的投入获得的回报逐渐的减小，从另一个侧面反映了此时期系统的不可持续状态；系统功率趋势线中，2001～2006 年总体趋势处于下降期，

于 2006～2007 年之间达到最小值，2007～2009 年处于上升期，2009～2011 年处于下降期；2011 年系统生产效率趋势的小幅上升和系统功率趋势的下降表明系统刚经过一次循环，正在进入下一次循环的过程中。

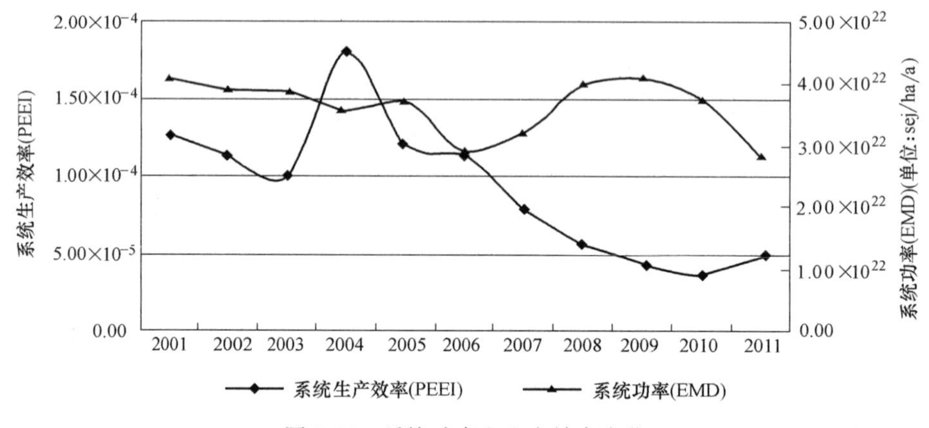

图 7-19　系统功率和生产效率变化

根据前文所述，房地产业系统属于开放系统，在图 7-19 中，系统功率趋势线出现了明显的波动现象，验证了上述第二条对最大功率准则的理解，也表明了厦门市房地产业系统在不断调整自身的发展，并且目前处于低功率，低生产率时期，正在向下一个最大功率时期发展。此种现象表明系统在功率到达最大的过程中，生产效率是不断降低的，这种趋势正验证了最大功率原则的涵义。

可以看出，目前厦门市房地产业系统处于第二阶段的变化中，接下来的一段时期系统将处于系统功率下降，生产效率上升（但此值很小）的阶段，系统恢复部分活力，为了系统发展，将会需要更多资源。一旦系统投入不可更新资源过多，会严重影响系统的资源循环，下一阶段的扩张，就需要在更大的区域、更多的能量投入。由于投入的不可更新资源中建筑材料（比如混凝土）所占比例很高，将会导致周边各地区生产该材料的原材料消耗严重，进而影响周边的生态环境。此现象的出现也表明了目前厦门市房地产业系统的不可持续性。

如图 7-20 所示，边际特征能值（Marginal Specific Emergy）的值变化趋势为 2001～2003 年处于小幅上升期，2003～2004 年下降，2004～2010 年处于持续上升期，2010～2011 处于下降期。此值 2004 年以后，边际特征能值处于持续增长期 2010 年左右达到峰值，是 2004 年的 4.9 倍；综合考虑图 7-20 中系统生产效率和系统功率的趋势变化可知，随着边际特征能值的增大，系统的生产效率开始下降，系统功率总体处于上升趋势，达到最大值，接着在边际特征能值达到最大值时开始下降，符合最大功率原则的定义范围及指引。

2004～2010 年边际特征能值持续增加，表明了此阶段系统消耗能值过大，该值越大越说明系统每增长一单位产出需要消耗的能值就越多。随着系统进入生产效率上升期和功率的下降期，这种能值消耗过大的现象将会严重制约系统的生产可持续状态。

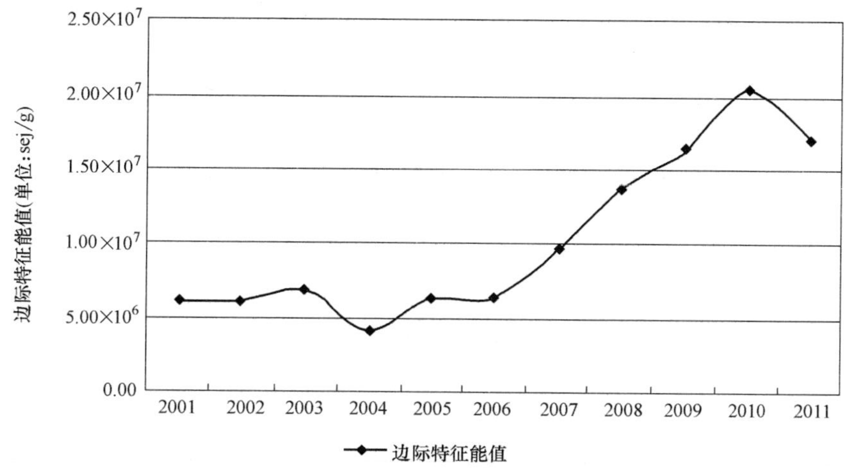

图 7-20　边际特征能值变化趋势图

未来系统的发展将要依靠从外界摄取更多的能量才能继续下去。

边际特征能值、系统功率、系统生产效率此三个能值指标能够科学、清晰地描述房地产市场的变化趋势。在综合考虑系统功率和系统生产效率指标的情况下，可以在一定程度上预测某地区房地产业的发展方向。

第 8 章　三峡工程能值分析

8.1　三峡工程的认识变迁

8.1.1　三峡工程介绍

三峡工程全称为长江三峡水利枢纽工程。长江三峡位于长江上游，西起四川奉节白帝城，东到湖北宜昌南津关，全长 192 公里，由瞿塘峡、巫峡、西陵峡以及三峡之间的香溪宽谷和大宁河宽谷所组成。三峡被群山夹于长江中段，横贯四川的奉节、巫山及湖北的巴东、秭归和宜昌，全长 193 公里，包括瞿塘峡、巫峡和西陵峡，其中峡谷段 90 公里。奉节的白帝城，是三峡西部的咽喉；宜昌的南津关，为其东部的门户。

1992 年 4 月 3 日，七届人大五次会议审议并通过了《关于兴建长江三峡工程决议》。1994 年 12 月 14 日，三峡工程在前期准备的基础上正式开工。图 8-1 为三峡工程。

8.1.1.1　工期

三峡工程分三期，总工期 17 年。一期工程 5 年（1993～1997 年），除准备工程外，主要进行一期围堰填筑，导流明渠开挖等。二期工程 6 年（1997～2003 年），工程主要任务是修筑二期围堰，左岸大坝的电站设施建设及机组安装等。导流明渠截流是二期工程转向三期工程建设的重要标志。三期工程 6 年（2003～2009 年），本期进

图 8-1　三峡工程

行的右岸大坝和电站的施工，并继续完成全部机组安装。届时，三峡水库将是一座长达 600 公里，最宽处达 2000m，面积达 10000 平方公里，水面平静的峡谷型水库。

8.1.1.2　巨大效益

三峡工程是中国，也是世界上最大的水利枢纽工程，是治理和开发长江的关键性骨干工程。它具有防洪、发电、航运等综合效益。

防洪兴建三峡工程的首要目标是防洪，可有效地控制长江上游洪水。经三峡水库调蓄，可使荆江河段防洪标准由现在的约 10 年一遇提高到 100 年一遇。

发电三峡水电站总装机容量 1820 万 kW，年平均发电量 846.8 亿 kWh。它将对华东、华中和华南地区的经济发展和减少环境污染起到重大的作用。

航运三峡水库将显著改善宜昌至重庆 660 公里的长江航道，万吨级船队可直达重庆港。航道单向年通过能力可由现在的约 1000 万 t 提高到 5000 万 t，运输成本可降低 35%～37%。

8.1.1.3　枢纽布置

枢纽主要建筑物由大坝、水电站、通航建筑物三大部分组成。

大坝位于河床中部，即原主河槽部位，两侧为电站坝段和非溢流坝段。水电站厂房位于两侧电站坝段之后。永久通航建筑物均布置于左岸。大坝即拦河大坝为混凝土重力坝，坝轴线全长 2309.47m，坝顶高程 185m，最大坝高 181m。设有 23 个泄洪深孔，底高程 90m，深孔尺寸为 7m×9m，其主要作用是泄洪。电站坝段位于大坝两侧，设有电站进水口。枢纽最大泄洪能力可达 $102500m^3/s$。

水电站采用坝后式布置方案，共设有左、右两组厂房。共安装 26 台水轮发电机组，机组单机额定容量 70 万 kW。

通航建筑物包括永久船闸和升船机。永久船闸为双线五级连续梯级船闸。单级闸室有效尺寸为 280m×34m×5m，可通过万吨级船队。

升船机为单线一级垂直提升式，一次可通过一条 3000t 的客货轮。承船厢运行时总重量为 11800t，采用全平衡钢丝绳卷扬方式提升，总提升力为 6000kN。

8.1.1.4　水淹范围

三峡工程正常蓄水至 175m 时，三峡大坝前会形成一个世界上最大的水库淹没区——三峡库区。三峡水库将淹没陆地面积 632 平方公里，淹没城市 2 座、县城 11 座、集镇 116 个，涉及湖北省夷陵区、秭归县、兴山县、巴东县和重庆市主城区及所辖的巫山县、巫溪县、奉节县、云阳县、万州区、石柱县、忠县、开县、丰都区、涪陵区、武隆县、长寿县、渝北区、巴南区、江津市等。其中秭归、兴山、巴东、巫山、奉节等 9 座县城和 55 个集镇全部淹没或基本淹没。

8.1.1.5 三峡工程十大工程记录

三峡工程是当今世界最大的水利枢纽工程。它的许多指标都突破了世界水利工程的记录。

（1）世界防洪效益最为显著的水利工程。三峡水库总库容 393 亿 m^3，防洪库容 221.5 亿 m^3，水库调洪可消减洪峰流量达 2.7 万立方米每秒 3.3 万 m^3/s，能有效控制长江上游洪水，增强长江中下游抗洪能力。

（2）世界最大的电站。三峡水电站总装机 1820 万 kW，年发电量 846.8 亿 kWh。

（3）世界建筑规模最大的水利工程。三峡大坝坝轴线全长 2309.47m，泄流坝段长 483m，水电站机组 70 万 kW×26 台，双线 5 级船闸和升船机，无论单项、总体都是世界建筑规模最大的水利工程。

（4）世界工程量最大的水利工程。三峡工程主体建筑土石方挖填量约 1.34 亿 m^3，混凝土浇筑量 2794 万 m^3，钢筋 46.30 万 t。

（5）世界施工难度最大的水利工程。三峡工程 2000 年混凝土浇筑量为 548.17 万 m^3，月浇筑量最高达 55 万 m^3，创造了混凝土浇筑的世界记录。

（6）施工期流量最大的水利工程。三峡工程截流流量为 9010m^3/s，施工导流最大洪峰流量 79000m^3/s。

（7）世界泄洪能力最大的泄洪闸。三峡工程泄洪闸最大泄洪能力为 10.25 万 m^3/s。

（8）世界级数最多、总水头最高的内河船闸。三峡工程的双线五级船闸，总水头 113m。

（9）世界规模最大、难度最大的升船机。三峡工程升船机有效尺寸为 120m×18m×3.5m，最大升程 113m，船箱带水重量达 11800t，过船吨位 3000t。

（10）世界水库移民最多、工作最为艰巨的移民建设工程。三峡工程水库动态移民最终可达 113 万人。

8.2 三峡工程经济评价

8.2.1 国民经济评价

根据《长江三峡工程成本-收益分析》，国民经济评价表明：三峡工程的净现值（即产出总现值减投入总现值）为 131.2 亿元，经济内部收益率为 14.5%。按规定，净现值大于零，或经济内部收益大于 10%，建设项目是可以接受的。说明从国民经济总体角度衡量，兴建三峡工程是有利的。

8.2.2 费用效益比

根据国家现行的财税制度和现行财务价格，分析了三峡工程的获利能力和贷款清偿能力。

根据以电养电的方针和有关规定，设想的资金来源是：自有资金（包括葛洲坝电站和三峡投产后的收入）占 64.7%；防洪、航运分摊的投资 74.5 亿元，豁免本息，由国家基建投资占 11.9%；国内贷款 109.8 亿元，占 17.5%，年利率 9.35%；国外借款 37.1 亿元（10 亿美元），年利率 8.5%。三峡工程从第 12 年起机组陆续投产后，本身收益可以基本满足后期工程施工的资金需求，故筹措三峡建设资金的关键是前 12 年。前 12 年需要资金 180.3 亿元，除去自有资金，实际需要筹措的资金总额为 153.1 亿元，其中国家基建投资 22.8 亿元，国内贷款 76.8 亿元，短期债券 5.0 亿元。

按 500kV 末端上网电价 9.3 分/kW·h（这一电价是按 10%的投资利润率测算的，低于新建水、火电站的电价）计算，财务内部收益率为 11%，利税率为 12.1%，贷款偿还期和投资回收期均为 20.6 年，即在工程全部竣工后的次年，就可以还清全部贷款和回收全部投资，说明三峡工程在财务上是可行的。

8.3　三峡工程能值评价

8.3.1　能值方法

我国 20 世纪 90 年代初留美学者蓝盛芳引入了系统的能值理论和分析方法。我国专家学者近年来开始把能值分析理论和方法应用于我国不同区域的经济生产发展和生态资源利用效率评估、各生态经济系统的协调均衡能力研究分析等方面，并对研究分析和系统评价不断补充完善，获得了巨大进步。

将能值方法运用于三峡工程，可以较全面地分析三峡工程经济-社会-环境的影响，综合评价三峡工程的可持续发展性能和决策。

8.3.2　能值指标体系

从结构、经济、社会、环境四个方面构建能值指标评价体系综合评价三峡工程可持续性，如表 8-1 所示。

能值综合评价指标体系　　表 8-1

指标体系	评价指标	计算式	意义
工程能值指标	能值自给率 ESR	=系统内资源能值/全部资源能值	反映系统对外交流程度以及经济发展程度。该指标越大，体现了系统自给自足的能力越强，系统内部资源开发的程度也越强
环境效益能值指标	废弃物能值比率 EWR	=排放的废弃物/全部资源	可用来衡量能值使用的有效性以及经济活动对生态资源的破坏程度
	生态环境负荷率 ELR	=全部不可更新资源能值/全部可更新资源能值	反映系统生态环境的承压程度

续表

指标体系	评价指标	计算式	意义
社会效益能值指标	能值交换率 EER	=输入资源、商品财富/输出资源、商品财富	评价单位化工产品或服务的能值效益，该值越高，反映消费此商品或服务能获得更高能值的收益
	人均能值用量 EPP	=全部资源能值/地区人口数	用来衡量该区域居民生活质量和生活水平状况，该值越低，反映平均生活水平不高，生活质量较差
经济效益能值指标	能值产出率 EYR	=PX项目产品产出能值/输入系统全部资源能值	衡量古雷PX系统产出对经济生产的贡献大小，该值越高，系统的生产效率越高，用以表明能源生产与利用的效率，彰显经济竞争活力
	能值投资率 EIR	社会经济反馈投入能值/自然环境投入能值	自然对经济活动的承受力
生态评价能值指标	可持续能力指数 ESI	= EYR/ELR	综合评价系统发展的可持续性，即在最小环境压力下产出最大经济效益的能力；ESI<1，系统长期发展潜力不够；1<ESI<5，系统可持续发展适度；ESI>5，具有长期可持续发展能力；ESI>10，系统不发达
	可持续发展性能 EISD	=NEYR×EER/ELR	兼顾社会经济效益和生态环境压力，该值越高，体现了单位环境压力下的社会经济效益越高，系统可持续发展性能越好

8.3.3 三峡工程能值计算

8.3.3.1 生态可更新资源输入

可更新资源伴随着三峡项目全寿命周期自始至终存在。三峡工程主要是运用可更新能源中的水重力势能：三峡区域水重力势能为 7.73×10^{17} J/yr。

8.3.3.2 三峡项目工程成本量化分析

工程成本为构成建筑物本体所消耗的自然资源和能量，实际上是货币化计价体系所计入的物质和能量的相对货币价值。静态投资忽略年能值美元比率的变化，主要取决于国家的能值输入和GDP。

1. 重新安置

三峡工程重新安置花费 9.18×10^{9} 美元。

2. 混凝土

根据1992年设计的三峡工程项目，三峡工程混凝土用量体积为 $2.71\times10^{7}\text{m}^{3}$，混凝土用量$=2.71\times10^{7}\times2.5\times10^{6}=6.775\times10^{13}$g。

3. 钢铁

根据1992年设计的三峡工程项目，三峡工程钢铁用量为 6.35×10^{11}g。

4. 建造投资

三峡项目建造投资 8.96×10^{9} 美元。

5. 运营维护

三峡工程项目运营维护费用假定为建造投资的一半，则费用为 4.35×10^{9} 美元。

6. 电力传输服务

三峡工程项目电力传输服务费用为 5.61×10^{9} 美元。

8.3.3.3　三峡项目环境成本量化分析

根据收集来的资料，计算各种资源数据前后的变化，通过能值转换率和能值/货币比率，计算出三峡前后总能值的改变情况。

1. 岩土

三峡大坝建设挖掘的泥土和岩石质量为 2.68×10^{14} g。

2. 沉积物淤积

三峡工程项目造成的沉积物淤积不仅包含一定的有机物能量，还会造成相应的重力势能。沉积物有机质能量为 7.87×10^{18} J，沉积物重力势能为 5.97×10^{16} J。

3. 农作物损失

三峡工程建设导致农作物损失 1.16×10^{15} J/yr。

4. 果园产量损失

三峡工程建设导致果园产量损失 6.02×10^{14} J/yr。

5. 污染治理投资

三峡工程污染治理投资费用为 4.74×10^{9} 美元。

6. 地震

根据袁丽等对三峡地区地震灾害损失预测研究，一般情况下，同震级的水库诱发地震的危害性比天然构造地震大，造成的破坏强；不管是天然构造地震，还是水库诱发地震对三峡大坝都不会构成危害。但是，这些潜在地震危险对三峡地区人口比较集中的地带可能构成较大的灾害损失或生态灾害。2003 年三峡蓄水至 2014 年底，三峡库区共发生过 4 次 4.0 级以上地震，即 2008 年 4.1 级，2013 年 5.1 级，2014 年上半年的 4.2 和 4.5 级。依据湖北丹江口水库、广东新丰江水库、印度柯依纳水库、意大利皮阿施特拉水库等的诱发地震灾害损失粗略预测三峡水库诱发地震的震害损失为：发生 4.0 级地震，震中烈度Ⅴ，重伤约 2 人，直接经济损失按 2000 年物价计算约 500 万元；发生 4.5 级地震，震中烈度Ⅶ，约 1 人死亡、重伤 8 人，直接经济损失按 2000 年物价计算约 5000 万元；发生 5.0～5.5 级地震，震中烈度 Ⅶ ～ Ⅷ，死亡人数 3～10 人、重伤超过 20 人，直接经济损失按 2000 年物价计算将超过 20000 万元。可见，三峡工程引发的地震造成的损失约为 8 人死亡，32 人重伤，直接经济损失为 26000 万元，即 3140.70 万美元。人的能值转化率为 4.38×10^{15} sej/人；重伤的能值转化率按人的一半计，为 2.19×10^{15} sej/人；能值/货币比率为 8.12×10^{12} sej/＄。

(8 人 $\times 4.38\times10^{15}$ sej/人 $+ 2.19\times10^{15}$ sej/人 $\times$ 32 人 $+ 3140.70\times10^{4}$ ＄ $\times 8.12\times$

10^{12} sej/＄）÷8.12×10^{12} sej/＄＝3.142×10^{7} ＄

则三峡蓄水以来12年全部按经济损失计为3.142×10^{7} ＄，按100年计，则经济损失为2.61×10^{9} ＄。

7. 鱼类资源

长江三峡水库的建立对长江渔业资源将会带来多方面影响，主要对江湖间徊游产漂流性鱼卵的鱼类（包括青、草 、鲢、鳙等）遭受到大范围产卵场破坏，引起中下游天然捕捞产量下降；对江海徊游鱼类的影响表现为大坝阻断了中华鲟入川产卵的通道；汛期洪峰的削减使河口区咸淡水交融线内缩，不利于纠鱼等鱼类上溯。但水库建成后形成一个新的巨大的淡水渔业基地。三峡水库建成后对渔业方面的影响是利弊兼有。自2011年起，中国长江三峡集团公司联合重庆市累计投入3000万元，即464.48万美元，经过3次大规模增殖放流修复三峡库区资源环境，到2014年12月共向三峡库区投放鱼苗4300多万尾。

8. 植物

三峡库区资源植物类别齐全，种类繁多，约4500多种。其中药用植物3500多种，食用植物610种，油脂植物566种，观赏植物500多种，纤维植物250多种，用材树种300多种，防护林、绿肥植物136种，染料植物50多种，橡胶植物41种，其他用途（如芳香油、栲胶、果类、树脂树胶、色素等）植物480种。

对库区古树的跟踪监测结果表明，古树的总体状况基本稳定。仅发现巴东县铁厂荒林场的一株巴山松（高33.5m，胸径1.6m），因雷击、虫害濒临死亡，重庆市北碚区歇马镇大磨滩河边有1株百年以上的黄桷树，因周围环境污染，濒临死亡。

库区珍稀植物篦子三尖杉、福建柏、银杉、金钱松、黄杉、穗花杉、巴山榧等19种保护状况良好。在兴山县龙门河林场发现了已绝迹近百年的国家二级珍稀濒危树种小勾儿茶。在巫山县五里坡林场发现野生珍稀植物红豆杉群落的新分布点。

可见，三峡工程对周围植被没有较大影响。

9. 气候变化

根据陈鲜艳等的研究，通过对三峡库区及其周边地区33个气象观测站1961～2006年降水及气温观测资料的统计分析，尚未发现三峡水库蓄水后周边地区降水量的明显变化，近几年降水较常年偏少趋势与西南地区的降水变化基本一致，体现出降水年代际变化特征，三峡项目建设对当地区域降水没有明显影响。根据西南大学硕士生刘祥梅的研究，三峡库区1951～2004年年平均气温、年平均最高气温略有下降趋势，年平均最低气温略有上升趋势，但在统计上都不具有显著意义，因此三峡工程对温度变化影响也不大。

10. 水土流失

三峡地区水土流失严重，每年高达1.4亿t。

8.3.3.4　三峡项目社会成本量化分析

1. 社会崩溃

三峡工程项目社会崩溃等价于 3.75×10^{7} 个三十岁的成年人。

2. 居民收入损失

三峡工程项目淹没区域的居民收入 1.49×10^{8} 美元。

3. 健康

根据毛德强等的研究，库区的环境变化目前尚未对人群的基本健康状况造成明显的影响。

8.3.3.5　三峡项目经济效益量化分析

1. 文化

三峡工程的修建，将三峡巴楚文化古城被淹没，一些古城历史文化遗迹也将遭到破坏。三峡区域人民发展民俗旅游、文化旅游，建立以三峡库区为核心的大三峡旅游圈，创造了新的经济价值。国外伊泰普和阿斯旺水坝的旅游业收入已分别占到其发电收入的 26％和 34％以上。三峡工程建于美丽的长江三峡，它独具的区域优势和工程本身的影响，假定其旅游业收入占到其发电收入 30％。三峡水电站每年发电能量 3.05×10^{17}J，文化（即旅游业收入）能量 9.15×10^{16}J/yr。见表 8-2 及图 8-2。

2. 电能

三峡工程每年产生电能 3.05×10^{17}J/yr。

3. 防洪

三峡工程项目防洪节约费用 3.82×10^{8} $/yr。

4. 通航

三峡工程项目每年通航节约能源 1.35×10^{16}J/yr。

5. 水产养殖

三峡工程导致蓄水面积长大，水产养殖产量增多 8.25×10^{14}J/yr。

三峡工程项目全寿命周期能值分析（三峡大坝的生命周期假定为 100 年）　　表 8-2

项目	原始数据	单位	能值转化率（sej/单位）	来源	太阳能值（10^{20}sej）
工程成本					
混凝土	6.78×10^{13}	g	5.08×10^{8}	Brown and Ulgiati, 2002	344.17
钢铁	6.35×10^{11}	g	5.07×10^{9}	Zhang et al, 2009	32.2
建造投资	8.96×10^{9}	$	8.12×10^{12}	Chen and Chen, 2009	706.03
运营维护	4.35×10^{9}	$	8.12×10^{12}	Chen and Chen, 2009	353.02
电力传输服务	5.61×10^{9}	$	8.12×10^{12}	Chen and Chen, 2009	455.18
合计					1890.60

续表

项目	原始数据	单位	能值转化率（sej/单位）	来源	太阳能值（10^{20}sej）
环境成本					
水重力势能	7.73×10^{17}	J/yr	1.28×10^{5}	Juan，2016	99003.5
岩土	2.68×10^{14}	g	1.00×10^{9}	Odum，1996	2680
沉积物淤积1	7.87×10^{18}	J	6.30×10^{4}	Brown and McClanahan，1996	4956
沉积物淤积2	5.97×10^{16}	J	1.09×10^{8}	Juan，2016	65053
农作物损失	1.16×10^{15}	J/yr	8.30×10^{4}	Lan et al，2002	96.28
果园产量损失	6.02×10^{14}	J/yr	5.30×10^{5}	Lan et al，2002	319.1
污染治理投资	4.74×10^{9}	$	3.46×10^{12}	Zhang et al，2009	163.9
地震	2.61×10^{9}	$	8.12×10^{12}	Chen and Chen，2009	211.93
鱼类资源	4.64×10^{6}	$	8.12×10^{12}	Chen and Chen，2009	0.38
水土流失	1.40×10^{11}	g/yr	1.68×10^{9}	After Odum，1996	235.2
合计					172719.29
社会成本					
重新安置	9.18×10^{9}	$	8.12×10^{12}	Chen and Chen，2009	745.48
社会崩溃	3.75×10^{7}	人	4.38×10^{15}	Juan，2016	1642.5
居民收入损失	1.49×10^{8}	$	8.12×10^{12}	Chen and Chen，2009	12.10
合计					2400.08
经济收益					
电能	3.05×10^{17}	J/yr	1.59×10^{5}	Chen and Chen，2009	48495
防洪	3.82×10^{8}	$/yr	8.12×10^{12}	Chen and Chen，2009	3100.3
通航	1.35×10^{16}	J/yr	5.30×10^{4}	Li et al，2001	715.7
水产养殖	8.25×10^{14}	J/yr	4.40×10^{2}	Brown and McClanahan，1996	0.36
文化（旅游收入）	9.15×10^{16}	J/yr	1.59×10^{5}	Chen and Chen，2009	14548.5
合计					66859.86

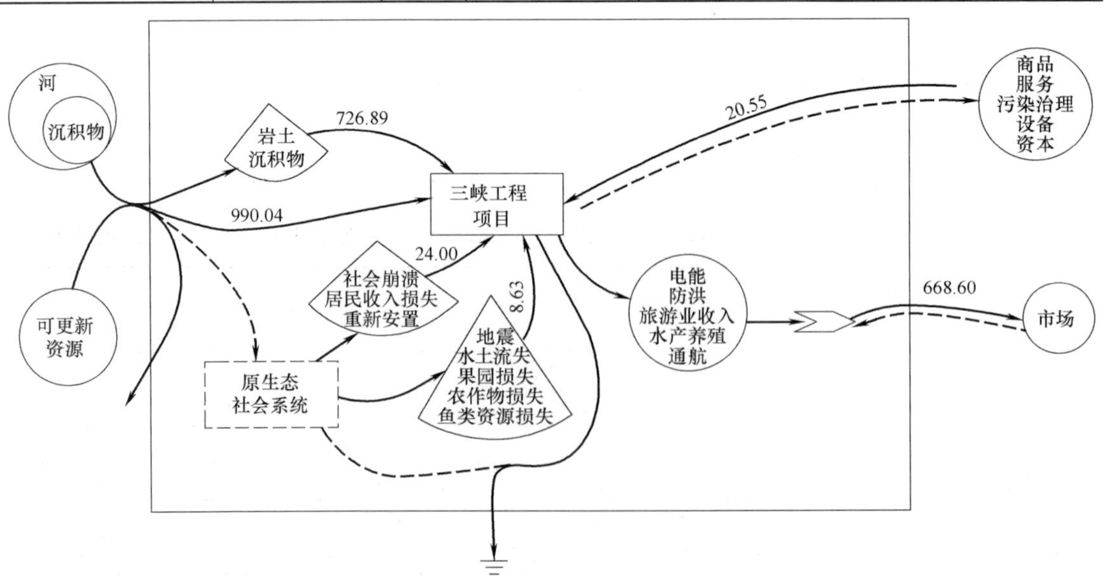

图 8-2　三峡工程项目能值流系统图（单位：10^{22}sej）

8.3.4 三峡工程能值指标评价体系

见表 8-3。

三峡工程项目能值指标评价体系 **表 8-3**

能值指标	三峡项目	能值指标	三峡项目
能值自给率 ESR	98.42%	能值产出率 EYR	23.88
废弃物能值比率 EWR	0.09%	能值投资率 EIR	0.016
生态环境负荷率 ELR	0.73	可持续能力指数 ESI	86.90
能值交换率 EER	0.034	可持续发展性能 EISD	2.94

（1）能值自给率：反映系统对外交流程度以及经济发展程度。该指标越大，体现了系统自给自足的能力越强，系统内部资源开发的程度也越强。三峡工程能值自给率 ESR 为 98.42%，说明三峡工程主要依赖系统内部的水重力势能，自给自足能力较强。

（2）废弃物能值比率：可用来衡量能值使用的有效性以及经济活动对生态资源的破坏程度。三峡工程废弃物能值比率 EWR 为 0.09%，较小，表明三峡工程排放的污染物对环境的影响都较小。

（3）生态环境负荷率：Odum 认为，这个比率很像电路负荷一样，较高的比率数值说明在系统中存在高强度的能值利用和高水平的科技力量，同时对环境系统保持着较大的压力，是对经济系统的一种警示，若系统长期处于较高的环境负荷率下，系统平衡很容易遭到破坏，产生不可逆转的功能退化或丧失。三峡工程生态环境负荷率 ELR 为 0.73，小于 3，说明系统对环境影响相对较低。

（4）能值交换率：评价产品或服务的能值效益，该值越高，反映消费此商品或服务能获得更高能值的收益。三峡工程能值交换率为 0.034，小于 1，交易所得能值尚不能弥补生产所耗费的能值，造成能值外流，在商品和服务交换时处于不利地位。

（5）能值产出率：衡量三峡工程产出对经济生产的贡献大小，该值越高，系统的生产效率越高，用以表明能源生产与利用的效率，彰显经济竞争活力。三峡工程能值产生出 EYR 为 23.88，大于 1，说明三峡工程能值利用效高，生产成本低，生产者收益比较大，说明其投入经济，投入结构合理，能值转化效率高。

（6）能值投资率：反映自然对经济活动的承受力，三峡工程能值投资率 EIR 为 0.016，较低，可以以较低的社会能值投入达到三峡工程服务的目的，因而目前有它存在的价值。

（7）可持续能力指数：综合评价系统发展的可持续性，即在最小环境压力下产出最大经济效益的能力；ESI＜1，系统长期发展潜力不够；1＜ESI＜5，系统可持续发展适度；ESI＞5，具有长期可持续发展能力；ESI＞10，系统不发达。三峡工程可持续能力指数 ESI 为 86.90，大于 10，表明三峡工程系统不发达。

（8）可持续发展性能：兼顾社会经济效益和生态环境压力，该值越高，体现了单位环境压力下的社会经济效益越高，系统可持续发展性能越好。EISD 越高的系统，在可持续发展的长远尺度上越具竞争优势；在系统原有基础上不断引进新的技术创新组分，可提高能值扩大率；降低系统对不可更新资源的依赖程度，增加可更新资源利用能力；提高系统产出能值的能值交换率，避免无谓的交换性能值损失，提高单位环境压力所换取的社会经济效益，从而实现系统模式的优化。三峡工程 EISD 为 2.94，大于 1，可持续发展能力适度。

总的来说，三峡工程投入经济，投入结构合理，能值转化效率高，废弃物对环境污染小，自给自足能力强，可持续发展适度，目前有它存在的价值；但系统不发达，且交易所得能值尚不能弥补生产所耗费的能值，造成能值外流，在商品和服务交换时处于不利地位。

8.4 比较与结论

国民经济评价和费用效益比单单从经济角度对三峡工程进行评价，说明三峡项目是可行的，而忽略了生态和社会方面的评价。根据近几年实际情况，三峡工程导致鱼类资源减少、容易诱发地震、泥沙淤积、水土流失、人口迁移等方面的矛盾。能值评价从经济-社会-生态-工程四方面对三峡工程进行综合评价，说明三峡工程投入经济，投入结构合理，能值转化效率高，废弃物对环境污染小，自给自足能力强，可持续发展适度，目前有它存在的价值；但系统不发达，且交易所得能值尚不能弥补生产所耗费的能值，造成能值外流，在商品和服务交换时处于不利地位。

在国际上相似的研究，M. T. Brown 等从能值分析的角度给出了泰国和湄公河大坝修建的提议。Daeseok Kang 等运用能值方法提议在韩国修建多用途的大坝。Delin Fang 等运用能值方法对湄公河上游水电工程建造进行了环境计量。WU JianHua、曾容、Mingyue Pang 等运用能值方法对我国水电工程进行了评估。

第三篇　工程可持续发展能力

第 9 章　大型公共项目可持续能力指标体系

指标体系为评价研究对象的可持续发展提供了比较的标准。因此，评价指标体系的研究是任何可持续发展问题研究不可缺少的内容。本章提出了建设项目可持续能力的概念和指标体系框架，它包括贡献能力和发展能力两部分。最后，探讨了大型公共工程的可持续能力实现。

9.1　建设项目可持续能力概念与分析

可持续发展的概念来源于生态学，即所谓的生态可持续性（Ecological Suatainability）。公共工程项目共生系统的形成和稳定需要共生能量，这里我们用“可持续能力”（Sustainable Capacity）来定义。工程项目的可持续能力就是该工程项目系统的生态产出与生态足迹的比值。项目的可持续能力是该共生系统形成的关键。项目的可持续能力是保持项目的可持续发展内在属性。项目的共生系统包括内外两部分，内共生系统的可持续能力定义为发展能力（DC，Development Capacity），内共生系统需要具有可更新能力、可维护能力、防灾能力等维持自身的可持续发展；外共生系统的可持续能力定义为贡献能力（CC，Contribution Capacity），需要具有能够持续的为城市/区域经济、社会、环境的可持续发展的贡献能力。这种能力不仅仅是建成到使用年限的阶段，而是更长时间的、对代内和代际的贡献能力。对于开放的工程系统，工程、经济、环境、社会统一与生物圈，可持续能力又可以分为四个方面：工程发展能力、经济推动能力、环境相容能力、社会协调能力。但是为了研究和计算的方便，体现质参量和象参量的作用，分为对内对外两个方面来阐述。

可持续能力和可持续性的概念在基本含义上是相同的，但是可持续能力的提法更加注重能力和发展的动态内涵，这种内涵和特点将更加能够体现项目共生系统的特征；而可持续性一般的定义（见可持续发展综述部分）陷入了静态的、工程性质的评价，不是面向发展的定义。

工程实践的深入，对建设项目的认识是逐步深入的。我们已经知道建设项目对资金需求的最多的阶段是在运营和维护阶段，而不是以前人们通常认为的施工阶段。一般的，运营维护阶段的资金占用是整个工程从投资到废弃总投资额的 40%。目前，发达国家的工程建设已经到了后期阶段，城市化过程已经到了成熟期，甚至有的国家已经出现了“后城市化现象”。美国、澳大利亚等都是高基础设施比的国家，现有城市基础设施的运营和维护（Operation & Maintenance，O&M）问题非常突出。对现有的基础设施是拆除重建还是更新再利用，现有的基础设施能不能适应和如何适应城市的需求和未来的发展，“持续能力（Capacity for Continuance）”被用于研究现存基础设施的可持续性。城市土木工程基础设施使用公众纳税建造的，为公众服务，不仅为当代人服务，也为下代人服务。也牵涉到代际公平的伦理问题，没有理由将短命的、结构和资金使用不合理的基础设施留给下一代。“可持续能力”就是要分析建设项目，尤其是大型公共工程，如交通工程、管道工程、通信工程、水利工程、体育场馆等的可持续发展问题。由于对人与自然关系的认识的转变，建设项目的全生命周期的物质消耗最小化和能量闭环流动要求对现存的项目持续的利用，而不是随随便便的废弃。因此，项目的可持续能力的定义和度量就十分的关键，需要建立相应的指标体系来反映、监测、比较、预测这种能力。

9.2　可持续发展指标体系研究综述

可持续发展问题的研究从概念到理论与实践，度量方法的研究始终是研究的重点和难点。建立相应的指标体系和数学模型，选择适当的方法，对可持续发展进行准确的度量是解决问题的重中之重。

可持续发展指标是研究、评价可持续发展状态的重要工具，它具有反映、监测、比较、预测等功能。不同的国家、不同的组织、不同的学者提出了各种可持续发展的指标体系。作者对他们进行了分类总结，见图 9-1。

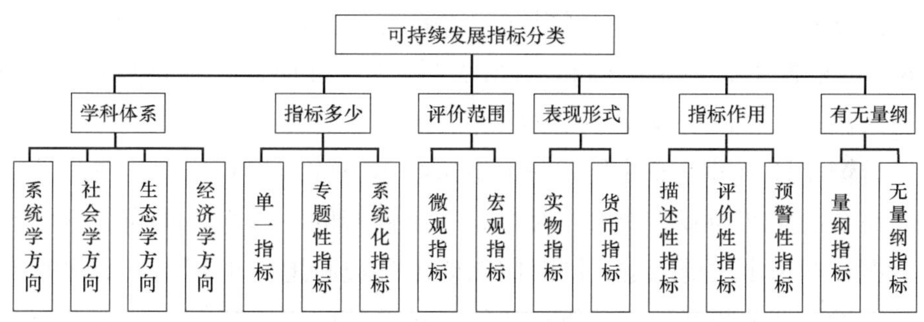

图 9-1　可持续发展指标分类

指标体系的每一个指标，按照不同的归类可以属于不同段的指标体系。例如生态足迹指标既可以是生态学方向的指标，又可以说是单一指标。

由于项目的可持续发展是个跨学科的研究，所以按照学科方向分类的指标体系更容易掌握和使用。以下就对主要的学科方向所建立的代表性的可持续发展指标体系进行综述。

9.2.1　基于生态学的指标体系

9.2.1.1　生态足迹

生态足迹指标体系的指标就是各个生态生产性土地的划分。具体内容已经在第 4

章有详细的介绍。

9.2.1.2 生态服务指标

Constanza 和 Lubchenco 等人提出的“生态服务”（*ES*，Ecological Services）指标体系。生态系统服务（Ecosystem Sevices）是生态系统与生态过程所形成及所维持的人类赖以生存的自然环境条件与效用，可划分为生态系统产品和生命系统支持功能。Constan 和 Lubchenco 等人于 1998 年在《Nature》上首次系统地测算了全球自然环境为人类所提供服务的价值。

生态服务指标体系的提出对更加深刻理解人与自然之间的关系，揭示可持续发展的本质内涵，具有较高的科学价值，但是该指标体系无法对可持续发展围绕的两大主题之一——人与人之间的关系给予充分地提示；同时在“生态服务”的价值估算上还存在较大的不确定性，这构成该指标体系的缺憾之处。

9.2.1.3 生态系统健康指数框架

从系统可持续能力的角度出发，国际上一些学者提出生态系统健康可以通过活力（Vigor）、组织结构（Organization）和恢复力（Resilience）来表征生态系统的稳定性、持续性和完整性。活力（*V*）表示生态系统的功能，可根据新陈代谢或初级生产力等来直接测度；组织机构（*O*）可根据生态系统的多样性及其数量信息来评价；而恢复力（*R*）可根据生态系统结构和功能的维持程度和时间，通过模拟模型来计算。生态系统健康指数（*HI*）可表示为：$HI=V\times O\times R$。

生态系统健康评价最重要的是考虑生态系统本身的结构和功能。在此基础上，系统分析生态系统的生产与服务能力，对生态系统进行健康诊断，明确区分特定生态系统的胁迫状况，辨识出关键问题，同时应该研究环境胁迫与生态参数变化的重要关联性，做出综合的生态分析和经济分析；评价生态系统的当前状态并预测未来的发展趋势，从而提出生态系统健康的综合管理对策。

9.2.1.4 生态系统物化指标

生态系统的物理化学指标是指检测生态系统的非生物环境的指标。非生物环境的因素可能是导致或影响生态过程变化的原因。如土壤肥力、水体富营养化程度、环境中重金属含量、土壤中腐殖质的厚度和河岸的坡度等等；同时，非生物环境的变化也是生态系统行为的反映，如水体中的解氧含量、土壤肥力等等。国际地科联（IUGS）托其下设的地质环境规划委员会（COGEOENV RONMEN）于 1995 年发布了具有 21 个“地质指标”的清单。这个清单作为一种框架，可用于评价和监测景观的快速地质变化，从而可以评价地质变化并预测未来变化。

9.2.1.5 美国国家尺度生态指标

美国国家研究委员会（NRC）于2003年出版的《国家生态指标》（Ecological Indicator for the Nation）中，基于生态资产（包括生物和非生物）、生态功能，提出了反映国家尺度的生态系统健康状态的关键评价指标。

9.2.1.6 生态环境能力评价指标

中科院2002年《中国可持续发展战略报告》，根据环境系统自身恢复力和人类对环境的治理与保护能力，提出了生态环境能力的评价指标体系。该指标体系主要包括五个部分：区域稳定水平、区域缓冲水平、区域自净水平、区域抗逆水平、区域恢复水平。

9.2.1.7 能值可持续指标

能值分析方法在分析系统的可持续性方面已经建立了一系列反映生态与经济效率的能值综合指标：净能值产出率（Net Emergy Yield Ratio，NEYR）、能值投资比（Emergy Investment Ratio，EIR）、环境负载率（Environmental Loading Ratio，ELR）、能值货币比率（Emergy/Money ratio）、能值交换率（Energy Exchange Ratio，EER）。1997年美国生态学家Brown M. T和Ulgiati S提出的能值可持续指标（ESI）填补了能值理论中系统可持续发展评价指标的空缺。ESI定义为系统能值产出率与环境负载率之比（EYR/ELR）。

陆宏芳等又提出系统可持续发展性能的综合指标（Sustainable Development Index，SDI）等等，丰富和完善了能值评价指标体系。

能值可持续发展指标有两大缺点需要进一步完善：（1）系统排出的废弃物和能量只是人类尚未能够利用的物质和能量；同样的能值产出率，在不同的文化、市场、伦理条件下，有不同的能值交换率。（2）环境负载率计算了系统能源资源消耗中不可更新资源的比率，没有考虑到系统排放物对环境的影响程度。

9.2.2 基于经济学的指标体系

经济学方向认为可持续发展的经济是社会实现可持续发展的基础。此方向最具有代表性的替代指标是真实储蓄率（Genuine Saving Product，GSR），以及环境近似调整后的国内生产净值（Approx Environmental-Adjusted Net Domestic Product，AEANDP），也被称为绿色GDP。它们为评价一个国家或地区的可持续发展能力的动态变化提供了有力判据。

通过GSR和AEANDP指数，将经济学方向的指标体系转化为可操作的实践，为国家和区域的管理者与决策者提供了有力的手段。但是该方向指标体系也存在不足之处，一是它在衡量国家经济增长和国家财富的积累随时间变化的同时，忽略了不同国家的基础条件。发达国家在发展初期疯狂掠夺自然资本，对全球造成的灾难性影响无法在指标体系中得到真实的反映和评判；二是该指标体系未能较好地体现地理空间上的不均衡性。

9.2.3 基于社会学的指标体系

在社会学研究方向中，最具有代表性的指标体系是联合国开发计划署（UNDP）于1990年开发的人文发展指标（Human Development Index，HDI）、可持续经济福利指数（Index of Sustainable Economic Welfare，ISEW），以及真实发展指数（Genuine Progress Indicator，GPI）。

9.2.4 基于系统学的指标体系

可持续发展的系统学研究方向指标体系突出特色是以综合协同的观点，体现可持续发展本质特征的“发展度”、“协调度”、“持续度”三者的协调关系。

9.2.4.1 中科院可持续能力指标体系

中科院可持续发展研究组提出“可持续能力”（SC）指标体系。可持续发展系统由其内部具有严格逻辑关系的“五大支持系统”（子系统）所组成：生存支持系统——实施可持续发展的临界基础；发展支持系统——实施可持续发展的动力牵引；环境支持系统——实施可持续发展的约束限制；社会支持系统——实施可持续发展的组织保证；智力支持系统——实施可持续发展的科教支撑。其中任何一个子系统出现失误与崩溃，都会最终毁坏可持续发展总体能力。

9.2.4.2 联合国可持续发展委员会UNCSD

联合国可持续发展委员会提出了国家尺度主题指标体系（UNCSD）（2001）。该指标体系的建立，旨在将可持续发展的理念概念化，以支持政策制定者在国家层次上做出明智的决策。

9.2.4.3 驱动力-压力-状态-影响-响应框架

PSR及其延伸的DPSIR框架是基于环境问题的产生的因果关系建立的。联合《21世纪议程》的国家级持续发展指标便是该指标的典型代表。

9.2.4.4 林业和农业可持续发展指标体系

（1）蒙特利尔进程与林业可持续发展指标

1993年9月在加拿大蒙特利尔召开的林业可持续发展会议上，提出了建立蒙特利尔工作小组，其目的是建立并执行国际通用的林业可持续管理的准则与指标体系，简称“蒙特利尔进程”。

(2) 国际经济合作与发展组织（OECD）推荐的是农业环境指标。OECD 主要针对农业可持续发展。

9.3　现行关于项目评价的比较分析

项目的可持续发展评价与通常所说的经济评价（财务评价和国民经济评价）、社会评价、环境评价、后评价之间有联系也有区别。分析如表 9-1 所示。

几种项目评价方法比较　　**表 9-1**

类别	发生阶段	内容	分析
经济评价	可行性研究	侧重于经济效益	已经包含了某些社会评价内容 导致边界不清、重复计算
社会评价	可行性研究	侧重于对社会福利的影响	社会效益评价内容宽泛 不确定因素多 难以定量化
环境影响评价	可行性研究	侧重于环境影响程度	为环境定价始终是个争议的问题，关于社会环境的内容与社会评价有重叠
项目后评价	运营管理阶段	对工程本身和运营管理进行总结	对建成效果进行评价 具有一定的滞后性
可持续能力	全生命期	侧重于可持续发展能力	从项目决策到项目处置，全局性、动态评价 严格的经济和环境评价范围定义，更加注重建设项目的社会属性

我国的项目评价主要是项目可行性研究阶段的评价和项目后评价。2013 年国家发展计划改革委员会颁布的《投资项目可行性研究指南（试用版）》(后称《指南》)，规定了可行性研究主要有 19 个部分组成：(1) 项目兴建的理由与目标；(2) 市场预测；(3) 资源条件评价；(4) 建设规模与产品方案；(5) 厂址选择；(6) 技术方案、设备方案和工程方案；(7) 原材料燃料供应；(8) 总图运输与公用辅助工程；(9) 环境影响评价；(10) 劳动安全与消防；(11) 组织机构与人力资源配置；(12) 项目实施进度；(13) 投资估算；(14) 融资方案；(15) 财务评价；(16) 国民经济评价；(17) 社会评价；(18) 风险分析；(19) 研究结论与建议。在《指南》中并没有明确评价所依据的理论基础和方法。环境影响评价中针对拟建项目影响环境因素，研究并提出治理和保护的措施，比选和优化环境保护方案。社会评价是研究和分析建设项目对当地社会影响和当地社会条件对项目的适应性和可接受程度，评价内容主要涉及当代和当地的利益，属于代内公平和微观层面上的评价。财务评价和国民经济评价中，没有按照可持续发展的要求计入环境资源本身的价值，没有考虑项目

的社会成本。

1997年国家计委、经贸委、建设部重新颁布的《关于固定资产投资工程项目可行性研究报告"节能篇（章）"编制及评估的规定》，规定可行性研究报告必须包括"节能篇（章）"，应分析项目的建筑、设备、工艺的能耗水平和其生产的用能或能耗指标；2002年国家计委和水利部颁布的《建设项目水资源论证管理办法》规定，凡是直接从江河、湖泊和地下取水的建设项目必须进行水资源论证，包括用水是否合理、是否符合节水要求等。这些都是对可行性研究内容的补充，加入了可持续发展的内容，但是还不够全面、系统。

项目后评价的内容通常包括：（1）过程评价。包括项目的立项决策，勘测设计、概预算、施工建设和运行管理等；（2）经济效益评价。包括财务效益评价和国民经济效益评价；（3）影响评价。包括宏观经济影响、科学技术进步影响、环境影响和社会影响等；（4）持续性评价。包括对项目是否能持续发挥投资效益，企业的发展潜力和挖潜改造的前景等。项目后评价发生在项目后期运营阶段，是对可行性研究和项目建成效果的鉴定。所以还是没有脱离微观和静态的缺点，缺乏可持续发展的理论高度和具体内容。

环境影响评价（EIA）的工作是不断深入的。它的范围和层次不断扩展，出现了几个阶段的拓展，从单体项目到区域建设项目。20世纪90年代以来，从环境战略上的环境影响评价受到重视，出现了区域环境影响评价（RDEIA）、累积环境影响评价（CIA）和战略环境影响评价（SEA）。但是以上的环境评价依然是针对环境压力和污染的排放等，没有建立在资源占用和能源生命周期消耗的内容。

关于工程评价的研究林林总总，所存在的共同的问题总结如下：

（1）静态性。虽然许多指标是用了动态指标，但是思想还是把工程生命周期视为静止的、不变的、不断折旧和衰退的。没有认识工程项目这个人工系统的可持续能力。

（2）范围的泛化。例如社会评价，广义的社会评价甚至包括了环境和经济评价；广义的环境评价又包括了社会、经济的内容。所以认识上的无限宽泛，也带来了很多实际的认识和实践问题。

（3）不完整性。无论是宏观评价、后评价、环境评价等等，都是从一个角度去研究工程项目。不是完全地站在可持续发展的高度，从各个方面研究工程项目的"活"的生命体征。

（4）缺乏理论创新。所有的成果都是就工程论工程，没有一个新的理论支撑。对工程项目的认识没有动态的、发展的、全新的认识，没有上升到工程项目可持续发展的新的层次，不是完全的生态的观点和理论高度。

（5）定性指标多，定量指标少。尤其是社会评价方面，都是定性的描述，而且对社会评价的重视程度不够，仍然以经济为中心。

9.4　项目可持续能力评价指标体系的构建

9.4.1　指标体系功能与要求

9.4.1.1　指标体系要求

项目可持续能力也是可持续发展问题的一部分，也应当遵循可持续发展指标体系建立的一般性原则：公平性原则、合理性原则、持续性原则、发展性原则。

其次，项目的可持续能力指标体系还应当体现建设项目，尤其是大型公共工程鲜明的特点和共性；体现建设项目长期的、持续地为经济发展、社会进步、环境增值服务的可持续发展观念。

最后，指标体系应当体现动态特征，体现“能力”，突出整个系统随着时间的延长在不断更新、进化、完善。

9.4.1.2　指标体系功能

建立公共工程可持续能力指标体系（PPSCI，Public Project Sustainable Capacity Indicator）目的是要满足如下功能：

（1）描述功能。客观反映公共工程项目的可持续能力的各个要素是什么，有哪些，如何计算，由体系的构成来直观反映系统的本质特征，包括物质循环、能量流动、经济、社会以及工程实体的动态状况。

（2）评价功能。针对工程项目的生命周期每个阶段、时间空间、全生命周期，对工程状态进行评价，确定工程实体的可持续能力。并对出现的问题进行对比分析，对整个系统的状态进行科学的、动态的评价。

（3）决策功能。采用可持续能力指标体系可以对工程的每个阶段进行评价，作出投资决策、实施方案以及运营维护计划，并能够给同类工程的选择提供原则和方法。

从图 9-2 中可以看出，可持续能力可以为不同的行为主体、不同的工程项目的任意生命周期的可持续发展进行评价，可以对可持续能力进行评价，也可以单个能力模块进行评价。因此，可持续能力指标体系能够对工程的可持续发展作出描述、评价，并能够为工程项目的各个阶段以及不同方案的比选进行分析、判断、决策。

9.4.2　构建原则

Foxon et al.（2002）指出城市基础设施可持续性建立原则主要有综合性、易处理

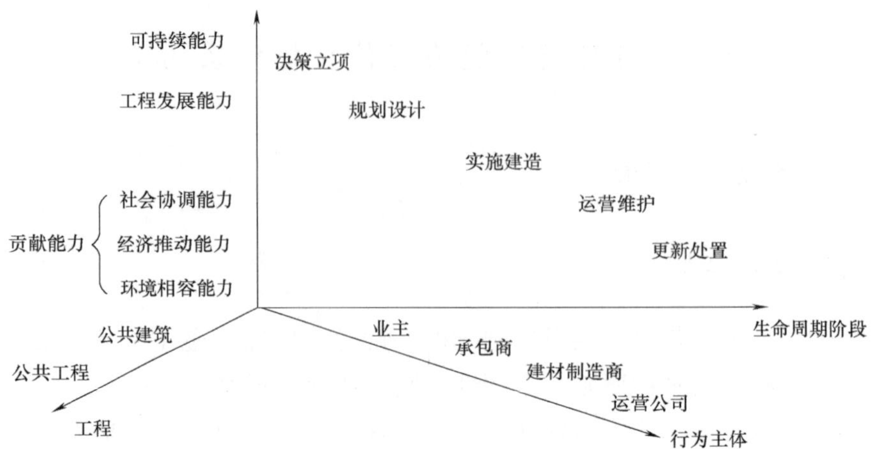

图 9-2 可持续能力指标体系四维功能体系

性、透明性、实用性、可操作性。因此参考可持续发展指标体系和其他相关领域的评价指标体系的构建原则，项目可持续能力指标体系构建原则主要有以下几点：科学性原则、可操作性原则、普遍性原则、特殊性原则、动态性原则、能动性原则、系统性原则、定量化原则。

9.4.2.1 科学性原则

指标能用于工程项目，特别是大型公共工程的可持续发展能力的评价。能够提供给决策阶段、后评价阶段的具体的评价，所以指标体系的建立一定要具有严格的科学性。指标的选择是通过以往研究的基础上，参照相关行业、项目、区域、城市的可持续发展指标中，与项目相关的指标，并通过统计分析严格筛选出来的。指标体系并将接受工程实践的考验，不断地在实践中充实和完善。

9.4.2.2 可操作性原则

间接明确、定量化，具有可操作性，不是停留在概念上面。可持续发展战略不是理念的问题而是实际的技术问题。这里批判那些提到“可持续发展”就认为是理念问题，把可持续发展当作保护环境的口号。可持续发展问题可以通过明确的指标体系和特定的方法来具体度量。因此，在指标体系的建立上，要考虑可操作性，能够定量化的一定要定量化。虽然，定性的指标在可持续发展问题的研究中是不可避免的，也是不可少的，但是对于定性的指标也要尽可能地保证精度和可操作性。

9.4.2.3 普遍性原则

这一原则表现在统一性和代表性两个方面。国际上对可持续发展问题研究的一个普遍趋势就是指标的统一。比如说货币化指标、生态足迹指标、能值、ECCO 等环境评价指标，一般被用于宏观领域的可持续发展评价。其根本目的是量纲统一、便于计算和比较。

但是，对于项目的可持续发展问题来说，从系统学出发，大型工程项目是个复杂系统，已经有学者提出这是个超系统或巨系统。如果仅仅从经济、环境等某一个角度进行综合，就会失真。建立项目可持续发展指标体系，必须兼顾项目建设所涉及的经济、社会、环境问题对于不同性质的指标采用不同的计算原则和方法，是指标的选择对于每一个共生子系统首先具有统一性。在此基础上，再进行综合计算，折算成可持续发展能力指标，作为最终的评价标准。

项目可持续能力指标是指对统一的建设项目的，虽然不同的项目类型具有不同的特征，但是指标体系是涵盖了所有的建设工程项目的共同特征，所以必须具有可比性。同时，对于国际间的工程项目，也应当具有可比性，这样才具有普遍性。

9. 4. 2. 4　动态性原则

国民经济评价、财务评价、社会评价和后评价都是以动态指标为主，静态指标为辅的。项目的可持续能力指标体系也不例外。项目共生系统的运行是动态的过程，根据可持续发展理论的根本原则，更应当坚持动态原则，考虑动态性的、时空性的指标，实现因素与时间的关系。

9. 4. 2. 5　能动性原则

作为一个“活”的系统的度量，它的指标体系应当体现生命体的能动性和本身所具有的能量。这些以能动性为原则的指标，是区别于其他评价指标体系的本质特征，也是项目可持续能力的体现。

9. 4. 2. 6　系统性原则

系统方法是研究复杂问题的最基本的方法。对工程项目的共生系统来说，系统方法更为重要。从生态学的共生理论的角度研究工程项目的可持续能力，最基本的是应当把工程本体和外部社会、经济、环境视为有机的整体，并且这个整体具有“生命”特征，具有生存、完善、发展的能力。

9. 4. 3　体系框架的指标的选取与设置

以上可持续发展的研究，借鉴了可持续发展问题的众多指标体系的设置，尤其是城市/区域可持续发展指标体系和绿色建筑（生态建筑）、清洁生产等方面的研究成果，指标体系设置如下。

由于公共工程的种类很多，如通信工程、管道工程、交通工程、水利工程等，每一种工程都有自己的特点，因此在一篇论文中是不能研究完整的。所以建立指标体系首先要研究这些工程的共同点，提供一个可以涵盖所有公共工程特征的框架指标。对应于不同的工程，分别采用不同的细分指标，使之不仅具有全面性、普遍性，还具有特殊性、实用性。

指标体系的分析是采用了LCA方法。根据全生命周期理论，将工程项目的生命周期分为项目立项、规划、设计、施工、运营和维护、处置（后处理）阶段，每个阶段都有对应的要求，有的指标发生在立项阶段，有的指标发生在规划和设计阶段。

从工程项目的共生系统出发，外共生系统的可持续能力表现为工程项目相联系的外部世界的长期的贡献，称之为贡献能力；对内是内共生系统，这种可持续能力表现为各个子系统的相互协调、匹配，称之为发展能力。研究工程项目的可持续能力不是静态的，而是更加注重大型公共工程的外部性，研究工程项目能够随着社会、经济、环境的变化，不断更新、改造，不断适应使用者的需求。

工程项目的贡献能力指标（CCI，Contributive Capacity Indicators）分为环境相容能力（ECC，Environment Concessional Capacity）、经济推动能力（EPC，Economic Promoting Capacity）和社会协调能力（SHC，Social Harmonious Capacity）。

工程项目的发展能力指标（DCI，Development Capacity Indicators）分为技术改造能力（TRC，Technology Reconstructive Capacity）、投资回报能力（IRC，Investment Returning Capacity）、材料友好能力（MAC，Material Appetent Capacity）、功能保持能力（QRC，Quality Retentive Capacity）、管理控制能力（MMC，Management Controlling Capacity）。

如图9-3所示。每个子模块又细分为下一级指标，组成可持续能力的层级指标体系。

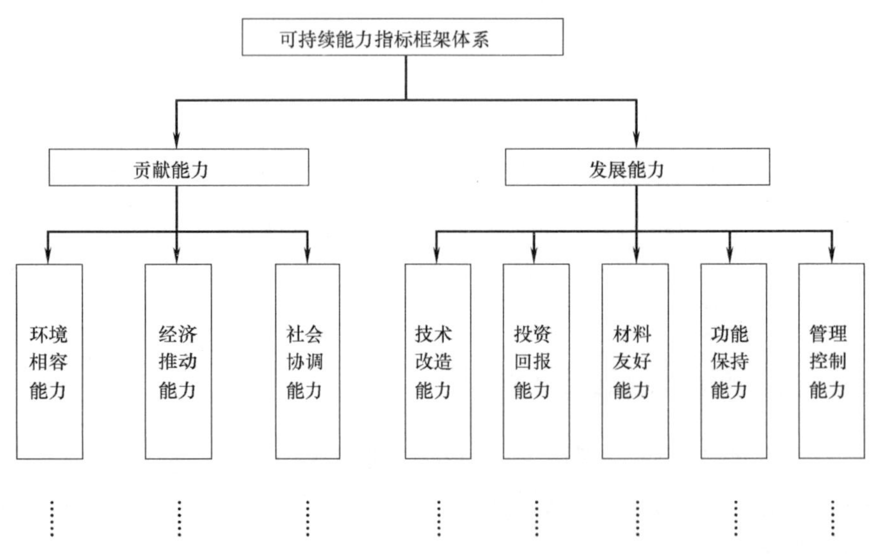

图9-3 可持续能力指标体系（PPSCI）框架

项目的发展过程主要从项目立项、规划设计、施工、运营维护、更新处置等阶段，在具体分析中主要有四个系统流变化比较大的阶段——规划设计、施工、运营维护、更新处置四个阶段。对应于这四个阶段，上述指标体系都有不同的次一级指标，这样就能考察生命周期的可持续能力，度量可持续发展程度。这种对应关系可以用相互关系图表示，即图 9-4。

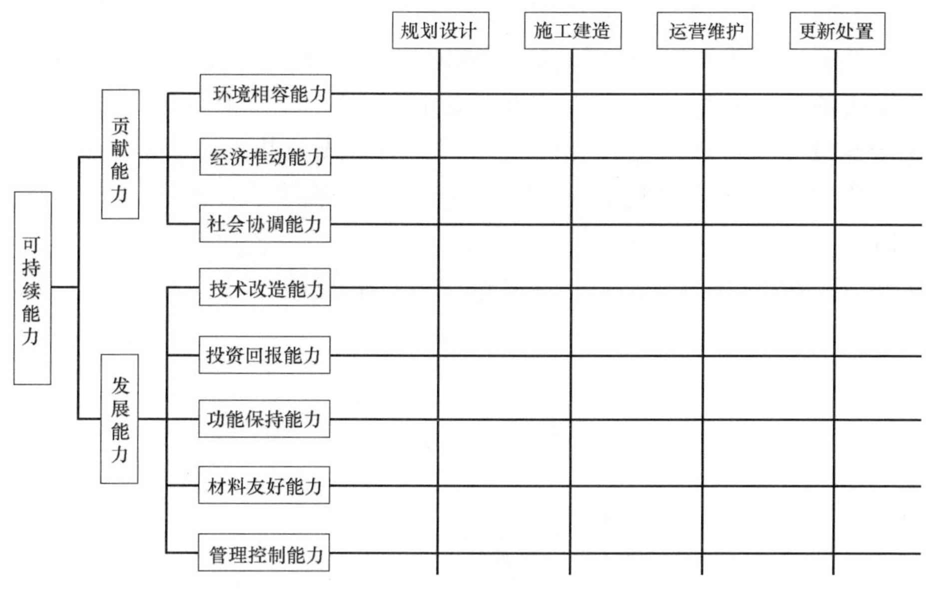

图 9-4 PPSCI 与项目全生命周期关系图

9.5 大型公共工程可持续能力实现

9.5.1 实现机制

大型公共工程的可持续能力是通过系统的反馈机制实现的。“反馈”一词来源于生理学，后来由维纳在《控制论》作了科学研究和技术处理。自组织系统的反馈机制表现在两个方面：正反馈（Positive Feedback）和负反馈（Negative Feedback）。正反馈可以使系统远离稳定；负反馈可以通过自身的功能减缓系统内在的压力以维持系统的稳定。对于以公共工程为核心的共生系统来说，负反馈使系统实现自稳定。按照系统自稳定的复杂程度不同，可以分为偶然性自稳定、自调节、自稳定、临测性自稳定和预测性自稳定。反馈还可以分为线性反馈和非线性反馈。理论分析表明，单靠线性反馈往往不足以产生和维持有序结构，只有非线性反馈才真正是有序之本。

任何一个生态（共生）系统都具有反馈机制，是保持系统活力、不断演化和生态平衡的调节机制。在任何一个社会经济系统中，并不是单独存在正反馈或负反馈，而是由若干个正反馈和负反馈相联结所组成的多重反馈系统。对于整个系统而言，由于正反馈的自我强化的倍增效应和负反馈的限制增长趋于饱和的自稳定效应并不完全相等，虽然有相互抵消的作用，但系统的反应必然是“增长”与“调整”之间的相互变化行为。当正反馈的自我强化的倍增效应大于负反馈的限制增长自我稳定效应时，系统形成巨涨落，反之系统处于调整状态。

对于公共工程的共生系统，这种反馈机制表现在工程之间和工程影响区域的大环境两层之间相互贯通的反馈机制。这是由公共工程这个特殊的共生单元性质决定的。从外部反馈机制来看，城市/区域的生态环境系统的三个子系统本身就是互相耦合作用的反馈环；从公共工程实体之间来看，A与B公共工程，在种群密度和纬度相容条件下，是共生互补的关系。它们组成的共生系统表现为正的反馈；当环境容量达到饱和状态，也就是式2-1所限制的条件下，整个系统的反馈机制是负的反馈。

在图9-5所示的反馈图中，主要有下面12个正负反馈环：

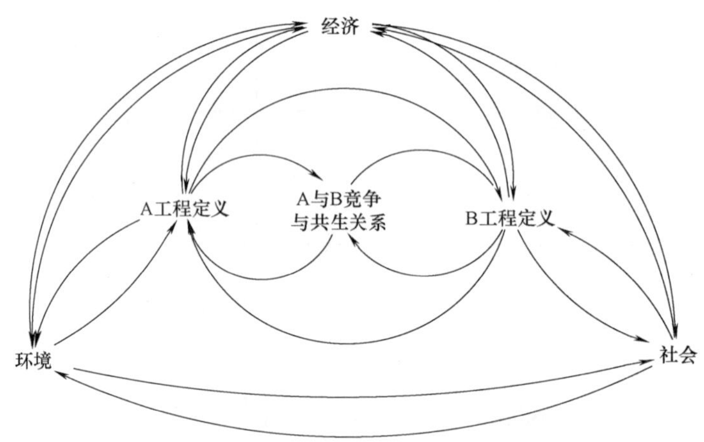

图9-5 大型公共工程共生系统的反馈

(1) 经济——+工程建设——+经济，为正反馈环；

(2) 环境——+工程建设——−环境，为负反馈环；

(3) 社会——+工程建设——+社会，为正反馈环；

(4) 工程建设——+经济——+工程建设，为正反馈环；

(5) 工程建设——+社会——+工程建设，为正反馈环；

(6) 工程建设——−环境——+工程建设，为负反馈环；

(7) 经济——+工程建设——+社会——−环境——+经济，为负的反馈环；

(8) 环境——−工程建设——+经济——+社会——−环境，为正的反馈环；

(9) 社会——+工程建设——+经济——−环境——+社会，为负的反馈环；

(10) 工程建设——+经济——+社会——−环境——+工程建设，为负的反馈环；

(11) A工程建设——±A对B的竞争与共生——±A工程的建设，是竞争还是共生关系决定反馈环的性质；

(12) B工程建设——±B对A的竞争与共生——±工程建设，是竞争还是共生关系决定反馈环的性质。

工程的建设最终都要满足人的需要，所以从系统发展动力上来说，系统的进化和反馈调节又体现了他组织的特征，体现在建设工程的制度、政策的调整。这种局部或阶段性的制度、政策的调整是在科技进步的基础上的，也是从工程实践—社会进步—工程实践，不断实践不断总结的反馈过程。所以从足够尺度的时间域上来考察工程系统的进化和发展，仍然是自组织的过程。这个自组织的系统，不仅包括工程实体、工程所处的外部环境，还包括工程实施建设的行为主体——人，以及行为主体所组成的利益单位——广义上的各种供应商（承包商、材料供应商、设计院、运营公司等）。

在上述相互耦合作用的反馈机制作用下，大型公共工程共生系统在每个工程立项、设计、施工、运营维护、拆除处置的整个生命周期，保持对外部系统的持续的贡献能力和工程本身的发展能力，不断和外部环境、经济、社会系统进行物质、能量和信息的交换，不断输入负熵，保持整个系统的平衡和有序，并不断向新的平衡态跃迁，不断满足社会进步、经济发展和环境协调的需要。

9.5.2　实现模型

根据复杂系统的理论原理和可持续发展能力的概念，以及公共工程共生系统、共生单元的内共生子系统和外共生子系统的发展趋势，可以写出大型公共工程可持续能力的数学模型。

$$\begin{aligned}\max U_{SC_t^a} &= f(U_{CC},U_{DC})=\omega_{CC}^{a}U_{CC_t^a}(t)+\omega_{DC}^{a}U_{DC_t^a}(t) \\ &=\omega_{CC}^{a}[\omega^{a}{}_{EC}U_{EC}^{a}(t)+\omega_{EP}^{a}U_{EP}^{a}(t)+\omega_{SH}^{a}U_{SH}^{a}(T)] \\ &\quad+\omega_{DC}^{a}[\omega_{TR}^{a}U_{TR_t}^{a}(t)+\omega_{IR}^{a}U_{IR_t}^{a}+\omega_{MA}^{a}U_{MA_t^a}+\omega_{QR}^{a}U_{QR_t}(t)+\omega_{MM}^{a}U_{MM_t}^{a}(t)]\end{aligned} \tag{9-1}$$

方程（9-1）为共生系统的可持续能力的目标函数，其目标是可持续能力效用值最大。其中，$U_i(t)$ 为第 t 代的第 i 个子系统或组分发展的效用值；下标 SC 为可持续能力；CC 为可持续的贡献能力，EC、EP、SH 分别为环境相容能力、经济贡献能力和社会协调能力；DD 为可持续的发展能力，TR、IR、MA、QR、MM 分别为技术改造能力、投资回报能力、材料友好能力、功能保持能力、管理控制能力。

a 表示任意一个公共工程，t 为时间变量。ω 分别对应它们的权重，由于总效用值是各个组分效用值的加权平均数，所以这里的权数实际上是关于各个组分发展水平的函数，即：

$$\omega_t=\theta(X_t) \tag{9-2}$$

方程（9-2）为确定权数方程，是各子系统发展水平函数。事实上，不同国家不同经济发展阶段对工程评价的标准是不同的。财务评价、国民经济评价、环境评价以及社会评价是个对工程本质不断深入的过程。目前的发展趋势是把工程的环境和社会效益指标赋予的权重更大一些。在本书中，考虑到我国的经济发展水平，把贡献能力子系统的三个组分的权重平均化，也就是重要性相等。

式（9-3）～式（9-10）表示外共生系统和内共生系统的约束及限制条件。

环境容量约束： $X_{EC}^{a} \leqslant X_{EC}^{max}$ （9-3）

经济推动约束： $X_{EP}^{a} \leqslant X_{EP}^{max}$ （9-4）

社会进步约束： $X_{SH}^{a} \leqslant X_{SH}^{max}$ （9-5）

技术能力约束： $X_{TR}^{a} \leqslant X_{TR}^{max}$ （9-6）

功能保持约束： $X_{QR}^{a} \leqslant X_{QR}^{max}$ （9-7）

投资回报约束： $X_{IR}^{a} \leqslant X_{IR}^{max}$ （9-8）

材料友好约束： $X_{MA}^{a} \leqslant X_{MA}^{max}$ （9-9）

管理控制约束： $X_{MC}^{a} \leqslant X_{MC}^{max}$ （9-10）

X 表示子系统各组分当前能力水平状态，$X_t=(X_{ECt}, X_{EPt}, X_{SHt}, X_{TRt}, X_{QRt}, X_{IRt}, X_{MAt}, X_{MCt})$。

代际共生约束：

$$U_{SC1}^{a} \leqslant U_{SC2}^{a} \leqslant U_{SC3}^{a} \cdots \leqslant U_{SC_n}^{a} \quad (9\text{-}11)$$

公式（9-11）代际共生约束表示随时间的发展，系统的效用等于或大于前一阶段的效用。

共生系统共生约束：

$$\frac{dU_{SC_i}^{a}}{dt} \geqslant 0, \frac{dU_{SC_i}^{b}}{dt} \geqslant 0, \cdots, \frac{dU_{SC_i}^{n}}{dt} \geqslant 0 \quad (9\text{-}12)$$

公式（9-12）表示共生系统之间的效用都是正值，共生系统的每个单元、子系统都是对称性互惠共生关系。

各子系统发展平等性约束：

$$\frac{\partial U_{SC}'}{\partial X_i} \geqslant 0 \quad i=EC, EP, SH, TR, QR, IR, MA, MC \quad (9\text{-}13)$$

协调性约束：

$$\frac{\partial U_{SC}}{\partial X_i} \geqslant 0, U_{SC} \geqslant \sum_{i=1}^{8} U_{SC_i} \quad i=EC, EP, SH, TR, QR, IR, MA, MC \quad (9\text{-}14)$$

公式（9-13）和式（9-14）表示子系统发展协调性和平等性，用于表示整个系统的均衡发展。

发展可持续性约束：

$$\frac{dX_i}{dt} = f_i(X_{ECt}, X_{EPt} X_{SHt}, X_{TRt}, X_{QRt}, X_{IRt}, X_{MAt}, X_{MCt}) \in [\underline{a_i} \overline{a}_i] \quad (9\text{-}15)$$

其中 $[\underline{a_i} \overline{a}_i]$ 为子系统发展速度的目标区间。

共生子系统效用方程组：

$$U_{E_n} = A_1 (X_{ECt}, M_t)$$

$$U_{E_c} = A_2 (X_{EPt}, M_t)$$

$$U_{SH} = A_3 (X_{SHt}, M_t)$$

$$
\begin{aligned}
U_{\mathrm{T}} &= A_4(X_{\mathrm{TRt}}, M_{\mathrm{t}}) \\
U_{\mathrm{I}} &= A_5(X_{\mathrm{IRt}}, M_{\mathrm{t}}) \\
U_{\mathrm{Q}} &= A_6(X_{\mathrm{QRt}}, M_{\mathrm{t}}) \\
U_{\mathrm{M}} &= A_4(X_{\mathrm{MAt}}, M_{\mathrm{t}}) \\
U_{\mathrm{M_c}} &= A_4(X_{\mathrm{MCt}}, M_{\mathrm{t}})
\end{aligned} \tag{9-16}
$$

方程（9-16）为各子系统效用方程，其含义为每个组分的效用为这个组分的发展水平 X 和人口变量 M 的函数。各子系统的 U_{a} 为可持续能力水平，是作为标度可持续发展水平的一个标尺，它描述的就是共生系统的可持续发展水平。可持续发展追求的目标就是 U 最大或者最优。M_i 为人口变量，是人口数量 $m_{\mathrm{t}}^{\mathrm{N}}$ 和质量 $m_{\mathrm{t}}^{\mathrm{Q}}$ 的函数，即式 $M_{\mathrm{t}}=\beta(m_{\mathrm{t}}^{\mathrm{N}}, m_{\mathrm{t}}^{\mathrm{Q}})$。这里主要考虑效用的确定是由“人”来确定的，工程的建设是为了满足“人”的需要，由“人”来定义的。

贝塔朗菲关系方程：

$$
\begin{aligned}
\frac{dX_{\mathrm{ECt}}}{dt} &= B_1(X_{\mathrm{ECt}}, X_{\mathrm{EPt}}, X_{\mathrm{SHt}}, X_{\mathrm{TRt}}, X_{\mathrm{QRt}}, X_{\mathrm{IRt}}, X_{\mathrm{MAt}}, X_{\mathrm{MC}}, a_1) \\
\frac{dX_{\mathrm{EPt}}}{dt} &= B_2(X_{\mathrm{ECt}}, X_{\mathrm{EPt}}, X_{\mathrm{SHt}}, X_{\mathrm{TRt}}, X_{\mathrm{QRt}}, X_{\mathrm{IRt}}, X_{\mathrm{MAt}}, X_{\mathrm{MC}}, a_2) \\
\frac{dX_{\mathrm{SHt}}}{dt} &= B_3(X_{\mathrm{ECt}}, X_{\mathrm{EPt}}, X_{\mathrm{SHt}}, X_{\mathrm{TRt}}, X_{\mathrm{QRt}}, X_{\mathrm{IRt}}, X_{\mathrm{MAt}}, X_{\mathrm{MC}}, a_3) \\
\frac{dX_{\mathrm{TRt}}}{dt} &= B_4(X_{\mathrm{ECt}}, X_{\mathrm{EPt}}, X_{\mathrm{SHt}}, X_{\mathrm{TRt}}, X_{\mathrm{QRt}}, X_{\mathrm{IRt}}, X_{\mathrm{MAt}}, X_{\mathrm{MC}}, a_4) \\
\frac{dX_{\mathrm{QRt}}}{dt} &= B_5(X_{\mathrm{ECt}}, X_{\mathrm{EPt}}, X_{\mathrm{SHt}}, X_{\mathrm{TRt}}, X_{\mathrm{QRt}}, X_{\mathrm{IRt}}, X_{\mathrm{MAt}}, X_{\mathrm{MC}}, a_5) \\
\frac{dX_{\mathrm{IRt}}}{dt} &= B_6(X_{\mathrm{ECt}}, X_{\mathrm{EPt}}, X_{\mathrm{SHt}}, X_{\mathrm{TRt}}, X_{\mathrm{QRt}}, X_{\mathrm{IRt}}, X_{\mathrm{MAt}}, X_{\mathrm{MC}}, a_6) \\
\frac{dX_{\mathrm{MAt}}}{dt} &= B_7(X_{\mathrm{ECt}}, X_{\mathrm{EPt}}, X_{\mathrm{SHt}}, X_{\mathrm{TRt}}, X_{\mathrm{QRt}}, X_{\mathrm{IRt}}, X_{\mathrm{MAt}}, X_{\mathrm{MC}}, a_7) \\
\frac{dX_{\mathrm{MCt}}}{dt} &= B_8(X_{\mathrm{ECt}}, X_{\mathrm{EPt}}, X_{\mathrm{SHt}}, X_{\mathrm{TRt}}, X_{\mathrm{QRt}}, X_{\mathrm{IRt}}, X_{\mathrm{MAt}}, X_{\mathrm{MC}}, a_8)
\end{aligned} \tag{9-17}
$$

贝塔朗菲关系方程，说明了在共生系统中任何一个组分的变化与其他组分的发展水平相关，或者会导致其他组分及整个大系统的变化。

9.5.3　实现模式

大型公共工程的可持续能力是整个共生系统，乃至工程项目生态系统存在、发展、进化、平衡、共生、可持续发展的保证。可持续能力的实现先是表现出他组织的特征，也就是没有认识到它的可持续发展及其能力问题时，表现为“人”的主导和组织作用。随着人类对外部世界的认识深入，可持续发展问题的提出与研究，逐步认识到工程项目生态问题，尤其是公共工程项目的共生系统的共生与有序发展问题，表现出时间域和空间域上的自组织。在工程项目生态系统和公共工程共生系统中，“人”是该系统的行为主体，是其中的生物，所以这个既有非生物成分又有生物成分的特殊的人工生态系统（共生系统）表现为自主系统。

9.5.3.1 全生命周期管理

要实现公共工程的可持续发展，保证工程的可持续能力，首先要在工程的全生命周期的每个阶段落实它的可持续能力。从环境非相容、经济非均衡和社会非协调的最初的状态，到环境相容、经济贡献和社会协调的高一级状态不断的演进。见图9-6。

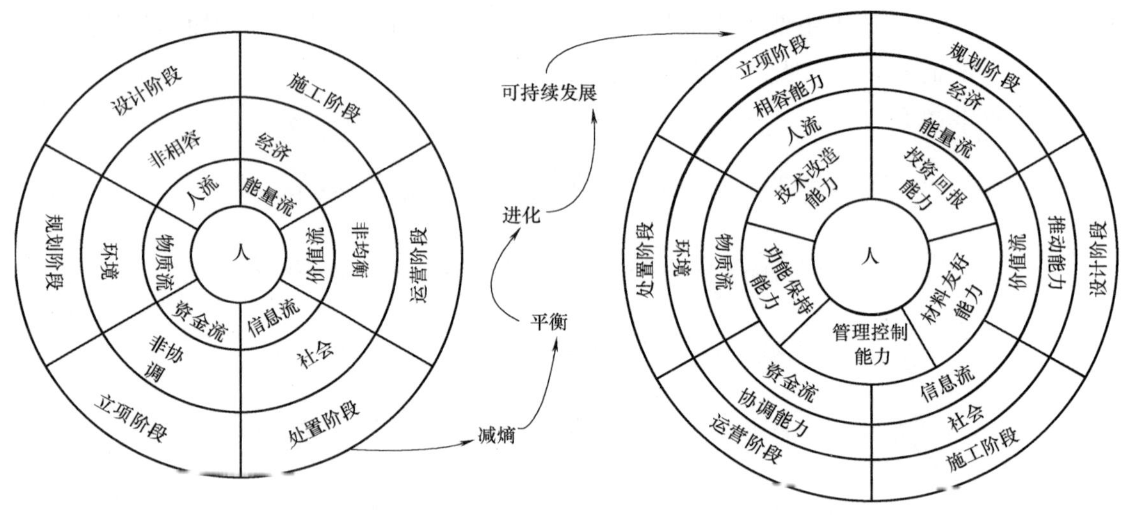

图9-6 大型工程可持续能力实现模式

大型公共项目的全生命周期中的每个阶段，从规划设计、建造、运营和拆除阶段都会对它的可持续发展造成影响，并使不断完善的。

（1）规划设计阶段的可持续性设计。功能上不仅满足目前的需要，同时能够满足项目服务区域的可持续发展目标的需要。这表现在人口的增长，人口结构的变化；经济增长的需要、资源禀赋的限制等。不能的盲目的追求超前，而是适度的超前，科学的超前，同时应具有发展余地。

（2）建造过程满足可持续建造的要求。1996年，美国佛罗里达大学教授基伯特(Charles J. Kibert)在该州坦帕市举行的“首届可持续建造会议”上提出的可持续建造：基于高效资源利用和生态原则的健康的建筑环境的创造及其负责的管理。

（3）运营阶段的清洁生产，尤其是清洁循环型新技术和对环境友好材料的应用。对环境的影响最小化和生命周期成本最小化。

（4）拆除阶段的循环再生型回收方式。项目的物质流、能量流实现闭环式的循环运动，实现循环型经济发展模式。

9.5.3.2　以人为动力的共生激励

在公共工程系统中，工程共生单元的质参量和象参量的内外耦合以及工程项目组织之间的纵横耦合，都是通过行为主体的工作流来完成的。工程建设从承包商的利益角度追求个体效益最大化的过程，从可持续发展的代际公平角度是保证后一代的效益不低于当代的效益的过程。因此，工程可持续能力的建设就是要使激励模式和价值体现从当代公平上升到代际公平。把经济为中心的发展观念，转到“经济、社会、环境”共同发展的观念上来。

大型公共工程的最终业主是政府，政府需要对工程的功能进行定义、制定相应的制度措施保证可持续能力的实现，并借助工程与工程系统之间的交互与反馈机制，不断通过有效的、科学的制度措施，约束和激励共生系统的共生有序，实现代际公平。在共生系统中实现对称性互惠共生和一体化共生模式，促进生态系统的平衡和良性发展。

为保证可持续能力的实现，不仅要满足当代功能要求，还要考虑工程的外部性，保证后代人对工程的需要。从这一点上就要引入公众参与机制，不仅是工程涉及的公民，而且是全社会的参与。加强每一个公民对工程建设可持续发展规律的认识，提高公众监督的力度。在工程管理教育中贯彻可持续发展理论，工程项目生态系统和公共工程共生理论和可持续能力的思想，认识到工程建设是“作用与反作用”的过程，满足经济、社会发展的工程建设活动必须要考虑环境容量，保证工程的可持续发展。

9.5.3.3　不断创新的减熵原则

公共工程的可持续发展能力是不断被认识，不断实现减熵、进化、平衡和发展的过程。信息交换和传输以及信息的补充都是减熵的有效手段。工程项目实体一经产生，就几乎被定义下来，在工程项目立项、规划、设计阶段就考虑到工程项目未来的发展，需要供应商、咨询公司、承包商不断改进生产、设计、施工技术。因此，在可持续能力建设中 R&D（Research & Development）非常重要。

可持续的贡献能力和发展能力包括内外共生系统的创新理论与实践。首先是公共工程共生环境大系统的认识和创新实践。不断认识外部环境，认识公共工程的外部性，是指导和评价公共工程贡献能力的途径。其次，公共工程发展能力需要不断提高工程建设的科学技术水平。工程的技术改造能力、材料亲和能力、投资回报能力、功能保持能力、管理控制能力需要不断提高技术水平和管理水平，不断总结经验、优化生产、设计、施工和运营，并通过共生系统和整个生态系统的分解者——废物处理公司把能量尽可能地转化、物质消耗减量化。最后，在系统不断进行物质循环、能量循环、信息传递的基础上，资金流、工作流和人流合理流动，最终达到公共工程共生系统的价值增值，实现系统的减熵、有序、进化和可持续发展。

第 10 章　大型公共工程贡献能力指标体系

贡献能力是可持续能力两个组成部分之一。大型公共工程的外部性在本文中定义为贡献能力。本章对大型公共工程贡献能力进行了系统的分析。贡献能力是大型公共工程与其他工程项目不同之处。

10.1　贡献能力机理分析

10.1.1　公共工程建设外部性与社会效益

外部性（Externality）是一个经济主体的行为对另一个经济主体的福利所产生的效应，但是这种效应并没有从货币或市场交换中反映出来。

外部性按作用效果可区分为正外部性和负外部性两类，它取决于个人是否无偿地享有了额外收益，或是否承担并非由他们引起的额外成本。按照对外部性的认识分为三个层次：(1) 传统意义上的外部性，是由生产消费等经济活动产生的，如环境污染等；(2) 制度外部性，是在制度安排下由于经济个体收益与付出的代价不对称产生的；(3) 代际外部性则是对人类不同代际之间的相互关系。这三种外部性在大型公共工程的建设中都有强烈的体现，中在它的共生系统、行为主体和工程本体的研究中，外部性的研究是其可持续发展问题的关键。

公共工程的外部性可以用下面的分析来说明。假定某公共工程可以提供服务，使用者需要向管理者支付相当于边际财务成本的费用。已知运营维护费用随着使用量的增加而上升，为分析方便假定成线性关系。则图 10-1 中 MB 表示最优使用量；MB_1 表示由于工程的建设改善了工程所在区域的景观资源，改善了公共设施服务水平，造成社会边际效益高与需求曲线；MB_2 表示工程建设对景观的破坏，与社会需求相违背，造成社会边际效益低于需求曲线。从图上可以看出三种条件下，社会效益（包括管理者和消费者剩余）的大小 $abd_2 < abd < abd_1$。

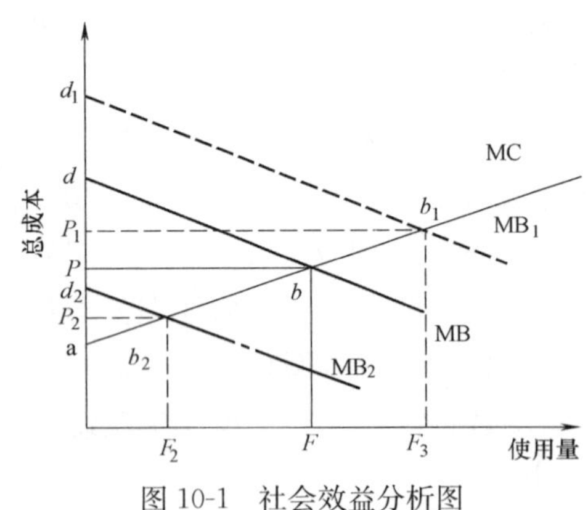

图 10-1　社会效益分析图

大型公共工程的外部性分为三个层次：第一层次是工程共生系统与环境、经济、社会系统产生的外部性；第二个层次是公共工程内部各个组分之间，每个公共工程种群之间相互作用产生的外部性。对交通工程来说就是各种运输方式之间的相互作用的外部性；第三层次是公共工程运营部门与政府以及使用者之间产生的外部性。公共工程的可持续能力要体现公共工程对环境资源的占用、能源的消耗，还要考虑公共工程的环境效益——对景观资源的贡献，以及对社会的贡献，对科技、生活水平的影响。

10.1.2　贡献能力指标体系系统框架

公共工程投资和对环境、社会、经济系统的作用与反作用，表明公共工程的评价必须要包括环境、社会、经济的宏观作用，这由公共工程可持续发展问题的特点所决定，公共工程必须具有可持续能力，考虑代际公平问题，而不是微观的、静态的、代内的公平。因此，大型公共工程从系统理论和可持续发展的方向来看，其可持续贡献能力包括三个方面：环境相容能力、经济推动能力和社会协调能力（表 10-1）。

大型公共工程贡献能力指标体系　　**表 10-1**

<table>
<tr><th></th><th>指标项</th><th>因素项</th><th>分因素项</th><th>补充说明</th></tr>
<tr><td rowspan="21">大型公共工程
贡献能力(CC)</td><td rowspan="12">环境相容能力
(ECC)</td><td rowspan="6">资源占用(X_1)</td><td>土地资源(X_{11})</td><td rowspan="6"></td></tr>
<tr><td>水资源(X_{12})</td></tr>
<tr><td>建筑材料与矿产资源(X_{13})</td></tr>
<tr><td>绿地资源(X_{14})</td></tr>
<tr><td>森林资源(X_{15})</td></tr>
<tr><td>生物资源(X_{16})</td></tr>
<tr><td>能量消耗(X_2)</td><td>再生能源
不可再生能源
二次能源</td><td>按具体分
若干子项</td></tr>
<tr><td rowspan="5">对项目所在区域
环境的全生命期
影响(X_3)</td><td>水环境(X_{31})</td><td rowspan="5"></td></tr>
<tr><td>声环境(X_{32})</td></tr>
<tr><td>大气环境(X_{33})</td></tr>
<tr><td>土壤污染与水土流失(X_{34})</td></tr>
<tr><td>固体废弃物(X35)</td></tr>
<tr><td rowspan="9">经济推动能力
(EPC)</td><td>对区域经济增长的
推动作用(X_4)</td><td>项目诱增国民生产总值 GDP</td><td rowspan="5">共性指标</td></tr>
<tr><td rowspan="4">对区域产业结构升
级的推动作用(X_5)</td><td>对工业的推动作用(X_{51})</td></tr>
<tr><td>对农业的推动作用(X_{52})</td></tr>
<tr><td>对第三产业的推动作用(X_{53})</td></tr>
<tr><td>对高新技术产业的推动作用(X_{54})</td></tr>
<tr><td rowspan="4">特性指标(X_6)</td><td>节约出行时间效益(X_{61})</td><td rowspan="4">高速公路
工程项目</td></tr>
<tr><td>节约运输成本效益(X_{62})</td></tr>
<tr><td>货物在途时间节省效益(X_{63})</td></tr>
<tr><td>交通事故下降的经济效益(X_{64})</td></tr>
</table>

续表

	指标项	因素项	分因素项	补充说明
大型公共工程贡献能力(CC)	社会协调能力(SHC)	X_7	社会就业及收入水平(X_{71})	
			社会安定、民族团结(X_{72})	
			区域人口流动(X_{73})	
			文物古迹、景观资源(X_{74})	
			交通运输安全与损失(X_{75})	

10.2 环境相容能力

10.2.1 资源占用

一个大型的公共工程，特别是跨区域的大型公共工程，首先必须和环境相容。比如都江堰水利工程，之所以历经 2400 年还能够继续发挥作用，就是由于它的施工方法、设计方案、所使用的建筑材料（在古代）都是和环境相容的，顺应了当地的地理条件。

本节认为环境、资源、生态均是相容的、相似的概念，遵照我国环境经济学家李金昌先生的观点：从环境角度看一切自然资源都是构成环境的要素，生态系统的功能就是环境系统、环境功能；从资源的角度来看，环境也是一种自然资源，生态系统的物资和功能都是自然资源，从生态角度看问题，环境系统、资源系统也是生态系统。这里的环境是狭义的环境概念，为了区别通常意义上广义的“环境”范畴，目的是更加清楚地界定大型工程明确的环境影响，便于选择指标以及具体工程的使用和定量化。

自然资源有两种分类方法，一种是可再生资源和不可再生资源的分类。可再生资源是指长期内能够通过生物性繁殖，具有生长能力的生物性动植物群体；不可再生资源是指长期内不具有生长能力的非生物性的矿产储量。另一种分类是可耗竭性资源和不可耗竭性资源的划分，但是这种划分方法不能区别可再生和不可再生资源，原因在于可再生资源如果利用不当也会耗竭。资源的范畴有流量和存量之分，存量资源的利用涉及代际公平问题，流量资源并不涉及这样的问题。不可再生资源，例如石油、天然气、煤炭以及非能源矿物（铜、铁、铬等）。不可再生资源中还可以进一步细分为不可回收资源（化石燃料资源）和可回收资源（各种金属矿物和非金属矿物等）。可以回收的资源是属于生态经济系统的物质循环的范围，而不可回收的化石燃料属于能量流动的范畴。

大型公共工程的建设需要大量的建筑材料，并占用当地的资源，对当地的资源系统造成影响和压力。因此，在环境相容能力的子系统中，应考虑大型公共工程建设对当地的水资源、土地资源、森林资源、生物资源、矿产资源的占用和消耗。工程的建设对资源子系统的容量来说能够承受，也就是能够在项目所在地的资源容许能力以内。

具体地包括以下几方面内容。

10.2.1.1　土地资源

土地资源是指在目前的社会经济技术条件下可以被人类利用的土地，是一个由地形、气候、土壤、植被、岩石和水文等因素组成的自然综合体，也是人类过去和现在生产劳动的产物。

土地资源可以认为是可再生资源，这是从土地肥沃程度的恢复来说的。但是大型工程占用大量的土地资源存量，例如耕地、林地、草地、宅地等，耕地资源的减少会导致农业生产能力的下降；同时会降低土壤对废物、废水、废气的净化能力。

我国现有耕地 13 亿亩，仅为世界总耕地的 7%，而人口是世界的 25%。人均占地 2 亩，到了 2020 年，人均占地为 1.27 亩。表 10-2 是不同城市用地数量，也就是土地资源的人均用地量。

不同规模城市用地标准　　　　**表 10-2**

人口(万人)	人均用地(m^2)	其中生活居住用地(m^2)
>200	55	21.7
100～200	78.9	26.0
50～100	84	31.8
20～50	86	30.6
<20	104	42.0

一般来说，高速公路平均每公里占用土地约 80 亩，就“五纵七横”12 条国道主干线而言，总里程约 3.5×10^4km，约占土地 280 万亩，其中耕地将占 80%左右。公路建设占地是必然的，问题是如何少占耕地，保护良田。

土地资源的占用包括两个部分：(1) 在施工期会出现永久性土地占用；(2) 临时设施土地占用，对于公路工程来说，取土和弃土用地。施工前临时占地，一般线路两侧 20～30m 范围内天然植被被破坏，对农业生产带来不利影响。施工期临时占用土地，由于土壤结构受到破坏，在一定时期内肥沃度难以恢复，影响作物生长，非耕地植被自然恢复缓慢。这两部分土地资源的能值——复合生态足迹用可耕地生态足迹，损失能值包括不可更新的土壤损失和表土层损失能值，可更新的资源产品小麦的损失能值计算。

10.2.1.2　水资源

建设工程从施工到运营都需要大量消耗水资源。水资源的消耗包括工作人员的生活用水、施工用水；运营时期的生产用水、生活用水。主要考察水资源的消耗量，以及对地表水、地下水资源的消耗和影响。

项目建设期用水量包括施工用水、施工人员用水等（根据施工规范计算日新鲜水消耗量）；运营期用水主要是服务区用水。服务区用水包括：管理人员生活用水、餐饮用水、公共厕所用水、宾馆客房用水、洗车用水、道路浇洒用水、消防和绿化用水、未预见水量（包括室内卫生器具和管网泄露水量、用水定额的增长、临时修建工程的施工水量及其他未预见的用水量）。

《建筑给水排水设计规范》GB 50015—2003 对高速公路服务区上述各类用水的定额都有相关说明。按《建筑设计防火规范》GB 50016—2006 确定消防用水；未预见水量的不确定因素较多，按最高日用水量的20%合并计算。按上述计算方法得：日均用水量=38716m^3；日均污水产生量=22619m^3；日均中水需求量=22515m^3，中水产生量就是用生产污水处理，达到杂用水标准后重新使用。污水产生量就是最大中水产生量。

10.2.1.3 建筑材料和矿产资源

有的大型工程的建设会占用一定的矿产资源，对矿产资源的开采造成影响，使部分矿产资源将处于长期不能开采的状态，比如三峡工程、南水北调工程。矿产资源分为固态、气态、液态的、由地质作用形成的，并在数量与质量上能满足当今工业要求可开发利用的天然矿物资源。矿产资源可分为四大类：能源矿产；金属矿产（黑色金属、有色金属、贵金属、稀有金属、稀土金属矿产）；非金属矿产（化工原料非金属、建材原料非金属矿产）和水气矿产，是国土资源的重要组成部分，是国民经济和社会发展的重要物质基础。

工程建设不仅要占用土地资源，还要占用大量的矿产资源来生产所需要的建筑原材料或生产建筑材料以及建筑中间构件。我国基本建设所消耗的钢材消耗量占全国总消耗量的25%，水泥为70%，玻璃为76%，塑料为25%。对于高速公路工程的主要消耗材料为砂石、水泥、钢材、木材、沥青等，据估测，每公里长度的公路需沥青1000t，水泥350t，以及大量的砂石料和各种填料。这些材料有的属于外购材料，有的是本地产品。这些矿产资源的耗费分别计入资源投入。

10.2.1.4 绿地资源

绿地资源在生态环境中可以起到净化空气、净化土壤、水土保持的作用。绿地资源具有自然生长能力，是可再生资源。工程建设占用土地资源，同时施工临时占地在施工期间也占用一定的绿地资源。在工程结束后，恢复项目周围的植被。

绿地资源不仅具有经济产出功能，还有休闲娱乐，保护生物多样性和环境服务的功能。这一点和森林资源是类似的，只是功能的大小不同。

10.2.1.5 森林资源

森林对环境的作用是多方面的，如净化空气、防风固沙、水土保持等。森林资源和绿地资源一样，都是自然生态系统的生产者，属于可再生资源。森林资源同样具有社会和环境服务功能，协调社会生活。根据第五次全国森林资源清查（1994～1998年）结果，我国森林资源总的情况是：森林面积为 1.5894×10^8 hm^2；森林覆盖率为16.55%；从 1989～1993 年，我国林木年均生长量为 4.2×10^8 m^3，林木资源年均消耗量为 3.2×10^8 m^3，实现了生长量大于消耗量。

大型公共工程建设的永久性占用林地将使森林水源涵养能力和固定 CO_2、释放 O_2 的能力降低。毛文永等研究表明，山地常绿阔叶林平均持水量为 623.91t/(hm^2 · a)，农田平均持水量为 362.99t/(hm^2 · a)；林地比无林地平均能多蓄水 300t/(hm^2 · a)

阳志云等的研究表明，每公顷山地常绿阔叶林、热带针叶林和农田的吸收 CO_2 和释放 O_2 的量分别为：31.17t/(hm^2 · a)、22.94t/(hm^2 · a)、18.09t/(hm^2 · a) 和13.32t/(hm^2 · a)、10.6t/(hm^2 · a)、7.80t/(hm^2 · a)。假设皖南丘陵山地林地平均吸收 CO_2 和释放 O_2 的量分别为 20.0t/(hm^2 · a) 和 14.7t/(hm^2 · a)，则计算得林地永久损失量将减少吸收 CO_2 6048.0t/a 和减少释放 O_2 4445.28t/a。

大型工程的建设将会占用我国并不是很丰富的森林资源，对森林资源的占用包括征地和施工临时占地两部分。其中施工临时占地需要一定时间的恢复，能够恢复到原来水平。

10.2.1.6　生物资源

1. 工程建设对生物的影响

土地占用、森林砍伐和绿地减少以及施工、运营期的人类生产活动会对工程周围的生物造成影响。森林和绿地本身就是生态系统的组成部分，同时在其中生活的动物也会受到影响。

生物资源一般分为陆生生物、水生生物、微生物等。任何生态系统都有特定的正常状态范围，生态系统从整体上依靠其自身负反馈调节机制来维持均衡的状态。公路建设是对生态环境影响较大的建设性活动，生态系统的各种因子均会受到影响，生态系统内部食物链（包括生产者、消费者和分解者）将发生改变，最终将导致生态系统负反馈机制的削弱，而负反馈机制的削弱将影响种群的稳定程度，生物多样性将受到影响。具体总结如表 10-3。

2. 自然生态系统的环境价值

生态系统生物多样性和以此形成娱乐消遣和教育功能是环境价值的表现。我们知道生态环境价值可以有两种分法：(1) 按有形和无形分为使用价值和非使用价值。具体分法见图 10-2。(2) 按经济价值分为商品价值和资源生态价值。对工程项目生物资源的占用主要从资源生态价值来考虑，计入它的生物多样性和对娱乐教育方面的使用价值以及非使用价值。生态系统生物多样性、野生生物物种和娱乐教育功能属于可耗竭性资源损失。生物多样性的经济价值的争议在于选择价值的归属问题，Pearce 和 OEDC 就是典型代表，本文取折中的观点。

高速公路对生态系统的影响　　表 10-3

影响	表现	表现	后果
区域自然生境	自然生境岛屿化 生境阻隔	生态系统脆弱 不利于生存或消失	生物多样性降低 物种丰度降低 生态系统服务价值减小
植物群落	原有群落演替改变 珍稀和濒危植物 森林病虫害 外来物种	演替停滞或逆行演替 受损或消失 增加 昆虫多样性降低	
野生动物	大型兽类 草食动物 鸟类 爬行类、两栖动物	种群迁移 交流和觅食生境阻断 种群迁移数量减少 消失迁移	

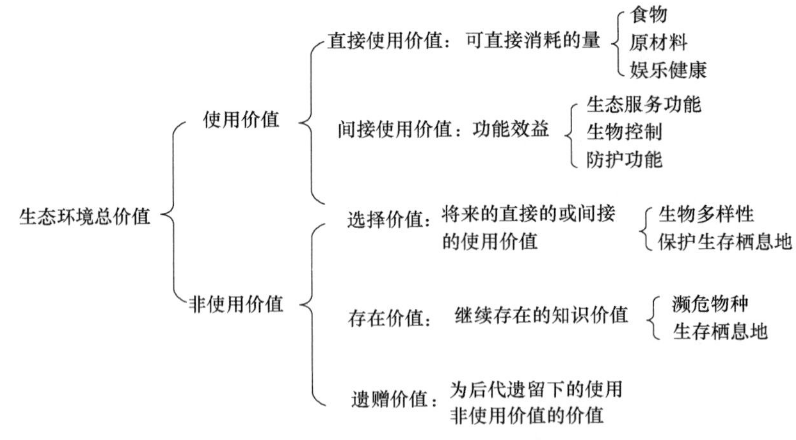

图 10-2　生态价值构成（李金昌，1999）

自然生态系统的环境服务的价值，通过它为旅游业、教育、卫生保健带来的效果的经济价值来体现。由于良好的自然生态环境，提高了使用者的注意力，提高了使用效率，减少事故的发生，增加了旅游业收入，为普及环境教育提供教育基地，这些都可以转化成可以度量的指标计算。

在定量分析中，生物资源的价值按照 H. T. Odum（1996）的能值转换率计算。生态足迹的计算中规定，生态容量的 12%用于生物多样性的保护。

10.2.2　能源消耗

能量的来源称为能源，它是能够为人类提供某种形式能量（如热量、电能、光能和机械能等）的自然资源及其转化物，亦称能量资源或能源资源。从物理学中能量的产生来定义就是可产生各种能量或可做功的物质的统称。能源可以按照来源、技术成熟度和利用形态不同分为三类。清洁生产通常所说的清洁能源就是可再生能源和回收能源。

（1）按来源分可分为三类：1）太阳能。除直接辐射外，还为风能、水能、生物能和矿物能源等的产生提供基础；2）地球本身蕴藏的能源，如原子核能、地热能等；3）由地球和月球、太阳等天体之间有规律的运动所形成的能，如潮汐能。

（2）按技术成熟程度可以分为两种：常规能源和非常规能源（又称为新能源）。现正研究利用太阳能、地热能、风能、潮汐能、核聚变能等新能源。

（3）按利用能源的形态不同的分为一次能源和二次能源。一次能源就是天然能源，指在自然界现成存在的能源，如煤炭、石油、天然气、水能等。一次能源又分为可再生能源（水能、风能及生物质能）和非再生能源（煤炭、石油、天然气、油页岩等）。二次能源指由一次能源加工转换而成的能源产品，如电力、煤气、蒸汽及各种石油制品等。见表 10-4。

工业化和现代化需要大量的能源，在全球能源消耗中，建筑系统消耗了大约 40%的能源，我国是 25%。据统计，全世界每年大约有 40%的砂和石材、25%原木被用于建筑系统中；建筑系统产生了相当多的垃圾，在美国，建筑垃圾在固体废弃物与总填埋量的 25%。但是由于生态建筑和绿色建筑相关主题的可持续发展研究较之于公共工程的更加封闭、微观，这种能量统计相对比较多。可以大胆地估计，大型公共工程的建筑材料和能量消耗，是非常巨大的并且具有改天换地的性质，甚至影响能源供应结构。

能源的分类　　**表 10-4**

类别		来自地球内部能源	来自地球以外能源	地球与其他天体相互作用产生的能源
一次能源	可再生能源	地热能	太阳能、风能、水能、生物质能、海水温差能、海水波浪能、海流能、湖流能	潮汐能
	不可再生能源	核能		
二次能源		焦炭、煤气、电力、蒸汽、酒精、汽油、煤油、柴油、重油、液化气、电石		

工程建设的能源消耗涉及全寿命周期，主要用于动力、取暖、照明等。其中最主要的能源就是化石能源和电能等（这里我们主要采用各种能源的名称与在工程系统中所起的作用分别按照物质和能量进行分析）。这里的时间界定在工程项目的实体建设上，而不包括建筑材料和原材料的开采所耗费的能源。建筑材料和原材料以及中间建筑产品都是直接作为物质资源输入工程生态（共生）系统。

能源消耗用消耗量表示。分别计算可再生能源、不可再生能源的消耗量，并统计新能源（太阳能、生物能源、回收能源）的用量。

在能值分析中，采用第二种分法，区别能源的形态，并把电能、化石燃料能二次能源计入不可再生能源，按照 H. T. Odum 的太阳能值转换率。不可再生能源有存量和流率的限制，通过计算可以判断系统的能量消耗的大小和能量转换效率，以及对社会—经济—环境复合生态系统的整体生态容量的影响。

10.2.3　对项目所在区域环境的全生命期影响

建筑产品生产从广义上讲属于工业生产，其对环境的影响也主要表现在废水、废气、废物以及噪声等的污染，包括水污染、声污染、大气污染、水文地质影响、工程固体废弃物（建筑垃圾）污染。

根据《中华人民共和国环境保护法》、《中华人民共和国水污染防治法》、《中华人民共和国大气污染防治法》、《中华人民共和国固体废物污染环境法治法》、《中华人民共和国环境噪声污染防治法》、《中华人民共和国清洁生产促进法》等法规和具体实施细则的规定，使工程的建设各项指标满足相应法律法规的规定，具有与环境相容能力。

10.2.3.1 水环境

水环境主要是地表水环境和地下水环境。地表水资源主要是指河川径流、湖泊沼泽等地球表面的水体，其中河川径流占90%以上。地下水资源主要是指埋藏在地表水以下岩层中的水。我国人均水资源量为2600m^3，约为世界人均水资源量的1/4，列世界的88位。每亩水资源量为1770m^3，相当于世界平均数的2/3左右。我国水资源分布不平衡，南方水资源总量占全国总量的81%；北方的水资源总量仅占全国总量的14.4%。南水北调就是解决北方缺水而南方水资源有没有很好利用的问题。

人类的活动会使大量的工业、农业和生活废弃物排入水中，使水受到污染。目前，全世界每年约有4200多亿m^{3}的污水排入江河湖海，污染了5.5万亿m^{3}的淡水，这相当于全球径流总量的14%以上。

工程对水环境的影响主要表现在施工期和运营期对环境的影响，主要是改变水质（包括地表水和地下水）、改变地表径流和地下径流。高速公路建设项目一般都是跨区域的项目，逢山开路遇水架桥。直接在河流中施工或冲洗建筑材料都会影响水环境水质，施工材料如沥青、油料、化学品物质进入水体都会引起水体污染。施工期间施工人员的生活污水、生活垃圾进入河流或其他水体都会引起水体污染。高速公路排水和开挖会导致地下水位降低，路基和其他构筑物会限制水流而提高周围地下水位。

高速公路工程运营期对水环境的影响主要表现在运营期各类服务、管理设施以及生活污水对水环境的影响；路面累积的污染物和大气污染物随雨水和路面径流水对地面水源的影响；高速公路上机械漏油等因素造成的水环境影响。

一次降雨单位面积上的污染物，悬浮物（SS）、化学需氧量（COD）和石油类污染物产生量见表10-5。

一次降雨单位面积污染物产生量（g/m^2） 表10-5

污染物	SS	COD_{CR}	石油类
施工期	6.8	5.243	0.132
运营期	2.561	4.307	0.14

10.2.3.2 声环境

据浙江省1996年公众环境意识问卷调查结果，影响居民生活的主要环境问题是噪声干扰，其次是水污染和大气污染。在噪声干扰中最大的污染源是道路交通噪声。其次是建筑施工噪声和工业噪声，在工程建设的全生命周期，前三类噪声问题都存在。

我国对 44 个国控网络城市的噪声监测发现，区域环境噪声等效声级在 51.5～65.8dB（A）之间，道路交通噪声等效声级在 68～76.3dB（A）之间，平均等效声级（路段长度加权）为 71.1dB（A），交通干线道路两侧区域超标率达 82.2%。

噪声污染是局部性的环境问题。噪声污染对人体、建筑材料等都产生不同程度的危害，需要在交通运输基础设施建设中采取适当的防护措施，如建造隔声墙等，避免噪声对居民健康产生危害。

工程建设对周围声环境的影响主要表现为建设期施工噪声和运营时的生产噪声。例如交通工程，在正常运营时过往车辆产生的噪声和振动都会影响居民的生活。近年来对公众关注的环境问题调查表明，噪声已经成为城市居民最为关注的环境问题，因而也是投诉最多的问题。据统计，珠江三角洲的，各类环境诉讼案件中，声环境影响占到总数的 30%。

高速公路建设施工期的噪声主要来自车辆、机械及爆破。在公路施工期间，作业机械类型较多，如公路地基处理时有柴油打桩机、钻孔机械、真空压力泵和混凝土搅拌机械等；路基填筑时有推土机、压路机、平地机、装载机等；桥梁施工时有柴油打桩机、卷扬机、推土机、压路机等；公路路面施工时有铲运机、平地机、压路机、沥青硅摊铺机等。这些机械运行时在距声源 15m 的噪声值在 75～105dB（A）。噪声水平及影响范围随施工阶段（清理线路、修筑路基、路面铺设）不同而存在差异，造成区域内声环境质量的短期恶化。因噪声属无残留污染，其对周围声学环境质量的影响随施工结束而消失。

各施工机械作业时需要一定的作业空间，操作运转时也需要一定的工作间距，因此各施工机械可近似看作噪声点源，其噪声影响随距离增加而逐渐衰减，可用下述点声源衰减公式表示：

$$L_A = L_0 - 201\lg(r_A/r_0) \qquad (10\text{-}1)$$

式中　L_A——距声源 r_A 处的声级（dB）；

L_0——距声源 r_0 处的声级（dB）。

根据上述噪声衰减公式并根据《建筑施工场界环境噪声排放标准》GB 12523—2011 的要求，可计算出施工机械噪声对环境的影响范围，预测结果见表 10-6。

从表中数据可以看出，施工机械虽然本身作业噪声较高，但随着距离的增加不断衰减。在无外在声源影响的条件下，施工地点一定距离外，声级可以满足《建筑施工场界环境噪声排放标准》GB 12523—2011。

公路运营期噪声主要在车辆行驶过程中产生。噪声的影响范围随车流量、风速、沿线植被环境高度、覆盖率有关。噪声对人体机能，包括视觉、听觉、神经的功能都会产生影响；对正常的工作和生活也会产生影响。研究表明，当噪声值大于 40～50dB 时，

常用施工机械噪声及限值　　表 10-6

设备名称	噪声源声级(dB)	限值标准(dB)		达到标准时预测距离(m)	
		昼间	夜间	昼间	夜间
推土机	86	75	55	18	177
装载机	90			28	281
挖掘机	84			14	140
自卸卡车	88				335
摊铺机	87			35	199
压路机	86	75	55	31	177

建筑施工场界噪声排放限值　　表 10-7

昼间	夜间
75	55

注：夜间噪声最大声级超过限值的幅度不得高于 15dB（A）。

对人们的正常睡眠有较大影响；当噪声值大于 60dB 时，将影响通信器材的正常使用。不仅如此，噪声对野生生物生存也会产生影响。

高速公路与城区交界处，应该满足《声环境质量标准》GB 3096—2008。见表 10-8。

《声环境质量标准》相关规定　　表 10-8

<table>
<tr><th colspan="2">类　别</th><th colspan="2">适 用 区 域</th><th>昼间</th><th>夜间</th></tr>
<tr><td colspan="2">0 类</td><td colspan="2">康复疗养区等特别需要安静的区域</td><td>50</td><td>40</td></tr>
<tr><td colspan="2">1 类</td><td colspan="2">以居民住宅、医疗卫生、文化体育、科研设计、行政办公为主要功能，需要保持安静的区域</td><td>55</td><td>45</td></tr>
<tr><td colspan="2">2 类</td><td colspan="2">以商业金融、集市贸易为主要功能，或者居住、商业、工业混杂，需要维护住宅安静的区域</td><td>60</td><td>50</td></tr>
<tr><td colspan="2">3 类</td><td colspan="2">以工业生产、仓储物流为主要功能，需要防止工业噪声对周围环境产生严重影响的区域</td><td>65</td><td>55</td></tr>
<tr><td rowspan="2">4 类</td><td>4a 类</td><td rowspan="2">交通干线两侧一定区域之内，需要防止交通噪声对周围环境产生严重影响的区域</td><td>高速公路、一级公路、二级公路、城市快速路、城市主干路、城市次干路、城市轨道交通（地面段）、内河航道两侧区域</td><td>70</td><td>55</td></tr>
<tr><td>4b 类</td><td>铁路干线两侧区域</td><td>70</td><td>60</td></tr>
</table>

确定噪声污染程度，确定防护措施和声环境损失，需要对沿线的噪声进行合理的计算。采用《公路环境影响评价》(1996) 中规定的声环境的评价范围为公路沿线两侧各 200m 的区域；对施工场地为以料场外缘 100m 为界的区域。高速公路运营期噪声大小与车型、行驶速度、平均每小时交通量有关，并可以由下列公式进行经验估算。

$$L_{ol}=18+38.1\lg V_l$$

$$L_{om}=4.8+43.7\lg V_m$$

$$L_{OS}=18+38.1V_s \qquad (10\text{-}2)$$

L_{ol}，L_{om}，L_{os}分别表示大型车、中型车和小型车的噪声强度。V_t，V_m，V_S 分别表示它们的速度。

在噪声成本的评价方面，德国一些学者分别运用防护成本法、内涵定价法和非方法等方法进行了评估，结果如表 10-9 所示。

公路噪声成本的评价　　表 10-9

评价方法	作者	年份	占 GNP 的百分值
财产价值的损失	Wicke	1987	1.45%
降低房屋价格	Grupp	1986	0.02%～0.05%
防护成本	Planco	1985	0.15%(降至 55dB) 0.90%(降至 45dB)
支付意愿加健康损失	Weinberger	1992	1.4%

对噪声成本一般采用内涵定价法或防护成本法。高速公路沿线多是野外农田，一般不采取防护措施。本书对声环境影响计算采用防护成本法和支付意愿加健康损失法计算。在公路两边采取防护措施的地段，用防护成本法进行估算损失价值，也就是能值输出（生态足迹）；在影响公民生活区域采用影响人群的支付意愿加健康损失法。在生态足迹核算时，并入森林的消费账户。在一般情况下，植物的吸收屏障效应，松树林带使频率为 1000Hz 的声音减 3dB/10m；杉树林带为 2.8dB/10m；槐树林带为 3.5dB/10m；高 30cm 的草地为 0.7dB/10m。

10.2.3.3　大气环境

工程建设由于占用了土地、绿地、森林，从环境的自调节功能上来说已经是对环境造成了影响。工程建设对大气的环境影响还表现为大气污染物的排放和道路扬尘。近几年特别是城市的粉尘污染较为严重，据有关资料表明，参加全球大气监测的北京、沈阳、西安、上海、广州等 5 个城市，均属世界粉尘污染最严重的 10 多个城市之列。

空气污染主要指地方性排放物 CO、NO_x、SO_2、C_xH_x 和微粒物质对人类健康和财产价值的损害，目前西方国家中交通运输是空气污染的最大排放源。从美国 20 世纪 70 年代大气污染物主要来源和分类统计可以看出，城市空气的主要污染来自于车辆排气（表 10-10）。

美国的空气污染物来源统计　　表 10-10

来　源	污染物(10^6t/年)					
	CO	SO_2	NO_X	HC	TSP	百分数
道路交通(车辆尾气)	71.2	0.4	8.0	13.8	1.2	55
燃料燃烧(火电和工厂)	1.9	22.0	7.5	0.7	6.0	22
工业生产(化工)	7.8	7.2	0.2	3.5	5.9	14
其他(固体废气燃烧)	5.7	0.7	0.9	5.6	1.6	9
共计	86.6	30.3	16.6	23.6	14.7	100

我国大气污染属煤烟型污染，但是近年来的统计资料表明，已经有机动车和煤烟型复合大气污染。车辆排放的空气污染物主要是一氧化碳（CO）、氮氧化物（NO_X）、碳氢化合物（HC）及可吸入颗粒（TSP，Total Suspended Particulates）。由道路工程建设及道路交通车辆营运引起的大气污染就主要是气态污染物，包括少量的颗粒污染物。多数污染是通过各种筑路机械、交通车辆的尾气排放而产生的，此外还包括沥青混合料施工摊铺时散发有害气体而产生的污染。施工期施工机械则是短时间、低程度的污染源。主要是现场的水泥堆放、搬运，混凝土的机械搅拌，木材加工、道路干燥及车轮的扬尘，生石灰的装、卸、消解以及土、石的采集，运输遗撒的建筑材料、建筑垃圾；还有铺设路面阶段沥青混合料拌和机将矿料、燃料中的粉尘送入高空，造成扬尘污染。运营期交通车辆属长期的流动性污染源，亦称交通污染源。

对大气污染的程度，可用废气排放量和废气中污染物排放量两个指标来反映。对于废气（尾气）中污染物排放量相对固定不变（占燃料重量4%～7%），而其尾气排放量因不同车型而异。通常汽车尾气产生的大气污染又称石油型污染，柴油车颗粒物的排放量通常是汽油车的几十倍。

机动车排气中污染物含量（g/100L） **表 10-11**

污染物	汽油燃料	柴油燃料	
		载重汽车	机车
铅化合物(Pb)	2.1	1.56	3.0
CO_2	0.295	3.24	7.9
CO	169	27	8.4
NO_X	21.1	44.4	9
HC	33.3	4.44	6
甲醛	40	100	
TSP	120	1100	

对于大气污染的治理，应按照现行《环境空气质量标准》GB 3095—2012 执行。按标准的适用范围分为3级。《环境空气质量标准》规定的环境空气功能分区及执行标准如表10-12所示。

环境空气功能分区及执行标准 **表 10-12**

类　别	描　　述	执行标准
一类	自然保护区、风景名胜区和其他需要特殊保护的区域	Ⅰ
二类	居住区、商业交通居民混合区、文化区、工业区和农村地区	Ⅱ

每级环境空气污染物的浓度限值规定可参见《煤炭工业污染物排放标准》GB 20426—2006，见表10-13。

环境空气污染物浓度限值　　**表 10-13**

污染物名称	取值时间	浓度限值		
		一级标准	二级标准	浓度单位
二氧化硫 (SO_2)	年平均 24 小时平均 1 小时平均	20 50 150	60 150 500	$\mu g/m^3$
二氧化氮(NO_2)	年平均 24 小时平均 1 小时平均	40 80 200	40 80 200	
一氧化碳 (CO)	24 小时平均 1 小时平均	4 10	4 10	mg/m^3
臭氧(O_3)	日最大 8 小时平均 1 小时平均	100 160	160 200	$\mu g/m^3$
颗粒物(粒径小于等于 10μm)	年平均 24 小时平均	40 50	70 150	
颗粒物(粒径小于等于 2.5μm)	年平均 24 小时平均	15 35	35 75	
总悬浮颗粒物(TSP)	年平均 24 小时平均	80 120	200 300	
氮氧化物 (NO_X)	年平均 24 小时平均 1 小时平均	50 100 250	50 100 250	
铅(Pb)	季平均 季平均	0.5 1	0.5 1	
苯并[a]芘(BaP)	年平均 24 小时平均	0.001 0.0025	0.001 0.0025	

空气污染成本则较多地运用剂量反应法。荷兰 VROM 于 1985 年用剂量反应法计算出的空气污染外部成本占 GNP 的 0.12%～0.20%，德国学者 Shulz 利用支付意愿法算出的空气污染成本占 GNP 的 0.25%～0.79%，欧共体 Perrin 通过估算给汽车全部安装催化转化器而计算出的公路运输造成的空气污染成本约占 GNP 的 0.5%。

能值计算中按照废气排放量和废气中污染物的排放量来计算；然后转化成消耗化石能源地的生态足迹。

10.2.3.4　土壤污染与水土流失

1. 土壤污染

本节把土壤污染和水土流失包括在水文地质环境中分析计算。工程建设对当地的水文和地质条件也会造成影响，一些地段的特殊工程施工会改变地下水自然埋藏和运动的条件，破坏正常的开采规律，引起地下水位下降；改变地面水流动规律和洪水排泄通道，影响部分植被的自然生长状态。如隧道开挖、大桥修建会改变河流形态，干扰地面水、地下水流向。土壤污染主要由污染物的排放导致，主要是“三废”直接或间接排放引起的。例如长距离能源工程发生油气泄露等，会污染大量的土壤；高速公路工程的机械漏油等也会导致土壤污染。这部分影响难以短时间量化计算，所以只作定性的分析。

2. 水土流失

水土流失主要是由于对工程区域的土壤扰动造成的。一般来说，工程建设造成水土流失的原因有四个方面：一是工程占地、取土及人为活动等破坏和扰动大面积的表土，致使地表土层变松、抗蚀性变弱，加速土地沙化及水土流失。二是施工过程中产生的弃土、弃渣缺乏防护会造成水土流失。弃土弃渣场水土流失主要发生在坡面上，水土流失形式为沟蚀、滑坡及坍塌。三是临时工程破坏地表植被，土壤上层暴露，水土保持能力降低。四是工程投入运营初期（2～3a），施工结束后恢复的植被逐步恢复水土保持功能。一般地根据工程经验，运营后第一年的水土流失量按照年侵蚀量的30％计算，第二年按年侵蚀量的15％。一般在2年以后，各种水土保持措施可以发挥正常功能。

对于高速公路工程，施工阶段的施工临时占地、路基开挖扰动土地、临时弃渣及临时存土等因素造成的水土流失。路基工程、站场工程、桥隧工程、取土场、弃土弃渣场、施工便道、施工营地等是造成沿线水土流失的主要影响因素。

公路路基在堆填至浇筑沥青混凝土路面前的过程中，将会产生土壤流失。公路路基开挖或填筑到一定高度后，须经过碾压、夯实、稳定后才浇筑沥青混凝土路面，在夯实过程中，土壤裸露，容易造成土壤流失。

在填筑过程中，大量的填筑土料运至堆填段，如不及时推平、碾压，形成弃渣，将造成严重的水土流失。工程线路长，挖、填方量大，在施工过程中难免会有零星的弃土弃渣散落在待浇筑沥青混凝土的路面上，这些弃土弃渣容易产生土壤流失。

3. 新增水土流失量计算

通过上述分析，新增水土流失量计算包括两个部分：1）扰动地表、地貌新增水土流失量；2）弃土、弃渣水土流失量。

（1）扰动地表、地貌新增水土流失量

由于项目建设引发的水土流失不是无限期的，并且在项目建设前当地存在水土流失。当工程扰动到地表、地貌时，表层岩土结构变松，土质抗蚀能力降低，使表土植被的平衡关系失调，降雨时就会引起水土流失。这部分水土流失应该为在施工建设期间项目建设影响范围内的水土流失量与项目建设前该范围内的水土流失量之差。

$$E_1=(A_1-A_0)\times S\times t \tag{10-3}$$

式中，E_1——扰动地表、地貌新增水土流失量；

A_1——再塑地貌土壤侵蚀模数（$t/km^2\cdot a$）；

A_0——项目区原平均土壤侵蚀模数（$t/km^2\cdot a$）；

S——项目占地面积（km^2）。水土流失面积计算包括以下几个部分：主体工程征用土地面积、临时工程占地面积（如临时料场、施工便道）、材料取土场面积、老路基旧场地面积等。这些面积之和应等于水土保持方案防治责任范围面积减去弃土弃渣面积；

t——影响时间（a）。《开发建设项目水土保持方案技术规范》SL 204—1998 中把水土流失预测分为基本建设期和生产运营期两个阶段。其中，基本建设期的时间就是施工工期，生产运营期就是公路沿线的植被恢复期，本文取两年。

见表 10-14。

黄委会推荐的土壤侵蚀模数取值范围（万 t/km²·a）　　表 10-14

项目	施工场地	施工便道	平坦路基	坡面边坡	路基边坡	路堑边坡	取土场	影响区
侵蚀模数	＜0.2	2.0～5.0	0.1～0.25	2.0～4.0	3.0～6.0	0.5～1.0	0.8～1.5	＜0.8

水土流失程度与降水、坡度、坡长、土壤结构、植被覆盖有关。采用我国通用土壤流失方程测算土壤侵蚀强度：

$$A=R\times K\times LS\times C\times P \tag{10-4}$$

式中，A——土壤侵蚀强度；

R——降雨侵蚀力因子。R 值具有很大的区域性，取决于月平均降雨量和年平均降雨量。根据魏斯曼经验公式：

$$R=\sum 1.735\times 10^{\left(1.5\lg\frac{w_i^2}{w}-0.8188\right)} \tag{10-5}$$

式中，w_i——各月平均降雨量（mm）；

w——年平均降雨量（mm）；

K——土壤可侵蚀性因子。K 值取决于土壤粒度结构和有机质含量，一般可取 0.35～0.4。土壤对水土流失程度的影响是多方面的，但一般说来，质地越粗或越细的土壤流失程度越低，而质地适中的反而较高。依据烟台的土壤情况和有关资料，其 K 值见表 10-15。

土壤侵蚀因子表　　表 10-15

土 壤 质 地	K 值	土 壤 质 地	K 值
黏性壤土	0.29	黏土	0.29
砂壤	0.09		

LS 为地形因子。由下式确定：

$$LS=(\lambda/22.13)^m\cdot(65.4\sin^2\theta+4.56\sin\theta+0.065) \tag{10-6}$$

式中，λ——坡长；

θ——坡度；

m——坡长指数。θ 和 m 满足表 10-16。

坡度与坡长指数关系　　表 10-16

$\sin\theta$	>5%	3%～5%	1%～3%	<1%
m	0.5	0.4	0.3	0.2

C 值为植被覆盖和管理因子，与植被种类、覆盖度有关。对于地表植被破坏的地段，$C=1$。

P 值为水土保持因子，对于无植被地段（机械施工地段）P 取最大值即 $P=1$。一般经平整、夯实的土地，P 取 0.6～0.8。

（2）弃土、弃渣水土流失

弃土弃渣场水土流失主要发生在坡面上，水土流失形式为沟蚀、滑坡及坍塌。由以往高速公路水保经验可知，弃土弃渣水土流失量一般占总流失量的 50%。

工程弃渣水土流失量计算公式为：

$$E_2=B_2\times\gamma_2\times\eta \tag{10-7}$$

式中，E_2——项目工程弃渣水土流失量（t）；

B_2——项目工程弃渣量（m^3）；

γ_2——弃土弃渣流失系数；

η——一般取 0.3。

一般沟头、沟岔弃土水土流失系数为 15%；弃土填沟水土流失系数为 20%；顺沟弃土坡面面积较大，弃土流失系数可达 30%。但是不同物质组成土质的流失系数相差较大。淮南地区常见土质的弃土弃渣流失系数见表 10-17。

淮南地区水土流失系数　　表 10-17

堆积部位	川台地		河滩	
	黄土	石渣	黄土	石渣
η	0.1	0.5	0.3～0.5	0.2～0.4

（3）高速公路建设期新增水土流失量计算

$$\Delta E=E_2+E_1 \tag{10-8}$$

式中，ΔE——项目建设新增水土流失量（t），E_1、E_2 意义同上。

由工程实践验证，新增土壤流失量主要来源于取土场、弃渣场和路基填筑坡面。特别是取土场区域，其流失量占公路全部流失量的 28.5%，路基填筑坡面和弃渣场产生的土壤流失量分别占流失量的 16.4%和 23%。高速公路土壤流失防治重点主要在取土场、弃渣场、公路路基填筑区以及公路高填筑、开挖路段。

在本章中，施工期路基挖填水土流失计算面积取项目建设的征地面积，征地面积包括了路基征地和取弃土场征地，另外，目前项目建设设计一般都要考虑土石方平衡，弃土弃渣量大为减少，因此，把弃土弃渣作为 E_1 中的一个因素考虑，不再单独计算。

10.2.3.5　固体废弃物

固体废物有多种分类法，按化学性质可以分为有机废物和无机废物；按其危害状况可分为有害废物和一般废物；按其形状一般可以分为固体的（颗粒状、粉状、块状）和泥状的（污泥）。固体废物对环境的影响表现为侵占土地、污染水源、污染空气、污染土壤。从热力学第一定律可知，没有所谓的废物，只有不能利用的物质。废物只是某个系统不能再利用的物质，如生物代谢和人类生活垃圾。据统计，我国每人每天产生的固体废弃物为 1kg。工业化国家每人每天的固体废弃物产生量高达 1.5kg。

从工程项目生命周期来看，垃圾主要包括三个部分。（1）建设期，拆迁和施工产生的建筑垃圾；（2）建设期和运营期的生活垃圾；（3）更新和处置时产生的建筑垃圾。其中建筑垃圾是工程项目生态系统能流的一个重要组成部分，它的流向是工程项目可持续能力的重要标志和保证。

建筑垃圾大多为固体废弃物。工程建设过程中的固体废弃物：建筑渣土，包括砖瓦、碎石、渣土、混凝土碎块、废钢铁、打桩截下的钢筋混凝土桩头、碎玻璃、废屑、废弃装饰材料等；废弃的散装建筑材料包括散装水泥、石灰等；生活垃圾、设备材料等的废弃包装材料。

不同结构类型的建筑所产生的垃圾各种成分的含量虽有所不同。据有关资料介绍，经对砖混结构、全现浇结构和框架结构等建筑的施工材料损耗的粗略统计，在每万平方米建筑的施工过程中，仅建筑废渣就会产生 500～600t。若按此测算，我国每年仅施工建设所产生和排出的建筑废渣就有 4000 万 t，见表 10-18。

建筑施工垃圾的数量和组成　　**表 10-18**

垃圾组成	施工垃圾组成比例(%)			
	砖混结构	框架结构	框架-剪力墙结构	占其材料购买量的比例(%)
碎砖	30～50	15～30	10～20	3～12
砂浆	8～15	10～20	10～20	5～10
混凝土	8～15	10～20	10～20	1～4
桩头	—	8～15	8～20	5～15
包装材料	5～15	5～20	10～20	
屋面材料	2～15	2～5	2～5	3～8
钢材	2～5	2～8	2～8	2～8
木材	1～5	1～5	1～5	5～10
其他	10～20	10～20	10～20	
合计	100	100	100	
单位建筑面积产生施工垃圾数量(kg/m^2)	50～200	45～150	40～150	

对于高速公路工程中，从它的全生命周期来看，产生建筑垃圾主要是在施工准备

的拆迁、平整场地和竣工场地清理以及工程运营期间的更新改造和最终的拆除重建。从它的主要工艺流程来看，路基工程、路面工程、桥梁工程、交通工程中，路基工程产生的固体废弃物最多。据统计，我国高速公路建设过程中平均每公里固体废弃物产生量为 8739.2m^3。

建筑垃圾中有的无有害物质，有的含有有害物质。近年北京市的单位投资建筑固体废物发生量平均为 8.59t/万元。其主要成分和有害物质情况见表 10-19。

建筑垃圾主要成分和有害物质 **表 10-19**

	拆除垃圾	结构施工垃圾		装修垃圾
主要成分	碎砖、灰土、混凝土块、木材	混凝土块、瓦片碎砖、锯末	表层土、砂土、黏土	木条、木板、灰土、纸壳、锯末、瓷砖、漆筒塑料、废编织袋、保温材料、涂料、废电线
有害物质	有	基本没有		有
比例	49%	44%		7%

根据美国对公路固体废弃物中可再回收利用的材料统计，几乎所有的固体废弃物都可以回收利用。公路固体废弃物种类和潜在用途见表 10-20。

公路固体废弃物种类和潜在用途 **表 10-20**

可再回收利用的材料	潜 在 用 途
陶瓷(瓦片)(瓷砖)	基料
混凝土碎块	基料、新混凝土、沥青稳定骨料
碎玻璃	基料、玻璃珠用于交通工程油漆玻璃
废纸	设备密封、覆盖物
油污土	热拌沥青稳定基料、冷处理铺路材料
回收沥青人行道板	热拌回填基料
碎石	热拌
沥青碎石路面废弃	块石面路
毛刷碎片	防腐处理
轮胎橡胶	热拌、缝隙填充物、边坡填注、交通安全装饰
化学粉剂	热拌

固体废弃物对环境的危害主要有四个方面——侵占土地、污染水体、污染大气、污染土壤。固体废弃物的排放损失了大量的能量。因此，对于工程建设中产生的固体废弃物的回收再利用、再循环和减量化，已经引起了我国政府的高度重视。据已有的研究，由于工程设计变更导致的建筑固体废弃物占总量的 10%～20%。除此之外，施工工艺和质量也是产生固体废弃物的重要原因。

工程项目建设和运营尽可能减少建筑垃圾的产生量，尽可能回收、再利用可再生的建筑垃圾，尽可能降低建筑垃圾中的有毒物质含量，是衡量工程项目可持续能力的一个重要指标。

10.3　经济推动能力

10.3.1　公共投资拉动效应理论

按照经济学的乘数理论，投资与国民收入之间存在倍增效应，就是投资增加必然引起国民收入的增加，所引起的国民收入的增加大于投入量。公共工程投资一般是财政的一项重要支出，政府直接投资的作用在于影响消费与投资，从而调节总需求，拉动国民收入增加。这里用公式表示政府投资的乘数效应，解释公共工程建设对经济的推动作用。

在均衡条件下，如果以 ΔY 代表增加的收入量，以 ΔI 代表增加的投资量，则：

总产出：$Y=I+C$

线性消费函数：$C=a+bY$

式中，C——消费；

a——自主消费；

b——边际消费倾向。

$b=\frac{\Delta c}{\Delta y}$，$0<b<1$。

$\Delta Y=\Delta I+\Delta C$

以 K 代表乘数，则 $K=\Delta Y/\Delta I$

$$K=\frac{1}{1-b} \tag{10-9}$$

设边际消费倾向为 0.8，$K=1/(1-0.8)=5$，新增国民收入$=100\times5=500$ 万。当然，乘数的作用是两面性的，即有投资增加时，引起国民收入减倍增加，当投资减少时，国民收入成倍减少。乘数定理成立的条件是生产能力为充分利用，即经济处在萧条时期。

根据权威经济部门的测算，经济增长中的 2 个百分点，就是积极财政政策贡献的。在世界经济普遍不景气的情况下，中国仍能保持 7%以上的经济增速，积极财政政策的功劳，体现了政府投资的经济拉动作用。

政府投资支出的增加，不仅会因投资拉动收入增长和消费增长而形成乘数效应，还有可能因投资于某一产业而引起关联投资，即投资的波及效应。水利工程设施、公路交通等基础设施所需要的投资品主要是钢材、木材、水泥，投入使用需要的相关零部件、配套件带动了相关部门和行业的投资。

10.3.2　共性指标

大型公共工程的经济推动能力是指工程项目的宏观经济贡献。一般项目经济评价中包括两部分的内容：财务评价和国民经济评价。我们知道，它们分别对项目建设的微观经济效果和宏观经济效果作出评价。但是，财务评价和国民经济评价的指标都不能表达工程对经济增长的宏观效果，而这一点对于大型公共工程非常重要。前文已经简述了有大量的研究针对大型项目的经济外部性，也有文献指出在一定条件下，基本建设规模达到一定的程度，基本建设对经济的拉动作用将不明显。不同的工程项目尽管特征和作用不同，但是对经济的推动作用是不可忽视的。

大型公共工程的这种宏观经济推动作用表现在三个方面：对区域经济增长的推动作用；对地区产业结构升级的推动作用；以及对与工程所属行业发展的推动作用。前两个方面是大型公共工程的共性，本文称之为共性指标；后者是特性指标，根据公共工程种类进行具体的分析，不同的项目是不同的。因为研究时间和篇幅的限制，本文以高速公路工程为实证研究对象，因此特殊指标用交通工程来分析选取指标。一般的项目考虑财务内部收益率、财务净现值、经济净现值、经济内部收益率。这些指标只能考虑项目的经济效益，不能直观地体现工程对宏观经济的推动作用，所以必须引入宏观经济指标 GDP。工程对区域经济增长的推动能力指标包括人均国内生产总值、国内生产总值；对区域产业结构升级的推动作用可以分为工业、农业、第三产业（包括房地产业、旅游业、建筑业、商业）和高新技术产业。

10.3.2.1 对工业的推动作用

工业化的发展过程从纺织工业和冶金原材料工业阶段到发展机电和化学工业为主的阶段，我国工业化的道路也不例外。后工业化阶段的主要特征是产业结构经济化、知识密集化与高附加值化，经济增长更多地依赖深度加工、技术和信息，也就是智力密集型的知识经济。工程建设提高了该区域的基础设施服务水平，提高了工业生产效率，增加了工业产品的社会需求，并能够吸引更多的投资。

工程建设可以带动建材工业、化工、机电、仪表、轻工等诸多工业生产部门的产品需求，从而带动建筑业的发展。

10.3.2.2 对农业的推动能力

水利设施和交通工程对农业的发展都具有非常明显的推动作用。水利设施能够改变生产条件，交通工程把相对封闭的农村改造成开放的系统，增加区域的可达性、便捷性。为农产品的运输提供了条件。我们知道，农产品的运输损耗非常大，对运输条件和时间要求也很高，所以大型公共工程的建设对农业具有推动作用。

这里需要说明的是农业商品总产值是指农业总产值作为商品交换的产值。农产品商品化后，才使农业生产效益提高。

10.3.2.3 对第三产业的推动能力

一般来说，公共工程的建设都会大幅度提高当地的公共服务水平。现代化的社会生活不仅要满足生存的需要，还要满足生活的需要，也就是追求生活的舒适度。公共服务水平高的地段，土地价值就会大大增加，进而带动房地产业的发展。就交通工程来说，城市交通基础设施，如地铁的开通、高速公路、立体交通的建设，会改变城市/区域的空间结构，从而改变土地和生活空间的价值。

工程建设带来大量的流动人口，使当地的人口数量增加。人口的增加带动了商品的消费。对于交通工程来说，增加了商品流通的速度，进而加快了商业的发展。

旅游业的发展也与公共工程的服务水平相关。交通工程缩短了旅行时间，增加旅游景点的可达性和服务能力，同时工程建设本身就可能增加当地的旅游景点，并可能依托工程开发新的景观。所以，公共工程建设能够推动旅游业的可持续发展。

10.3.2.4　对高新技术产业的推动能力

高新技术产业属于工业范畴，但是由于高新技术产业技术含量、经济价值高，代表了当地的生产技术水平，所以单独作为影响评价指标。高新技术产业的发展对当地的人力资源和公共设施服务水平要求都很高，表现在需要高素质的员工和便捷的社会服务。高新技术产品属于体积小、质量轻、运输频繁价值高、技术含量高，对运输安全要求高的产品。高速公路沿线两侧是高新技术产业带布局的理想场所，对高新技术产业具有聚集作用。

大型公共工程对经济推动能力的共性指标及其计算列表如表 10-21 所示。

共性指标与计算　　表 10-21

指标		计算
对区域经济增长的推动作用(X_4)		GDP 增长量
对区域产业结构升级的推动作用(X_5)	第一产业(X_{51})	农业商品总产值变化量
	第二产业(X_{52})	工业总产值变化量
	第三产业(X_{53})	建筑业总产值变化量 商业总产值变化量 房地产增值量 原有旅游业收入增加值
	高新技术产业(X_{54})	高新技术产业生产总值

10.3.3　共性指标计算方法

对于区域经济增长的贡献指标的计算采用有无对比法，对比项目建设前后的经济增长情况。设一个区域的国民生产总值为 y，它是时间 t 的函数。实际增长在固有变化条件下的是 $y(t)$，在任一个时间段上，就会有可以预测的变化量 $\hat{y}(t)$。当系统中出现新的变化因素，那么系统就会改变固有的变化趋势，出现 $\Delta y(t)$，则这个新的变化因素所引起的系统变化量就应当是实际的变化量和预测变化量的差。即为：$\Delta y(t_i)=y$

$(t_i)-\hat{y}(t_i)$。通过提出其他因素的变化量，我们就可以得到新变化因素的作用大小。

这里引入灰色系统预测函数来求得固有变化函数$\hat{y}(t)$。灰色系统预测优点在于利用少量数据，就可以研究包含不确定性的问题。灰色系统预测模型是对已有的一组时间序列信息进行累加处理，得到的随机性弱化、规律性强化了的“生成列”。在此基础上，加以微分拟合建模，称为灰色模型（GM）。这种模型一般是一个单序列的一阶线性动态模型，记为GM（1，1）。建模过程如下。

（1）设时间数据列 $y^{(0)}$。

$$\begin{aligned} y^{(0)} &= \{y(t)\,|\,t=1,2,\cdots,n\} \\ &= \{y^{(0)}(1),y^{(0)}(2),\cdots,y^{(0)}(n)\} \end{aligned} \tag{10-10}$$

对 $y^{(0)}$ 作一次累加生成，令：

$$y^{(1)}(t)=\sum_{k=1}^{t}y^{(0)}(k)$$

即：

$$\begin{aligned} y^{(1)} &= \{y^{(1)}(t)\,|\,t=1,2,\cdots,n\} \\ &= \{y^{(1)}(1),y^{(1)}(2),\cdots,y^{(1)}(n)\} \\ &= \left\{y^{(0)}(1),\sum_{k=1}^{2}y^{(0)}(k),\cdots,\sum_{k=1}^{n}y^{(0)}(k)\right\} \end{aligned} \tag{10-11}$$

对原始数据进行光滑离散函数检验。检验条件是：

$\dfrac{y^{(0)}(k)}{\sum_{k=1}^{n-1}y^{(0)}(k)}=\dfrac{y^{(0)}(k)}{y^{(1)}(k-1)}<\varepsilon$，ε 尽可能小。

一般条件下，k 足够大时，光滑条件可以满足。

（2）由 $y^{(1)}$ 建立GM（1，1）模型，时间微分方程为：

$$\frac{dy^{(1)}}{dt}+ay^{(1)}=u \tag{10-12}$$

用最小二乘法灰参数 $\hat{a}$，

$$\hat{a}=(a,u)^T=(B^TB)^{-1}B^TY_N \tag{10-13}$$

式中，$Y_N=[y^{(0)}(2),y^{(0)}(3),\cdots,y^{(0)}(n)]^T$

$$B=\begin{bmatrix} Z(2) & 1 \\ Z(3) & 1 \\ \cdots & \\ Z(N) & 1 \end{bmatrix},Z(K)=-\frac{1}{2}[y^{(1)}(k)+y^{(1)}(k-1)] \tag{10-14}$$

求出 $\hat{a}$ 后解时间微分方程，得到时间函数：

$$\hat{y}^{(1)}(t)=\left(y^{(0)}(1)-\frac{u}{a}\right)e^{-a(t-1)}+\frac{u}{a} \tag{10-15}$$

（3）递减还原后就可以得到 $y^{(0)}$ 的灰色预测系列，记作 $\hat{y}^{(0)}(t)$

$$\hat{y}^{(0)}(t)=\hat{y}(t)=\hat{y}^{(1)}(t)-\hat{y}^{(1)}(t-1),t=2,3,4,\cdots,n \tag{10-16}$$

（4）模型精度检验。一般有三种精度检验的方式，残差大小检验、后验差检验和关联度检验，本文采用残差大小检验。可以同时使用，也可以采用一种方式进行检验，合格即可。

令 $q(t)=y^{(0)}(t)-\hat{y}^{(0)}(t)=\hat{y}^{(1)}(t)-\hat{y}^{(1)}(t-1)$，最近一个点的误差称为原点误差。

相对误差：

$$e(t)=\frac{q(t)}{y^{0}(t)}\times 100\% \tag{10-17}$$

其中，$t=1$，2，…，n

若精度达到要求，则可以用于所建模型预测。如果精度达不到要求，还需要建立残差修正模型以提高精度，再利用修正后的模型进行预测。

（5）预测。根据灰色系统预测模型得到的国内生产总值序列 $\hat{y}$，对工程使用后某一年 t_i，该工程对国民经济的贡献率 Y_{11} 可以按照下式求得：

$$Y_{11}=\frac{\text{项目引起国内生产总值增量}}{\text{无项目时国内生产总值}}=\frac{y(t_i)-\hat{y}(t_i)}{y(t_i)}\approx\frac{\Delta y(t_i)}{y(t_i)}\times 100\% \tag{10-18}$$

采用这种方法可以定量计算项目对区域经济增长的推动作用，也可以计算推动产业结构变化的具体指标：该地区项目建成前后三次产业和高新技术产业总产值变化量，其中第三产业包括商业、房地产业、建筑业、旅游业。农业总产值为农业商品产值。这里之所以选取总产值作为指标，是为了防止重复计算和能值的输入和输出分析。对产业结构升级的影响，可以清楚地看到有无项目产业结构的变化，其结果并不计入能值分析中，以免重复计算。

10.3.4　特性指标

工程项目的直接经济效益和工程类别有直接的关系，这里用特性指标来表示。本书以沪宁高速公路工程做实证研究，所以特殊指标是针对高速公路工程的。

根据交通经济和交通运输走廊理论，高速公路改变了区域的空间结构，增加了可达性，缩短了出行时间。合理规划的高速公路对老路起到分流作用，增加了区域路网的通行能力。这也就是高速公路工程所带来的直接经济效益。一般高速公路工程可行性研究报告中的国民经济评价采用的就是直接经济效益。所以用特性指标表示的直接效益（X_6）表现在四个方面：节约出行时间效益（X_{61}）、降低运输成本效益（X_{62}）、货物在途时间节省效益（X_{63}）以及交通事故下降效益（X_{64}）。

10.3.4.1 节约出行时间效益

节约出行时间的效益采用有无对比法计算项目建成前后的该区域交通费用之差表示。计算的假设前提为：有高速公路与无高速公路两种状态下公路网的总车流流量是相同的。则节约出行时间效益（X_{61}）为：

$$B_{pt}=Q_p\times T\times N\times H\times\frac{1}{2}\times 365 \tag{10-19}$$

式中，B_{pt}——乘客时间节约效益（万元/年）；

Q_p——年平均日客车交通量（辆/日）；

T——平均载客人数（人/辆）；

N——高速公路比老路节约行车时间（小时）；

H——乘客的单位时间价值（按人均内生产总值计算）（元/小时）；

$H\times\frac{1}{2}$——考虑到节约的时间只有一半用于生产目的。

10.3.4.2 降低运输成本效益

高速公路工程缩短了运输距离，路面质量好，纵坡小路面平整，车速快，速度均匀。因此减少了单位里程上的耗油量，减少机件轮胎的磨损，同时降低了运输损耗。单车油耗量与同类状况相比可降低20%～30%，轮胎使用寿命可增加一倍，大修行程可增加1/3。

降低运输成本效益（X_{62}）：

$$B_c=(C_W L_W-C_y L_y)\times Q_n\times T'\times 365 \tag{10-20}$$

式中，C_W，C_y——分别为有无高速公路时的单位运输费用（元/(t·km)）；

L_W，L_y——分别为有无高速公路时的运输距离（km）；

Q_n——年平均日交通量（辆/日）；

T'——平均载运系数（t/辆）。

10.3.4.3 货物在途时间节省效益

高速公路的建设可加快资金周转和促进货物流通，减少货物贮备占用的资金，增加资金的时间效益。货物在途时间节省的价值公式如下：

$$B_{ft}=P\times q_f\times T\times Q_f\times\frac{R}{24} \tag{10-21}$$

式中，B_{ft}——全年总的货物运输时间节省的价值（元/a）；

P——在途货物的平均价格（元/t）；

q_f——货运量（t/车）；

T——行程时间节省值（h）；

Q_f——年平均日交通流量（货车）（辆/d）；

R——社会贴现率，由国家计委公布，现为 12%。

10.3.4.4 交通事故下降效益

高速公路具有行驶速度高、通行能力大等特点，由于高速公路采取了一系列的措施，交通事故大为减少，其事故率只有一般公路的 1/3～1/4，但是由于高速公路上车速快，一旦发生事故，其严重性增大，高速公路事故的死亡率是一般公路的两倍。

$$B_S = D_a(A_w - A_n)Q_n \times L_n \tag{10-22}$$

式中，B_S——全年交通事故下降所产生的经济效益（元/a）；

D_a——事故平均损失费（元/次）；

A_w——无高速公路项目时每车事故率（次/km）；

A_n——有高速公路项目时每车事故率（次/km）；

Q_n——为交通流量（车/d）；

L_n——为高速公路里程。

10.4 社会协调能力

10.4.1 公共工程社会成本

公共物品均具有六个方面的特征：(1) 消费上的非竞争性；(2) 占有上的非排他性；(3) 消费上的非拒绝性；(4) 消费上的不可分性；(5) 消费数量的一致性和消费评价的差异性；(6) 消费上的道德风险。因为公共物品消费上的不可分性、非排他性、非拒绝性，所以消费者就容易产生故意压低自我评价，希望别人出钱购买，自己免费消费的道德风险，又称“免费搭便车”心理。

公共物品的特征有强弱之分，根据它们的强弱，公共物品有纯公共物品、准公共物品以及俱乐部产品和间接公共物品之分。在第 2 章的分析中，已经给出工程建设项目的各种分类。按照消费和供给，我们把交通工程，包括铁路、公路、航空、水运和管道工程划分为准公共物品。大型公共工程一般不易追求商业利润为建设目的，而是要追求社会福利最大化，并要保障社会公平，包括代内公平和代际公平。

公共工程建设会带来外部效益，也就需要外部成本的投入。例如高速公路建设会给周围环境带来噪声、空气污染，高速公路带来居民的视觉障碍等，这样使用者给未使用者带来了影响，但是如果不考虑外部成本，使用者就没有为此支付费用。因此，考虑外部成本，如图 10-3 所示。当使用者对边际成本作出响应时，实际成本应当是 MC_1。此时，公共工程使用所带来的社会效益就从 abd 下降到 a_1bd 水平。

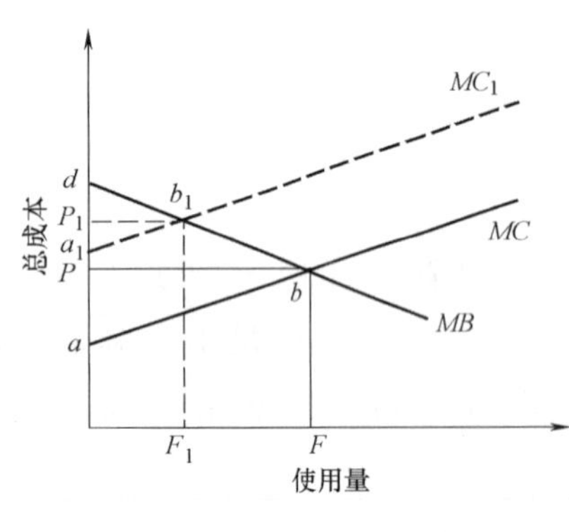

图 10-3 社会成本图解

考虑公共工程的成本不仅要考虑私人成本，还要考虑外部成本，公共工程的社会成本反映了工程建设的真实损耗。这种关系可以用公式表示：

社会成本＝私人成本＋外部成本

以往的工程效益偏重于经济效益，经济优先于环境生态和社会和谐。完整的大型工程的效益包括有形效益和无形效益，其有形效益主要是指经济效益，是生产效率的表现。无形效益主要是指与经济无关的间接效益，是社会和谐性和公平性的表现。在工程成本中要考虑污染投资所占的份额以及环境保护的成本，从社会角度考虑资源配置问题，在给定的资源和技术约束下，最大化社会福利，实现社会公平。一个可持续发展的工程项目生态系统，不仅要考虑到系统的效率，还要考虑到系统的公平，应该体现“和谐社会”的要求。

10.4.2 协调能力指标分析与计算

社会协调能力指标体系是按照“和谐社会”的要求，以提高生活质量为目的和标准结合工程实践分析设计的，并为了计算的需要，进行当量的折算。

10.4.2.1 社会就业及收入水平

基尼指数是衡量社会公平性的指标之一。基尼系数是衡量一个国家或地区的收入分配差距的指标，反映了一个国家的公平程度。由于一般把 0.4 作为衡量收入分配公平与否的“警戒线”。工程建设和运营都增加了就业。但就工程来说，就业人数就相当可观，据统计沪宁高速公路的建设就增加了 20.8 万个就业机会。不仅如此，工程影响区域内其他产业的繁荣也增加了劳动力的需求。总的就业收入按照就业人数和人均年收入的乘积来计算。并记入反馈输出地。这部分的能值产出对社会稳定起到促进作用，兼顾了社会公平。计算增加的就业人口的总收入，不是重复计算，而是社会公平性、协调性的体现。

10.4.2.2 社会安定、民族团结

工程建设拆迁补偿引起的不安定因素和案件工程的征地拆迁，会影响到永久占地上的居民。我国因为拆迁补偿问题的纠纷很多，处理不好会影响到社会团结和安定，如果是在少数民族地区还有可能引发民族矛盾，社会和谐程度降低。

工程对社会安定民族团结的影响，以发生不安定事件造成的实际损失和处理此类事件所花费的费用之和计算。

10.4.2.3　文物古迹和景观资源

景观资源的构成：包括生物资源和气候、水体、地貌等自然资源，是对观光游憩者有吸引力的资源，分为自然资源和人文资源（文物古迹）。大型公共工程一般都是跨区域和跨流域的大型工程，不可避免要遇到现存的文物古迹。在工程施工中也有可能挖掘出未探明的文物资源，并有可能形成新的文物古迹。但是也有可能由于工程的建设，这些文物资源从此消失。文物资源从某种意义上属于不可再生的资源，具有遗赠价值。保护文物资源是社会公平性的表现。

大型工程由于它“大”的体量与自然环境形成的空间结构和自身的外部设计，会形成新的景观或者与原有的景观形成组合效应。但是也可能由于工程建设，改变了当地的地形地貌，使当地的景观资源遭到破坏，影响当地自然环境的劣化。所以工程设计应当尊重自然，与自然结合。高速公路景观设计应当考虑与公路周边景观的协调性，及景观的变化与统一的相关性。如果沿线景观布置合理，能够给出行者增加旅途的乐趣、减轻疲劳，会增加线路运行质量，减少交通事故发生率。

工程带来的人文景观的影响属于难以量化的评价范畴。这里把这种影响计入新增旅游景点的收入增加量和减少旅游景点的收入减少量。

10.4.2.4　交通运输安全与损失

交通运输安全是社会和谐的一个标志。交通运输安全应包括两个方面，一是人身安全，二是货物安全。

人身安全包括使用运输工具的旅客安全与非使用交通工具的第三方人身安全。据统计，我国每年因交通事故伤亡人数为248801人，造成直接经济损失达20亿元，其中仅道路交通事故伤亡人数为248102人，占伤亡总数的99.7%，造成直接经济损失达17.2亿元，对人身安全影响巨大。

交通事故成本涉及对人类生命价值的评估，目前各国采用的事故成本的评估方法一般是用死伤人数和受损的物质的数量乘以这些死伤和物质损失的单位成本，一般假设物质损失的估价等同于损害的货币化成本。死伤的成本估价则包括医疗看护、法院、交警、生产力损失、痛苦或精神损伤、心理成本、死亡等。美国加州大学运输研究院的Mark A. Delucchi及其研究小组区分了事故的货币化成本和非货币化成本（技术的外部成本），由事故引起的所有财产损坏、医疗的、法律的、交警的及行政的成本都是货币化的外部成本，以1990～1991年的数据计算得出这部分成本是131～490亿美元；而与痛苦、苦难、精神损伤、死亡以及非市场化的生产力丧失相关的成本才是技术的外部成本，这部分数值是102～1200亿美元。

货物安全包括两个方面，一方面是因交通事故和运输责任造成的货物火灾、被盗、丢失、损坏、腐坏、污染、湿损、票货分离等；另一方面是货物运输过程中的自然损耗。根据有关统计，我国每年由于第一方面原因造成的货物损失折合价值达 470 亿元；由于第二方面原因造成的损失每年也达 200 多亿元之巨，因此造成的直接经济损失累计达 600 亿～700 亿元。交通运输损失不仅是对自然资源的浪费，也浪费资本资源和人力资源。

这部分的货币价值的改变可以衡量工程对社会健康安全的作用。分别按照交通事故成本和货物损失成本计算。

第 11 章　大型公共工程发展能力指标体系

大型公共工程以其对社会、经济、环境的影响，必须适合项目所在区域的长期需要，包括它的可更新性、可维护性、易拆除性，以及可以方便循环利用。根据清洁生产和循环经济理论，本章建立了大型公共工程发展能力指标体系。

11.1　相关的理论

11.1.1　清洁生产

开放的系统需要不断地补充能量和物质，抑制和控制系统的熵增。在资源供给量远远大于需求和外部生态环境对生产排泄物的净化能力足够的情况下，污染问题并不明显。环境污染也是随着人口的增加，工业化程度的提高，逐步产生、发展和严重。工业化是一把双刃剑，一面是人类财富的无限增长，一面是污染的不断加剧和恶化。最典型的是“八大公害事件”——马斯河谷事件、多诺拉事件、伦敦烟雾事件、洛杉矶光化学烟雾事件、水误事件、俣山事件、四日事件、米糠油事件。环境污染是指有害的物质，主要是工业的“三废”（废气、废水、废渣）对大气、水体、土壤和生物的污染。环境污染包括大气污染、水体污染、土壤污染、生物污染等由物质引起的污染和噪声污染、热污染、放射性污染或电磁辐射污染等由物理性因素引起的污染。

为解决环境污染问题，人们经历了 3 个主要的阶段。简要分析如下：

（1）“先污染，后治理”阶段。这种对污染的态度是把污染仅仅看作技术问题，只是处理有毒废料，把当时无利用价值的物质视为废物排入外部环境。当环境形成较大危害，再进行污染治理。

（2）“末端治理”阶段。这是对工业污染物产生后集中在生产过程结束时实施的物理/化学/生物方法治理的。主要是去除废弃物的毒性和废弃物处理（焚烧、填埋）。

（3）“污染预防，全程控制”阶段。这就是“清洁生产”阶段。清洁生产主张从生产源头开始节能降耗和废物减量化，同时尽可能减少生产过程和产品的对人体健康的危害，提高经济效益。清洁生产是针对企业层面上了。

清洁生产是对工艺和产品不断运用一种一体化的预防性环境战略，以减少其对人体和环境的风险；对于生产工艺，清洁生产包括节约原材料和能源，消除有毒原材料，并在一切排放物和废弃物离开工艺之前，消减其数量和毒性；对于产品，战略重点是沿产品的整个生命周期，从原材料获取到产品的最终处置，减少其各种不利影响（联合国环境规划署）。

《中国21世纪议程》的定义是，清洁生产既可以满足人们的需要，又可合理使用自然资源和能源，并保护环境实用生产方法和措施，其实质是一种物料消耗和能耗最少的人类活动的规划和管理，将废物减量化、资源化和无害化，或消灭于生产过程之中。清洁生产的主要内容是"三清二控制"。"三清"是指清洁的原料、清洁的生产过程、清洁的产品；"二控制"是指生产过程和产品整个生命周期循环的全过程控制。清洁生产要求达到两个目标，一是节能降耗，二是减少废料和污染物的生成和排放。值得一提的是，产品的回收也包括在清洁生产的范畴之中，要求在使用后不含危害人体健康和生态环境的因素、易于回收、复用和再生、具有合理的使用功能和寿命以及报废后易处理、易降解。清洁生产是实现循环经济的基本形式。

我们知道设计阶段对工程总造价的影响是60%～70%；施工阶段是20%～30%，使用阶段10%～20%。建筑物从投入运营到报废所需要的运营维护费用是整个生命周期费用的40%。工程项目的清洁生产在不同生命周期阶段，对应不同的建筑企业和行为主体。要实现工程项目的清洁生产就是要在不同阶段、不同的行为主体内部实现清洁生产：可持续性设计、可持续性建造、清洁运营与维护。这是工程项目清洁生产的不同之处，也是难点所在。

11.1.2 循环经济理论

所谓循环经济，就是把清洁生产和废弃物（排泄物）的综合利用融为一体的经济，本质上是一种生态经济，它要求运用生态学规律来指导人类社会的经济活动。本质上是一种生态经济活动，是生态经济学研究的一个方面。

传统的经济是由一种"资源—产品—污染排放"所构成的物质单向流动的经济。在这种经济中，人们以越来越高的强度把地球上的物质和能源排放到环境中去，并且对于资源的利用常常是粗放性的和一次性的，从而不可避免地造成灾难性的环境污染后果。而循环经济所倡导的，则是一种与传统经济迥异的新型经济模式。它是按照自然系统的模式，组织成一个"资源—产品—再生资源"的物质反复循环流动的闭环式流程，所有的原料和能源在其中得到最合理的持久利用，从而使经济活动对环境影响降低到尽可能小的程度，实现经济活动的生态化和绿色化。在传统经济模式下，工程生命周期物质循环也是线性过程，工程废弃物直接排放到外部环境。在循环经济模式下，物质循环应当是一个闭环的流动过程如图11-1、图11-2所示。

11.1.2.1 循环经济的评价原则（"4R"原则）

1. "减量化"原则（Reduce）

循环经济以资源投入最小化为目标，针对产业链的输入端——资源，通过产品清

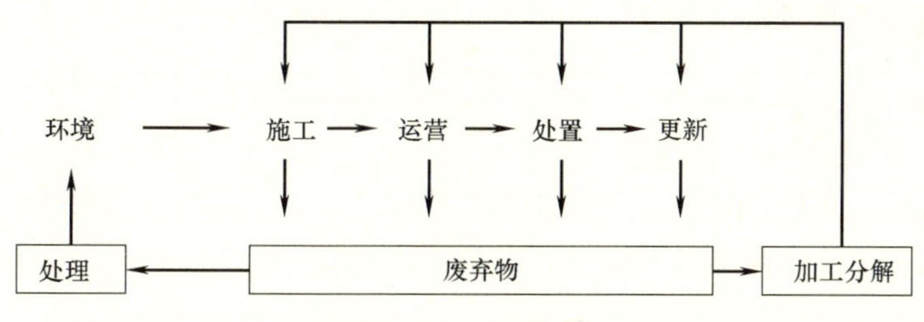

图 11-1　循环经济模式下工程建设物质循环

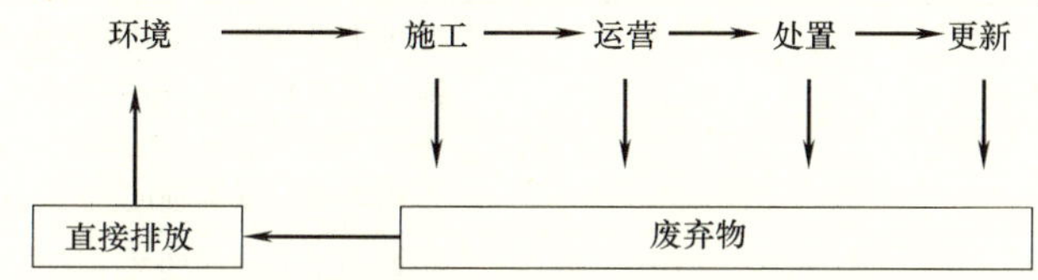

图 11-2　传统经济模式下工程建设物质循环

洁生产而非末端技术治理，最大程度地减少对不可再生性生产资源的耗竭性开采和利用，以替代性的可再生性资源为经济活动的投入主体，以期尽可能地减少进入生产、消费过程的物质流和能源流，对废弃物的产生排放实行总量控制。

制造商（生产者）通过减少原材料投入和优化制造过程工艺来节约资源和减少排放；消费群体（消费者）通过优先选购包装简易、循环耐用的产品，以减少废弃物的产生，从而提高资源物质循环的高效利用率和环境同化能力。

2. “资源化”原则（Reuse）

循环经济以废物利用最大化为目标，针对产业链的中间环节，对消费群体（消费者）采取过程延续方法，最大可能地增加产品使用方式和次数，有效延长产品和服务的时间长度；对制造商采取产业群体间的精密分工和高效协作，使产品—废弃物的转化周期加大，以经济系统物质能量流的高效运转，实现资源产品的使用效率最大化。

3. “无害化”原则（Recycle）

也就是资源化原则，以污染排放最小化为目标，目的是尽可能多地利用资源化。目前资源化的方式有两种：原级资源化是最理想的资源化方式，将消费者遗弃的废物资源化后形成与原产品相同的新产品；次级资源化，即将废弃物变成不同类型的新产品。原级资源化形成的产品中可以减少 20%～90%的原生材料使用量，而次级资源化减少的原生物物质使用量最多只有 25%。对于产业链的输出端——废弃物，提升绿色工业技术水平，通过对废弃物的多次回收再造，实现废物多级资源化和资源的闭合式良性循环，实现废弃物的最小排放。

4. 重组化（Reorganize）

以生态经济系统最优化运行为目标。针对产业链的全过程，通过对产业结构的重组与转型，达到系统最优。以环境友好方式利用自然资源和提升环境容量，实现经济体系向提供高质量和功能性服务的生态化方向转型，力求生态经济系统在环境与经济综合效益最优化前提下可持续发展。

11.1.2.2 循环经济框架

循环经济具体体现在经济活动的三个重要层面上，分别通过运用4R原则实现三个层面和物质闭环流动。见表11-1。

循环经济的实现框架　　表11-1

层　次	方　式	目　标
企业层(小循环)	清洁生产	减少产品和服务的物料和能源用量 减少有毒物质排放,加强物质循环使用能力 提高产品与服务的耐用性 提高产品与服务强度
企业间(中循环)	工业生态园区	企业间工业代谢的共生关系
社会层(大循环)	废旧物资再生利用	可持续性消费

为此，实现公共工程的循环经济模式也从上述三个层次来实现。首先是产品的生产和设计，是可持续性设计、建造和运营企业的清洁生产；其次是建筑材料和原材料以及建筑中间产品的建筑业企业的工业代谢的共生关系建设与实现；最后是全社会对公共工程建设的参与与监督，认识到公共工程产品的消费是关系到代际公平的可持续发展问题。必须保证代际之间共同使用耐用的、节能的、长期的提供公共服务功能的工程。

11.1.3 R&D与经济增长

熊彼得（J. A. Schumpeter）是最早提出“创新”概念的，1912年出版的《经济发展理论》一书中建立了以“创新理论”为核心的经济发展理论。经济在没有创新条件下是循环流转，处于均衡运动之中，是简单再生产过程。按照熊彼得的观点，“创新”就是建立一种新的生产函数，把一种从未有过的关于生产要素和生产条件的新组合引入生产体系，从而求得生产量增加、资源要素利用效率的提高、经济的发展，并表现为整个社会不断实现这种“新组合”。这种新组合包括五种情况：引进新产品、应用新技术、开辟新市场、控制原材料的新供应来源、实现企业新组织。

将研究与开发（R&D）理论与内生增长模型结合始于Romer（1990年）和Grossman and Helpman（1991年）。Romer在其增长模型中认为，R&D部门产生新的产品设计，体现新技术的新的资本品的增加可以成为新的生产要素，因此R&D部门产生的新的设计体现了技术水平，将技术变动方程写作：

$$A(t)=\delta A(t)L_{A} \tag{11-1}$$

式中，$A(t)$ ——第t时刻产品生产部门的技术水平，即A（t）为技术变化率；

L_{A}——R&D部门的劳动力投入；

δ——正常数，表示生产率参数。

则产品生产部门的生产函数可以写作：

$$Y=A(t)F(K,L_{M},R) \tag{11-2}$$

式中，K，R——产品生产部门的资本和耗竭性资源投入；

L_{M}——产品生产部门的劳动力投入，且 $L=L_{A}+L_{M}$；L 为总劳动力。

马利民、王海建（2001 年）利用 Romer 的 R&D 内生经济增长模型，将耗竭性资源纳入生产函数，建立了一个简单的二部门内生经济增长模型，研究技术进步的速度和资源耗减的速度关系，以及劳动力在 R&D 部门和生产部门之间的配置问题。

$$|r_{R}|<\frac{1}{\gamma}(L\delta-\beta\rho) \tag{11-3}$$

式中，$|r_{R}|$ 为生产过程中的耗竭性资源的绝对投入增长率；γ、δ、β 为常数，且 $\gamma>0$，δ，$\beta<1$，L 为总劳动投入，$\rho>0$ 为折现率。

在经济可持续增长及耗竭性资源可持续利用条件下，生产过程中的耗竭性资源的绝对投入增长率应小于 $(L\delta-\beta\rho)/\gamma$。

假定社会在消耗其耗竭性资源存量的时间长河中要求维持可持续消费，R&D 部门的劳动投入应满足条件。

$$L_{A}>\frac{\gamma}{\delta}|r_{A}| \tag{11-4}$$

式中，L_{A} 为 R&D 部门的劳动力投入；γ、β、δ 为常数，且 $0<\gamma$，$\delta<1$。

写出两种条件下的柯布——道格拉斯生产函数：

（1）增加要素投入条件下：

$$Y=AK^{\theta-1}N^{1-\theta} \tag{11-5}$$

（2）具有劳动强化型技术进步的柯布——道格拉斯生产函数：

$$Y=A^{1-\theta}K^{\theta}N^{1-\theta} \tag{11-6}$$

式中，Y 是产出，A 技术水平，K 资本，N 劳动，θ 是收入中资本获得的份额。按照柯布——道格拉斯估算，$\theta=0.25$，对于美国的现实经济是相符合的。由此，可以计算技术进步条件下，技术进步导致的产出增长。

11.2　工程发展能力 LCA 评价方法

生命周期评价 LCA（Life Cycle Assessment）是一种结构化方法，可以通过从原材料获取到生命结束的整个过程评价产品、服务、过程、项目。LCA 方法的主要组成包括四个方面：目标和范围定义、详细分析、影响分析和改进分析。目标定义是规定分析的系统边界和建立所要考虑的功能单元；详细分析就是分析产品、服务、项目、过程所消耗的原材料、能量和所有中间产品。影响分析按照环境影响分析的种类，例如减少全球温室效应和资源消耗等来分别进行分析。

生命周期方法把问题分解化和定量化，LCA 方法用于住宅、城市供水系统、工业生产过程等等。该方法也存在一些不足之处，LCA 方法受许多时间和范围以及数据的要求，主要用于环境分析，缺乏经济和社会因素的分析，而这两个方面是可持续发展不可缺少的重要方面。但是，从时间和空间的拓展来说，LCA 是系统分析的有效方法。

对于公共工程来说，管理者和设计者如何确定可持续发展中心是非常困难的事情。本文把工程系统看成开放的系统，正如第 2 章中所述，工程系统和经济、环境以及社会系统是相互联系的统一的、开放的整体。封闭和独立是相对而言，而开放是绝对的。工程自身的发展能力不仅表现在建成阶段，还表现在能够不断进行更新、改造，能适应区域的长期需求。采用 LCA 方法，可以按照其四个主要部分，按照生命周期各个阶段，分析技术、成本、管理、材料、功能的详细的输入与输出，并区别于贡献能力，注重工程实体的性质和能力。

根据系统物质能量输入与输出的特性，我们把生命项目生命周期分为四个阶段：(1) 规划设计阶段（PP，Preproject Planning），主要内容包括设计、设备和预备材料、计算投资、预备变更的计划准备等；(2) 实施建造阶段（PI，Project Implementation），也就是施工阶段，有大量的人流、物流、货币流、能量流、信息流传递；(3) 运营维护阶段（OO，Ongoing Operation），工程竣工后投入运营，开始回收资金，进行必要的设备更新和维护；(4) 拆除处置阶段（BD，Backout and Diposition），工程生命周期的后期阶段，大量的废弃物产生，拆除和处置的方案也是物质循环和能量流动的优化过程。从摇篮到坟墓的 LCA 物质能量分析过程如图 11-3 所示。

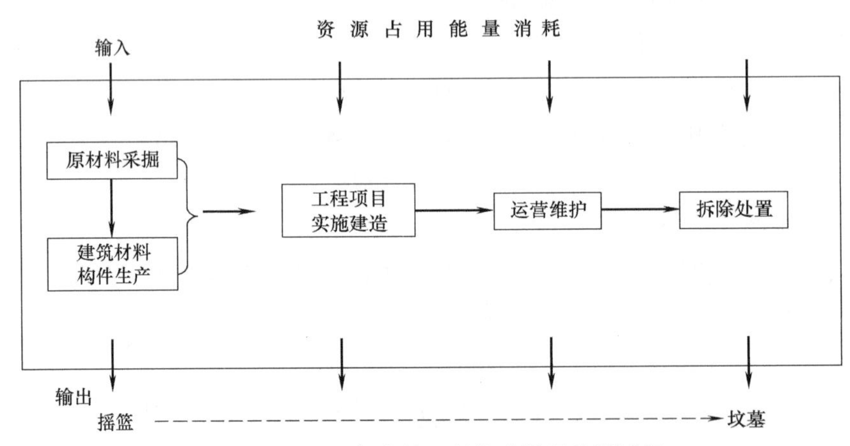

图 11-3 LCA 方法的工程物质循环分析过程

因此，工程发展能力的物质循环和能量流动通式可以写为（I，表示指标）：

$$I_{DC}=\sum_{i}^{n}I_{PP}+\sum_{i}^{n}I_{PI}+\sum_{i}^{n}I_{OO}+\sum_{i}^{n}I_{BD} \tag{11-7}$$

11.3 技术改造能力

可持续发展的工程应当具有长期的技术寿命和服务能力，能够方便地改造、拆除和重建。从生命周期的管理来看，首先要求工程的规划设计、深化设计要考虑工程系统结构和技术。

工程的技术改造能力，包括技术先进性、技术清洁性、技术稳定性、技术创新性四个方面。技术创新导致生产力和产出增长，技术改造能力就转化成输入和输出的减少和增加来表示。

11.3.1　技术先进性

工程技术包括建筑、施工、动力、设备等各个专业的新技术。建筑设计新技术主要是指对环境友好设计，已经融入工程社会协调能力和其他专业新技术中。结构新技术主要是可持续结构设计的内容，包括减轻建筑物自重、构件模块化等。施工方面主要是施工技术和施工工艺的优化，以及生态工法的研究与实践。建筑业已经取得公认的十大新技术为：深基坑支护技术、高强高性能混凝土技术、高效钢筋和预应力混凝土技术、粗直径钢筋连接技术、新型模板与脚手架应用技术、建筑节能和新型墙体应用技术、新型建筑防水和塑料管应用技术、建筑钢结构新技术、大型设备与构件整体提升技术、企业的计算机及管理技术等。这些新技术的使用和新技术的不断研发，取得很大的经济效益。技术先进性用提高生产效率和产生的经济效益——包括原材料的节省、劳动力的节省、机械效率的提高程度来表示。这部分的能值产出属于反馈输出能值，计入反馈输出地。

11.3.2　技术清洁性

技术清洁性主要针对清洁生产过程来评价。清洁的生产过程需要清洁的技术来完成。通过采用绿色建筑新技术，包括绿色能源利用技术（回收能源）、可再生资源利用技术（太阳能、风能、地热能）、能源有效利用技术、雨水收集、中水回收和利用技术、建筑节能环保技术、清洁的施工技术和施工工艺，固体废弃物处理回收再利用技术、被污染土地的使用技术等，对工程的环境效果、社会效果起到非常大的促进作用。通过清洁技术的采用，可以节省原材料使用量，同时减少废物产生量。因此，技术清洁性的计算包括降低的废物产生量、降低的原材料和不可再生能源使用量。

11.3.3　技术稳定性

技术稳定性与工程技术寿命有关。我们知道设备损耗有有形损耗和无形损耗两种。由于现代技术更新的加快，无形损耗周期加快。工程是否需要再更新还是拆除重建依赖于发生的费用。

工程的实际价值为：

$$Z(P)=B(P)-C(P)-D(P) \tag{11-8}$$

式中，$B(P)$ 为现在能够从工程中获得的利润；P 为公众；$C(P)$ 为工程设计和施工的成本；$D(P)$ 是工程出现问题所发生的成本，包括工程事故、运营费用和维护费用等；$Z(P)$ 工程实际的收益。只有当上式为正值时，工程的建设和运营维护才会有意义。从可持续发展的角度，应当面向公民考虑工程的建设实施和运营维护。工程技术稳定性包括结构稳定性、工程故障出现的可能性等，以及设备技术寿命、结构寿命、材料寿命等。通过技术方案比选，选择技术寿命和经济寿命的优化，其节省的投入就是最后的产出。

11.3.4 技术创新性

技术创新性表现在两个方面，即人力资源、研究和发展资本准备。人力资源就是企业员工中工程技术和研究人员所占的比例，用购买高技术劳务的等量支出当量计算。资金准备就是为了保持工程的可持续发展，购买技术更新和工程维护的技术、信息，企业需要预留一部分资金，作为研究和发展资金。这部分的资金是工程进行必要的技术改造的货币积累，是工程技术系统可持续发展的必要保证。虽然投入和产出并不一定成正比，但是投入大的一般来说产出也高，也就是节省的投资和能量消耗就高。

11.4 投资回报能力

投资回报能力是工程的微观经济特征的表现，相当于工程的财务评价，但是在本指标体系中并不同于工程的财务评价。这是因为财务评价都是比率型指标，而发展能力的投资回报能力是货币化的指标，并且能够与能值指标相互转换，用于能值分析和复合生态足迹度量。

在工程经济系统中，工程投资需要在投资回收期内收回。建设投资主要由工程建设其他费用，包括土地使用费用、与工程建设有关的其他费用、与未来企业生产经营有关的其他费用、建筑安装工程费用、设备及工器具购置费用、预备费、建设期利息、固定资产投资方向调节税等构成。工程建成后的收入用于收回投资、运营和维护费用、研究与创新费用、企业利润等等。公众为公共工程提供的服务所支付的合理费用就构成运营收入，高速公路项目的收入主要是交通费用。在财务评价和国民经济评价中，采用财务净现值、财务内部收益率、经济净现值、经济内部收益率来计算工程的经济效果。在投资回报能力的计算中，采用工程净利润来计算。投资回报能力反映了工程本身经济系统的能值大小，属于反馈输出能值，计入反馈输出地。

11.5 材料友好能力

清洁生产要求采用清洁的原料，生产清洁的产品。对环境友好的材料包括原材料和产品的材料。本章把物料和能量分两部分统计计算，是为了区别对环境友好的材料和一般性消耗材料。原材料开采与使用以及能量的消耗产生废物，产生的有毒物质相对较少的物质和能量，我们称之为一般性从环境直接输入工程系统的物料和能量。而对于经过加工的二次建筑材料，并且会释放有毒物质的原料和产品以及会产生有毒物的材料，归入材料友好能力的统计。因此，环境友好能力要考察建筑原材料有毒物质产生量、产品有毒物质产生量。处理这些有毒物质需要的货币或能量消耗，进行能值的当量计算。表 11-2 统计了常见原材料的环境影响。有毒原料和产品会产生有毒物的材料的污染损失，属于污染能值，计入化石能源地的计算。

材料友好能力另一个表现是不同的建筑材料有不同的能量消耗。建筑师需要在建筑材料选择时选择低能量消耗的建筑材料，以减轻未来工程使用阶段的能量消耗。对不同建筑方法所选用的材料进行的比较研究显示，木结构建筑比传统建筑节能 20%，高分子保温材料使用 2 年后可以收回它在生产时所消耗的能量。

再生材料也是环境友好材料，因此也是材料友好能力的表现。建筑材料中再生材料的使用量计入材料友好能力的统计。再生材料的使用与不可再生资源的节省，因此这部分能值属于反馈输出能值。

材料友好能力还表现在建筑材料的本地化。建筑材料的能量消耗不仅包括原材料开采和生产阶段的能量消耗，还包括运输过程中的能量消耗。建筑材料是体积大、密度大的材料，所以从运输费用的经济性来说，建筑材料的采购一般适合本地化。例如水泥、石材和砖等主要建筑材料。本地化的建筑材料节省运费，货币表现为本地化建材和外购建筑材料的材料差价。这部分货币能值的大小表现了本地化建筑材料的程度。材料本地化实际上也是能量的节省，节省化石能源的消费量。因此，把这部分材料的运费节省计入反馈输出能值的计算。

主要建筑材料及环境影响　　**表 11-2**

名　称	环境影响	替代或优缺点
胶粘剂	使用时有害健康	采用可再生资源的树脂
混凝料	生产、运输、使用都会对环境造成损失	采用回收材料制成混凝料
石棉	吸入人体会造成很大危害	已经很少使用
沥青	不可再生资源，使用时有毒	可以重复使用
合成板	无机和有机合成板都可能释放甲醛危害人体健康；无机合成板消耗不可再生资源	保温材料减少的能量消耗等于生产耗能
石料	生产时消耗能量和保温效果相抵消，经久耐用	选用本地化的石材节省运费
砖	不可再生资源消耗大、土地资源损失、燃烧需要耗能	当地生产的砖，以便减少能源消耗、再生材料制砖
水泥	生产和使用对环境都造成很大影响	预制半成品使用或与被动式太阳能技术结合

续表

名　　称	环 境 影 响	替代或优缺点
瓷砖	经久耐用，回收利用	欧共体授予生态标签
纤维	大量的不可再生材料制成，安装和拆除时会产生大量的粉尘和纤维颗粒，影响健康	使用时有益，6～8 年可以回收成本
地板装饰材料	危害环境	结构性地板
玻璃	生产成本和运输成本高，耗费不可再生资源	可以重复使用，传输和采集太阳光
有机溶剂	建筑产品从涂料、胶粘剂和薄板都含有有机溶剂，影响健康	选用以水为溶剂
涂料	许多涂料都包含破坏环境的材料，清洗时会威胁健康	避免涂料使用，使用天然装饰材料
石膏	提取石膏时造成的环境污染比较大	
塑料	由不可再生资源生产，主要是石油产品处理困难只能填埋	采用再生材料制造塑料
钢材	造成资源耗竭，生产过程污染环境	回收利用
防腐剂	危险和有毒材料	避免需求
锌	生产耗能，产生有毒废弃物	别的金属无法替代
铝	能量消耗大，轻质运费省	循环利用
木材	天然建材，过度使用破坏环境	取自于可持续森林

11.6　功能保持能力

可持续发展的工程项目必须要保持服务功能，并能够适应社会对工程服务能力的长期需要。工程本身必须是合乎建筑工程标准和规范的产品，但是从时间维度来看，我们不能留给后代一个非耐久的、结构无法更新的、功能适应性弱的公共工程。因为公共工程的资源消耗量本身就存在代际公平问题，因此它的功能要求必须考虑下一代的需要。

(1) 功能适度性。可持续发展的大型公共工程功能必须具有适度性——适当、适度超前还是过度超前。功能适度性是定性的指标，只用于扩展或重建的定性判断。

(2) 功能可更新性。包括结构和材料的更新，能够更新，并能够方便地更新。可更新性用更新耗费的人工及材料能量投入计算。

(3) 功能可维护性。工程能够方便地维修、低成本地运营。用运营和维护费用和材料投入计算。

(4) 功能适应性。这表现在工程的功能设计与环境相协调，利用环境为实现工程功能服务，而不是违背环境条件和特点。这表现在建筑物的朝向、通风、保温设计等；对于交通工程就是采用顺应地理条件的线路规划与设计等。这部分物质能量计算已经计入其他部分，这里仅作定性的分析。

（5）防灾能力。工程必须具有稳定的结构以及抵抗外部破坏的能力，例如防火、防振、防袭击的功能。“9·11”事件以后，工程界对工程的防御能力重视起来。如何确定工程防灾能力最优是个难题，这里工程的防灾能力用发生灾害损失来计算。

功能保持能力的物质与能量流输入主要是发生在工程竣工以后的运营和维护阶段。通过不同工程运营阶段消耗的物质和能量，就可以分析不同工程的功能保持能力的优劣。功能保持能力消耗的能值越小，说明工程功能衰退得越慢。这部分能值用一定量的货币能值表示，属于消费能值。

11.7　管理控制能力

21世纪的经济增长方式发生了转变，以高科技知识为核心、信息技术为主导的高科技产业迅速崛起。经济增长因素从劳动和资本投入转变为知识和信息的获取和投入。知识经济时代的知识、科学技术对经济增长的贡献超过了资本和劳动的作用。知识、信息、科技极大提高了工作效率，是生产函数中新的增长变量。

对建筑企业来说，提高管理技术和水平能够减少决策失误，提高工作效率和管理绩效。管理控制能力是建筑企业的核心竞争能力的主要内容之一。对于大型公共工程的共生系统来说，它本身就是一个大的由各个横向和纵向的生产关系和行为主体构成的生态系统。在这个生态系统中，工程项目组织完成整个建设任务。不断有成员、企业的进入和退出工程项目组织这个动态的社会生态系统。管理控制能力主要是考察负责工程建设的项目管理公司。从公共工程的建设模式来看，项目管理公司是这个组织的核心。工程建设不断产生冲突和变化，需要有控制能力的管理。项目管理公司的管理控制能力是解决日常事务、工程突发事件的决策者。项目管理公司的管理控制能力由管理人员的构成、企业用于员工教育和培训的费用以及管理信息系统提高的劳动生产率来表示。管理是智力密集型的劳务，企业用于购买的高智力的劳务就代表了总体管理控制能力。信息也是一种特殊的能量，管理信息系统提高的工作效率就是信息带来的产出，可以用节约的劳动时间表示。

虽然管理控制能力的投入并不等于产出，但是一般来说投入越大，产出越高，管理效率和能力越高。因此，这部分能值投入，相当于管理控制能力的反馈输出。这部分能值计入反馈输出地的计算。

11.8　发展能力指标体系框架

工程项目与环境、经济、社会系统的开放交互，首先要求工程是一个满足当代需要的建筑产品；同时从公共工程的公共物品属性还要考虑到下一代的需要，考虑工程的发展问题。大型公共工程的发展能力（PPDCS）分为五个方面：技术改造能力

(TRC)、投资回报能力(IRC)、材料友好能力(MAC)、功能保持能力(QRC)、管理控制能力(MMC)。如表 11-3 所示，一共有 17 个分因素项。

大型公共工程发展能力指标体系 **表 11-3**

<table>
<tr><th></th><th>指标项</th><th>因素项</th><th>分因素项及简要说明</th><th>补充说明</th></tr>
<tr><td rowspan="15">大型公共工程发展能力(DC)</td><td rowspan="4">技术改造能力(TRC)</td><td>技术先进性(X_{8})</td><td>结构设计技术(X_{81})
施工技术(X_{82})</td><td>按具体内容细分</td></tr>
<tr><td>技术清洁性(X_{9})</td><td>绿色能源利用技术(回收能源)
可再生资源利用技术(太阳能、风能、地热能)
能源有效利用技术、雨水收集、中水回收和利用技术
建筑节能环保技术、清洁的施工技术和施工工艺
固体废弃物处理回收再利用技术
被污染土地的使用技术</td><td rowspan="3">($X_{91\sim98}$)技术改造能力越大，持续能力越强</td></tr>
<tr><td>技术稳定性(X_{10})</td><td>工程故障损失($X_{10,1}$)
优化技术寿命节约投资($X_{10,2}$)</td></tr>
<tr><td>技术创新性(X_{11})</td><td>工程技术和研究开发人员数量($X_{11,1}$)
研究与发展资金($X_{11,2}$)</td></tr>
<tr><td>投资回报能力(IRC)</td><td>财务净利润(X_{12})</td><td colspan="2">正值越大越强</td></tr>
<tr><td rowspan="4">材料友好能力(MAC)</td><td>有毒原料(X_{13})</td><td>无毒材料替代或附加污染损失</td><td rowspan="2">越小越好</td></tr>
<tr><td>产品会产生有毒物的材料(X_{12})</td><td>用污染损失计算</td></tr>
<tr><td>再生材料(X_{12})</td><td></td><td rowspan="2">越大越好</td></tr>
<tr><td>本地化的建筑材料(X_{13})</td><td></td></tr>
<tr><td rowspan="3">功能保持能力(QRC)</td><td>功能可更新性(X_{14})</td><td>更新耗费的人工及材料能量投入</td><td rowspan="3">越小越好</td></tr>
<tr><td>功能可维护性(X_{15})</td><td>运营和维护费用和材料投入</td></tr>
<tr><td>防灾能力(X_{15})</td><td>发生灾害损失</td></tr>
<tr><td rowspan="3">管理控制能力(MMC)</td><td>管理人员的构成(X_{16})</td><td>反映系统中购买劳务的质量</td><td rowspan="3">越大越好</td></tr>
<tr><td>员工教育和培训的费用(X_{16})</td><td>提高工作效率</td></tr>
<tr><td>管理信息系统的提高的劳动生产率(X_{17})</td><td></td></tr>
</table>

第 12 章　沪宁高速工程可持续能力实证研究[①]

沪宁高速公路工程是沪宁地区的典型的大型公共工程。沪宁高速公路工程从 1986 年开始论证，到 1992 年开工，于 1996 年开通投入运营。至 2006 年，已运营 10 年，经济效益和社会影响显著，超过了当初的估计。1986 年的可行性研究报告并没有对沪宁高速公路的环境进行详细的考虑。因此选取这样一个工程验证理论与方法的正确性是有意义的。本章就采用前面建立的理论与方法对沪宁高速公路进行了新的评价。

12.1　沪宁高速公路工程

12.1.1　工程概况

上海、苏州、无锡、常州、镇江和南京六大城市成带状分布于长江南岸，居长江三角洲上最活跃的城市群，是全国经济最发达的地区，这个地区人口占全国 0.3%，面积占全国 9.4%，有举足轻重的作用。沪宁高速建设为提高沪宁两地经济往来起到黄金通道的作用。

沪宁高速公路全长 274.05 公里，上海段 25.87 公里，沪宁高速公路江苏段全长 258.4km，全线征地 4.6 万亩。沪宁高速公路（江苏段）东起于苏州花桥，西于南京马群，路基宽 26m，路面宽 21.5m，双向四车道。因为数据采集的原因，只考虑沪宁高速的江苏段。设计行车速度每小时 120 公里，日通行量 2.5 万辆。工程决算为 62.1 亿元。见图 12-1。

江苏主线 248.21 公里，其中镇江支线 10.2km。各市辖区路线长度：沪宁高速公路江苏段经过五市、九县、四市郊区、56 个乡、镇、农场等行政区，各市里程为：苏州市 70.32km，无锡市 40.20km，常州市 40.72km，镇江市 81.52km（含支线 10.25km)，南京市 18.70km。

江苏段设 6 个服务区：苏州阳澄湖服务区，建筑面积 11000m^2；无锡梅村服务区建筑面积 11000m^2；常州芳茂山服务区，建筑面积 7200m^2；镇江仙人山服务区，建筑面积 4200m^2；镇江窦庄服务区，建筑面积 13332m^2；南京黄栗墅服务区建筑面积 19000m^2。

① 本章计算依据和数据是根据工程建设年的原始资料而得到的。

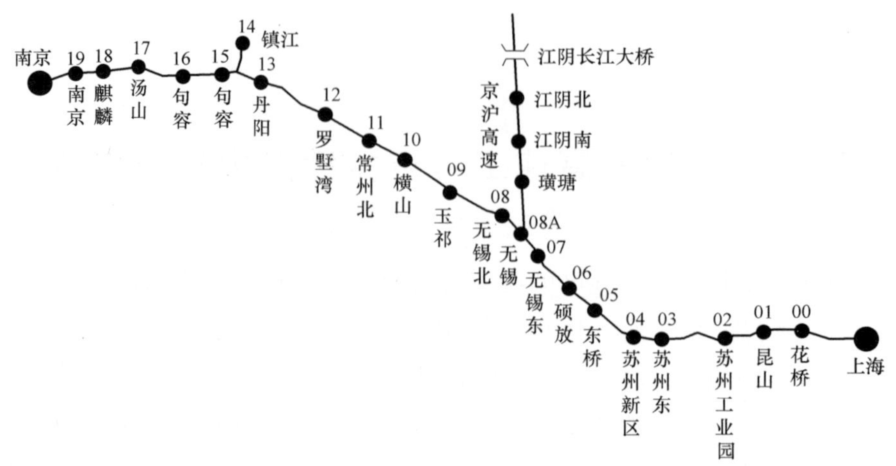

图 12-1 沪宁高速公路示意图

12.1.2 主要工程量

依据当时的规范，沪宁高速公路江苏段工程可分解为约 250 个单位工程、1400 个分部工程、11000 个分项工程（表 12-1）。

沪宁高速公路江苏段主要工程量 **表 12-1**

名称	单位	数量	名称	单位	数量
征用土地	万 m^2	3068	防护工程	万 m^3	115
拆迁房屋	万 m^2	46	绿化	万 m^2	432
路基土石方	万 m^3	4170	桥梁混凝土	万 m^3	88
软基处理	km	25.95	桥梁	座	431
沥青路面	万 m^2	1750	涵洞	道	616
反光标志板	块	858	通道	道	294
标线	万 m^2	30	波形防护栏	km	1034
照明	杆	635	服务区	处	6
房建	万 m^2	7.6	加油站	处	12
收费站	处	20	紧急电话(一期)	门	262

工程质量在全国高速公路中处于领先地位，达到国际先进水平。沪宁高速公路 1998 年荣获“国家优质工程奖”、中国“建筑工程鲁班奖”，1999 年荣获中国首届“土木工程詹天佑大奖”。

12.1.3 沿线城市概况

沪宁高速连接上海与南京，江苏段经过江苏经济最发达的五座城市。沿线大中小城镇发育，城镇等级完整、城市密度大，连接着 3 个都市区，见图 12-2。

(1) 上海大都市圈。以上海为中心，包括 3 个层次：中心城区、卫星城镇 6 个，外围小城镇 31 个，具有典型的都市区的空间结构特点。

(2) 南京都市圈。南京都市圈包括南京、镇江、扬州、马鞍山、滁州、芜湖的全部以及淮安的南部和巢湖的部分地区。在空间总体结构上形成一个核心、两个圈层、三条主轴。

(3) 苏锡常都市圈。包括苏州、无锡、常州 3 个中心城市和常熟、张家港、太仓、昆山、吴江、江阴、宜兴、金坛、溧阳等县级市。

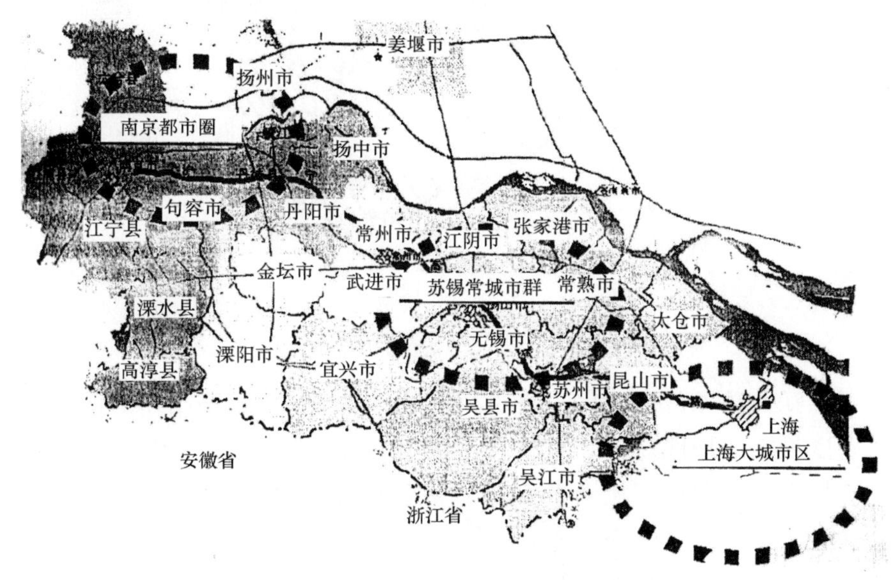

图 12-2　沪宁高速公路沿线三大都市圈分布图

沪宁高速公路建成后成为沿线五市之间、沿线五市与上海之间、三大正在形成的都市圈之间联系的便捷通道，称为经济和社会生活的大动脉。

南京社会经济通过“九五”的产业结构调整，已经逐步形成以第三产业为先导，以机械、电子、石油化工、医药和特种工业等五大产业为主导，增强了以金融、贸易等为主的城市功能。南京是江苏省第一个第三产业比重突破 40%的城市。

镇江位于长江下游南岸，东南与常州衔接，西临南京，下辖丹阳、扬中、句容、丹徒县等。镇江有比较齐全的工业体系，机械电子、化工、造纸、电力、建材等为支柱产业。镇江丹阳的眼镜、汽配；丹徒的编制品、皮鞋；句容的果品、蔬菜和酒类都可以依托沪宁高速公路得到更加迅速的发展。

常州位于长江三角洲西部，东邻苏杭平原，南接天目山麓，西毗茅山丘陵，北靠长江。与上海、南京两大都市等距离相望，与苏州、无锡联袂成片。常州是一个工业基础较雄厚，以轻工、机械、纺织、电子为主。全市省级高新技术产业已达 111 家，全市高新技术产值占工业总产值的比重达 18%。

具体见图 12-3。

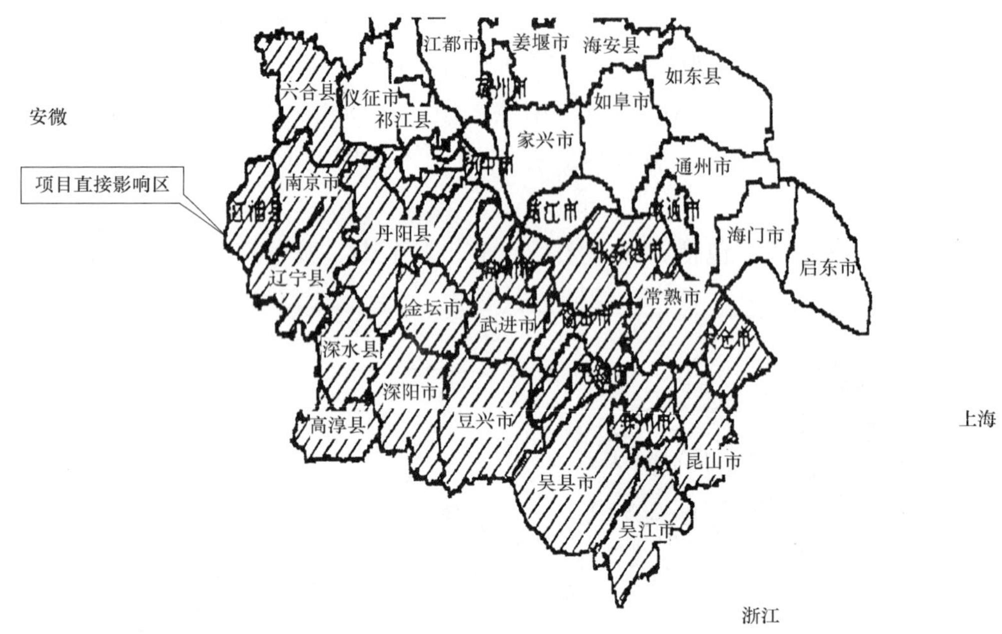

图 12-3 项目影响区域（阴影部分）

无锡处于长江三角洲江湖间的走廊部分，南濒太湖、北枕长江、东邻苏州。无锡是全国内河密度最大的地区之一，京杭大运河和沪宁铁路平等穿越而过。无锡素以山水秀美、人文景观多而著称，旅游业发达。无锡人均 GDP 是江苏省的 2 倍。无锡工业以轻工业、纺织业为主，乡镇企业十分发达。无锡处于工业化加速发展时期，经济结构向科技型、集约型、效益型调整优化。

苏州位于长江三角洲中部，东邻上海，南连浙江嘉兴、湖州两市。上有天堂，下有苏杭，苏州有得天独厚的旅游优势，同时又是我国经济最发达的地区之一，以是外向型企业为主，受上海的辐射和带动最大，发展迅速。工业高速发展，轻重工业并举，处于工业化的中期阶段。

虽然苏南五城市地处长江中下游平原，湖泊众多，但是水污染严重，单位产品的耗水量较大，所以水资源并不十分丰富。江苏省人均水资源占有量为 481m^3。

沿线城市人均土地占有量低于全省水平。沪宁沿线苏南五城市的人口与土地基本情况见表 12-2 及图 12-4。

1999～2005 沪宁沿线苏南五市人口与土地基本情况　　表 12-2

城市	土地面积（km^2）	人口（万人）						
		2005	2004	2003	2002	2001	2000	1999
南京	6597.63	595.8	582.92	572.23	563.28	553.04	548.13	537.44
镇江	3847	267.61	267.45	267.19	267.13	266.58	266.67	266.17
无锡	4375	452.84	445.78	442.54	438.58	435.9	434.61	433.4
常州	4788	351.63	348.2	346.22	343.24	341.52	341.48	339.71

续表

城市	土地面积（km^2）	人口（万人）						
		2005	2004	2003	2002	2001	2000	1999
苏州	8488	606.9	596.08	590.97	583.86	580.53	578.17	576.23
总计	28095.63	2274.78	2240.43	2219.15	2196.09	2177.57	2169.06	2152.95

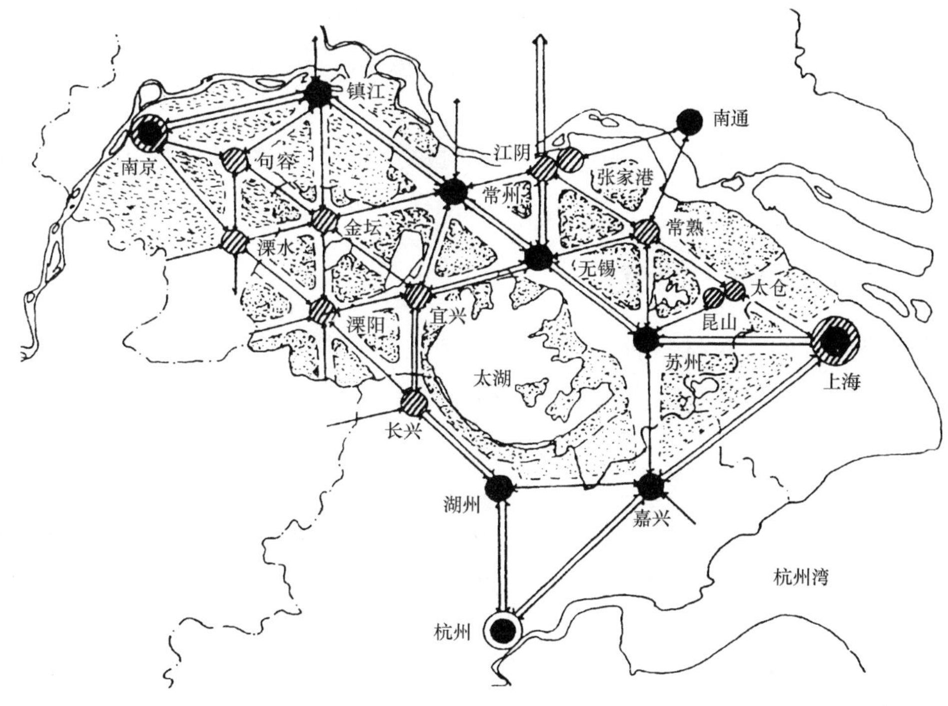

图 12-4　沪宁地区城市空间发展区域模式

12.2　沪宁高速环境相容能力

12.2.1　沪宁高速资源占用

12.2.1.1　土地资源

沪宁沿线五城市的国土资源只能从江苏国土资源局网站和《江苏统计年鉴》上查出大体的总量。具体的土地类型，包括水域、林地、绿地等，属于江苏省国土资源局保密范畴。因此，对沪宁高速公路土地资源、绿地资源、森林资源的占用只能统一采用总的占地面积来计算。故总的征地面积 3068 万 m^2，就是沪宁高速公路工程总的土地资源占用量。其中，可耕地是主要的占地类型。

南京到镇江段 30km 主要是挖石方，镇江以后主要是填土方。总的土石方量为

4170 万 m^3。这也属于对环境资源的消耗。工程结束后，绿化面积为 432 万/m^2。

12.2.1.2 水资源

沪宁高速公路工程主要的水资源占用包括建设期和运营期服务区的水资源消耗。从 1992～2000 年，共计消耗新鲜水 29.2 亿 t。

路基施工用水约 2500t/km；江苏段全长 248.21km。

生活用水按照每人每天 100L 计算，总用工量 2500 万人。工期为 1992 年 6 月～1996 年 9 月，历时 39 个月。

沪宁高速江苏段境内 6 个服务区，平均每个服务区按照日均用水量 422.2m^3 计算。

12.2.1.3 建筑材料和矿产资源

高速公路建设的建筑材料种类很多。但是主要材料为六种：钢材、木材、水泥、沥青、石材、砂子（砂石和生石灰消耗量由于资料不详细，采用扩建工程的消耗量），见表 12-3。

沪宁高速公路江苏段主要材料消耗　　表 12-3

品　名	单　位	数　量	品　名	单　位	数　量
钢材	万 t	81	石材	m^3	1022.54
木材	m^3	34327	生石灰	万 t	240
水泥	万 t	82	砂石	m^3	5050285
沥青	万 t	13			

12.2.2 生物资源

高速公路建设占用土地导致原生态系统生境破碎化。土石方工程破坏原有的植被生态系统，对原有生态环境造成影响。本书在第 5 章已经定性地探讨了高速公路对生物资源以及生物多样性的影响。对于沪宁沿线各城市，工程建设与运营对生物资源的影响也包括了这些一般规律。

阳澄湖湿地自然保护区位于沪宁沿线的苏州境内，是沪宁高速公路沿线 500m 范围内最大的天然水域。湿地是“城市之肾”。近年来，人们越来越注意对滩涂湿地的保护。阳澄湖湿地生态保护工程是国家生态保护示范工程。其中的生物包括鸟类、水生生物、挺水植物、沉水植物以及岸边的防护林。沪宁高速公路的建设并没有占用阳澄湖的水域，对阳澄湖生物资源的影响主要来自于水污染、大气污染和噪声污染。

阳澄湖服务区对阳澄湖的水环境会造成影响。阳澄湖服务区污水排放指标如表 12-4。

阳澄湖服务区污水排放实测　　表 12-4

	监测项目　单位：mg/L(pH)除外					
	pH	CODcr	BOD_5	SS	NH_3N	石油类
平均值	7.2	312	—	121	58.4	6.4
超标率	0	100%	—	0	100%	0

由表中可知，阳澄湖服务区的排放入阳澄湖的污水中 COD_{cr} 和 NH_3N 指标超标率 100%。阳澄湖目前是受污染严重，同时对周围城市生态影响大的湿地自然保护区。虽然阳澄湖服务区的污水对阳澄湖的生物多样性影响不是非常明显，但是污水如果不加治理，就会加重阳澄湖湿地保护区污染程度。

沪宁高速公路的大气质量不满足自然保护区的一类大气质量标准，属于二类或三类空气质量标准。但是由于湿地内无列入国家级保护的野生动植物，因此 NO_X 污染对湿地生态的影响较小。

经检测，沪宁高速公路两侧 100m 以内有轻微的噪声超标。但是总的来说对湿地生物影响不大。

阳澄湖湿地自然保护区主要野生生物为两栖动物、爬行动物、鸟类和小型兽类。噪声和废气会导致爬行动物和鸟类的迁移、种群减少，蛇类种群减少，鼠类增加。兽类对噪声、废水、废气比较敏感，因此种群会发生迁移、数量减少。运营期间，高速公路灯光会使蛾类增多，并引起蜥蜴类增多；鸟类因为灯光和噪声以及大气污染导致繁殖率降低，但总的影响不是很大。

沪宁高速公路建设与运营虽然对阳澄湖湿地自然保护区造成一定的影响，但是由于湿地生物对环境的适应性比较强，没有大型兽类，所以没有出现因高速公路建设和使用导致的生物种群消失或大数量的减少。阳澄湖湿地自然保护区的生物多样性下降和湿地植被的破坏主要是由于过度围垦和网围养殖造成的。这是沪宁高速公路的建设和营运对其影响不明显的原因。

12.2.3　沪宁高速能源消耗

沪宁高速公路的主要能源消耗包括三个部分：一是建设期的能源动力消耗，二是运营期能源动力消耗，三是交通车辆的能源消耗。

建设期主要是施工动力消耗能源。主要能源消耗为电力 200～240 千度/km；柴油 130～170t/km；汽油 3.5t/km。

运营期服务区的用电量（包括照明、采暖、空调等）按照平均每平方米 100 度/年（1 度/年＝3.6MJ/年）计算。6 个服务区总建筑面积 61764m^2。

运营期交通车流量，每车（中货）基本油耗为 23 升/百车公里；消耗润滑油量为 0.3 升/百车公里。1997～2000 年，沪宁高速每年交通车辆消耗化石能源见下表 12-5。

1997～2000 沪宁高速交通车辆年消耗化石能源量（单位：t）　表 12-5

年份	车流量(辆/天)	汽油/柴油	润滑油
1997	12121	252568.06	3294.37
1998	13964	290971.07	3795.27
1999	16235	338292.42	4412.51
2000	18087	376882.97	4915.86
小计	60407	1258714.52	16418.02

12.2.4　沪宁高速对环境的影响

12.2.4.1　水环境

沪宁高速公路对水环境的影响主要是建设期污水排放量，包括施工污水和施工生活污水；运营期主要是公路排水水质以及服务区污水对水环境的影响。

施工生活污水按照用水量的 90%计算，也就是说施工期间每人每天产生 90L 污水。施工期间共计产生污水 263250 万 t。

沪宁高速公路的排水系统采用了综合排水系统。在设计中遵循了塘路分家、路田分家的原则，使高速公路排水系统自成体系，最终排入原有水系中的河流、排水渠及取土坑内，但不排入鱼塘内。沪宁高速公路江苏段采用浆砌片石砌拱加拱内植草、植草护坡、满铺浆砌片石护坡等 3 种不同形式的防护措施，既保证了路堤的稳定，又直接减少了公路排水中悬浮物（SS）等污染物的含量，特别是边坡的植草还同时起到了一定净化公路排水的作用。经检验，公路排水的水质符合农业灌溉水质标准（最严格的控制标准：$COD_{cr}\leqslant150mg/L$，$SS\leqslant100mg/L$，石油$\leqslant110mg/L$），不会对植被和两侧稻田的农作物产生影响。

沪宁高速公路江苏段服务区污水排放量为 380T/D。其中服务区的污水经过现有装置处理后，pH、BOD_5、SS、石油类 4 项指标均能达标排放。NH_3-N 指标除了芳茂山服务区因进口污水 NH_3-N 浓度已接近排放标准以外，其他服务区污水处理装置出口均存在 NH_3-N 超标现象，超标率在 60%～100%。

12.2.4.2　大气环境

按照《环境空气质量标准》对沪宁沿线进行大气环境监测，考虑到无铅汽油的全面推广使用，未监测 Pb。结果表明，现有交通量条件下，[TSP]$<013mg/Nm^3$，[CO]$<4100mg/Nm^3$，优于大气质量二级标准，公路两侧 100m 范围内的［NO_x］$>115mg/Nm^3$，劣于大气质量三级标准，公路两侧 200m 处［NO_x］接近 $110mg/Nm^3$，达到大气质量二级标准。

根据交通量，可以计算出 1997～2000 年尾气排放的污染物每年总量。沪宁高速公路的主要车型为小汽车和中型货车。1997～2000 年总共排放尾气 8.81 万 t，见表 12-6。

1997～2000 年沪宁交通车辆尾气污染物排放量（g/100L）　　表 12-6

	铅化合物（Pb）	CO_2	CO	NO_X	HC	甲醛	TSP
汽油							
1997	25454.1	3575.695	2048449	255753.1	403629.3	484840	1454520
1998	29324.4	4119.38	2359916	294640.4	465001.2	558560	1675680
1999	34093.5	4789.325	2743715	342558.5	540625.5	649400	1948200
2000	37982.7	5335.665	3056703	381635.7	602297.1	723480	2170440
小计	126854.7	17820.07	10208783	1274588	2011553	2416280	7248840
柴油							
1997	18908.76	39272.04	327267	538172.4	53817.24	1212100	13333100
1998	21783.84	45243.36	377028	620001.6	62000.16	1396400	15360400
1999	25326.6	52601.4	438345	720834	72083.4	1623500	17858500
2000	28215.72	58601.88	488349	803062.8	80306.28	1808700	19895700
小计	94234.92	195718.7	1630989	2682071	268207.1	6040700	66447700

12.2.4.3　声环境

沪宁高速公路交通噪声影响主要表现在对公路两侧居民、学校和旅游疗养区的声环境质量方面。阳澄湖湿地自然保护区是未来的旅游疗养地，应当关注它的声环境质量。

根据《城市区域环境噪声标准》GB 3096—1993，进行选点监测。监测结果表明，昼间等效声级全部达到交通干线两侧的标准，即 70dB（A），夜间有轻微超标现象（标准值 55dB（A）），但这种影响随距离的增大而显著减小。开阔地带距离增大 70m 时，噪声衰减达到 52dB（A）。沪宁高速公路两侧夜间噪声超标范围主要是路肩两侧 100m 范围以内，对该区域内的居民生活特别是夜间休息带来一定程度的影响，而对沿线湿地生态系统不产生直接的影响。

因此，沪宁高速公路对项目影响区的声环境影响不是很严重，不需要进行噪声污染的损失计算。

12.2.4.4　水土流失

1. 沿线地形地貌

沪宁高速公路全线可划分为 2 个大地形单元和 3 个地貌单元。东段（上海—无锡段）属于海陆交互相及湖相沉积地貌单元。中段（无锡至镇江丹阳段）为长江三角洲河流相沉积地貌单元。地势低平，地面高程 2～7m。西段（镇江至南京段）为冲、洪积共生的低山丘陵剥蚀地貌，位于宁镇山脉南边缘，自东向西，地形从低丘岗的平原渐变为低山丘陵地形。沪宁高速路线所在处相对高差均小于 50m。

总的来说，沪宁高速公路江苏段路线平面线型流畅、纵坡平缓。其中，苏州—无锡段在阳澄湖和太湖之间的条带上蜿蜒布设；无锡—镇江丹阳路线平顺；镇江—南京段沿宁镇山脉南侧布设。全线平均纵坡为 0.575%；路线主要为曲线。

沪宁高速公路（江苏段）的土质情况大体为：苏州和无锡属于湖沼相，黏性土和砂；常州市和镇江市（尤其是丹阳附近）属于冲积相；黏性土和砂；镇江丹阳和南京之间主要是超固结老黏性土，江宁、汤山镇和新庄村附近有火成岩、页岩和石灰岩。

东段和中段主要是填方边坡。填方边坡一般为 1∶1.5～1.8。填方边坡杂草茂盛。一般不需要对边坡进行人工植被。构造物护坡处，只是在桥台嵌入部分加以铺石。

挖方边坡一般为 1∶1.2～1.5。挖方边坡在镇江和南京段内。这些区域属于中古生代地层，受到断层、褶皱等构造运动，边坡很多出现变形和弱化。尤其是页岩，支离破碎。风化严重处，有不同的边坡构造物护坡。

2. 沿线气象概况

沪宁高速公路全路段位于长江三角洲的南岸，地处北亚热带季风气候区。全年四季分明、气候湿润、光照充足、雨量充沛、雨热同季，无霜期长。高速公路沿线秋天盛行东北风，冬天西北风，春夏季则盛行东南季风。水汽条件以东部比较丰沛。西部丘陵地区秋季降温迅速，气温日差较大。

年平均降雨量 1050～1150mm，年降水日 110～130 天左右。降水随季节变化较大，多集中在 6～9 月，雨量占全年 50%以上（表 12-7）。

主要城市年平均降雨量 表 12-7

城市	上海	无锡	南京
年降雨量(mm)	1142	1084	973

3. 沪宁水土流失估算

江苏省 1986 年的土壤侵蚀模数为 1900t/km^2 · a，2000 年第三次土壤侵蚀遥感调查，土壤侵蚀模数 1270t/km^2 · a。根据第 10 章公式计算得到沪宁高速公路水土流失计算公式，得出沪宁高速项目区建设期平均土壤侵蚀模数为 132047t/km^2 · a。因此，施工期每年水土流失总量为 400.52 万 t/a。故总的水土流失量为 1616.1 万 t。

12.2.4.5 固体废弃物

垃圾数量大小与建筑物所购买材料总量的大小密切相关，因此用占所购买材料总量的比例反映垃圾量大小更准确。调查表明，各类材料未转化到结构上去而变为垃圾废料的数量约为其材料购买量的 1%～15%。

6 个服务区的建设属于房屋建筑工程，施工单位面积固体废弃物产生率按照表 10-18。服务区每天总共接待人次约为 40000 人，生活垃圾产生量为 40000kg。

沪宁高速公路建设过程中总共产生的建筑固体废弃物为 216.92 万 m^3。沪宁高速公路建设期间产生的生活垃圾为 2500 万 t。

从 1992 年开工到 2000 年，共计产生固体废弃物为 2722.76 万 t。由于沪宁高速公路 1992 年开工，所以固体废弃物最终处理情况不详。所发生的固体废弃物处理方式均以堆放和填埋的方式计入土地占用面积。

12.3　沪宁高速经济推动能力

12.3.1　沪宁沿线五城市经济发展概况

沪宁高速公路的建设把南京和苏锡常两大都市圈与上海都市圈连接起来，缩短了 5 城市之间的时空距离，为苏南的经济发展提供了交通条件，并且成为外来资产的诱因之一。沪宁沿线是苏南经济发达地区，南京、镇江、苏州、无锡、常州五个城市的国民生产总值是整个江苏省的 2/3，而土地面积只有江苏省总面积的不到 1/3。江苏省总的土地面积为 106741.676km^2；沪宁沿线（苏南）五市的总面积为 28095.63km^2。经过计算，发现 1978～2000 年，沪宁五市的按照人口密度和人均 GDP 计算的三次产业生产总值与实际上统计数字差别不大。从 2001 开始，沪宁五市的经济发展与平均水平差距来开，并接近于用人均 GDP 和平均人口密度计算得到的结果的 2 倍。这说明五城市在新的经济突变因素的作用下，经济发展加速。从 1990～2005 年沪宁沿线苏南五市的国民生产总值和三次产业总产值列于下表。由于统计年鉴中均是采用当年价格计算数值，所以在具体计算时扣除了物价因素（数据来源：《江苏统计年鉴》，《中国统计年鉴》，1990～2005），见表 12-8。

1990～2005 沪宁沿线五城市经济发展　　　　**表 12-8**

亿元	GDP	第一产业	第二产业	第三产业
1990	640.37	101.31	422.16	116.9
1991	707.15	102.4	459.08	145.67
1992	872.50	108.99	582.00	181.51
1993	1002.04	127.1	648.76	226.18
1994	1207.43	137.6	788.00	281.83
1995	1422.09	150.9	920.00	351.19
1996	1635.51	157.9	1040.00	437.61
1997	2622.00	192	1490.00	940
1998	2857.61	198	1562.61	1097
1999	4092.80	230	2160.00	1702.8
2000	4793.45	250	2634.36	1909.09
2001	5574.46	270	3100.00	2204.46

续表

亿元	GDP	第一产业	第二产业	第三产业
2002	6642.02	294.55	3800.00	2547.47
2003	7855.05	308	4556.57	2990.48
2004	9466.39	340	5565.39	3561
2005	11439.63	363	6908.63	4168

12.3.2 沪宁五城市 GDP 灰色预测

根据第 10 章（10.3.3）所建立的预测模型，先进行 GM（1，1）模型的参数计算，然后运用经过精度检验的模型对无项目的区域经济发展情况进行预测。采用有无对比法，将预测值与有项目以后的经济发展实际情况进行对比。令 $y_{GDP}^{(0)}$（t）和 $y_{GDP}^{(1)}$（t）分别表示原始数据列和累加生成列。

设 1990 年为第一年，其国民生产总值为 $y_{GDP}^{(0)}$（1），则 1996 年为第 7 年，其国民生产总值记为 $y_{GDP}^{(0)}$（7）。

$$\begin{aligned} y_{GDP}^{(0)}(t) &= (y_{GDP}^{(0)}(1), y_{GDP}^{(0)}(2), y_{GDP}^{(0)}(3), y_{GDP}^{(0)}(4), y_{GDP}^{(0)}(5), y_{GDP}^{(0)}(6), y_{GDP}^{(0)}(7)) \\ &= (640.37, 707.15, 872.5, 1002.04, 1207.43, 1422.09, 1635.51) \end{aligned}$$

对数据进行累加生成，就可以计算出 $y^{(1)}$（t）：

$$\begin{aligned} y_{GDP}^{(1)}(t) &= (y_{GDP}^{(1)}(1), y_{GDP}^{(1)}(2), y_{GDP}^{(1)}(3), y_{GDP}^{(1)}(4), y_{GDP}^{(1)}(5), y_{GDP}^{(1)}(6), y_{GDP}^{(1)}(7)) \\ &= (640.37, 1347.52, 2220.02, 3222.06, 4429.49, 5851.58, 7487.1) \end{aligned}$$

由此可以得到累加矩阵 B：

$$B = \begin{bmatrix} -\frac{1}{2}(y^{(1)}(1)+y^{(1)}(2)) & 1 \\ -\frac{1}{2}(y^{(1)}(2)+y^{(1)}(3)) & 1 \\ -\frac{1}{2}(y^{(1)}(3)+y^{(1)}(4)) & 1 \\ -\frac{1}{2}(y^{(1)}(4)+y^{(1)}(5)) & 1 \\ -\frac{1}{2}(y^{(1)}(5)+y^{(1)}(6)) & 1 \\ -\frac{1}{2}(y^{(1)}(6)+y^{(1)}(7)) & 1 \end{bmatrix} = \begin{bmatrix} -993.95 & 1 \\ -1783.77 & 1 \\ -2721.04 & 1 \\ -3825.78 & 1 \\ -5140.34 & 1 \\ -6669.34 & 1 \end{bmatrix}$$

常数向量 $y_{N_{GDP}}$ 为：

$$\begin{aligned} y_{N_{GDP}} &= (y_{GDP}^{(0)}(2), y_{GDP}^{(0)}(3), y_{GDP}^{(0)}(4), y_{GDP}^{(0)}(5), y_{GDP}^{(0)}(6), y_{GDP}^{(0)}(7))^T \\ &= (707.15, 872.5, 1002.04, 1207.43, 1422.09, 1635.51) \end{aligned}$$

求的灰参数 $\hat{a}$，$\hat{a} = \begin{bmatrix} a \\ u \end{bmatrix} = (B^T B)^{-1} B^T y_N = \begin{bmatrix} -0.16 \\ 565.28 \end{bmatrix}$；

GM（1，1）模型为：

$$\hat{y}^{(1)}_{GDP}=\left(y^{(0)}_{GDP}(1)-\frac{u}{a}\right)e^{-a(t-1)}+\frac{u}{a}$$
$$=4098.21e^{0.16(t-1)}-3457.84 \tag{12-1}$$

通过计算，$\hat{y}^{(1)}_{GDP}$（t），t=1，2，…，7 的值见表 12-9。

计算结果　　　　表 12-9

t	1	2	3	4	5	6	7
$\hat{y}^{(1)}_{GDP}(t)$	640.37	1368.21	2225.32	3234.65	4423.24	5822.92	7471.19

递减还原就得到 $y^{(0)}_{GDP}$的灰色预测系列，记为$\hat{y}^{(0)}_{GDP}$（t），

$\hat{y}^{(0)}_{GDP}(t)=\hat{y}^{(1)}_{GDP}(t)-\hat{y}^{(1)}_{GDP}(t-1)$，($t$=2,3,…,7)，结果见于表 12-10。

从表 12-10 中可以看出原点误差为－0.01，精度为 99％。故精度满足要求。不需要建立残差修正模型进行模型修正。

沪宁沿线五城市 GDP 预测结果及误差检验（单位：亿元）　　　　表 12-10

年份	GDP	预测值	残差	相对残差
1990	640.37	640.37	0.00	0.000
1991	707.15	727.84	－20.69	－0.029
1992	872.5	857.11	15.39	0.018
1993	1002.04	1009.33	－7.29	－0.007
1994	1207.43	1188.59	18.84	0.016
1995	1422.09	1399.68	22.41	0.016
1996	1635.51	1648.26	－12.75	－0.008

根据 GM（1，1）模型（12-1），可以预测出 1997～2005 年无项目条件下的经济发展状况（沪宁高速 1997 年全线贯通），结果见表 12-11。

1997～2005 有无项目条件下 GDP 增长情况　　　　表 12-11

年份	无项目预测值	有项目实际值	增量	贡献率
1997	1941.00	2622	681.00	0.260
1998	2285.72	2857.61	571.89	0.200
1999	2691.66	4092.8	1401.14	0.342
2000	3169.70	4793.45	1623.75	0.339
2001	3732.64	5574.46	1841.82	0.330
2002	4395.56	6642.02	2246.46	0.338
2003	5176.21	7855.05	2678.84	0.341
2004	6095.50	9466.39	3370.89	0.356
2005	7178.06	11439.63	4261.57	0.373

有无项目国民生产总值增长情况，如图 12-5 所示（GDP 为有项目情况下，GDP1 为预测的无项目情况下）。

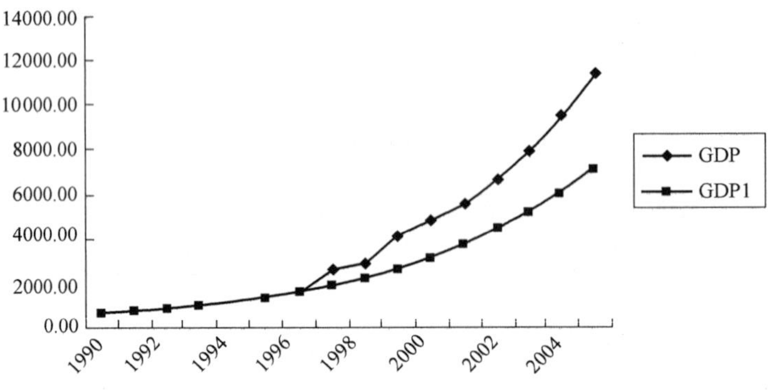

图 12-5 1990～2005 年有无项目 GDP 增长

从图中可以看出，模型预测结果正确，沪宁高速公路作为沪宁地区苏南五市的经济增长的突变因素，促进了苏南经济的迅速发展。

12.3.3 沪宁沿线五城市三次产业灰色预测

同理，根据重复上述步骤，依据表 12-12 中的数据，可以就算出沪宁沿线苏南五城市的第一产业、第二产业、第三产业的 GM 预测模型。并将结果列表如下。

12.3.3.1 沪宁沿线五城市第一产业预测

令第一产业灰色预测模型标记为$\hat{y}_{first}^{(1)}$，它的 GM（1，1）模型为：

$$\hat{y}_{first}^{(1)}=\left(y_{first}^{(0)}(1)-\frac{u}{a}\right)e^{-a(t-1)}+\frac{u}{a}$$

$$=1103.94e^{0.09(t-1)}-1002.63 \tag{12-2}$$

表 12-12 给出了依据模型（12-2）计算出的 1990～2005 年沪宁沿线苏南五城市的第一产业预测结果。

沪宁沿线五城市第一产业预测结果及误差检验　　表 12-12

年份	第一产业	预测值	残差	相对残差
1990	101.31	101.31	0.00	0.00
1991	102.4	103.34	−0.94	−0.01
1992	108.99	113.01	−4.02	−0.04
1993	127.1	123.59	3.51	0.03
1994	137.6	135.16	2.44	0.02
1995	150.9	147.81	3.09	0.02
1996	157.9	161.65	−3.75	−0.02

从表中可以看出，原点误差为－0.02，模型的精度为 98%，所建立的模型符合要求。

根据第一产业 GM（1，1）模型（12-2），就可以得到无项目条件下的沪宁沿线苏南五城市的第一产业发展情况（表 12-13）。

有无项目条件下第一产业增长情况（单位：亿元）　　　　**表 12-13**

年份	无项目预测值	有项目实际值	增量	贡献率
1997	176.78	192	15.22	0.03
1998	193.33	198	4.67	0.03
1999	211.42	230	18.58	0.07
2000	231.21	250	18.79	0.07
2001	252.86	270	17.14	0.06
2002	276.53	294.55	18.02	0.06
2003	302.41	308	5.59	0.02
2004	330.72	340	9.28	0.02
2005	361.68	363	1.32	0.00

由误差的正负可以得出，该模型预测值偏大。但是从表中可以直接得出沪宁高速公路的建设没有因为耕地的减少，导致生产能力的降低，总体上保持农业的稳定发展。

有无项目第一产业增长情况绘图如下（first 为有项目情况下第一产业，first1 为预测的无项目情况下第一产业），见图 12-6。

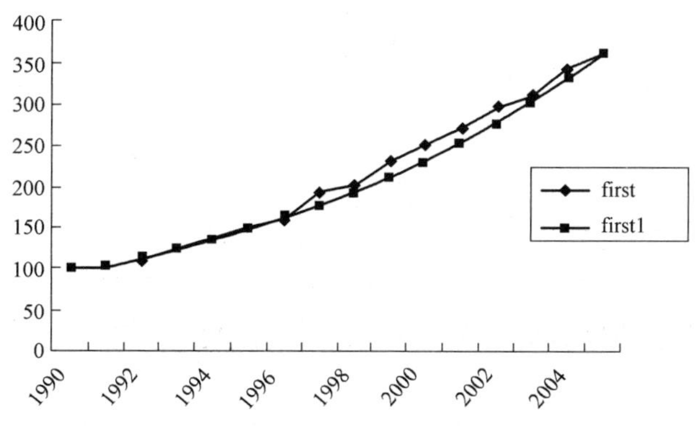

图 12-6　1990～2005 年有无项目第一产业增长

沪宁高速公路的建设占用了本来就人多地少的苏南的耕地面积。一定程度上，减少了农产品的生产量。但是，高速公路提高沿线农村与外部经济社会环境的交流，提高了旧系统的开放程度，从而提高表现为农业的稳中有升。具体来说，高速公路的建设从以下 3 个方面推动了沪宁五城市的农业的稳定发展。

首先，高速公路缩短了农产品的储运时间，加速了农业信息交流。从而扩大了难贮藏、难运输的农副产品的市场范围，提高了农业综合效益。高速公路虽然占用大量的生产性土地，但是改善了农业生产条件，提高了农产品商品化程度。

其次，沪宁高速公路的开通使两侧的农业现代化示范带建设取得突破性进展。例如，东桥互通立交桥由苏州吴县自筹资金兴建，并投入 300 多万元对沿线 600 多亩农田进行农业现代化改造。沿线各个乡镇建立了一批果品、蔬菜、花卉、水产等农业生产基地。

最后，推进了五市的农业规模经营。1996～1997 年，苏锡常三市的规模经营面积已经占责任田的 38%。并且在沿线建设了一批具有区域特色的农副产品生产基地，开展深度加工，加快产业化经营，提高了农业综合生产能力。

12.3.3.2 沪宁沿线五城市第二产业预测

令第二产业灰色预测模型标记为$\hat{y}_{second}^{(1)}$，它的 GM（1，1）模型为：

$$\begin{aligned}\hat{y}_{second}^{(1)} &= \left(y_{second}^{(0)}(1)-\frac{u}{a}\right)e^{-a(t-1)}+\frac{u}{a}\\ &=2840.39e^{0.09(t-1)}-2418.23\end{aligned} \tag{12-3}$$

表 12-14 给出了依据模型（12-3）计算出的 1990～2005 年沪宁沿线苏南五城市的第二产业预测结果。

沪宁沿线五城市第二产业预测结果及误差检验　　表 12-14

年份	第二产业	预测值	残差	相对残差
1990	422.16	422.16	0.00	0.00
1991	459.08	481.74	−22.66	−0.05
1992	582.00	563.45	18.55	0.03
1993	648.76	659.01	−10.25	−0.02
1994	788.00	770.78	17.22	0.02
1995	920.00	901.51	18.49	0.02
1996	1040.00	1054.40	−14.40	−0.01

从表中可以看出，原点误差为−0.01，模型的精度为 99%，所建立的模型符合要求。

根据第一产业 GM（1，1）模型（12-3），就可以得到无项目条件下的沪宁沿线苏南五城市的第二产业发展情况（表 12-15）。

有无项目条件下第二产业增长情况（单位：亿元）　　表 12-15

年份	无项目预测值	有项目实际值	增量	贡献率
1997	1233.23	1490.00	256.77	0.17
1998	1442.40	1562.61	120.21	0.08
1999	1687.03	2160.00	472.97	0.22

续表

年份	无项目预测值	有项目实际值	增量	贡献率
2000	1973.16	2634.36	661.20	0.25
2001	2307.81	3100.00	792.19	0.26
2002	2699.23	3800.00	1100.77	0.29
2003	3157.03	4556.57	1399.54	0.31
2004	3692.47	5565.39	1872.92	0.34
2005	4318.72	6908.63	2589.91	0.37

从表 12-15 可以看出，1997 年、1998 年沪宁地区的第二产业增长加快，但是仍不明显。到了 1999 年以后，第二产业持续增长，并大于工程经济评价预计的 18%的经济收益率。这说明项目直接的和间接的影响对当地的第二产业有巨大的推动作用，见图 12-7。

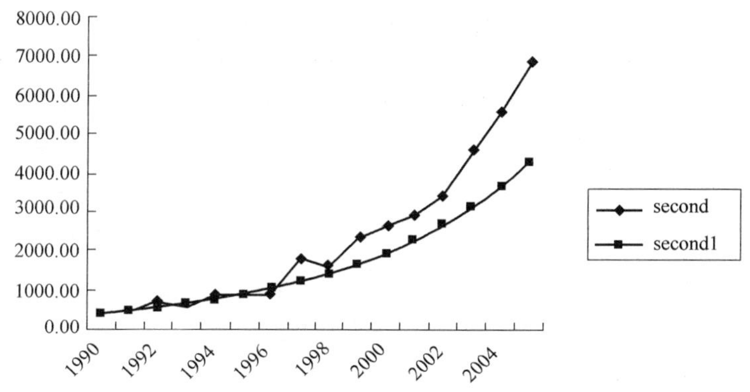

图 12-7　1990～2005 年有无项目第二产业增长

高速公路促进沿线工业发展，人流、物流、信息流传递通畅迅速，为企业的迅速扩张带来了得天独厚的条件。沪宁高速公路整合了沿线五城市优势，使各个城市经济联系更加密切。从而改变了原有的生产力布局，形成新的产业集群模式和综合生产力。从图 12-7 上可以看出，沪宁沿线五城市的第二产业发展实际趋势明显高于无项目的预测值。这说明，沪宁高速公路建设不仅在建设期带动了建材、建筑工业等第二产业的发展，建成后对区域的第二产业具有长期的推动作用。

高速公路推动第二产业发展的另一个突出表现是促进沿线高新技术产业带的形成。通车以来的事实表明，沿线已经形成开发区、高新技术园区、道口商业圈为核心的高速公路产业带。从 1996 年宁沪高速公路通车到 2002 年的 6 年间，苏南经济发生了翻天覆地的变化，苏南已经成为外资在中国大陆最密集的地区之一，新兴高新技术产业每年以 20%以上的速度增长。

从南京到上海，11 家国家级开发区，30 多家省级开发区均位于高速沿线，南京马群开发区、镇江开发区、常州高新技术开发区、锡山经济开发区、东北塘开发区、昆山开发区等。这些产业带都是沿线各城市主要产业发展地带，方向为高新技术产业。苏锡常集中发展高新技术产业及技术含量高的制造业和现代服务业，结合城市各类开发区和火炬带的建设，发展微电子、光机电一体化、生物工程、新兴医药、新材料等高新技术产业，与上海、南京两个技术高地共同形成高新技术产业密集带。

12.3.3.3 沪宁沿线五城市第三产业预测

令第三产业灰色预测模型标记为$\hat{y}^{(1)}_{\text{third}}$，它的 GM（1，1）模型为：

$$\hat{y}^{(1)}_{\text{third}}=\left(y^{(0)}_{\text{third}}(1)-\frac{u}{a}\right)e^{-a(t-1)}+\frac{u}{a}$$

$$=637.41e^{0.25(t-1)}-520.51 \tag{12-4}$$

表 12-16 给出了依据模型（12-4）计算出的 1990～2005 年沪宁沿线苏南五城市的第三产业预测结果。

沪宁沿线五城市第三产业预测结果及误差检验　　表 12-16

年份	第三产业	预测值	残差	相对残差
1990	116.90	116.9	0.00	0.00
1991	145.02	145.67	0.65	0.00
1992	180.54	181.51	0.97	0.01
1993	224.77	226.18	1.41	0.01
1994	279.83	281.83	2.00	0.01
1005	348.39	351.19	2.80	0.01
1996	433.73	437.61	3.88	0.01

从表中可以看出，原点误差为 0.01，模型的精度为 99%，所建立的模型符合要求。

根据第三产业 GM（1，1）模型（12-4），就可以得到无项目条件下的沪宁沿线苏南五城市的第三产业发展情况（表 12-17）。

有无项目条件下第三产业增长情况（单位：亿元）　　表 12-17

年份	无项目预测值	有项目实际值	增量	贡献率
1997	539.99	940	400.01	0.43
1998	672.27	1097	267.73	0.28
1999	836.97	1702.8	260.03	0.24
2000	1042.00	1909.09	867.09	0.45
2001	1297.27	2204.46	405.53	0.24
2002	1615.08	2547.47	294.01	0.15
2003	2010.73	2990.48	193.73	0.09
2004	2503.32	3561	1057.68	0.42
2005	3116.58	4168	1051.42	0.35

从表中的数据可以得出沪宁高速公路的建设直接带动了交通运输业、商业、旅游业、房地产业的发展。事实表明沪宁高速公路建设对第三产业的推动作用大于同时期它对农业、工业等的推动作用。以下就各个行业进行具体的说明。见图 12-8。

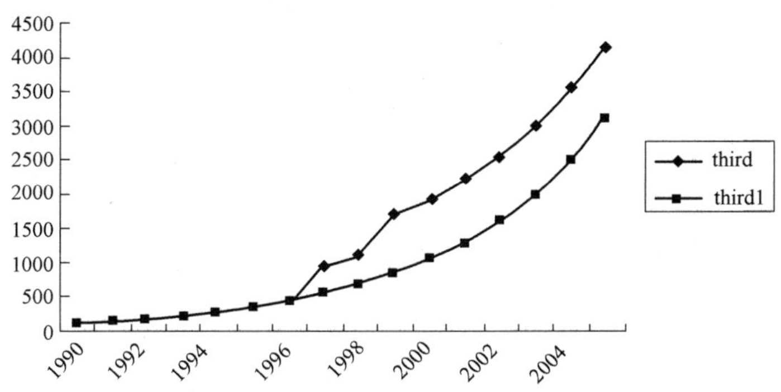

图 12-8　1990～2005 年有无项目第三产业增长

（1）高速公路的开通提高了交通运输综合能力，增加了客货运量。

随着经济的发展，产业结构的变化随之带来运输方式的变化。产业结构的变化遵循从以农业和原材料生产为主的第一产业到以工业为主的第二产业为主，再到以服务业为主的一般规律。随着这种经济结构、产业结构和产品结构的变化，以原材料为主的大宗货物运输减少，被轻工、化工、电子、仪器、食品等高附加值产品所替代，这些货物批量小，但是对产销时效性要求高，需要高速公路这样的"门到门"的运输方式。同时旅客运输对快速、安全、舒适和方便的要求也越来越高。

公路运输在运距 300～600 公里以内，占有绝对优势。沪宁高速公路开通后极大地改善了沪宁地区的公路运输状况。沪宁高速公路对公路运输的影响主要体现在客运方面，南京的公路客运量由 1995 年的 8765 万人增加到 1999 年的 12838 万人，常州客运量由 1995 年的 6522 万人增加到 1999 年的 8643 万人，增加幅度比较大。沪宁高速公路通车 7 年来，每年车流量以 18%的速度递增。

沪宁高速公路的开通对货运市场的影响不是很大，各种运输方式的货运市场所占份额变化不大，沪宁高速公路只在散装货物、高附加值和时效性强等货物运输方面起到一定分流作用（表 12-18）。

1990～2000 年沪宁沿线五市的货运量和客运量　　　　**表 12-18**

年份	客运量		货运量	
	万人	万人公里	万 t	万吨公里
1990	21030	825329	12330	331354
1991	22226	936260	13936	401711
1992	28804	1517851	20612	740538
1993	25614	1886774	17339	917404

续表

年份	客运量		货运量	
	万人	万人公里	万 t	万吨公里
1994	28763	1747617	21244	976524
1995	47362	2347219	24381	1046248
1996	46313	2485329	25274	1060323
1997	53695	2620256	24169	1090114
1998	54279	2748939	20529	921086
1999	58571	3125076	22758	1119363
2000	62651	3613544	25872	1223742

（2）推动旅游业发展。

沪宁沿线苏南五市都是经济发达、历史文化悠久的旅游城市。南京市六朝古都：苏州、无锡、扬州的水和园林；镇江的山林野趣；昆山的周庄等等互为补充。研究表明，高速公路主要优势在于客运和短途运输，沪宁高速公路是南京到上海仅仅需要 3 小时，这对于发展沿线城际旅游提供了交通条件，把本来较为分散的景点连接起来，成为沪宁沿线的旅游风光带。

沪宁高速公路带来了沿线五个城市的旅游业的繁荣。沿线五城市都是历史悠久的旅游城市。沪宁高速公路缩短了城市之间的出行时间，从而把几个城市的旅游景点贯通起来。刚开通不久，有近 2 万人通过沪宁高速公路来江苏旅游。仅仅在 1996 年底，旅游业增加值约占全省第三产业增加值的 3.7%（表 12-19）。

1996～1997 年江苏旅游业发展（数据来源：《江苏统计年鉴 1997～1998》）　表 12-19

年份	海外人数(万人)	产值(亿元)	人数增长率	增长(比上年)
1996	85.3	3.17	11%	22%
1997	101.7	4.1	19.1%	28.8%
年份	国内人数(万人)	产值(亿元)	人数增长率	增长(比上年)
1996	3200	203	6.8%	15.6%
1997	5581	364.5	14.9%	21.3%

（3）带动房地产业的发展。

高速公路改变了地段的空间结构和可达性，从而影响到原有土地的功能。土地功能的改变导致级差地租迅速提高，土地生产力提高，土地价格攀升。这主要表现在互通和交通道口的地价和沿线城市地价的攀升上涨。

苏南地区各级城市一级商业用地 1995 年与 2000 年的地价对比显示沪宁高速公路沿线城镇，除中心城市与昆山市外，其地价增加均大于 30%，而非沪宁高速沿线的增长率均小于 20%。虽然各地区地价的增长有很多原因，但是沪宁高速公路作为所经区域城市的经济发展的突变因素，也是土地价格增长的最直接、也是最有效的原因。见

表 12-20。

1995～2000 年项目影响区域一级地价增长率　　表 12-20

沪宁沿线		其他地区	
县市	增长率	县市	增长率
南京	17.39	溧水	19.05
句容	38.89	高淳	19.05
镇江	13.33	金坛	40.00
丹阳	33.33	溧阳	46.67
武进	92.59	宜兴	20.00
常州	28.57	江阴	14.06
无锡	30.00	张家港	13.33
苏州	18.57	常熟	8.57
昆山	17.24	太仓	14.29

注：数据来源：《沪宁高速公路扩建工程（江苏段）工程可行性研究报告》。

沪宁高速公路吸引了大型企业的进驻，业已形成沿线分布的经济开发区、高新技术园区等。随着开发区和园区的建设，进一步改善了沿线的基础设施服务能力。这些变化进一步带来土地价格的提高。

举例来说，无锡东道口，1995 年商业用地价格为 350 元/m^2；2000 年增加到 460 元/m^2；增幅为 31.43%，而横山桥道口的商业用地价格增值幅度则为 61.9%。南京仙西亚东地区，房地产项目的进入使得当地的住宅用地价格增幅达到 86.62%；在汤山养龙山庄，地价增幅为 111.54%。而苏州中新工业园区的该指标达到 160%。随着沪宁高速扩建工程的建成，沪宁高速对影响区域土地资源的影响还会持续。

12.3.4　高速公路推动经济发展的特性指标计算

12.3.4.1　节约出行时间效益

沪宁高速公路通车后缩短了南京到上海的汽车时间距离，由原来的 6～8 小时变为目前的 3 个小时，南京至苏州、无锡的时间距离又进一步距离缩减至 2～2.5 小时。这里按照缩短出行时间 4 小时计算。节约出行时间效益（X_{61}）按照公式（10-19）以及表 12-18，节约出行时间效益列于表 12-21。

1996～2000 年沪宁高速节约时间效益　　表 12-21

年份	GDP	人口(万人)	H(元/小时)	客运量	B_{pt}(万元/年)
1997	2622.00	2101.61	1.42	147.11	365.99
1998	2857.61	2050.27	1.59	148.71	414.26
1999	4092.80	2152.95	2.17	160.47	610.08
2000	4793.45	2169.06	2.52	171.65	757.84
小计	14365.86	8473.89	165.11	627.34	2148.17

12.3.4.2 降低运输成本效益

沪宁高速公路的货车主要以中货为主，占到总货车数量的42.46%。所以计算时全部采用中货的单位运输费用，速度来计算。

据估计高速公路上运行的运输成本可比普通公路降低约20%，即一辆5t载重汽车每百车公里可降低运输成本13元（表12-22）。1997年无高速公路时的单位运输费用之差（C_W-C_y）为0.13元/t·km。无高速公路的运输距离L_W和有高速公路时的运输距离L_y都是300公里。1997～2000年货运量见表12-22。

沪宁高速公路降低运输成本效益　　表12-22

年份	货运量	B_C（降低运输成本效益）
	万吨公里	亿元
1997	1090114	2.83
1998	921086	2.39
1999	1119363	2.91
2000	1223742	3.18
小计	4354305	11.31

12.3.4.3 货物在途时间节省效益

根据公式（10-21）和表12-18计算货物在途时间节省效益，其中在途货物平均价格按照2500元/t左右计算。货物在途时间节省的效益B_{ft}见表12-23。

1997～2000年货物在途时间节省效益　　表12-23

年份	1997	1998	1999	2000	小计
B_{ft}（亿元/a）	3.11	3.67	4.41	5.29	16.48

12.3.4.4 交通事故下降效益

据统计，高速公路与普通公路相比，交通事故发生率减少40%～60%a。统计表明从1993～2002年广深高速公路的平均交通事故发生率为2.51起/百万公里，比照国道G105的3.755起/百万公里，降低49.6%。

事故平均损失费D_a（元/次）按照0.15万元/起。则根据公式（10-22）和表12-5得出1997～2000年，沪宁高速公路减少的交通事故经济效益。结果列于表12-24。

1997～2000年沪宁高速交通事故下降效益　　表12-24

年份	1997	1998	1999	2000	小计
B_S（万元/a）	205.07	236.26	274.68	306.01	1022.02

12.4　沪宁高速社会协调能力

12.4.1　社会就业与收入水平

沪宁高速建设总共增加了 20.8 万个就业岗位，这部分人口大部分是属于流动人口，或是由于参与沪宁高速建设和运营从其他地区转移的人口。管理人员、工程技术人员和劳务输出人员的工资水平差别很大，因此他们的就业收入按照平均收入水平 10000 元/年计算。

12.4.2　社会安定、民族团结

沪宁高速公路的修建从根本上改变了沿线各城市的交通格局和城市空间结构，深刻影响沿线的社会生活。无论是居民、司机、企事业单位和地方政府对工程的建设都是积极支持的。

工程建设过程中沿线没有出现社会不安定因素，影响到安定团结，不存在由于不安定事件造成的经济损失。

12.4.3　文物古迹和景观资源

沪宁高速工程对文物资源和景观资源的贡献主要是增加旅游业收入，所以新增旅游景点的收入忽略不计。

12.4.4　交通运输安全与损失

沪宁高速公路开通以后交通运输安全与损失按照高速公路平均事故发生量和平均事故损失费计算（表 12-25）。具体计算参数见 12.3.4.4 节。

1997～2000 年沪宁高速交通运输安全与损失　　表 12-25

年份	1997	1998	1999	2000	小计
损失(万元/a)	205.07	236.26	274.68	306.01	2060.46

12.5　沪宁高速工程发展能力

12.5.1　技术改造能力

工程发展能力的技术改造能力用实际投入的研究试验费和工程技术和研究开发人员数量、运营公司的研究发展资金来表示，并对应于能值计算指标。沪宁高速用于购买技术专利和研究试验的费用为 2.5 亿元。

12.5.2 投资回报能力

投资回报能力在这里采用沪宁高速公路投入运营后的净利润表示，并转化成能值当量（表 12-26）。

1997～2000 年沪宁高速公路净利润　　表 12-26

年份	1997	1998	1999	2000	小计
净利润(亿元)	5.44	6.38	6.05	8.82	26.69

12.5.3 材料友好能力

材料友好能力主要指的是有毒物质产生量和建筑材料的本地化。已知主材中，沥青、钢材和木材主要来自进口。主要材料用量见表 12-3。本地化建材节省的能值或进口建材减少的能值反应材料友好能力的大小。沪宁高速所需要的沥青、钢材等，国内尚无生产能力，所以不存在本地建材的替代效益，所以本工程不计算这部分能值。

12.5.4 功能保持能力

功能保持能力用每年投入的维修养护费用计算。已知沪宁高速公路有限责任公司与现代路桥签订的每年养护费用为 1000 万元/年。

12.5.5 管理控制能力

管理控制能力用沪宁高速公路的建设和运营期间的管理人员构成和实际发生的员工教育和培训费用，以及管理信息系统提高的办公效率或者管理信息化投资来表示。这里仅计算沪宁高速公路信息化建设总投资。沪宁高速公路用于信息化建设的总投资为 9036.77 万元。

12.6 沪宁高速能值-复合生态足迹计算

根据第 4 章研究的能值-复合生态足迹计算方法与步骤，进行沪宁高速公路的能值——复合生态足迹计算。这里仅计算 2000 年工程项目可持续能力对能值-复合生态足迹方法和可持续能力指标体系进行实践。

已知沪宁沿线苏南五市的总人口 2000 年 2169.06 万人，土地面积 28095.63km^2，具体气候条件在前文已经给出。地球能值密度 $P_1=3.1\times10^{10}$ sej/m^2 · a；区域能值密度 $P_2=1.90\times10^{11}$ sej/m^2 · a。

12.6.1 沪宁高速公路能值-生态承载力计算

沪宁高速公路共生系统是沪宁沿线苏南五城市生态系统的一个子系统，它总的可更新资源包括太阳辐射能、雨水势能、雨水化学能、地球旋转能、海浪能、潮汐能风能。列表如表 12-27 所示，系统总能值为雨水化学能、潮汐能和地球旋转能之和。经过计算，沪宁沿线苏南五城市的年均人均生态容量 CC 为 7.92×10^{-1}ha/cap。故四年总的生态承载力 CC 为 3.17ha/cap。

沪宁地区能值-生态承载力计算　　表 12-27

序号	项目（可更新资源）	原始数据（J）	能量转换率（sej/J）	总能值（sej）	人均能值（sej）	人均生态承载力（ha/cap）
1	太阳辐射能(J)	1.64×10^{20}	1	1.64×10^{20}	7.56×10^{12}	2.44×10^{-2}
2	地表风能(J)	8.86×10^{17}	6.23×10^{2}	5.52×10^{20}	2.54×10^{13}	8.21×10^{-2}
3	雨水化学能(J)	1.39×10^{17}	1.54×10^{4}	2.14×10^{21}	9.87×10^{13}	3.18×10^{-1}
4	雨水势能(J)	2.77×10^{16}	8.89×10^{3}	2.46×10^{20}	1.14×10^{13}	3.66×10^{-2}
5	波浪能(J)	3.23×10^{16}	2.59×10^{4}	8.37×10^{20}	3.86×10^{13}	1.24×10^{-1}
6	潮汐能(J)	8.55×10^{16}	2.36×10^{4}	2.02×10^{21}	9.30×10^{13}	3.00×10^{-1}
7	地球旋转能(J)	4.03×10^{16}	2.90×10^{4}	1.17×10^{21}	5.39×10^{13}	1.74×10^{-1}
小计	(3)+(6)+(7)	2.65×10^{17}	6.80×10^{4}	5.33×10^{21}	2.46×10^{14}	7.92×10^{-1}

12.6.2　沪宁高速能值-复合生态足迹计算

沪宁高速能值-复合生态足迹就是按可持续能力指标体系的各个指标，按照可更新资源、不可新资源、废物流、货币流等分别对应列项计算。

1990～2001 年江苏省人均生态足迹和每万元产值 GDP 生态足迹，见表 12-28。

江苏省人均生态足迹（ha/cap）　　表 12-28

土地类型	生态足迹(hm^2/cap)	土地类型	生态足迹(hm^2/cap)
CO_2 吸收/化石能源地	0.49612	建成地	0.0131
可耕地	0.21124	林地	0.01364
牧草地	0.51476	人均生态足迹	1.6171
水域	0.85186	万元 GDP 生态足迹	3.65098

项目对 GDP 贡献的人均生态足迹用 ef_1 表示，$ef_1=\dfrac{4280.75\times10^4\times3.65098}{2169.06\times10^4}=$ 7.2ha/cap。这部分能值消费在计算时应当计入总的消费能值。

应当说明的是，沪宁高速占用的土地基本上是可耕地，沿线只有阳澄湖一个大型的天然水域。但是沪宁高速公路没有占用水域面积。所以，对征用土地面积的计算包括三个部分：表土损失能、土壤损失能和生产力损失，其中生产力损失用小麦的能值计算。

列表计算各参数，并注明能值属性和生态生产性土土地类型。1997～2000 年沪宁高速生态足迹计算结果见表 12-29。

表 12-29

沪宁高速 1997～2000 人均生态足迹计算

指标编号	项　　目	单位	原始数据（J）	能量转换率（sej/J）	总能值（sej）	人均能值	人均生态足迹（ha/cap）	能值属性	土地类型
（一）	可更新资源								
X_{11}	土地资源(小麦)	万 m^2	3608	6.88×10^4	2.48×10^8	11.4	6.02×10^{-15}	消费能值	可耕地
	小计				2.48×10^8	11.4	6.02×10^{-15}		
（二）	不可更新资源								
X_{12}	水	万 t	292931.9	6.60×10^5	1.93×10^{18}	8.90×10^{10}	4.68×10^{-5}	消费能值	水域
X_{12}	钢材	万 t	81	1.40×10^9	1.13×10^{18}	5.21×10^{10}	2.74×10^{-5}	消费能值	化石能源地
X_{12}	木材	m^3	34327	4.40×10^4	1.06×10^{15}	4.89×10^7	2.57×10^{-8}	消费能值	林地
X_{12}	水泥	万 t	82	3.30×10^{10}	2.71×10^{19}	1.25×10^{12}	6.58×10^{-4}	消费能值	化石能源地
X_{12}	沥青	万 t	13	5.40×10^4	7.02×10^{12}	3.24×10^5	1.70×10^{-10}	消费能值	化石能源地
X_{12}	石材	m^3	1022.54	1.62×10^6	3.81×10^{15}	1.76×10^8	9.24×10^{-8}	消费能值	化石能源地
X_{12}	土石方	万 m^3	4170	1.70×10^9	1.42×10^{23}	6.55×10^{15}	3.45	消费能值	化石能源地
X_{12}	生石灰	万 t	240	1.00×10^9	2.40×10^{18}	1.11×10^{11}	5.82×10^{-5}	消费能值	化石能源地
X_{12}	砂	m^3	5050285	2.00×10^4	1.52×10^{17}	7.01×10^9	3.69×10^{-6}	消费能值	化石能源地
	小计				1.42×10^{23}	6.55×10^{15}	3.45		
	能源消耗								
X_{21}	汽油/柴油	万 t	129.68	6.60×10^4	8.56×10^{13}	3.95×10^6	2.08×10^{-9}	消费能值	化石能源地
X_{22}	润滑油	万 t	1.64	6.60×10^4	1.08×10^{12}	4.98×10^4	2.62×10^{-11}	消费能值	化石能源地
X_{23}	电力	MJ	2.19×10^8	1.60×10^5	3.50×10^{19}	1.61×10^{12}	8.49×10^{-4}	消费能值	建成地
	小计				3.50×10^{19}	1.61×10^{12}	8.49×10^{-4}		
X_{11}	土地资源	万 m^2	3068	7.40×10^4	5.45×10^{14}	2.51×10^7	1.32×10^{-8}	消费能值	可耕地
X_{11}	土地资源	万 m^2	3068	1.70×10^4	1.25×10^{14}	5.76×10^6	3.03×10^{-9}	消费能值	可耕地

续表

指标编号	项　　目	单位	原始数据（J）	能量转换率（sej/J）	总能值（sej）	人均能值	人均生态足迹（ha/cap）	能值属性	土地类型
X_{34}	水土流失	万 t	1616.1	7.40×10^{4}	1.20×10^{19}	5.53×10^{11}	2.91×10^{-4}	消费能值	可耕地
	小计				1.20×10^{19}	5.53×10^{11}	2.91×10^{-4}	消费能值	
（三）	货币流								
X_{4}	项目对 GDP 贡献	亿元	4280.75	8.67×10^{12}	4.47×10^{23}	2.06×10^{16}	1.08	反馈输出能值	反馈输出地
X_{61}	节约出行时间效益	亿元	0.22	8.67×10^{12}	2.30×10^{19}	1.06×10^{12}	5.58×10^{-4}	反馈输出能值	反馈输出地
X_{62}	降低运输成本效益	亿元	11.31	8.67×10^{12}	1.18×10^{21}	5.44×10^{13}	2.86×10^{-2}	反馈输出能值	反馈输出地
X_{63}	货物在途时间节省效益	亿元	16.48	8.67×10^{12}	1.72×10^{21}	7.93×10^{13}	4.17×10^{-2}	反馈输出能值	反馈输出地
X_{64}	交通事故下降效益	亿元	0.1	8.67×10^{12}	1.04×10^{19}	4.79×10^{11}	2.52×10^{-4}	反馈输出能值	反馈输出地
$X_{8}\sim X_{11}$	技术改造能力	亿元	2.5	8.67×10^{12}	2.61×10^{20}	1.20×10^{13}	6.33×10^{-3}	反馈输出能值	反馈输出地
X_{12}	投资回报能力	亿元	26.69	8.67×10^{12}	2.79×10^{21}	1.29×10^{14}	6.77×10^{-2}	反馈输出能值	反馈输出地
$X_{16}\sim X_{18}$	管理控制能力	亿元	0.9	8.67×10^{12}	9.40×10^{19}	4.33×10^{12}	2.28×10^{-3}	反馈输出能值	反馈输出地
X_{71}	就业收入	亿元	83.2	8.67×10^{12}	8.69×10^{21}	4.01×10^{14}	2.11×10^{-1}	反馈输出能值	反馈输出地
	小计				4.62×10^{23}	2.13×10^{16}	1.12×10		
X_{75}	交通运输安全与损失	亿元	0.21	8.67×10^{12}	2.19×10^{19}	1.01×10^{12}	5.31×10^{-4}	消费能值	可耕地
$X_{14}\sim X_{15}$	功能保持能力	亿元	0.4	8.67×10^{12}	4.18×10^{19}	1.93×10^{12}	1.01×10^{-3}	消费能值	可耕地
	小计				6.37×10^{19}	2.94×10^{12}	1.54×10^{-3}		
（四）	废物流								化石能源地
X_{31}	废水	万 t	263582.88	8.60×10^{5}	2.27×10^{18}	1.05×10^{11}	5.51×10^{-5}	污染能值	化石能源地
X_{32}	废气	万 t	8.81	6.66×10^{5}	5.87×10^{13}	2.71×10^{6}	1.42×10^{-9}	污染能值	化石能源地
X_{35}	固体废弃物	万 m^3	2722.76	1.80×10^{6}	4.90×10^{16}	2.26×10^{9}	1.19×10^{-6}	污染能值	化石能源地
	小计				2.32×10^{18}	1.07×10^{11}	5.63×10^{-5}	污染能值	化石能源地

沪宁高速公路1992～1997年总能值为：

$$EM = 反馈输出能值 - ef_1 - 消费能值 - 污染能值$$
$$= 11.2 - 7.2 - 3.48 - 5.63\times10^{-5} = 0.52\text{ha/cap}$$

沪宁高速公路1992～1997年能值—复合生态足迹为：

$$EF = ef_1 - 消费能值 - 污染能值 = 10.68\text{ha/cap}$$

12.6.3 沪宁高速可持续能力计算

沪宁高速公路工程的生态产出为：

$$EO = CC - EM = 3.17 + 0.52 = 3.69\text{ha/cap}$$

可持续能力 SC 为：

$$SC = \frac{EO}{EF} = 34.55\%$$

由第4.5.4节的判据，$SC>0$，系统处于良性循环，是可持续的。因此，上述计算结果说明了沪宁高速公路是可持续的大型公共工程。事实上，经济评价和基于能值-复合生态足迹方法的可持续能力评价有殊途同归的效果。因此，34.55%的可持续能力水平是可信的。计算结果高于实际结果的原因在于计算能值时，由于数据获得的局限性，只能对主要材料进行统计，流失了一部分能值。另一方面，GM（1，1）预测结果比实际结果大，扩大了反馈输出能值和反馈输出地。但是总的来说，结果是有意义的。从而验证了能值-复合生态足迹方法的正确性和适用性。

由于篇幅和时间的限制，本文仅仅验证了1997～2000年的沪宁高速公路的可持续发展状态。在数据充分的条件下，可以对于沪宁高速的每个阶段、每一年的具体可持续能力状态进行计算和分析。

参 考 文 献

［1］ 花拥军，陈迅，张健．公共工程社会评价指标体系分析［J］．重庆大学学报（自然科学版），Vol. 28 No. 7，p134～137.

［2］ Francisco Maldonado-Fortunet. Sustainable development criteria for the evaluation of highway projects ［D］. Georgia Institute of Technology，2002.

［3］ 杨浩，赵鹏（主编）．交通工程的可持续发展［M］．北京：中国铁道出版社，2001.

［4］ 陆玉麒．区域发展中的空间结构研究［M］．南京：南京师范大学出版社，1998.

［5］ 姚友胜，郑垂勇，徐尚友．公共项目经济评价中引入宏观指标研究［J］．商业研究：2004，No. 15 总第 299 期，P84～88.

［6］ 刘义强．宏观经济评价指标体系研究［J］．世界经济，1998，(8)：61-651.

［7］ 刘则杨．宏观经济评价指标体系及综合评价［J］．宏观经济研究.

［8］ 谢颖．大中型建设项目立项评估指标体系模式研究［J］．技术经济，1997/07.

［9］ 蒋水心．农村电气化对国民经济贡献的定量分析［J］．中国农村水利水电，1999，(1)：29-311.

［10］ 蒋华园．关于通信建设投资效果指标体系的研究［J］．工程经济，45-471.

［11］ 施圣荣．经济运行与投资项目的国民经济评价［J］．技术经济.

［12］ 保罗．K．盖勒特，芭芭拉．D．林奇．引发迁移的大型工程项目［J］．国际社会科学杂志，2004/01.

［13］ Social Analysis Sourcebook：incorporating social dimensions into Bank-supported projects. Social Development，The World Bank . August ，2002. 7，P86.

［14］ 迈克尔．M．塞尼．把人放在首位——投资项目社会分析［M］．北京：中国计划出版社，1998.

［15］ The World Commission on Dams. Dams and Development：A New Framework for Decision-making ［M］. Earthscan Publications Ltd. ，London and Sterling，VA，2000.

［16］ 王五英等．投资项目社会评价方法［M］．北京：经济管理出版社，1997，P7.

［17］ 冯为民，任宏，曲成平．建设项目综合评价体系及模型研究［J］．重庆建筑大学学报，2004，Vol. 26 No. 6，p103～109.

［18］ 发展与改革委员会．投资项目评价指南［M］．2003.

［19］ Yasuyoshi Miyatake，echnology Development and Sustainable Construction ［J］. Journal of Management in Engineering，23.

［20］ Carteret al. 1999 Carter，R. C. ，Howsam，P. ，and Tyrell，S. F. ～1999. Impact and sustainability of community water supply and sanitation programmes in developing countries ［J］. Chartered Institution of Water Environmental Management，13，292-296.

［21］ Sohail and Cotton 2002，Tools for sustainable operation and maintenance of urban infrastructure ［M］. Water Engineering and Development Centre，Loughborough Univ. ，Leiestershire，U. K.

［22］ Penny Burns，David Hope，Jeff Roorda. Managing infrastructure for the next generation. Automation in Construction, 1999 No. 8 689-703.

[23] M. Sohail, M. ASCE1, S. Cavill2, and A. P. Cotton. Sustainable Operation and Maintenance of Urban Infrastructure: Myth or Reality? [J]. JOURNAL OF URBAN PLANNING AND DEVELOPMENT, 2005 No. 39.

[24] Susanne Balslev Nielsen, Morten Elle. Assessing the potential for change in urban infrastructure systems [J]. Environmental Impact Assessment Review, 20 (2000) 403-412.

[25] Hojjat Adeli. Sustainable Infrastructure Systems and Environmentally-Conscious Design-A View for the Next Decade [J]. JOURNAL OF COMPUTING IN CIVIL ENGINEERING / OCTOBER, 2002/231.

[26] R. Rackwitz, A. Lentz a, M. Faber. Socio-economically sustainable civil engineering infrastructures by optimization. Structural Safety, 27 (2005) 187-229.

[27] Shovini Dasgupta, Edwin K. L. Tam. Indicators and framework for assessing sustainable infrastructure [J]. Can. J. Civ. Eng. Vol. 32, 2005.

[28] Halla R. Sahely, Christopher A. Kennedy, Barry J. Adams. Developing sustainability criteria for urban infrastructure systems. NRC Canada, J. Civ. Eng. 32: 72-85 (2005).

[29] 成虎. 建设项目全寿命期集成管理研究. 哈尔滨：哈尔滨工业大学，2002，p31～42.

[30] 蔚林巍，孙健. 可持续发展战略下的项目管理 [J]. 经济论坛，2003 No. 3 p71～73.

[31] 刘忆，李晓凯. 工程项目的可持续性研究 [J]. 中国工程咨询，2004 年第 1 期，第 41 期，p13～14.

[32] 邓志国，綦振平. 重大建设项目可持续性评价研究 [J]. 山东工商学院学报，2004 Vol. 18 . No. 5. p78～83.

[33] 郑小晴. 建设项目可持续性及其评价研究 [D]. 重庆：重庆大学，2005.

[34] 朱燕，牛志平. 建设项目可持续性概念与后评价研究 [J]. 建筑经济，2006 (1)，总第 279 期.

[35] Shu-Li Huang, Wan-Lin Hsu. Materials flow analysis and emergy evaluation of Taipei's urban construction. Landscape and Urban Planning, 63 (2003) 61-74.

[36] 王伟东. 可持续发展视野下的建筑产品价格体系与能值分析 [J]. 价格理论与实践，2005 年 (7).

[37] 宋巍巍，刘年丰，谢鸿宇. 基于综合生态足迹的项目生态环境影响分析研究 [J]. 华中科技大学学报（城市科学版），Vo l. 22 No. 1，2005.

[38] 梁勇，成升魁，闵庆文. 生态足迹方法及其在城市交通环境影响评价中的应用 [J]. 武汉理工大学学报（交通科学与工程版），Vol. 28 No. 6，2004.

[39] Wackernagel, M., Yount, J. D.. Footprints for sustainability: the next steps. Environ. Dev. Sustain. 2, 21-42, 2000.

[40] Sheng Zhaoa, Zizhen Lib, Wenlong Lia. A modified method of ecological footprint calculation and its application. Ecological Modelling, 185 (2005) 65-75.

[41] 邓志国，綦振平. 重大建设项目可持续性评价研究 [J]. 山东工商学院学报，2004.

[42] Paul. K. Gellert, Barbara. D. Lynch. A large-scale projects inducing migration [J]. International Social Science, 2004 No. 1.

[43] Project management strategic design and implementation [M]. [American], Davis. I. 克利兰著，杨爱华翻译. 北京：机械工业出版社，2003，p533～534.

[44] 李世蓉. 政府工程建设项目管理中值得注意的几个问题 [J]. 建筑经济，2005 (1).
[45] 吕康娟. 我国城市化中城市建设投资研究 [D]. 哈尔滨：哈尔滨工业大学，2003.
[46] 刘苹，刘菁. 城市生态系统与可持续发展 [J]. 新建筑，No. 16，p16，1999.
[47] 张旭. 基于共生理论的城市可持续发展研究 [D]. 哈尔滨：东北农业大学，2004.
[48] 魏连雨，杨春风. 城市交通基础设施规模及协调发展 [J]. 西安公路交通大学学报，Vol. 21. No. 2.
[49] Brown LR. We can build a sustainable economy [J]. the futurist，1996，30 (4)，8-12.
[50] 张金屯主编. 应用生态学 [M]. 北京：科学出版社，2003.
[51] 程胜高，罗泽娇，曾克峰主编. 环境生态学 [M]. 北京：化学工业出版社，2003.
[52] 唐建荣主编. 生态经济学 [M]. 北京，化学工业出版社，2005.
[53] 戴星翼，俞厚未，董梅. 生态服务的价值实现 [M]. 北京：科学出版社，2005.
[54] 陆雍森编著. 环境生态学 [M]. 上海：同济大学出版社，2002.
[55] 陆雍森编著. 环境评价 [M]. 上海：同济大学出版社，2002.
[56] Aulay Mackenzie Andy S. Ball，Sonia R. Virdee. 生态学 [M]. 北京：科学出版社.
[57] Bob Giddings，Bill Hopwood and Geoff O'Brien. ENVIRONMENT，ECONOMY AND SOCIETY：FITTING THEM TOGETHER INTO SUSTAINABLE DEVELOPMENT. Sustainable Development Sust. Dev. 10，187-196 (2002).
[58] Joachim H. Spangenberg. Environmental space and the prism of sustainability：frameworks for indicators measuring sustainable development [M]. Ecological Indicators，2 (2002) 295-309.
[59] Korhonen J J. Cleaner Production. 2001，9：253.
[60] 邓南圣，吴峰主编. 工业生态学——理论与应用 [M]. 北京：化学工业出版社，2002.
[61] 宋光兴等. 基于熵技术的矿产资源综合开发利用评价方法研究 [J]. 中国矿业，2000，9 (3)：26～29.
[62] 张炳根. 生态学数学模型 [M]. 青岛：青岛海洋大学出版社，1990，p4～6.
[63] 袁纯清著. 共生理论——兼论小型经济 [M]. 北京：经济科学出版社，1998.
[64] 吴飞驰. 企业的共生理论 [M]. 北京：人民出版社，2002.
[65] 孙天琦. 产业组织结构研究——寡头主导大中小共生 [M]. 北京：经济科学出版社，2001.
[66] 李昌凰，覃凤英. 虚拟企业：新世纪企业的主导生产运作模式 [J]. 江汉石油学院学报（社科版），2001. 40.
[67] 朱桂龙，彭有福，杨飞虹. 虚拟科研组织的管理模式研究 [J]. 科学学与科学技术管理，2002. 60.
[68] 程工，陈暄，徐永城. 论技术创新的制度决定 [J]. 上海经济研究，2000. 70.
[69] 杨桂华. 生态旅游可持续发展四维目标模式探析 [J]. 人文地理，2005 年第 5 期，总第 85 期.
[70] 潘玉君. 人地关系地域系统协调共生与区域可持续发展理论研究 [J]. 齐齐哈尔大学学报（哲学社会科学版），2000 年 1 月，p119～124.
[71] 王兆华，武春友. 基于工业生态学的工业共生模式比较研究 [J]. 科学学与科学技术管理，p66～69.
[72] Odum EO. Basic Ecology. New York：Saunders，1983.
[73] ArrowK，BolinB，CostanzaR，etal. Economic growth，carrying capacity，and the environment [J]. Science，1995，268：520～521.
[74] WangRS. Approach of industry ecology for the develop ment of recycling economy. Industry and

Environment，2003，49（suppl）：4852.

［75］ HaoX，QinSS. Relations between the complexity of compound ecosystem and sustainable development［J］. Journal of Systemic Dialectic 2003，11（4）：23～26.

［76］ 叶明强著. 双赢策略与制度激励——区域可持续发展评价与博弈［M］. 北京：社会科学文献出版社，2002.

［77］ L. Margulis and R. Festered. Symbiosis as a source of evolutionary innovation，1991，P262～271.

［78］ 章帆，韩福荣. 对可持续发展战略的思考［J］. 北京工业大学学报（社会科学版），2003. Vol. 2，No. 3.

［79］ 张雷，谢辉，陈文言［等］. 现代能源生态系统建设：一种理论探讨［J］. 自然资源学报，2004，Vol. 19. No. 4. p525～530.

［80］ Bellman，R. E. Equipment replacement policy. J. Soc. Ind. Appl. Math.，8～31，133-146.

［81］ 许国志主编. 系统科学［M］. 上海：上海科技出版社，2000，p73～80.

［82］ Pablo L. Durango-Cohen，Maintenance and Repair Decision Making for Infrastructure Facilities without a Deterioration Model［J］. Journal of infrastructure systems，ASCE 2004/1.

［83］ Bob Giddings，Bill Hopwood，Geoff O'Brien. ENVIRONMENT，ECONOMY AND SOCIETY：FITTING THEM TOGETHER INTO SUSTAINABLE DEVELOPMENT. Sustainable Development Sust. Dev. 10，187-196（2002）.

［84］ 郭劲松. 绿色环保建筑材料及其研究［D］. 武汉：华中科技大学，2004，P27.

［85］ ［美］丹尼尔. 哈尔平，［澳大利亚］罗纳德，W. 伍德黑德. 关柯，李晓东等译. 建设管理［M］. 北京：中国建筑工业出版社，2005.

［86］ Aê sa Joè nsson. Tools and methods for environmental assessment of building Products-methodological analysis of six selected approaches. Building and Environment 35（2000）223-238.

［87］ 徐中民，张志强. 可持续发展定量研究的几种新方法评介［J］. 中国人口. 资源与环境，2000（2），第10卷.

［88］ 曾殊. 两种可持续发展指标体系研究思路的比较［J］. 江苏统计，2003（5）.

［89］ Costanza R，Farber S，Castaneda B，etal. Green national accounting：goals and methods［A］. Cleveland C J，Stern D I，Costanza R. The Economics of Nature and the Nature of Economics［C］. Cheltenham：Edward Elgar，2001，262-281.

［90］ Daly H E，CobbJB. For the Common Good：Redirecting the Economy toward Community，the Environment and a Sustainable Future. Appendix：The Index of Sustainable Economic Welfare［M］. Boston：BeaconPress，1989，401-455，482.

［91］ United Nations Statistics Division. Integrated Environmental and Economic Accounting：Interim version［R］. NewYork：UnitedNations，1993.

［92］ ReesE，Wackernagel M. Monetary analysis：turning a blind eye on sustainability. Ecological Economics，1999，(29)：47～52.

［93］ UNSD. List of Environmental And Related Socio economic Indicators（R）. NewYork：UNSD，2002.

［94］ Prescott-Allen R. The Barometer of Sustainability：A Method of Assessing Progress Towards Sustainable Societies［R］. Gland，Switzerl and Victoria BC：International Union for the Conservation of Nature and Natural Resources and PADATA，1995.

[95] Costanza R, d. ArgeR, Rudolfde Groot, etal. The value of the world's ecosystem services and natural capital [J]. Nature 1997, 387: 253-260.

[96] Yale Center for Environmental Law and Policy. 2002 Environmental Sustainability Index. An Initiative of the Global Leaders of Tomorrow Environment Task Force, World Economic Forum [R]. NewHaven: Yale Center for Environmental Law and Policy, 2002.

[97] OECD. OECD Environmental Outlook [R]. Paris: OECD, 2001, 327.

[98] Wackernagel M. Onisto L Bello P, etal. Ecological Footprint of Natioans, 1997. www. redefiningprogress. org.

[99] Wackernagel. M, Rees WE. Our Ecological Footprint: Reducing Human Impact on the Earth [J]. Gabriola Island New Society Publishers, 1996.

[100] 翟胜，梁银丽，王巨媛. 生态足迹模型研究进展 [J]. 西北植物学报，2005，25（1）：0200-0204.

[101] Wackernagel M, OistoL, Bello Petal. Ecological Footprint of Nations. Commissioned by the Earth Council for the Rio+5 Forum. International council for local Environmental Initiatives, Toronto, 1997.

[102] WangShuhua, MaoHanying, WangZhongjing. Progress in research of ecological footprint all over the world [J]. Journal of NaturalResource, 2001, 17 (6).

[103] TaoZaipu. Eco-rucksack and Eco-footprint [M]. Beijing: Economics Science Press, 2003.

[104] Stefan Go¨ssling a, Carina Borgstro¨m Hansson b, Oliver Ho¨rstmeier c, Stefan Saggel, Ecological footprint analysis as a tool to assess tourism Sustainability [J]. Ecological Economics 43 (2002) 199_/211.

[105] P. W. Gerbens-Leenes, S. Nonhebel. Consumption patterns and their effects on land required for food [J]. Ecological Economics 42 (2002) 185-199.

[106] 梁勇，成升魁，闵庆文. 生态足迹方法及其在城市交通环境影响评价中的应用 [J]. 武汉理工大学学报（交通科学与工程版），Vol. 28 No. 6，2004.

[107] HardiP, BargS. Measuring sustainable development: Review current practice, occasional paper number17. Novermber 1997 International Institute for sustainable development.

[108] Shang Wei ping. The in dicator of ecological footprint and its valuation [J]. Research of Statistics, 2004, 5: 61263.

[109] 龙爱华，张志强，苏志勇. 生态足迹评介及国际研究前沿 [J]. 地球科学进展，Vol. 19. No. 4，2004.

[110] Brown MT, UlgiatiS. Energy evaluation of the biosphere and natural capital [J]. Ambio., 1999, 8 (6): 486-494.

[111] 阮平南，武玉英等. 区域劳动力转移的能值分析与思考 [J]. 中国人口科学，2005 增刊.

[112] 陆宏芳，蓝盛芳，彭少麟. 系统可持续发展的能值评价指标的新拓展 [J]，环境科学，2003，Vol. 24，No. 3：150-154.

[113] Odum. HT. ENVIRONMENTAL A CCOUNTING: Emergy and decision making [M]. NewYork: Johnwiley &sons, 1996.

[114] Odum H T. Self-organization, transformity and information [J]. Science, 1988, 242: 113221139.

[115] Odum H T. EMERGY: A Basis for public policy [M]. NewYork: Draft copy, prepared for johnwiley&sons, 1994.

[116] Odum HT. SYSTEMS ECOLOGY: An introduction [M]. New York: John wiley&sons, 1983.

[117] 林慧龙，任继周，傅华. 草地农业生态系统中的能值分析方法评介 [J]. 草业学报，Vol. 14，No. 4，2005.

[118] 段晓峰，许学工. 黄河三角洲地区资源-环境-经济系统可持续性的能值分析 [J]. 地理科学进展，2006 (1) Vol. 25.

[119] Ton, S. S. Ecological-economic evaluation of wetland management alternatives [J]. Ecological Engineering, 1998, 11: 291-302.

[120] 朱洪光，钦佩，万树文 [等]. 江苏海涂两种水生利用模式的能值分析 [J]. 生态学杂志，2001，20 (1)：38-44.

[121] 钦佩，黄玉山，谭凤仪. 从能值分析的方法看米埔自然保护区的生态功能 [J]. 自然杂志，Nol. 21 No. 2.

[122] St¨oglehner, G. Ecological footprint-a tool for assessing sustainable energy supplies [J]. J. Clean. Prod. 11, 267-277, 2003.

[123] Manfred Lenzen a, Shauna A. Murray. A modified ecological footprint method and its application to Australia [J]. Ecological Economics, 37 (2001) 229-255.

[124] 杜斌，张坤民，温宗国. 城市生态足迹计算方法的设计与案例 [J]. 清华大学学报（自然科学版），2004 (9)，第44卷.

[125] Xu Zhongmin, Cheng Guodong, Zhang Zhiqiang. Measuring sustainable development with the ecological footprint method-take Zhang ye prefecture as an example [J]. Acta Ecologica Sinica（生态学报），2001，21 (9)，1484-1493.

[126] Halla R. Sahely, Christopher A. Kennedy, Barry J. Adams. Developing sustainability criteria for urban infrastructure systems [J]. Can. J. Civ. Eng. 32: 72-85 (2005).

[127] Odum, H. T., Brown, M. T., Williams, S. B. Handbook of Emergy Evaluations Folios 1-4. Center for Environmental Policy. University of Florida, Gainesville FL, 2000.

[128] Robert Costanza, Ralphdp Arge, etc. The Value of the World's Ecosystem Services and Natural Capital, Nature, Vol. 387, 15, 1997.

[129] COGEOENVIRONMENT Work Group (1996). Tools for Assessing Rapid Environmental Changes, The 1995 Geoindicator Checklist. Enschede, The Netherlands, ITCPublication No. 46.

[130] 美国国家研究委员会（NRC）. Ecological Indicator for the National. 2003.

[131] 中国科学院可持续发展研究组. 1999中国可持续发展战略报告 [R]. 北京：科学出版社，1999.

[132] Brown M T, Ulgiati S. Energy-based indices and rations to evaluate sustainability: monitoring economies and technology Toward environmentally sound innovation [J]. Ecological Engineering, 1997 (9): 51～69.

[133] Lisa Segnestam. Indicators of Environment and Sustainale Development-Theories and Practical Experience 2002. Environmental EconomicsSeries, Paper No. 98 . The World Bank.

[134] OECD. Environmental Indicators for Agriculture Methods and Results. 2000.

[135] 吴恒安主编. 财务评价、国民经济评价、后评价、社会评价理论与方法 [M]. 北京：中国水利

水电出版社，1998.

［136］ 编写组. 投资项目可行性研究指南（试用版）［M］. 北京：中国电力出版社，2003.

［137］ Foxon，T. J.，McIlkenny，G.，Gilmour，D.，Oltean-Dumbrava，C.，Souter，N.，Ashley，R.，Butler，D.，Pearson，P.，Jowitt，P.，Moir，J. Sustainability criteria for decision support in the UK water industry ［J］. Journal of Environmental Planning and Management，45（2）：285-301，2002.

［138］ Friedrich，E. Life cycle assessment as an environmental management tool in the production of potable water ［J］. Water Science and Technology，46（9）：29-36，2002.

［139］ 钱争鸣. 国民大核算及其功能系统的研究 ［M］. 北京：中国统计出版社，2002 年.

［140］ 张新宇，陈景艳. 交通运输外部成本评估及内部化 ［J］. 北方交通大学学报，Vol. 23，No. 3，1999.

［141］ 刘年丰. 生态容量及环境价值损失评价 ［M］. 北京：化学工业出版社，2005.

［142］ 段进. 城市空间发展论 ［M］. 南京：江苏科技出版社，1998.

［143］ 傅大放，殷承启. 高速公路服务区污水回用的技术经济可行性分析 ［J］. 公路交通科技，Vol. 122 No. 15，2005.

［144］ 阳志云. 海南岛生态系统服务功能及其生态价值研究 ［A］. 生态系统服务功能研究 ［C］. 北京：气象出版社，2002.

［145］ 黄宝涛，周洁，赵庆娟. 高速公路建设对热带雨林地区生态环境价值的损失分析 ［J］. 高速公路运营技术与管理，2005（4）

［146］ 陈红，梁立杰，杨彩霞. 可持续发展的公路建设生态观 ［J］. 长安大学学报，2004，24（1）：69-71.

［147］ 项卫东，郭建，魏勇，张金池. 高速公路建设对区域生物多样性影响的评价 ［J］. 南京林业大学学报（自然科学版），Vol. 27，No. 6，2003.

［148］ 郑建伟，黄大庄，张显国. 高速公路昆虫群落多样性和稳定性的研究 ［J］. 河北林果研究，Vol120. No14，2005.

［149］ 喻李葵，张国强. 建筑系统环境性能研究及现状 ［J］. 制冷空间与电力机械，No. 5. Vol. 24. 2003，P1～6.

［150］ 周洁，黄宝涛，田伟平. 热带雨林地区高速公路建设对自然保护区声环境损失的分析 ［J］. 中外公路，第 25 卷，2005 年（6）.

［151］ 隋文峰，高速公路噪声的综合治理 ［J］. 山东林业科技，2005 年第 6 期，总 161 期.

［152］ 周洁，黄宝涛，田伟平. 热带雨林地区高速公路建设，对自然保护区声环境损失的分析 ［J］. 中外公路，第 25 卷，2005（6）.

［153］ 马春燕，王钧利. 高速公路上不同车型源强噪声及速度的统计分析 ［J］. 公路，2005（7）.

［154］ Xie Shaodong，ZhangYuanhang，TangXiaoyan. Current situation a trend of motor vehicle exhaust pollution in urban areas of China ［J］. Research of Environmental Sciences，2000，13（4）：22-25.

［155］ WangQingfang，Zhang Chao，Sun Hong fang，etal. Study on trap of diesel exhaust soot particulates ［J］. Research of Environmental Sciences，2001，14（4）：57-59.

［156］ YeHuihai，Xu Yun，Xiao Zongcheng. The research of post-processorfor Fine-particles in exhaust fume of diesel vehicle [J]. Researchof Environmental Sciences，2001，14（4）：54-56.

[157] Erik Verhoef. External Effects and Social Costs of Road Transportation. Transport. Res. -A，1994，28A（4）：261～271.

[158] 于丽琦．沈大高速公路改扩建工程水土流失预测总量计算 [J]．公路运输文摘，2004（1).

[159] 胡玉平，王慧觉，李思悦．高速公路建设项目水土流失预测方法研究 [J]．水土保持科技情报，2003（4).

[160] 交通部公路科学研究所．公路建设项目环境影响评价规范（试行）（JTJ005-96)．人民交通出版社，2006.

[161] 戴喜丽．合徐高速公路淮南连接线水土保持方案的探讨 [J]．交通环保，2002（4)：33～36.

[162] 张艳杰，师例明，叶剑．高速公路建设土壤流失预测研究 [J]．中国水土保持，2005（9).

[163] 吴贤国，李惠强，郭劲松．垃圾废料作为建筑材料的综合回收利用途径 [J]．建筑技术，Vol. 31，No. 5.

[164] 于荟萃．高速公路建筑固体废弃物发生特性研究 [D]．北京：北京交通大学，2004，p14.

[165] 郑凯，汝宜红，任福民 [等]．建筑固体废物发生源管理研究 [J]．北京交通大学学报（社会科学版)，Vol. 3 No. 11，2004.

[166] Linda Steg a，Robert Gifford b. Sustainable transportation and quality of life [J]. Journal of Transport Geography 13（2005）59-69.

[167] 罗佑新，张龙庭，李敏．灰色系统理论及其在机械工程中的应用 [M]．国防科技大学出版社，2000，P93～98.

[168] 王子明，金双泉．高速公路建设对社会经济效益贡献的评估研究 [J]．湖南城市学院学报（自然科学版）2004，Vol. 13 No. 3.

[169] 郭伟和．福利经济学 [M]．北京．经济管理出版社，2001，P74.

[170] Tretvik，T. Urban road pricing in Norway：Public acceptability and travel behaviour. In：Acceptability of Transport Pricing Strategies. Schlag，B.，Schade，J. （Eds.）. Elsevier Science，Oxford，2003.

[171] 席酉民，尚玉钒．和谐管理理论 [M]．北京：中国人民大学出版社，2002.

[172] Veenhoven，R.，2004. World database of happiness，catalogue of happiness in nations. Available from：<http：//www. eur. nl/fsw/ research/happiness/>.

[173] 耿勇 [编著]，劳爱乐 [美]．工业生态学和生态工业园 [M]．化学工业出版社，2003.

[174] Gudolf Kjaerheim. Cleaner production and sustainability [J]. Journal of Cleaner Production，13（2005）329-339.

[175] 冯之浚．论循环经济 [J]．中国软科学，2004（10).

[176] 练绪宁．简析循环经济的含义、运行原则和实现形式 [J]．重庆环境科学，2003（11)，第25卷.

[177] 马利民，王海建．耗竭性资源约束之下的 R&D 内生经济增长模型 [J]．预测，Vol. 20，No. 4，2001.

[178] 多恩布什，费希尔，斯塔兹．宏观经济学 [M]．北京：中国财政经济出版社，2003.

[179] DANIEL P. LOUCKS. Quantifying trends in system sustainability [J]. Hydrological Sciences Journal，42（4)：513-530，1997.

[180] 张智慧，吴 星．基于生命周期评价理论的建筑物环境影响评价系统 [J]．城市环境与城市生态，Vol. 17，No. 5，2004.

[181] Lundie S.，Peters G. M.，Beavis P. C.. Life cycle assessment for sustainable metropolitan water systems planning. Environmental Science and Technology，2004，38，3465-3473.

[182] Keoleian G. A.，Blanchard S.，Reppe P. Life-cycle energy，costs，and strategies for improving a single-family house [J]. Journal of Industrial Ecology，2000，4 (2)：135-156.

[183] Levett R. Sustainability indicators -integrating quality of life and environmental protection [J]. Journal of the Royal Statistical Society A，1998，161 (3)：406-410.

[184] Azapagic A.，and Perdan S. Indicators of sustainable development for industry：a general framework [J]. Process Safety and Environmental Protection，2000，78 (B4)：243-261.

[185] 李锦育，生态工法评估指标的建立 [J]．水科学进展，2005，Vol116，No. 13.

[186] M. Narodoslawsky，C. Krotscheck. Integrated ecological optimization of processes with the sustainable process index，Waste Management 20 (2000) 599-603.

[187] Jo Dewulf.，Herman Van Langenhove. Integrating industrial ecology principles into a set of environmental sustainability indicators for technology assessment. Resources Conservation and Recycling，43 (2005) 419-432.

[188] Prasanta Kumar Dey. An integrated assessment model for cross-country pipelines. Environmental Impact Assessment Review，22 (2002) 703-721.

[189] 中交第二勘察设计研究院．沪宁高速公路扩建工程工程可行性研究报告（江苏段）[R]，2003

[190] 卞海洋．沪宁高速公路（江苏段）营运期环境质量调查与研究 [J]．交通环保，第 22 卷，第 3 期，2001.

[191] 国际协力集团．上海，南京间高速道路建设设计计划调查中间报告书 [R]．1986.

[192] 沪宁高速公路社会经济效益评估课题组．沪宁高速公路社会经济效益评估 [M]．现代经济探讨，2000 (2).

[193] 卢仲康，卢任远．论沪宁高速功路通车的作用及队江苏工业布局的影响 [J]．镇江高专学报，1997 (12).

[194] 王子明，金双泉．高速公路建设对社会经济效益贡献的评估研究 [J]．湖南城市学院学报（自然科学版），2004，Vol. 13 No. 3.

[195] 窦贻俭，苏慧，高超 [等]．江苏省生态足迹分析与可持续发展研究 [J]．长江流域资源与环境，2004，Vol. 13 No. 6.

[196] 蔡艳丽，赵晓光，朱江．国外项目评价理论研究综述 [J]．集团经济研究，2007 (5).

[197] 朱东恺．投资项目社会评价探析 [J]．中国工程咨询，2004，07：14-16.

[198] 张锦高，苏新莉．试论我国环境影响评价的现状和新发展 [J]．湖北社会科学，2003，01：29-30.

[199] 吴丹．工程项目评价的理论和方法 [D]．2004.

[200] 邓锐．工程项目经济综合评价及风险分析 [D]．2004.

[201] 张雪梅．工程项目风险评价综述 [J]．商业故事，2015，04：126.

[202] 李荣星．建设项目评价理论与方法体系研究 [D]．大连：大连理工大学，2006.

[203] 王成龙．大庆 H 热电厂工程项目评价研究 [D]．天津：天津大学，2008.

[204] 冯为民，任宏，曲成平，梁前明. 建设项目综合评价体系及模型研究 [J]. 重庆建筑大学学报，2004，26 (6).

[205] U. S. Council on Environmental Quality (CEQ). A Citizen's Guide to the NEPA: Having Your Voice Heard [C]. Washington D. C.，2007：2-7.

[206] Lenzen M.，Murray S.，Korte B.，Dey C.. Environental impact assessment including indirect effects -a case study using input-output analysis [C]. Environmental Impact Assessment Review，2003，23：263-282.

[207] Horvath A.，Hendrickson C. T.，Lave L. B.，McMichael F. C.，Wu T-S. Toxic Emissions Indices for Green Design and Inventory [J]. Environmental Science & Technology，ACS，1995，29 (2)：86-90.

[208] H. Scott Matthews，Lester B. Lave. Applications of Environmental Valuation for Determining Externality Costs [J]. Environmental Science & Technology，2000，34 (8)：1390-1395.

[209] Matthews H. S.，Hendrickson C. T.，Weber C. L.. The Importance of Carbon Footprint Estimation Boundaries [J]. Environmental Science & Technology，2008.

[210] Paul K，Gellert，Barbara D.，Lynch. A large-scale projects inducing migration [J]. International Social Science，2004 (1).

[211] 杨永峰，彭镇华，孙启祥. 重大工程对血吸虫病流行区扩散的潜在影响 [J]. 长江流域资源与环境，2009，18 (11).

[212] Lundteigen M. A.，Rausand M.，Utne I. B.. Integrating RAMS engineering and management with the safety life cycle of IEC 61508 [J]. Reliability Engineering and System Safety，2009，94：1894-1903.

[213] 肖艳，尹宜红. 项目社会评价与环境影响评价的评价内容比较与区分建议 [J]. 港工技术，2006 (2).

[214] Andrew Gilchrist，Erez N.，Allouche. Quantification of social costs associated with construction projects：state-of-the-art review [J]. Tunnelling and Underground Space Technology，2005，20 (1)：89-104.

[215] 傅京燕. 环境成本内部化与产业国际竞争力 [J]. 中国工业经济，2002 (6).

[216] Bakshi B.，Fiksel J.. The Quest for Sustainability：Challenges for Process Systems Engineering [J]. American Institute Of Chemical Engineers，2003，49 (6)：1350-1358.

[217] 杨乔木，赵世强. 建设工程全寿命周期环境成本的分析与控制 [J]. 价格理论与实践，2009 (7).

[218] 刘炳胜，王雪青，陈文. 国外工程项目社会成本相关领域研究综述 [J]. 西安电子科技大学学报 (社会科学版)，2008，18 (1)：58-59.

[219] David K.，Gattiea，Nadia N.，Kellamab H.，Jeff Turkb. Informing ecological engineering through ecological network analysis，ecological modelling，and concepts of systems and engineering ecology [J]. Ecological Modeling，2007 (208)：25-40.

[220] Huang S. L.，Hsu W. L.. Materials Flow Analysis and Emergy Evaluation of Taipei's Urban Construction [J]. Landscape and Urban Planning，2003 (63)：61-74.

[221] 王伟东. 可持续发展视野下的建筑产品价格体系与能值分析 [J]. 价格理论与实践，2005 (7)：

38-39.

[222] 阮平南，武玉英［等］. 区域劳动力转移的能值分析与思考［J］. 中国人口科学，2005 增刊：44-47.

[223] 周红. 基于生态学的大型公共工程可持续能力研究［D］. 南京：东南大学，2006.

[224] Marco Raugei，Silvia Bargigli，Sergio Ulgiati. Life cycle assessment and energy pay-back time of advanced photovoltaic modules：CdTe and CIS compared to poly-S［J］. Energy，2007，32（8）：1310-1318.

[225] Eun Jong-Hwan，Son Ji-Ho，Moon Jeong-Min，Chung Jong-Shik. Integration of life cycle assessment in the environmental information system［J］. Int J Life Cycle Assess，2009（14）：364-373.

[226] Eastman C.，Teicholz P.，Sacks R.，Liston K.. BIM Handbook：A Guide to Building Information Modeling for Owners，Managers，Designers，Engineers and Contractors［M］. John Wiley & Sons，Inc.：New Jersey，2008.

[227] Lee Chun-Lin，Huang Shu-Li，Chan Shih-Liang. Biophysical and System Approaches for Simulating Land-Use Change［J］. Landscape and Urban Planning，2008（86）：187-203.

[228] Huang Shu-Li，Chen Chia-Wen. Urbanization and Socioeconomic Metabolism in Taipei：An Emergy Synthesis［J］. Journal of Industrial Ecology，2009，13（15）：94.

[229] Robin B. Matthews，Nigel G. Gilbert，Alan Roach，J. Gary Polhill，Nick M. Gotts. Agent-based land-use models：a review of applications［J］. Landscape Ecology，2007，22（10）：1447-1459.

[230] Chris Davis，Igor Nikoli′c，Gerard P. J.，Dijkema. Integration of Life Cycle Assessment Into Agent-Based Modeling-Toward Informed Decisions on Evolving Infrastructure Systems［J］. Journal of Industrial Ecology，2009，13（2）.

[231] 杨向群. 零能耗太阳能住宅原型设计与技术策略研究［D］. 天津：天津大学，2011.

[232] www. ecoinvent. org.

[233] www. wecobis. de.

[234] Eastman C. M.，D. Fisher. An Outline of the Building Description System［M］. Research Report No. 50. Pittsburgh，PA.：Inst. of Physical Planning，Carnegie-Mellon Univ，1974.

[235] 王广斌，张洋，谭丹. 基于 BIM 的工程项目成本核算理论及实现方法研究［J］. 科技进步与对策，2009，26（21）.

[236] H. T. Odum. Environmental Accounting：Emergy and Environmental Policy Making［M］. Chichester Wiley：New York，1996.

[237] 严茂超. 生态经济学新论［M］. 北京：中国致公出版社，2001.

[238] 李双成，傅小锋，郑度. 中国经济持续发展水平的能值分析［J］. 自然资源学报，2001：297-304.

[239] 王卓晗，陆宏芳，陈桂珠，谭耀文，罗金棠. 深圳市滨海湿地两个观光农业系统的能值整合研究［J］. 生态环境，2008，06：2458-2463.

[240] Huang S. L.，Odum，H. T.. Ecology and Economy：Emergy Synthesis and Public Policy in Taiwan［J］. Journal of Environmental Management，1991，32：313-333.

[241] 严茂超. 西藏生态经济系统的能值分析与可持续发展研究［J］. 自然资源学报，1998 年 02 期.

[242] 张耀辉，蓝盛芳，陈飞鹏. 海南省农业能值分析 [J]. 生态与农村环境学报，1999 (15)：5-9.

[243] Odum H. T.. Energy analysis evaluation of coastal alternatives [J]. Water Science Technology, 1984 (16)：717-734.

[244] 陳子淳，黃書禮，黃莉芬. 地理資訊系統疊圖分析在都市及區域規劃之應用 [J]. 都市與計劃，1993，20 (2)：171-193.

[245] 隋春花，蓝盛芳. 广州城市生态系统能值分析研究 [J]. 重庆环境科学，2001，23 (5)：4-6.

[246] Woithe，Robert D. Energy evaluations of the United States Civil War [D]. Gainesville：University of Florida，1994.

[247] Wilfred H. Roudebush. Environmental value engineering (EVE)：A system for analyzing the environmental impact of built environment alternatives [D]. Gainesville：University of Florida，1992.

[248] Buranakarm V.. Evaluation of Recycling and Reuse of Building Materials Using the Emergy Analysis Method [D]. Gainesville：University of Florida，1998：43.

[249] 钱峰，王伟东. 建筑环境效率能值分析与评价——以北京大学体育馆为例 [J]. 建筑学报，2007 (7).

[250] 袁芳，李启明. 建筑固体废物的资源化价值实证研究 [J]. 建筑经济，2008 (1)：97-100.

[251] Amoêda，R.，Said Jalali，et al. Design for deconstruction：emergy approach to evaluate deconstructioneffectiveness，2009.

[252] Yang Wangshu，Zhou Hong. Research on the cost system and algorithm of residential construction products based on emergy analysis [C]. Inner Mongolia：Proceedings of the Workshop on Civil Engineering and Energy Engineering，2011.

[253] Zhou Hong，Yang Wangshu. Research on life circle environmental and social costs of construction projects based on emergy analysis-an example from Xiamen [C]. Shenzhen：Proceedings of the 17th International Symposium on Advancement of Construction Management and Real Estate，2012.

[254] Li Dezhi，Chi Eddie，Hui Mani，Xu Xing，Li Qiming. Methodology for Assessing the Sustainability of Metro Systems Based on Emergy Analysis [J]. Journal of Management in Engineering，2013，28 (1)：59-69.

[255] Baden S.. et al.. Hurdling Financial Barriers to Lower Energy Buildings：Experiences from the USA and Europe on Financial Incentives and Monetizing Building Energy Savings in Private Investment Decisions [C]. Washington DC：Proceedings of 2006 ACEEE Summer Study on Energy Efficiency in Buildings，American Council for an Energy Efficient Economy，2006.

[256] US Department of Energy. Annual Energy Review，April 2008.

[257] Marcel Granie，Daniel Castro-Lacouture. Sustainable Fuel Cells for Residential Construction：Challenges and Opportunities [C]. Construction Research Congress，2012：1972-1980.

[258] www. un. org.

[259] 姬宪恒. 我国碳税改革将步入快车道 [N]. 中国商报. 能源导报，2010-9-14.

[260] John Bellamy Foster，Paul Burkett. Ecological Economics and Classical Marxism：The "Podolinsky Business" Reconsidered [J]. Organization & Environment，2004，17 (1)：32-60.

[261] E. Berndt. From technocracy to net energy analysis：engineers，economists，and recurring energy theories of value A. Scott（Ed.）[M]. Oxford：Natural Resource Economics，1983.

[262] R. M. Pulselli，E. Simoncini，N. Marchettini. Energy and emergy based cost-benefit evaluation of building envelopes relative to geographical location and climate [J]. Building and Environment，2009，44（5）：920-928.

[263] 江亿. 我国建筑耗能状况及有效的节能途径 [J]. 暖通空调，2005（5）：30-40.

[264] US Department of Energy，http：//zeb. buildinggreen. com/.

[265] Hernandez P.，Kenny P.. From net energy to zero energy buildings：Defining life cycle zero energy buildings（LC-ZEB）[J]. Energy and Buildings，2010，42（6）：815-821.

[266] 陈鹏闯. 走向零能耗建筑 [J]. 中国建材科技，2006（3）.

[267] Leckner M，Zmeureanu R. Life Cycle Cost and Energy Analysis of a Net Zero Energy House with Solar Combisystem [J]. Applied Energy，2011，88（1）：232-241.

[268] Kadam S.. Zero net energy buildings：Are they economically feasible? [C]. Madison：Proceedings of Building Simulation'95，1995：276～283

[269] Chegut A.，Eicholtz P.，Kok N.. Supply，Demand and the Value of Green Buildings [M]. Royal Institution of Chartered Surveyors，2012.

[270] Pivo Gary，Fisher，Jeffrey D.. Investment Returns from Responsible Property Investments：Energy Efficient [G]. Transit-oriented and Urban Regeneration Office Properties in the US from 1998-2008，2009.

[271] Fuerst Franz，McAllister Pat. Green Noise or Green Value? Measuring the Effects of Environmental Certification on Office Property Values，2009.

[272] Jaffee D.，Wallace N.. Market Mechanisms for Financing Green Real Estate Investments [R]. Berkeley：Fisher Center Working Papers，Haas School of Business，University of California，2009.

[273] Kolokotsa D.. A roadmap towards intelligent net zero-and positive-energy buildings [J]. Solar Energy，2010.

[274] Wang L.，Gwilliam J.，Jones J.. Case study of zero energy house design in UK [J]. Energy and Buildings，2009，41（11）：1215-1222.

[275] 邓斯特，西蒙斯，吉尔伯特. 建筑零能耗技术——针对日益缩小世界的解决方案 [M]. 大连：大连理工大学出版社，2009.

[276] Lela Lake. Net Zero Energy Buildings：Are They Achievable Today? www. buildaroo. com.

[277] Richard Reed，Anita Bilos，Sara Wilkinson，Karl-Werner Schulte. International Comparison of Sustainable Rating Tools [J]. Sustainable Real Estate，2009，1（1）.

[278] http：//www. usgbc. org/.

[279] http：//www. breeam. org/.

[280] www. greencalc. com/.

[281] Holling，C. S.. The resilience of terrestrial ecosystems：local surprise and global changeIn：W. C. Clark and R. E. Munn（eds.）. Sustainable Development of the Biosphere [M]. Cambridge University Press，Cambridge，U. K. c1986，Chap. 10：292-317.

[282] Howard T. Odum, Elisabeth C. Odum. A Prosperous Way Down: Principles and Policies [M]. USA: University Press of Colorado, 2001.

[283] Simone Bastianoni, Riccardo M. Pulselli, Federico M. Pulselli. Models of withdrawing renewable and non-renewable resources based on Odum's energy systems theory and Daly's quasi-sustainability principle [J]. Ecological Modelling, 2009 (220): 1926-1930.

[284] Daly He. Toward some operational principles of sustainable development [J]. Ecological Economics, 1990 (2): 1-6.

[285] Ravi S. Srinivasan, William W. Braham, Daniel E. Campbell, Charlie D. Curcija. Re (De) fining Net Zero Energy: Renewable Emergy Balance in environmental building design [J]. Building and Environment, 2012 (47): 300-315.

[286] Iqbal M. T.. A feasibility study of a zero energy home in Newfoundland [J]. Renewable Energy, 2004, 29 (2): 277-289.

[287] L. Wang, J. Gwilliam, P. Jones. Case study of zero energy house desian in UK [J]. Energy and Buildings, 2009, 41 (11): 1215-1222.

[288] Ospina-Alvarado A., Castro-Lacouture D.. Holistic Analysis of Fuel Cells for Residential Construction in the Rural United States [J]. Construction Innovation: Information, Process, Management, 2010, 10 (1): 60-74.

[289] The 50th Anniversary of GIS. ESRI, 18 April 2013.

[290] 胡启恒，刘闯. 从“数字地球”看全球信息化战略 [N]. 计算机世界，1999-11-29.

[291] 李键. 基于 Agent 的 GIS 应用研究 [D]. 南京：南京航空航天大学.

[292] J. You, T. J. Kim. An integrated urban systems model with GIS [J]. Journal of Geographical Systems, 1999, 1: 305-321.

[293] K. Schotten, R. Goetgeluk. Residential construction, land use and the environment simulations for the Netherlands using a GIS-based land use model [J]. Environmental Modeling and Assessment, 2001, 6: 133-143.

[294] D. P. Ward, A. T. Murray et al. Integrating spatial optimization and cellular automata for evaluating urban change [J]. The Annals of Regional Science, 2003, 37: 131-148.

[295] 陈腾云，倪绍祥，韦玉春，李开丽. 基于 GIS 与 CBR 的城市绿地规划支持系统及其关键技术 [J]. 南京师大学报（自然科学版），2005，28 (1).

[296] B. Hayes-Roth, Agents on stage. In: Proceedings of IJCAI-95 [C], Montreal, Canada, 1995.

[297] Hewitt C.. Viewing control structures as Patterns of Passing messages [J]. Artificial Intelligence, 1977, 8 (3): 323-364.

[298] Wooldridge M, Jennings NR. Theory and Practiee. The Knowledge Engineering Review [J]. Intelligent agent, 1995, 13 (2): 115-152.

[299] Minsky M.. The Soeiety of Mind [M]. New York: Simona and sohuster, 1996.

[300] Shoham Y.. Agent oriented Programming [J]. Artifieial Intelligenee, 1993, 60 (l): 51-92.

[301] 史忠植. 高级人工智能 [M]. 北京：科学出版社，2002.

[302] Franklin S., Graesser A.. Is it an Agent, or just a Program? A Taxonomy for Autonomous Agents [J]. Proceedings of the Third International Workshop on Agent Theories, Architectures,

and Languages，Springer-Verlag，1996.

[303] Epstein J. M.. Agent-Based Computational Models and Generative [J]. Social Science，1999，4 (5)：41-60.

[304] Torrens P. M.. Simulating Sprawl：A Dynamic Entity-Based Approach to Modelling [J]. 1994.

[305] North American Suburban Sprawl Using Cellular Automata and Multi-Agent Systems [D]. London：Thesis University College London.

[306] Macal C. M.，North M. J.. Tutorial on Agent-Based Modelling and Simulation [C]. in Euhl，M. E.，Steiger，N. M.，Armstrong，F. B. And Joines，J. A. (eds.)，Proceedings of the 2005 Winter Simulation Conference，2005.

[307] Christian J. E. Castle，Andrew T. Crooks. Principles and Concepts of Agent-Based Modelling for Developing Geospatial Simulations [R]. working papers series，UCL center for advanced spatial analysis，2011.

[308] 史忠植. 智能主体及其应用 [M]. 北京：科学出版社，2000.

[309] 张鸿辉. 多智能体城市规划空间决策模型及其应用研究 [D]. 长沙：中南大学，2011.

[310] 方美琪，张树人. 复杂系统建模与仿真 [M]. 北京：中国人民大学出版社，2002.

[311] 景楠. 基于多智能体与GIS的城市人口分布预测研究 [D]. 中国科学院研究生院，2007.

[312] Daniel G. Brown，Rick Riolo，Derek T. Robinson，Michael North，William Rand. Spatial process and data models：Toward integration of agent-based models and GIS [J]. Geographical Systems，2005，1 (7)：25-47.

[313] Christian J E Castle，Andrew T Crooks. Principles and Concepts of Agent-Based Modelling for Developing Geospatial Simulations [J/OL]. 2006-9-15 [2008-01-15].

[314] 古琳，程承旗. 基于GIS-Agent模型的武汉市土地利用变化模拟研究 [J]. 城市发展研究，2007，6 (14)：47-51.

[315] H. R. Gimblett. Integrating Geographic Information Systems and Agent-Based Modeling Techniques for Simulating Social and Ecological Processes [M]. NewYork：Oxford University Press，2002 pp. 83-104.

[316] Peng Shuangyun，Yang Kun，Huang Bangmei. Integrating AIDS-Agent Model and GIS [M]. Singapore：IACSIT Press，2012.

[317] Alison J. Heppenstall，Andrew T. Crooks，Linda M. See.. Geographic information systems and agent-based modeling [M]. Springer，2012.

[318] ohn Murphy. http：//www. u. arizona. edu/jtmurphy/H2R/main. htm.

[319] 江华，徐兰声，杨昆. 基于Repast的智能体模型与GIS的集成研究 [J]. 长江大学学报（自然科学版），2009，6 (4)：220-222.

[320] Robert Najlis，Michael J. North. Repast Vector GIS integration [M]. Argonne：Argonne National Laboratory，2012.

[321] http：//www. solardecathlon. gov/.

[322] http：//cn. sdchina. org/.

[323] 李苑，宋晔皓，“太阳能十项全能”竞赛（SD）简述 [J]，建筑技艺，2011 (9).

[324] 马琪，杜继稳，延军平，白晶. 1961-2009年大同市太阳辐射变化特征及其与气象要素的关系

[J]. 气象与环境学报，2012，27（2）：22-27.
[325] Campbell D. E.，Brandt-Williams S. L.，Meisch M. E. A.. Environmental Accounting Using Emergy：Evaluation of the State of West Virginia. EPA/ 600/ R-05/ 006，2005.
[326] Liu DS. Loses and environment [M]. Beijing：Science Press，1985.
[327] Brown MT，Buranakarn V.. Emergy evaluation of material cycles and recycle options. In：Brown MT，editor. Emergy synthesis：theory and applications of the emergy methodology. Gainesville，FL：The Center for Environmental Policy，University of Florida，2000. p141-54.
[328] Brown MT，Bardi E. Folio #3：emergy of global processes. Handbook of emergy evaluation：a compendium of data for emergy computation issued in a series of folios. Gainesville，FI.：Center for Environmental Policy，University of Florida，2001.
[329] 大同市统计局. 大同市统计年鉴 [M]. 北京：中国统计出版社，2012.
[330] 中华人民共和国国家标准. 体力劳动强度分级 GB 3869—1997 [M]. 北京：中国标准出版社，1997.
[331] Haukoos D. S.. Sustainable Architecture and its Relationship to Industrialized Building [M]. Gainesville：MS thesis，University of Florida，1995.
[332] 西安市市政办. 西安市建筑垃圾管理办法实施细则 [M]. 2006.
[333] Ulgiati S，Odum H. T.. Emergy use，environmental loading and sustainability. An emergy analysis of Italy [J]. Ecological Modelling，1994，73：215-268.
[334] 万树文，钦佩，朱洪光 [等]. 盐城自然保护区两种人工湿地模式评价 [J]. 生态学报，2000，20（5）.
[335] 刁丽琼，廖和平，秦伟山. 基于能值分析的山西省生态经济系统可持续发展评价 [J]. 水土保持通报，2011，31（3）.
[336] 山西省统计局与国家统计局山西调查总队联合召开新闻发布会，2013. 1. 23.
[337] http：//repast. sourceforge. net/team. html.
[338] Wilenski，Wilensky，U.. NetLogo Wolf Sheep Predation Model，Center for Connected Learning and Computer-Based Modeling，Northwestern University，Evanston，IL，1998.
[339] 冯利华，骆高远. 区域水环境自净能力的定量评价 [M]. 环境保护科学，2002，28（113）.
[340] 边向征，李慧军. 房地产项目环境影响评价重点探讨 [J]. 北方环境，2010. 10，（22）：68-72.
[341] 蓝盛芳，钦佩，陆宏芳. 生态经济系统能值分析 [M]. 北京：化学工业出版社，2002.
[342] R. M. Pulselli，E. Simoncini，F. M. Pulselli. Emergy analysis of building manufacturing，maintenance and use：Em-building indices to evaluate housing sustainability [J]. Energy and Building，2007，（39）：620-628.
[343] T. E. Graedel，B. R. Allenby，施涵译. 产业生态学 [M]. 北京：清华大学出版社，2004.
[344] 叶剑平，谢经荣. 房地产业与社会经济协调发展研究 [M]. 北京：中国人民大学出版社，2005.
[345] 余宏，王霞. 房地产经济学 [M]. 北京：人民交通出版社，2008.
[346] 杨朝军，廖士光，孙洁. 房地产业与国民经济协调发展的国际经验及启示 [J]. 统计研究，2006，（9）：59-64.
[347] 吴殿廷，宋金平 [等]. 区域经济学 [M]. 北京：科学出版社，2009.
[348] 厦门市统计局网站：http：//www. stats-xm. gov. cn/.

[349] 林长伟．甘肃省景泰县农业生态经济系统能值分析［D］．兰州：兰州大学地理学系，2009.

[350] 胡晓辉，黄民生．福州与厦门城市生态系统的能值分析对比［J］．华侨大学学报，2008，(29)：97-101.

[351] 焦文婷．基于能值分析的庆阳市循环经济发展模式研究［D］．兰州：兰州大学，2011.

[352] 李俊莉．基于能值分析的国家可持续发展实验区可持续性评估［J］．水土保持通报，2012.12，(32)：172-176.

[353] 张 妍，杨志峰．北京城市物质代谢的能值分析与生态效率评估［J］．环境科学学报，2007.11，(27)：1892-1899

[354] 周婧，王远．基于能值分析的苏州市城市生态系统可持续发展评估［J］．四川环境，2010.8，(29) 72-77.

[355] 宋豫秦，曹明兰．京津唐城市生态系统能值比较［J］．生态学报，2009．11，(29)：5883-5889.

[356] 魏胜文，陈先江．能值方法与存在的问题分析［J］．草业学报，2011．4，(20)：270-277.

[357] 王家庭．我国城市规划与房地产开发的非协调发展［J］．经济纵横，2006．7，(12)：127-129.

[358] 吴玉琴，杨春林．基于能值分析的 2006 年广东省社会代谢研究［J］．地理科学进展，2009，(28)：546-552.

[359] 楼波．垃圾处理的能值分析［J］．华南理工大学学报（自然科学版），2004，09：63-66+ 71.

[360] 刘洪玉，张 红．房地产与社会经济［M］．北京：清华大学出版社，2006.

[361] 厦门市规划局：http：//www. xmgh. gov. cn/.

[362] 厦门市建设与管理局：http：//www. xmjs. gov. cn/.

[363] 陆宏芳，彭少麟，等．产业生态系统区域能值分析指标体系［J］．中山大学学报，2006 (45)：68-72.

[364] 宋旭光．可持续发展测度方法的系统分析［M］．大连：东北财经大学出版社，2003.1.

[365] 程建权．城市系统工程［M］．武汉：武汉测绘科技大学出版社，1999.6.

[366] 张力小，胡秋红．城市物质能量代谢相关研究述评［J］．自然资源学报，2011，(26)：1801-1807.

[367] 张李磊．房地产企业供应链构建研究［M］．重庆：重庆大学建设管理系硕士论文，2006，10-20.

[368] 胡挺．房地产产业生态：动力机制与路径选择［J］．现代管理科学，2006，(9)：66-68.

[369] 浅潜．房地产业亟需一个更和谐的产业链和生态圈的重建［J］．经济纵横，2008，12，(16)：30-32.

[370] F. Meillaud，J. B. Gay，M. T. Brown. Evalution of a building using the emergy method［J］. Solar Energy，2005，(79)：204-212.

[371] Linjun Li，Hongfang Lu，David R. Tilley. The maximum empower principle：An invisible hand controlling the self-organizing development of forest plantations in south China［J］. Ecological Indicators，2013，(29)：278-292.

[372] Dan Hu，Fang You，Yanhua Zhao. Input，stocks and output flows of urban residential building system in Beijing city China from 1949 to 2008［J］. Resources，Conservation and Recycling，2010，(54)：1177-1188.

[373] Xiaohong Zhang，Wenju Jiang，Emergy evaluation of the sustainability of Chinese steel production during 1998-2004［J］. Journal of Cleaner Production，2009，(17)：1031-1038.

[374] Bo Lou, Sergio Ulgiati, Identifying the environment support and constraints to the Chinese economic growth-An application of the Emergy Accounting method [J]. Energy Polity, 2013, 1-17.

[375] Daniel E. Campbell, Ahjond S. Garmestani. An energy systems view of sustainability: Emergy evaluation of the San Luis Basin, Colorado [J]. Jounal of Environmental Management, 2012, (95): 72-97.

[376] R. M. Pulselli, E. Simoncini. Specific emergy of cement and concrete: An energy-based appraisal of building materials and their transport [J]. Ecological Indicators, 2008, (12): 647-656.

[377] S. Ulgiati, M. Ascione, S. Bargigli. Material, energy and environmental performance of technological and social systems under a Life Cycle Assessment perspective, Ecological Modeling [J]. 2011, (222): 176-189.

[378] Shu-Li Huang, Wan-Lin Hsu. Materials flow analysis and emergy evaluation of Taipei's urban construction, Landscape and Urban Planning [J]. 2003, (63): 61-74.

[379] Simone Bastianoni, Daniel Campbell. The solar transformity of oil and petroleum natural gas [J]. 2005, (186): 212-220.

[380] M. T. Brown, Vorasun Buranakarn. Ts-4 emergy indices and ratios for sustainable material cycles and recycle options [J]. Elsevier Science, 2002.

[381] N. Y. Amponsah, B. Lacarriere. Impact of building material recycle or reuse on selected emergy ratios [J]. Resources, Conservation and Recycling, 2012, (67): 9-17.

[382] Dezhi Li, Jin Zhu. An emergy analysis-based methodology for eco-efficiency evaluation of building manufacturing [J]. Ecological Indicators, 2011, (11): 1419-1425.

[383] A. F. Tzikopoulos, M. C. Karatza, J. A. Paravantis. Modeling energy efficiency of bioclimatic building [J]. Energy and Building, 2005, (37): 529-544.

[384] Marta Gangolells, Miquel Casals. A methodology for predicting the severity of environmental impacts related to the construction process of residential buildings [J]. Building and Environment, 2009, (44): 558-571.

[385] Jorge L. Hau. Promise and Problems of Emergy Analysis [J]. Ecological Modelling, 2004, (178): 215-225.

[386] Shu-Li Huang, Chun-Lin Lee. Socioeconomic Metabolism in Taiwan Emergy synthesis versus material flow analysis [J]. Resources, Conservation and Recycling, 2006, (48): 166-196.

[387] Shu-Li Huang, Wei-Chieh Kao, Chun-lin Lee. Energetic mechanisms and development an urban landscape system [J]. Ecological Modelling, 2007, (201): 495-506.

[388] Howard. T. Odum, Environmental Engineering Sciences University of Florida [J]. Center for Environmental Policy at the University of Florida, 2003.

[389] Mark. T. Brown, Sergio Ulgiati, Energetic mechanisms and development an urban landscape system [J]. Ecological Modelling, 2011, (223): 4-13.

[390] 李双成，傅小锋，郑度. 中国经济持续发展水平的能值分析 [J]. 自然资源学报，2001. 7，(16)：297-304.

[391] 李景国. 中国房地产市场协调发展探析 [J]. 福建行政学院学报. 2009，(5)：80-83.

[392] 长江三峡简称. 百度百科.

http：//baike.baidu.com/link？url=v3XzFwsvnD4jtdwjt0ALLDy_0EwAhTnLySD-bmtzt6Cho3UpAUXoqkfiIpNmjoKmoStswopfd7Vb_C76z2Z2Pq.

[393] 曾容，赵彦伟，杨志峰，陈贺，徐菲，尹心安. 基于能值分析的大坝生态效应评价——以尼尔基大坝为例 [J]. 环境科学学报，2010，04：890-896.

[394] 王卓晗，陆宏芳，陈桂珠，谭耀文，罗金棠. 深圳市滨海湿地两个观光农业系统的能值整合研究 [J]. 生态环境，2008，06：2458-2463.

[395] 邢开成，龚宇，王璞. 华北平原集约农区种植业生态经济系统的能值分析——以河北沧州为例 [J]. 生态环境，2007，02：592-597.

[396] HT Odum，EC Odum，MT Brown. Environment and Society in Florida [M]. LEWISPUBLISHERS，1998.

[397] 陆宏芳，蓝盛芳，李雷 [等]. 评价系统可持续发展能力的能值指标 [J]. 中国环境科学，2002，22（4）：380-384.

[398] 沈善瑞，陆宏芳，赵新锋 [等]. 能值研究的几个前沿命题 [J]. 热带亚热带植物学报，2004，12（3）：268-272.

[399] 杨丙山. 能值分析理论及应用 [D]. 沈阳：东北师范大学，2006.

[400] Juan Yang. Emergy accounting for the Three Gorges Dam project：three scenarios for the estimation of non-renewable sediment cost [J]. Journal of Cleaner Production，Volume 112，Part 4，20 January 2016，Pages 3000-3006.

[401] 袁丽，姚运生，龚平，韩晓光. 三峡地区地震灾害损失预测研究 [J]. 大地测量与地球动力学，2004，02：92-98.

[402] 段辛斌，陈大庆，刘绍平，池成贵，杨如恒. 长江三峡库区鱼类资源现状的研究 [J]. 水生生物学报，2002，06：605-611.

[403] 吴强. 长江三峡库区蓄水后鱼类资源现状的研究 [D]. 武汉：华中农业大学，2007.

[404] 中华人民共和国环境保护部. 2002年长江三峡工程生态与环境监测公报，2002.

[405] 陈鲜艳，张强，叶殿秀，廖要明，祝昌汉，邹旭恺. 三峡库区局地气候变化 [J]. 长江流域资源与环境，2009，01：47-51.

[406] 刘祥梅. 三峡库区的气候评价及近54年来的气候变化 [D]. 重庆：西南大学，2007.

[407] 胡勇，张晟，郑坚，付永川，叶翠. 三峡库区水土流失状况及防治对策 [J]. 安徽农业科学，2008，03：1147-1149.

[408] 傅瑞成，林松. 弘扬巴楚古城文化发展三峡文化旅游 [J]. 山区开发，1999，10：14-15.

[409] 李承燕. 浅析三峡民俗旅游资源开发 [J]. 中国三峡，2013，09：76-77.

[410] 阚如良. 论大三峡旅游圈的构建与发展 [J]. 地理与地理信息科学，2004，06：87-90+103.

[411] 曹华盛. 关于成库后长江三峡旅游格局变化的思考 [J]. 重庆师范大学学报（自然科学版），2004，04：49-52.

[412] 毛德强，贾庆良，汪新丽，苏培学，张春华. 三峡库区生态环境与疾病变化的监测 [J]. 现代预防医学，2007，16：3012-3014.

[413] Chen B.，Chen G. Q.. Emergy-based energy and material metabolism of the Yellow River Basin. Commun. Nonlinear Sci. Numer. Simul.，2009，Volume 14，Issue 3，923-934.

[414] Brown M. T.，Ulgiati S.. Emergy evaluations and environmental loading of electricity production

systems. J. Clean. Prod., Volume 10, Issue 4, August 2002, Pages 321-334.

[415] Zhang X., Jiang W., Deng S., Peng K., 2009. Emergy evaluation of the sustainability of Chinese steel production during 1998-2004. J. Clean. Prod., Volume 17, Issue 11, July 2009, Pages 1030-1038.

[416] Brown M. T., McClanahan T. R.. Emergy analysis perspectives of Thailand and Mekong River dam proposals. Ecol. Model., 1996, Vol. 91, 105-130.

[417] Lan S. F., Qin P., Lu H. F.. Emergy Analysis on Ecological Economic System. Chemical Industry Press, Beijing (in Chinese), 2002.

[418] Li S. C., Fu X. F., Zheng D.. Emergy analysis for evaluating sustainability of Chinese economy. J. Nat. Resour., 2001, 16 (4), 297-304 (in Chinese).

[419] Xibao Xu, Yan Tan, Guishan Yang. Environmental impact assessments of the Three Gorges Project in China: Issues and interventions [J]. Earth-Science Reviews, Volume 124, September 2013, Pages 115-125.

[420] Daeseok Kang, Seok Soon Park. Emergy evaluation perspectives of a multipurpose dam proposal in Korea [J]. Journal of Environmental Management, Volume 66, Issue 3, November 2002, Pages 293-306.

[421] Delin Fang, Bin Chen. Environmental Accounting of Hydropower Construction in Upper Mekong River: An emergy Perspective [J]. Energy Procedia, Volume 61, 2014, Pages 216-219.

[422] WU JianHua, HE ChengLong, XU WeiLin. Emergy footprint evaluation of hydropower projects [J]. Science China (Technological Sciences), 2013, 09: 2336-2342.

[423] Mingyue Pang, Lixiao Zhang, Sergio Ulgiati, Changbo Wang. Ecological impacts of small hydropower in China: Insights from an emergy analysis of a case plant [J]. Energy Policy, Volume 76, January 2015, Pages 112-122.

[424] 周红. 工程项目生态系统概念与原理研究 [J]. 中国工程科学, 2006, Vol. 8 (10): 94-98.

[425] Hong Zhou WangshuYang. Simulation Technology of Environmental Impacts by Zero-energy Residential Buildings Based on Emergy Analysis Method [J]. Journal of Harbin Institute of Technology (New Series), Vol. 21, No. 3.